JN326115

ドイツ近世的権力と土地貴族

山崎 彰

未來社

ドイツ近世的権力と土地貴族　目次

第二部　ブランデンブルク＝プロイセン国家と農場領主制

ドイツ近世的権力と土地貴族

装幀——伊勢功治

第１図　クールマルクのクライス区画（18世紀）

第2図　ブランデンブルク＝プロイセン（18世紀）

第3図　クールマルクの城塞（1375年）

典拠：HHBB, Lfg. 36 より作成

第４図　クールマルクのコントリブチオン課税額（単位：千ターレル）

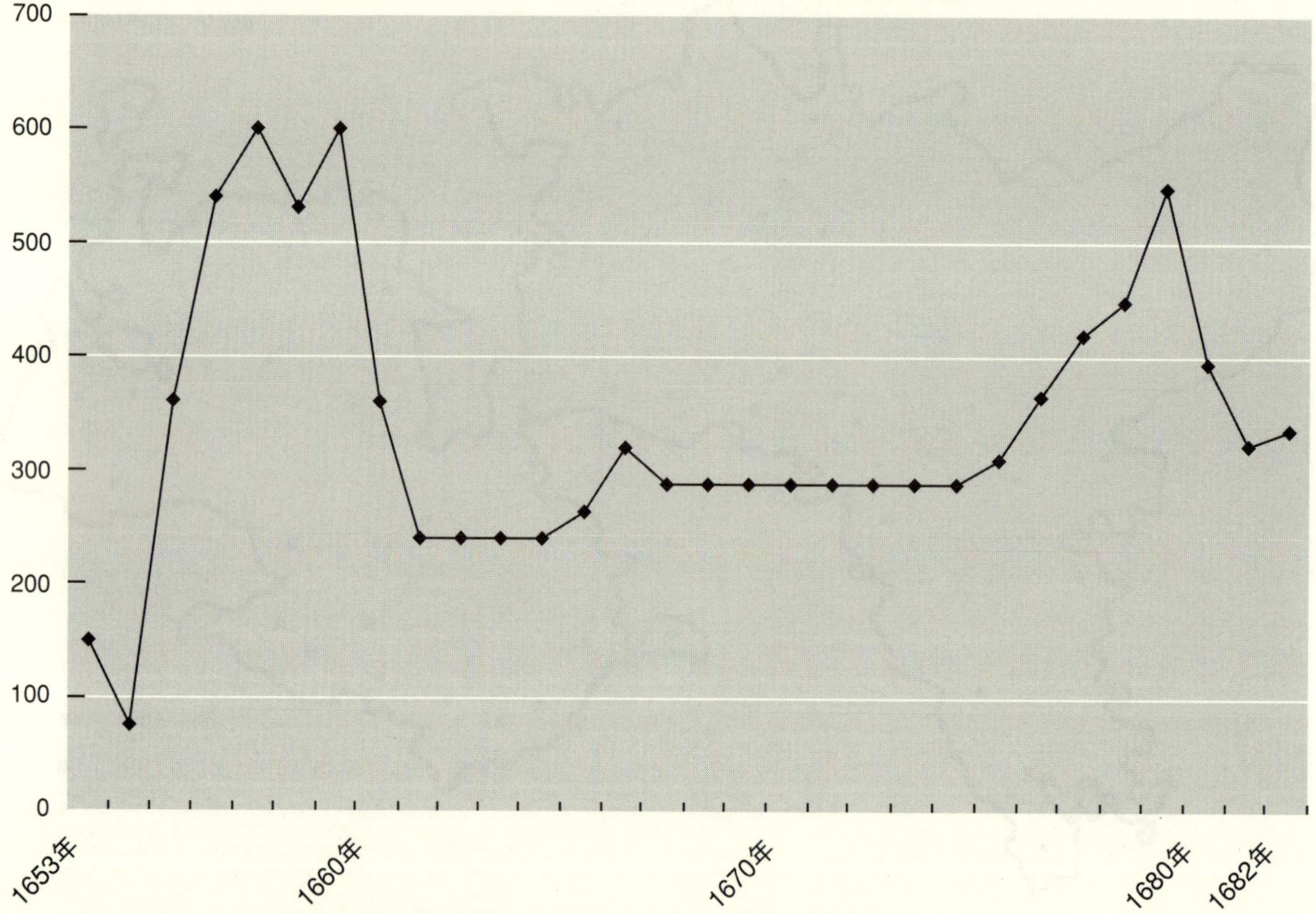

典拠：F. Wolters, Geschichte der brandenburgischen Finanzen in der Zeit von 1640-1697, Bd. 2, München/Leipzig, 1915, Akte Nr. 76 より作成

ブランデンブルク歴代君主（ホーエンツォレルン朝）

フリードリヒ1世	1415-1426	辺境伯
ヨハン	1426-1437	辺境伯
フリードリヒ2世	1437-1470	選帝侯（1440年以前は辺境伯）
アルブレヒト・アヒレス	1470-1486	選帝侯
ヨハン	1486-1499	選帝侯
ヨアヒム1世	1499-1535	選帝侯
ヨアヒム2世	1535-1571	選帝侯（クールマルク君主）
ヨハン（ハンス）	1535-1571	辺境伯（ノイマルク君主）
ヨハン・ゲオルク	1571-1598	選帝侯
ヨアヒム・フリードリヒ	1598-1608	選帝侯
ヨハン・ジギスムント	1608-1619	選帝侯
ゲオルク・ヴィルヘルム	1620-1640	選帝侯
フリードリヒ・ヴィルヘルム	1640-1688	選帝侯
フリードリヒ1世（3世）	1688-1713	国王（1701年以前は選帝侯）
フリードリヒ・ヴィルヘルム1世	1713-1740	国王
フリードリヒ2世	1740-1780	国王

序章　課題の設定

一　トクヴィルの独仏貴族比較論とブランデンブルク貴族史研究の伝統

本書は、ブランデンブルクの近世的権力と農村社会において、土地貴族 Landadel が占めた独自の位置を検討しようとするものであるが、『旧体制と大革命』第二部第一章でアレクシス・ド・トクヴィルが提示した独仏貴族の比較分析は、重大な視点をわれわれに与えてくれる。彼はここで、農民が実質的土地所有者であり、封建的負担の軽微であるフランスにおいてこそ革命が勃発し、それの重圧に悩むドイツで起こらなかったのは何故であるのかを問うている。[★1] 週賦役・運搬賦役・強制奉公・土地所有権の制限など、彼が描き出すドイツ農民の隷属状態は、本書の対象とする近世ブランデンブルクの農民のそれと驚くほど符合するのであるが、そこではこのような隷属状態に革命欠如の理由が帰されていないことに、特に注意しておきたい。むしろトクヴィルは、貴族の地域行政へのかかわり方に問題を解く鍵を見いだしている。即ち国家中央への権力集中が進んだフランスでは、貴族は地域行政への責任を放棄し、国家と住民間の調整的役割を担うことを中止し、こうして一つの寄生的存在に堕した。このためわずかな負担であっても、農民には耐えがたく受けとられたというのである。ドイツにおいてはまさにこれとは逆の関係が存在し、貴族は地域行政への参画により、その重圧にもかかわらず農民より受け入れられ続けた。トクヴィルの以上の議論は、土地貴族の地域支配における独自な役割を強調することによって、「旧体制」下のブランデンブルク農村社会研究に重大な示唆を与えてくれるものであり、日本の東エルベ史研究者が十分意識してこなかった視点をもつため、いっそう貴重なものである。本書もこの観点を基本的に共有するが、しかし彼のドイツ貴族に関する記述はごく一般的なものにとどまっている一方、ブランデンブルク史の古典的専門研究において描き出される近世像は、トクヴィルの独仏比較論のそれとは相当食い違っていた。そこで以下研究史をたどりながら問題を整理し、トクヴィル的観点をいかすためには、具体的にどのような課題設定を行なうのがよいのか、考察を進めることにしよう。

さてブランデンブルク貴族については、それの独自の歴史研究としては、この後紹介するO・ヒンツェやH・ローゼンベルクなどのもの以外に、ほとんど語るべき研究史は存在しないと、一九六五年にG・ハインリヒは述べた。[★2] なるほどブランデンブルク史研究の碩学の言に間違いはないのであるが、しかし一九世紀末にユンカーの存在が政治・社会論争の焦点となって以来、彼らの権力的・経済的存在形態が批判的・歴史的分析の対象であり続けたことも否定することはできない。特にG・F・クナップとG・v・ベロウの古典的農場領主制研究を、ここで落とすことは許されないだろう。

ブランデンブルク貴族の所領支配が「農場領主制」Gutsherrschaftという形態をとることは、ドイツ史学界では周知の事実に属する。エルベ河西岸の「土地領主制」Grundherrschaftに対して東の農場領主制を対置し、発生からユンカー経営への転化までの農場領主制の全歴史を初めて本格的に論じたのは、いうまでもなくクナップの『旧プロイセン地域における農民解放と農業労働者の起源』(一八八七年刊)であった。[★3] 彼がこのような範疇設定を行なったのは、第二帝政期に深刻化した農業労働者問題の起源をたどるためには、一九世紀前半の農民解放を超えて、遠く中世にまで遡るところの領主制の全歴史を追跡せねばならないと考えたところによる。この類型理論化は不朽の意義を有する。なるほど後にも述べるように、「農場領主制」概念をステレオタイプ化し、近世東エルベ農村社会研究にとって万能の説明手段であるとみなすことには疑問が呈されつつあるが、そのような研究者であっても、この概念の有効性を否定しているわけではない。さて今日から見たとき、彼の農場領主制論の意義は、どのようにまとめることができるだろうか。まず領主制類型差の強調にもかかわらず、農場領主制の基礎にある農村社会をフーフェ制共同体と位置づけており、[★4]この意味で土地領主制同様、農場領主制をあくまでドイツ内部の一領主類型としていることに注目したい。後に松田智雄氏や北條功氏によって「農場領主制」論に「資本主義化のプロシャ型」論が接ぎ木され、近代化の特殊形態に至る起源として理論化されていったが、このような発想はクナップには無縁であり、農場領主制を東方まで広く展開する存在として、拡大解釈する意図は彼にはなかったであろう。[★5]次に彼は、農場領主制が土地領主制と分かたれて成立したのを一六世紀の好況期に求め、農場経営の経済価値に目覚めた領主の農民収奪（土地と賦役・奉公人労働）によってそれが形を整えたと主張した。なるほど彼もリュトゲ[★6]などと同様、一四世紀から一五世紀に廃村化した村落が領主直営農場形成に大きく与った事実を認めてはいるが、基本的には現存農民の犠牲によって農場領主制が成立したとみた。[★7]このように、同じく農民の犠牲（農民の農業労働者化）のうえに実現された農民解放の前史として、農場領主制の成立が理解されており、第二帝政期のユンカー批判がここに鮮明に反映されているといえる。いまひとつ土地貴族に対する批判的観点とともにわれわれの目をひくのは、国家の政策介入に対する期待の強さである。なるほど一八世紀以前の東エルベに点在する御領地も、農場領主制という形をとっていたことでは、騎士領となんら変わるところはなかった。しかし騎士領領主（貴族）が農民に対してより抑圧的に臨み、土地と労働を奪う存在であるのに対し、国家は農民保護の意識が強く、このため御領地において農場保有権などの面で農民が手厚く保護されたこと、また一八世紀に既に農民に事実上の土地所有権を認める農民解放の過程が御領地で始まっていたことを強調し、貴族領と御領地を対照的に捉えていた。これは第二帝政期特有のユンカー批判と国家農政への期待が、歴史叙述に刻印されたものといえよう。[★8]

以上のようなユンカーに対する批判的視点や東西領主制比較の重視は、社会政策学者クナップばかりではなく、歴史家ベロウの論文「ドイツの東と西　農場領主制の起源」(一九〇〇年刊)にも共通する観点であった。[★9]ただし前者が農場領主制の成立を社会経済史的に説明したのと違い、ベロウの分析はすぐれて国制史的である。比較的大きな領主直営地が予め存在したことや、直営地経営に乗り出すことに抵抗感を感じなかった東部貴族の名誉観をも重視しているとはいえ、東エルベ、特に中世後期のブランデンブルクにおける権力構造の変容と農場領主制成立を関連づけたところに、彼の論の最大の特徴がある。即ち、中世後期のヴィッテルスバッハ朝やルクセンブルク朝のもとで、ブランデンブルクの君主権は御領地ばかりではなく、公権的権限も次々と貴族たちに譲り渡していったところに、農場領主制形成の出発点が置かれたとみた。なるほど農場領主制と西部の土地領主制が異なる点として、前者における農民の賦役義務や劣弱な土地保有権があげられるが、彼がより重視するのは、農場領主制形態をとる領地支配の公権的側面である。西部の土地領主制が一円性と裁判権を欠き、農民たちはこのため君主権の行政区画 Amt に直属していたが、これに対して農場領主制は多くの場合に一円的支配権を有し、しかも土地領主は同時に裁判領主であって、権力的にも農民や村落を支配していた。このため東部の農民には君主権の支配が及ばず、彼らは領主の世襲隷民 Erbuntertan と化した。中世後期以降一六、七世紀までのあいだに農民の地位は著しく低下したが、それに歯止めがかけられたのは、ようやく一八世紀になって公権力として君主権が強化され、これによって農民保護が開始された後のことであった。以上のように論ずるベロウは、農民保護をめぐって土地貴族と君主権力を対極的に位置づけ、後者の保護的介入を評価するという点で、クナップと共通の立場に立っていたといえよう。[★10]

次にわれわれは、貴族を研究対象の中心に据えた論文として、古典的位置を有するヒンツェ著「ホーエンツォレルンと貴族」[★11]（一九一四年刊）を採りあげることにしよう。ヒンツェのブランデンブルク貴族史像は、おそらく現在でも流布している「プロイセン貴族＝ユンカー」像の原型をなすものであり、その意味でも重要である。さてベロウが国家を擁護する場合、国家一般がイメージされ、必ずしもプロイセン国家＝ドイツ帝国の絶対視に陥っていなかったのと比べ、第一次大戦勃発時に執筆されたヒンツェの論文は、明らかにプロイセン国家を神聖視し、それに対する忠誠者としての貴族の歴史を評価することで、クナップやベロウとは区別された。ただし一七世紀以前の農場領主制形成期の貴族に対しては、彼の評価にも厳しいものがあった。具体的には次のような点に関してである。まず中世後期からホーエンツォレルン朝成立（一四一五年）直後にかけての時期については、貴族たちは自立的な軍事力を無秩序に行使し（盗賊騎士 Raubrittertum）、社会を荒廃に陥れたものとしてそのありかたが批判された。一五世紀末にホーエンツォレルン家の領邦君主権が安定して以来一七世紀に至るまでの貴族も、肯定的な評価を得るまでには至っていない。この時代に、ホーエンツォレルン家君主権の指導性によって秩序が安定するなかで、貴族たちは軍事的騎士より経済的領地経営者へと変貌し、彼らの私的利害を体現した身分制議会によって領邦君主権を制限し続けた。農場領主制の成立は、このような彼らの形態転換と権力的影響力によって実現したものとみた[★12]。ベロウは中世後期における権力構造の分散化の結果、土地領主が公権的権限を得たことで農場領主制が形成されたとした。他方ヒンツェは、ホーエンツォレルン朝下での君主権力安定化と領主の私的存在への転化に、それの成立の契機を求めたといえる。結局ひとつの私的利害に転化した貴族たちが公的性格を獲得できたのは、ようやく一八世紀のフリードリヒ二世下で将校として軍事的に貢献し、プロイセン国家と一体化した後であると考えられた。なるほど一八世紀以降のユンカー評価という点で、以上の彼の見解はクナップやベロウのそれと対立はするが、農場領主制に対する懐疑的態度、君主制国家による農民保護や秩序形成機能への期待においては、三者ともに共通の立場にあったのである。

以上のごとく、第二帝政期の社会政策学者や歴史家は、農場領主としての貴族と君主権力を対照的に評価していた。しかしナチス体制を経験し、第二帝政についてもその権威的性格に対して批判を強めた歴史家にとって、このような区別は全く意味を失うことになる。まずこうした論者として最初に採りあげるべきは、H・ローゼンベルクである。彼は、ドイツの権威的・反民主主義的社会構造の歴史的起源を、東エルベの「勢力集団」（ユンカー）と、それによってかたち作られてきた近世の農村社会に求めた。そこでは東エルベ社会と対置されていたのはエルベ河西岸のドイツではなく、むしろ正常な民主主義的発展を遂げた工業社会の理想的姿であったろう。[★13]ナチスから逃れ、亡命下で発表した「ブランデンブルク＝プロイセンにおけるユンカー階級の勃興　一四一〇―一六五三年」[★14]（一九四三、四年刊）では、土地貴族による農場領主制形成と、それに対する身分団体や身分的特権の利用の過程を追い、続篇『官僚制・貴族階級・専制君主権　プロイセンの経験　一六六〇―一八一五年』[★15]（一九五八年刊）は、この土地貴族が絶対主義君主権に融合する過程を分析している。もちろん前者の地域的支配権と後者の官僚制支配は、容易に妥協しあったわけではなかったが、しかし君主権の軍隊および官僚制は、規律強制と役得提供という硬軟両手段を用いて彼らを取りこむことに成功した。しかもいったん融合が実現すると、双方の権威的支配制度は相乗的に強化しあい、プロイセン社会をかたちづくっていったと、手短かではあるが、彼の議論をこのようにまとめることが許されるのではないか。国家の農民保護機能をほとんど問題にしなかったこと、プロイセン国家の権威主義的側面を重視し、それを否定的に評価すること、以上において先の三者とは根本的に異なる立場をとっているとはいえ、一六世紀農場領主制形成過程における身分団体の役割の捉え方、君主権伸張に貢献したコミサール型官僚への着目、一八世紀における君主権と土地貴族の権力的融合過程の重視など、事実認識の面でローゼンベルクがヒンツェの研究に負った部分も少なくない。

このように一八世紀における軍隊規律と領主制支配の相互浸透を、ヒンツェは土地貴族の改心と見、ローゼンベルクは彼らの権威的支配の仕上げと評価したのであるが、これを、ローゼンベルクの線に沿って実証的に深めたのが、O・ビュッシュの『旧プロイセンにおける軍制と社会生活　一七一三―一八〇七年』[★16]（一九六二年刊）であった。この書の原稿は、第二次世界大戦後まもなく、即ちローゼンベルクの書が出版される前の一九五二年に既に執筆し終わっていたが、研究の過程で両者のあいだに緊密な意見交換があったという。[★17]ビュッシュは、一八世紀前半の軍制改革が農民を兵士に、土地貴族を将校に取りこむことで、農場領主制を軍制の社会的基礎として位置づけたこと、一八世紀後半には、この社会的基礎である騎士領と農民農場が政策的に保護されたこと、それらの社会的帰結として、領主＝農民関係が将校＝兵士間の忠誠関係に転化し、さらに後者の軍事的規律が所領内の身分関係を強化したこと、以上を論証した。

さてこれまで紹介した研究はブランデンブルク史（というよりむしろプロイセン史）の古典に属し、今日の近世・近代ドイツ史像にも強く影響し続けている。しかしそれではあっても、これらの研究は、われわれにとって二つの点で満足のいくものではなくなっている。第一に、いずれにもトクヴィル的観点をほとんど見出すことはできない。第二帝政時代の論者たちは、有意味の秩序はもっぱら領邦君主権から発生するとみなしており、貴族たちの地域支配、即ち農場領主制は単に秩序の及ばない治外法権下で形成された存在としてしかみなかった。他方ローゼンベルクは、絶対主義君主権の秩序に規律・忠誠ばかりか役得や縁故をも見出し、その権威的性格とともに二面性（偽善）を明らかにしたのであるが、他方で土地貴族の地域支配権については、権威的プロイセン社会の歴史的起源という面にのみ着目したのは、彼の立場からするならば当然のことであったろう。第二の問題は、その発生史的手法に求めることができる。いずれの研究も時代の産物であって、第二帝政下の農業労働者問題にせよ、二〇世紀初頭の国際対立下での国内統合にせよ、あるいはナチス独裁にせよ、各論者が当面していた諸問題の淵源を歴史的に追究することによって、これらの学説は成立した。このため課題意識が先鋭なだけに、それらの観点遡及的、あるいは発生史的手法は、特殊ブランデンブルク社会（あるいは東エルベ社会）の構造的不変性を、過度に強調する結果に陥っている。次にわれわれは、今日の代表的ブランデンブルク史家による土地貴族史研究の現状を概観するが、これによって前記限界克服の手がかりを得ることができるであろう。

二　農村社会史研究

まず農村社会史、特に農場領主制に関する諸研究から採りあげることにするが、現段階の歴史家たちの仕事を検討する前に、クナップやベロウの研究に比肩するほどには学説史に足跡を残さなかったとはいえ、F・グロスマンの『マルク・ブランデンブルクにおける農場領主＝農民間の法的関係　一六―一八世紀』[★18]（一八九〇年刊）も、実証的研究として落とすことのできない意義を現在でも有するので、それについてあらかじめ触れておくことにしたい。ブランデンブルク農場領主制下の農村諸階層を検討した彼の研究の意義は、諸階層の隷属の法的ありかた（自由農民・世襲隷民・体僕）や農場保有権（永代小作・隷役小作など）をカテゴリー区分し、それぞれの内容を確定するとともに、農民解放前の農場領主制の歴史を明確に段階区分し、全体として農村住民の地位がどのように変化したのか見通しを立てたところにある。クナップやベロウと比較した場合、彼の研究は段階区分が明確であり、農場領主制下の社会構成が決して固定的でなかった点を明らかにしていることで、われわれにとっても教えられるところが大きい。しかし他方で、彼の視野はただ領主と領民の関係に限定され、それ以外の多様な農村内諸関係を視野の外に置いてしまった。このため共同体論的視点がそこでは欠落し、農村共同体やそれの領主との関係については、ほとんど言及がないという点にも注目しなければならない。[19]とりあえずこの二点に留意しつつ、以下、現段階の農村社会史研究の達成点を確認していきたい。

近年、ブランデンブルク農場領主制および農村社会史研究の分野を主導してきたのは、旧ドイツ民主共和国出身の実証史家たちであるが、彼らによって研究方法や問題領域についても重大な革新が行なわれた。特にH・ハルニッシュ、J・ペータース、L・エンダースの研究にここでは注目したい。[20]アルニム家のボイツェンブルク領に対象を定め、農場領主制の形成からユンカー経営への転化までを論じたハルニッシュの『ボイツェンブルク領』[21]（一九六八年刊）は、発表以来今日に至るまで、この領域においてもっとも重要な文献の一つであり続けており、民主共和国の崩壊も、彼の研究の意義をいささかも損なうことはなかった。この研究によってわれわれは初めて、農場領主経営の規模や資産構成、あるいは労働力編成や領民の階層構成、農民の農場保有権を、その長期的推移とともに知ることができるようになった。彼の研究の特徴として、ここで二つの点を強調しておきたい。第一に、農場領主制発展の諸段階が長期的な循環Konjunkturに即して設定され、一つの循環局面を経過するたびに農場領主制が性格を変えつつ展開したことを、そこから読みとることができる。グロスマンの設定した諸段階が、近世社会の循環局面として解釈しうることを、経済史家ハルニッシュの著書は教えてくれるのである。第二の特徴、即ち彼の共同体論に関してはいくらか説明が必要になる。ボイツェンブルク領研究の段階では、彼も村落共同体のありかたには注意を向けていなかったが、一九八〇年代以降、農場領主制下のブランデンブルク村落共同体に関して精力的に論文を発表し続け、P・ブリックレらの共同体研究にも貢献し、近年の東エルベ村落研究隆盛の導き役ともなった。[22]ボイツェンブルク領研究において循環論・段階論的視点が打ち出されたのに比し、彼の村落共同体研究の特徴をひとことでまとめるならば、東エルベ社会における「型」の長期的構造規定性の重視ということになるだろう。彼は、自律的な西エルベ村落共同体（バウアーマイスター制共同体）に対して東部のそれ（シュルツェ制共同体）の対領主従属性の強さを強調し、後者の自治的性格の弱さの根拠を、村落税制をもたず科料収入に依存するところの財政力の脆弱さに求めた。さらに彼は、東エルベ的構造の歴史的起源追究をそこで中止せず、中世ドイツ人のスラブ人地域入植過程にまで遡り、この過程で決定された農民農場保有権の劣悪さが、共同体財政の脆弱さと対応関係にあると主張するまでに至る。[★23] 隷役小作農民 Lassiten 形成の起源を中世にまで遡らせるのは、自らのボイツェンブルク領研究とも整合しそうになく、また彼に批判的なエンダースの研究と比較しても、実証的弱さを感じないわけにはいかないが、それであっても、西部と比較して、村落財政の弱体さにブランデンブルク村落共同体の特性を求めたことは、卓抜な視点であったといわねばならない。また彼の行財政史的村落研究は、農地制度に限定されたクナップ的村落研究から、村内の多様な社会関係に目を向けた近年のそれへの「橋渡し」としての意味を客観的にはもっており、村落共同体関係を独自の研究領域として開拓した功績は、高く評価されるべきである。

クナップに始まりハルニッシュに至るまで、東エルベ農村社会を一括して西エルベと比較し、農民個人や村落共同体の領主への服属の強さを強調することが、農場領主制研究者の共通の特徴となっていたが、このようなイメージのステレオタイプ化を乗り越えようとしたのが、ペータースとエンダース、それに彼らの影響を受けた新世代の歴史家たちである。ペータースは歴史人類学的手法もとりいれ、ザルデルン家のプラーテンブルク＝ヴィルスナック領を扱った珠玉の論文を数々公表するとともに、一九九二年以来五年間にわたって、ポツダム・マックスプランク研究所グループ「社会史的現象としての東エルベ農場領主制」を指導してきたが、ハルニッシュやエンダースに比べ体系化への志向が弱く、彼自身の研究を特徴づけることは簡単ではない。しかし彼の編纂した三冊の編著『農場領主制』（一九九五年刊）、『農場領主制諸社会における紛争と統制』（一九九五年刊）、『ヨーロッパ的比較下での農場領主制諸社会』（一九九七年刊）に関しては、全体として次の三つの点に注目しておきたい。[★24] 第一は、農場領主制の諸変種への着目である。「農場領主制」Gutsherrschaftから「農場領主制諸社会」Gutsherrschaftsgesellschaftenに研究対象の呼称を改めたように、農場領主制には地域偏差があるばかりではなく、ブランデンブルク内の近隣関係にある所領間でも、領地支配にさまざまな形態があったことが明らかにされていった。[★25] 第二に、支配・抵抗・共同・紛争など、農場領主制下での多様な社会的諸関係が析出された。領主制下の社会関係を支配・服従関係に単純化するのではなく、抵抗はもとより、共同・紛争関係を発見し、従来考えられていたより、東エルベ農村社会がはるかに複雑な構造をもつ社会であったことが明らかにされていった。[★26] 第三に、こうして解明された諸関係のなかでも、自律的村落共同関係には特別注目しておきたい。財政史的にみるならば、なるほど科料収入によって支えられたブランデンブルクの村落財政を過大評価することはできないにしても、それの存在は村落裁判が機能し続けていたことの証左ともいえた。このグループが見出した東エルベ村落の自律的秩序形成機能は、本書でも農村社会を検討するさいに、考慮されるべき要因となるであろう。[★27]

エンダースはペータースとともにグループ最有力の研究者であるが、しかし彼女の研究の意義は、グループとしての活動の枠を大きく超え出ている。一九五〇年代よりポツダム国立文書館（現ブランデンブルク州立中央文書館）に勤務した彼女は、六二年以後進められた『ブランデンブルク村落・都市歴史事典』全十一巻編纂事業の中心的存在であった。一クライス（郡）に一巻をあてたこの事典には、各村・都市ごとに基礎データがまとめられ、ブランデンブルク史研究にとって欠かすことのできない史料となっている。研究者としての彼女の仕事は、二冊の大著『ウッカーマルク』（一九九二年刊）と『プリクニッツ』（二〇〇〇年刊）に代表させることができる。[★28] 中世から一八世紀まで、また農村・都市の経済構造・社会生活から行政制度までを対象として包括し、しかも一貫して文書館史料に依拠した両著は、P-M・ハーンやG・ハインリヒのようなベルリン自由大学系の歴史家によっても絶賛されるところとなった。[★29] エンダースの歴史研究、特に農村史研究の特徴をごく簡単にまとめるならば、次のとおりとなろう。第一に、ブランデンブルクを単一の権力・社会構造体とみなすのではなく、各クライスが独自の構造をもって歴史発展していった点を重視した。第二に、長期的循環・段階論的方法を一所領の歴史研究に限定するのではなく、社会構造全体も循環を描きながら段階的に変化したことを前提に、両著の構成は組み立てられている。第三に、村落の自律的秩序形成機能を重視した。この二番目と三番目の点を、いま少しここで敷衍しておくことにしたい。★30 彼女が一貫して強調することは、農場領主の家産的裁判権 **Patrimonial-gerichtsbarkeit** を絶対視してはならないという点であった。このためハルニッシュのごとく、村におけるシュルツェ **Schultze** の支配代行機能を強調することには、彼女は批判的であった。むしろ家産的裁判権が発動する前に、各村は自らの判断で犯罪・紛争の解決に乗り出す能力を有し、多くの秩序混乱は村内で調整・解決され、その能力に余るもののみが領主裁判にもちこまれたとしたのである。さらに彼女は長期的循環の農村社会への影響を重視し、裁判制度に関しては、後退期（秩序混乱の時期）には領主が村落の自律的秩序形成に依存する傾向が鮮明となり、秩序の安定期には逆に領主裁判権の介入は強まるが、しかし後者の時期であっても、村落の自律的秩序形成機能が失われることはなかったと考えた。秩序形成に循環論的視点を盛りこんだ彼女の視点は、われわれにとっても示唆に富むといわなければならない。ただし一点のみその研究の限界を指摘するならば、各循環局面の検討は総合的かつ詳細極まるにしても、総じて記述的であり、循環を作り出した諸要因、特にブランデンブルクに内在するそれの分析は、不十分なままに終わっているように思われる。

以上、現在のブランデンブルク農村社会史の代表的研究をまとめたが、それらが提出した論点のうち、本書にとってもっとも重大であると考えられる点を、いまいちど確認しておくことにしよう。第一は、西エルベ社会との差異を際立たせようとするあまり、「型」の構造規定性を過度に強調しないこと、むしろ長期的循環に従って生じた変化の側面にも着目すること。第二は、農場領主制下のブランデンブルク農村社会を、強固な支配・隷属関係からのみ形成されたものとせず、紛争や抵抗の存在を許し、民衆の自律的秩序形成でさえも可能にしていた社会と考えること。以上二点である。

三　近世貴族史研究

農場領主制研究が一九世紀以来の学問的伝統をもつのに比べ、近世ブランデンブルクの貴族史が独自の専門領域として成立したのは、ごく最近の出来事に属している。なるほど一九世紀以後、ブランデンブルク貴族についてはおびただしい数の書物が公刊されてきたのは確かである。しかしその多くは、各貴族家の一員が編纂・執筆にあたって直接、間接にかかわったところの一族史であった。また作家テオドール・フォンターネや文化史家ウド・v・アルヴェンスレーベンが、ブランデンブルク貴族の歴史に対して文化史的関心を呼び覚ますのに貢献したとはいえ、それが本格的歴史研究に直接結びつくこともなかった。[★31] さらに先に紹介したヒンツェらの国制史研究も、基本的には、貴族の存在を身分的制度や国制にかかわる範囲で問題にしたにすぎないように思われる。結局、近世ブランデンブルク貴族史研究が初めて歴史学の一分野として成立したのには、ハインリヒと門下生ハーンやW・ノイゲバウアーの近年の研究が決定的に与っていたといって過言でないだろう。[★32] 特にハーンは、三冊の著書と多くの編著、モノグラフを発表し、一九七〇年代末以来一貫してこの領域で指導的立場に立ち、問題領域や研究手法を学界に提起し続けてきた。したがってここでは、ハーンの研究を中心にして、現在の研究動向を確認しておきたい。[★33]

近世国制の身分的家産的構造を強調する研究の多くが、静態的歴史像を描きがちなのに比べ、彼は近世的権力の形成と展開を動態的に描き出すことに成功した。それが可能となったのは、貴族を制度としてではなく、それを作り出し運動させた歴史的主体として位置づけたからにほかならない。特に一九八九年に発表したアルヴェンスレーベン家研究『君主制領邦高権と地域的貴族権力』[★34]によって、同家が中世的城塞所有貴族より近世的官職貴族に転化する過程を詳細に追い、中世後期の秩序混乱に貴族家内の分裂傾向が責任の多くを負っていたのと同様、この混乱を克服し統合的な近世的権力が発生する過程においても、再結集した各貴族家の地域社会での秩序形成能力が大きく貢献したことを明らかにした。近世における君主権力の安定的形成も、身分団体の成立と機能も、個々の貴族家の秩序形成への積極的関与なしにはありえなかったであろうことが、そこでは論じられているのである。[★35] 地域からの秩序形成とそれへの土地貴族の貢献重視という点では、ノイゲバウアーの教育史研究『ブランデンブルク＝プロイセンにおける絶対主義国家と学校の実態』[★36]（一九八五年刊）も看過することができない。近世ブランデンブルクにおける村落学校制度の形成は、君主権や敬虔主義聖職者による上からの指導ではなく、むしろ三十年戦争の荒廃から農村社会が再建される過程で発揮された領主の指導権と、村落民のそれへの関与によるところが大きいと彼が主張したことは、われわれの研究にとっても重大な問題提起となる。

しかし近世権力の形成にあたって、貴族たちが地域社会の秩序形成の面でどんなに重大な役割を果したとしても、近世社会が宮廷や軍隊・行政機構といった明確な中心をもつことで、中世とは異なる社会であったということを考慮するならば、ブランデンブルク貴族が中心における権力エリートになりえたのか、またそうであったとするならばそこでどのような位置を占め、いかなる役割を演じたのか検討することも課題となろう。この点に関してもハーンは、『一六世紀ブランデンブルク貴族の構成と機能』[★37]（一九七九年刊）によって、一六世紀の権力構造について画期的な見解を提出した。即ち彼は、当該期の権力が、領邦君主権と身分団体より成る二元的構造をもっていたとしても、指導的官職貴族と騎士身分指導者に注目するならば、彼らの多くはともにごく一部の有力貴族層に属し、ある者は官職貴族として宮廷を代表し、別の者（しばしば前者と同一親族に属す）は身分団体の地域代表者となって互いに会し、仲間内のあいだで利害調整を行なうことで、権力的秩序総体が保たれていたことを発見したのであった。これによって、これまで多くの研究者が陥ってきた「君主権―諸身分団体」という二項対立の図式を乗り越え、有力貴族を中心に、近世権力が全体としてどのように運営されていたかを明らかにしえたのである。この二項対立図式の克服は、一六世紀官職貴族に関し膨大なデータを集積したうえで、それを統計化したことによって可能になったのであるが、この統計的調査には既にプロソポグラフィ的手法の萌芽を見出すことができる。さらにそれを本格的に利用して、一七世紀後半のベルリン宮廷エリートを研究したのが、同じくハインリヒ門下生P・バールの大著『大選帝侯の宮廷』[★38]（二〇〇一年刊）であった。バールの研究はもはや貴族史研究の枠のなかでは語れないが、しかし一七世紀後半の宮廷では一六世紀の宮廷とは異なって、ブランデンブルク貴族が勢力を大きく減じていた事実を解明し尽くした点でわれわれにも興味深く、それをハーンの一六世紀研究と比較してみると、一七世紀には宮廷とブランデンブルク貴族の関係に大きな変化があった事実が浮かび上がってくるのである。一方ハーン自身もこの手法を再度採りあげ（バールほど本格的ではないが）、一七世紀後半から一八世紀初頭のブランデンブルク＝プロイセン軍将校層を調査した結果、宮廷と並ぶ権力統合の核であった軍隊の場合、ブランデンブルク貴族も将校として相当程度参画し続けたことを明らかにした。[★39]さらにF・ゲーゼは、ブランデンブルク全騎士領所有者とその子弟の経歴に関する統計的・数量的検討によって、一八世紀を通じて彼らのなかから将校を輩出する傾向が強まっていった事実を確認している。[★40]

　このようにしてハーン[★41]らの研究は、近世権力の成立と展開において、中心と地域双方の面で貴族が占めた位置、果たした役割を解明しえたことで、農村社会史研究とともに、われわれにとって重要な先行研究となる。そこでは、一六世紀において、指導的土地貴族が地域ばかりではなく宮廷においても指導性を発揮しえたこと、さらに一八世紀においてさえもブランデンブルク社会全体の秩序形成主体（あるいはその一つ）として位置づけうることを教えてくれる。最後にここで、これらの帰結を農村社会史の成果と組み合わせることで、われわれがこのあと取り組むべき問題を導き出してみることにしよう。第一は、後者が解明してきたブランデンブルク社会の長期的循環には、ハーンらが明らかにしたところの貴族たちの秩序形成能力がいかようにかかわっていたのか、第二は、その秩序形成能力が、農場領主制下での領民の紛争・抵抗・自律的秩序形成とどのような関係にあったのか、以上であるが、その詳細については項を改めて述べることにしよう。

四　課題と分析視角

本書の課題は、近世ブランデンブルク社会を長期的な循環 langfristige Konjunktur に即して段階区分し、各段階での農村社会と権力関係・構造において土地貴族が占めた位置と役割を検討することにある。以下、本書の分析視角を示すことで、この課題を具体化することにしよう。

本書はW・アーベル[★42]のような循環過程の経済学的解明を目指しているわけではない。ここで循環に着目したのは、近世社会では経済過程のみならず、社会総体も好不況の波動を繰り返し経験したと考えるからであり、また循環の変動が社会関係再生産の枠組みの変化、即ち秩序変質の外的表現であるとみるからである。われわれはここで循環過程を三つの局面、即ち、好況局面（安定した秩序のなかで社会関係が順調に再生産される）、後退局面（秩序が崩れてゆき、社会的諸関係の再生産に重大な支障が生じる）、回復局面（根本的再編が行なわれ、再生産のための新たな秩序形成が開始される）に分類するが、ひとつの波動を経るごとに、ブランデンブルク社会は構造的な変容を遂げていくと仮定している。具体的にブランデンブルク史に即して各局面を示すならば、次のとおりである。第一局面。一五世紀初頭のホーエンツォレルン朝成立から始まり一五世紀末までの回復局面。中世後期から近世への移行過程とすることができる。第二局面。一五世紀末から始まり一六世紀末まで続く好況局面。近世ブランデンブルク社会の最初の発展・安定期である。第三局面。一六世紀・一七世紀交から始まり三十年戦争で真に深刻化する後退局面。第四局面。三十年戦争終了より一七二〇年代頃まで続く回復局面。絶対主義国家の形成期とすることができる。第五局面。一七三〇年代頃以降、七年戦争での中断などもはさみ一八〇六年のイエナ・アウエルシュタット敗戦まで続く好況局面。典型的絶対主義国家の時代である。本書第一部ではこのうち中間の三つの段階に各一章をあて、第一の段階は第一章で付随的に論じ、第五の段階は終章において、歴史的展望として検討することになるだろう。

次に、秩序形成と循環創出の主体として、土地貴族を位置づけることにしたい。循環過程を包括的かつ詳細に記述しながら、エンダースは、循環を生み出した要因を十分明らかにしえなかった。他方ハーンらが論じたように、ブランデンブルク社会の秩序形成が土地貴族たちにも多くを負っていたとするならば、彼らの秩序形成能力が循環の発生にも大きく与ったと考えるべきであろう。またもしそうであるならば、循環の発生には、彼らの支配力や支配様式の変化が反映しているとみなすことも可能であるかもしれない。ここで見通しを述べるならば、好況局面は、彼らが自ら創出した秩序より順調に利益を獲得しうる段階であり、後退局面においては、秩序維持能力を失うのみならず、自らそれを破壊し、利益の縮減や喪失に追い込まれた段階であり、最後に回復局面は、新たな秩序形成に向け、土地貴族も含め、権力エリート[★43]の再編が行なわれる段階と規定することができるのではないか。なお循環過程においては、秩序は単に解体と再生を繰り返すのではなく、一定の方向性をもって不可逆的に変質していく。例えばエンダースの著書は、各循環局面を経るごとに、ブランデンブルク社会が中世から近世へ、近世から近代へと徐々に転形されていく様相を丹念に描き出している。秩序形成という観点から見るならば、大局的には、裁判権を分散的家産的に保有した諸身分がそれによって秩序維持する段階より、行政国家（絶対主義国家）が軍事力を集中化するとともに、官僚機構をもって計画的に社会介入する段階へと移行する。土地貴族による秩序形成力も、この変化と無関係でありえるはずはなかった。ここでのわれわれの課題は、この段階的推展を論述するにあたって、ヒンツェやローゼンベルクとは全く異なった歴史像を論証することにある。例えばヒンツェの議論をいま一度繰り返すならば、彼は、中世後期からホーエンツォレルン朝成立前後において、土地貴族の自律的な実力は単に秩序混乱を招いただけであったと述べ、さらにホーエンツォレルン朝の君主権力が安定的に秩序創出する過程でも、彼らは身分議会を通じその私的利害によって君主権を制約したにすぎず、貴族の有意味な秩序形成への貢献は、一八世紀において将校として軍隊に参加し、国家と一体化できた後であると考えた。土地貴族の秩序形成を再検討しようとするわれわれは、これとは異なった説明を提示する責任をもつ。

　続いて、本書で想定されている「秩序」の内容について論じておくことにしよう。秩序は第一に、その理想的状態においてさえ、紛争や抵抗を排除したものをいうのではない。むしろそれらを包含しつつ、その社会特有の様式において処理し、これによって社会的体制が安定的に保たれた状態を指す。具体的には農場領主制的社会を捉える場合、その権威的支配を強調するあまり、農民を徹底的に従属化された存在であり、限りなく隷属化する傾向をもつと考えるのではなく、むしろ所領内の紛争や抵抗に対して安定したルールによって対処され、これによって所領の支配体制が保たれ、しかもそれが東エルベ特有な様式で実現していると考えている。また第二に、秩序は単一の主体によって形成されたり、単一の質から成るのでもなく、むしろ複数の異質な小秩序が成層をなしながら全体的秩序を形成するとみる。したがって、所領において土地貴族が作り出した秩序は、農村住民の自律的秩序形成を完全に排除するものではなく、むしろそれに依存する場合さえありうる。また、軍隊の規律と領内の身分的服属関係が相互浸透し、権威的体制が強固になったとみるビュッシュ説に対しても本書は懐疑的であり、行政機構や軍隊内の秩序と農村社会のそれはあくまで異質で、少なくとも本書が扱う段階では、容易には混じり合わなかったと考えている。むしろ土地貴族の存在意義は、国家と地域社会という異質な秩序の媒介、あるいは調整機能にあったのではないだろうか。本書で解明しなければならないのはこのような複雑な支配機能であり、それはただ搾取し、隷属化させ、規律づけるといった性格のものではない。なおここで、これまで述べてきた「秩序形成」と、近世史学界において近年議論されることの多い「社会的規律化」Sozialdisziplinierung の関係についても言及しておく必要があろう。なるほど「社会的規律化」概念（あるいは「合理化」「文明化」[★44]）は、近世社会の重大な傾向を捉えるのには有効であるかもしれないが、しかしこれによって社会全体を構造史的に理解しうるとするならば、それは同概念に過大な負荷を課すことになるのではないか。[★45] たとえ「社会的規律化」が徐々に重みを増すにしたとしても、異質な価値観と文化からなる複数の秩序の並存が近世ヨーロッパ（近代においてさえも）においては常態であり、このことはブランデンブルクについてもあてはまると本書が考えていることは、以上のとおりである。したがって土地貴族による秩序形成も、「社会的規律化」の意味合いをもちうることもあるが、それは部分的なものにとどまっている。即ち秩序形成のある局面では、洗練され計算された生活態度や、文書による社会関係の規範化などを押しつけ、半暴力的人間関係や野卑な言葉遣い、瀆神や迷信的精神世界、共同体的な民衆的祝祭文化、計画化されない労働過程など、自然のリズムに拘束された伝統的生活態度を敵視するという内容が強く打ち出されることもあるが、しかし別の局面においては伝統的態度に対して大幅に譲歩し、それを採り入れることで体制を維持しようとすることもありうるのである。またわれわれは秩序形成に社会的調整の意味合いをもたせることがあるが、それもエストライヒが「社会的規律化」の前段階として位置づけた「社会調整」Sozialregulierung とは意味が異なる。ここでいう社会的調整には、宮廷と諸身分間、軍隊と地域社会間、あるいは行政国家と地域社会間など、異なった秩序体のあいだをとりもち、対立を処理し、それぞれが抱えるところの課題を調整する、そのような意味をもたせている。

さてこの社会的調整機能のなかで行政国家と地域社会間のそれについては、第二部で本格的に論ずることになる。ここでは、土地貴族を含めブランデンブルクの主要な領地支配形式である農場領主制をとりあげ、それが果たしていた社会的調整機能を解明する。第二部においては、四番目の循環局面、即ち三十年戦争終戦から一八世紀初頭の段階に対象を限定するが、この段階は農場領主制の確立期であり、かつ絶対主義国家の軍隊・行財政の創出期であるとされている。したがって、領主と絶対主義君主権による共同搾取体制の創出として、この過程が描き出されがちであるが、しかしこの段階は、第一部第二、三章でも論ずるように、多くの都市、農村ともに三十年戦争で壊滅的被害を受け、その再建も容易でなかった時期であり、このような惨禍を念頭に置いた場合、そのような解釈が成り立つか疑問がもたれなければならない。当該期が回復局面にあたっていたことを重視し、むしろ軍隊や行財政機構の創出という課題と、農村社会の再建といういまひとつの課題、この簡単には両立しがたい二つを調整するところに農場領主制の重要な存在意義があったのではないか、それを主に財政史的観点から考察することがここでの課題となる。これについて検討することにより、絶対主義国家形成期に、行政国家と地域社会間で土地貴族が実現していた調整機能を、制度論的に説明することが可能となるであろう。

最後に本書が対象とするブランデンブルクの地域限定をしておく。ブランデンブルクはオーデル河を境に西岸をクールマルク Kurmark、東岸をノイマルク Neumark（現ポーランド）と呼ぶが、ここではクールマルクのみを対象としている。なおクールマルクのうちエルベ河西岸地域のアルトマルク Altmark はナポレオン占領行政でクールマルクから切り離され、さらに一八一六年以後はザクセン州（ザクセン王国ではない）に組み込まれるが、本研究の対象とする時代にはクールマルクに含まれているので、それもあわせて検討することになる。

★1　アレクシス・ド・トクヴィル『旧体制と大革命』ちくま学芸文庫、一九九八年、一三一―一四六頁。

★2　G. Heinrich, Der Adel in Brandenburg-Preussen, in: H. Rößler (Hg.), Deutscher Adel 1555-1740, Darmstadt, 1965, S. 259f.

★3　G. F. Knapp, Die Bauernbefreiung und der Ursprung der Landarbeiter in den älteren Theilen Preußens, 2. Bde, München/Leipzig, 2. Aufl., 1927. 筆者が利用したのは第二版であるが、初版は一八八七年に刊行されている。なお藤瀬浩司『近代ドイツ農業の形成――いわゆる「プロシャ型」進化の歴史的検証』御茶の水書房、一九六七年、一七三―一八〇頁に詳細なクナップ説の紹介がある。

★4　G. F. Knapp, a. a. O., Bd. 1, S. 4-10.

★5　松田智雄『新編「近代」の史的構造論』ペリカン社、一九六八年（新泉社、一九七一年）、北條功『プロシャ型近代化の研究――プロシャ農民解放期よりドイツ産業革命まで』御茶の水書房、二〇〇一年。他方、ヨーロッパの東西区分線としてエルベ河を絶対視せず、むしろドイツの村落共同体共通の特性をフーフェ制原理に求め、ロシアのドヴォール制原理による共同体と対置したのは肥前栄一氏であった（『ドイツとロシア――比較社会経済史の一領域』未來社、一九八六年、「家族および共同体からみたヨーロッパ農民社会――社会経済史的接近」『比較家族史研究』第一五号、二〇〇一年）。

★6　F. Lütge, Deutsche Sozial- und Wirtschaftsgeschichte, 3. Aufl., Berlin/Heidelberg, 1966, S. 215.

★7　C. F. Knapp, a. a. O., S. 3749.

★8　Ebenda, S. 81-114.

★9　G. v. Below, Der Osten und der Westen Deutschlands. Der Ursprung der Gutsherrschaft, in: Ders., Territorium und Stadt, München/Leipzig, 1900.

★10　ベロウの農政論については、G. v. Below, Die Fürsorge des Staates für die Landwirtschaft eine Errungenschaft der Neuzeit, in: Ders., Probleme der Wirtschaftsgeschichte, Tübingen, 1920 にあたらなければならない。彼はこの論文で、権力と農民保護の関係を通史的に考察し、傾向として中世社会は都市利害の優った社会であって、農民保護はようやく一八世紀の君主権の政策介入と重農学派 Physiokratismus の登場以後に本格化すると考えている。

★11　O. Hintze, Die Hohenzollern und der Adel, in: Ders., Regierung und Verwaltung, Göttingen, 1967.

★12　成瀬治氏は、ヒンツェがせっかく領邦君主権に家産的構造を見出しながら、領邦諸身分を私的存在と捉え、領邦身分制を一九世紀近代議会制の「不完全な先駆」と理解したところに、彼の限界を見たが、いま紹介した点においても、このような彼の学説の特性がよく表れているのではなかろうか。成瀬治『絶対主義国家と身分制社会』山川出版社、一九八八年、二〇二―六ページを参照。

★13　H・ローゼンベルク著（大野英二・川本和良・大月誠訳）『ドイツ社会史の諸問題』未來社、一九七八年に収められた日本語版序文参照。

★14　H. Rosenberg, The Rise of the Junkers in Brandenburg-Prussia, 1410-1653, in: American Historical Review, Vol. 49, 1943/44, 同論文は大幅に改訂され、後にドイツ語で発表されている。Ders., Die Ausprägung der Junkerherrschaft in Brandenburg-Preußen, 1410-1618, in: Ders., Machteliten und Wirtschaftskonjunkturen. Studien zur neueren deutschen Sozial- und Wirtschaftsgeschichte, Göttingen, 1978.

★15　H. Rosenberg, Bureaucracy, Aristocracy, and Autocracy. The Prussian Experience 1660-1815, Cambridge, 1958.

★16　O. Büsch, Militärsystem und Sozialleben im Alten Preussen, Berlin, 1962.

★17　Ebenda, S. XII. なおローゼンベルクやビュッシュが進めていた研究を知ることなく、ほとんど独自に同様の観点を獲得し、しかもそれにもとづいて総合的な歴史叙述を完成した高柳信一氏の『近代プロイセン国家成立史序説』有斐閣、一九五四年は、一七世紀以前の国制史に研究の中心を据えているとはいえ、高く評価されねばならない。わが国の現段階におけるこのような方向でのもっとも重要な研究は、増井三夫『プロイセン近代公教育成立史研究』亜紀書房、一九九六年であろう。ただし同書による「社会的規律化」論の理解や適用に対して、本書が異論をもつことについては後に述べる。

★18　F. Grossmann, Über die Gutsherrlich-bäuerlichen Rechtsverhältnisse in der Mark Brandenburg vom 16. bis 18. Jahrhundert, Leipzig, 1890.

★19　わが国の北條功氏や藤瀬浩司氏の農場領主制研究においても村落共同体の存在はほとんど顧みられなかったが、ドイツ農村社会の「共同体的構成」を重視した藤田幸一郎氏でさえ、一八世紀以前の東エルベ村落共同体については検討されなかった。北條功氏、前掲書、藤瀬浩司氏、前掲書、藤田幸一郎『近代ドイツ農村社会経済史』未來社、一九八四年、第二章、参照。

★20　三人の共同研究に J. Peters/H. Harnisch/L. Enders, Märkische Bauerntagebücher des 18. und 19. Jahrhunderts. Selbstzeugnisse von Milchviehbauern aus Neuholland, Weimar, 1989 があるが、この研究以降ハルニッシュと他の二人、特にエンダースとのあいだに見解の対立が生まれ、村落共同体論をめぐって厳しい批判が後者より前者に投げかけられた。したがって三人のなかでハルニッシュのみに焦点をあてた加藤房雄氏の研究動向紹介は、いささかバランスを欠くように思われる（加藤房雄「東エルベ社会史論覚――研究動向の一断面」経済史研究会編『欧米資本主義の史的展開』思文閣、一九九六年、二四八―五三頁）。なお三人の他に、旧民主共和国の社会経済史家による近世ブランデンブルク農業経済史研究として、H-H. Müller, Märkische Landwirtschaft vor den Agrarreformen von 1807. Entwicklungstenzen des Ackerbaues in der zweiten Hälfte des 18. Jahrhunderts, Potsdam, 1967も重要である。ただしそれは一八世紀後半を対象としており、本書の扱う時期とはずれがある。

★21　H. Harnisch, Die Herrschaft Boitzenburg. Untersuchungen zur Entwicklung der sozialökonomischen Struktur ländlicher Gebiete in der Mark Brandenburg vom 14. bis zum 19. Jahrhundert, Weimar, 1968.

★22　H. Harnisch, Gemeindeeigentum und Gemeindefinanzen im Spätfeudalismus, in: Jahrbuch für Regionalgeschichte, Bd. 8, 1981; Ders., Die Landgemeinde in der feudalabsolutistischen Staates. Dargestellt am Beispiel von Brandenburg-Preußen, in: Jahrbuch für Geschichte des Feudalismus, Bd. 13, 1989; Ders., Die Landgemeinde im ostelbischen Gebiet (Mit Schwerpunkt Brandenburg), in: P. Blickle (Hg.), HZ, Bh. 13. Landgemeinde und Stadtgemeinde in Mitteleuropa, 1991.

★23　H. Harnisch, Gemeindeeigentum, S. 155. また彼による農民農場の保有権論はDers., Rechtsqualität des Bauernlandes und Gutsherrschaft, in: Jahrbuch für Geschichte des Feudalismus, Bd. 3, 1979.

★24　J. Peters (Hg.), HZ, Bh. 18, Gutsherrschaft als Soziales Modell, 1995; Ders. (Hg.), Konflikt und Kontrolle in Gutsherrschaftsgesellschaften, Göttingen, 1995; Ders. (Hg.), Gutsherrschaftsgesellschaften im europäischen Vergleich, Berlin, 1997. またそれらの続篇ともいうべきPotsdamer Studien zur Geschichte der ländlichen Gesellschaft, Köln/Weimar/Wien, 2001-のシリーズが、ペータースを総括編集者として刊行を開始した。

★25　農場領主制の地域的偏差については、J. Peters (Hg.), Gutsherrschaftsgesellschaften、特に第一部を参照。またブランデンブルク内における農場領主制諸変種や非農場領主制的社会関係の並存についても検討が進められている。H. Kaak, Vermittelte, selbsttätige und maternale Herrschaft. Formen gutsherrlicher Durchsetzung, Behauptung und Gestaltung in Quiltz-Friedland im 18. Jahrhundert, in: J. Peters (Hg.), Konflikt und Kontrolle; H. Zückert, Vielfalt des Lebensverhältnisse in unmittelbarer Nachbarschaft. Die Gleichzeitigkeit des Ungleichzeitigen in brandenburgischen Dörfern, in: J. Peters (Hg.), Gutsherrschaftsgesellschaften; Ders., Agrardualismus im Gutsherrschaftsgebiet. Untertänigkeitverhältnisse in den Dörfern von Berlin-Zehlendorf, in: JBLG, Bd. 50, 1999、参照。

★26　この観点は三冊の編著いずれにも打ち出されているが、ほかにJ. Peters, Das laute Kirchenleben und die leisen Seelensorgen. Beobachtungen an zwei Dörfern und einer Stadt (Prignitz, 17. Jahrhundert), in: R. van Dülmen (Hg.), Arbeit, Frömmigkeit und Eigensinn, Frankfurt (M), 1990; Ders., Flexible Konfliktgemeinschaft. Zur gemeindlichen Handlungsstruktur in den saldernischen Prignitzdörfern in den Frühen Neuzeit, in: T. Rudert/H. Zückert (Hg.), Gemeindeleben. Dörfer und kleine Städte im ostelbischen

Deutschland, Köln/Weimar/Wien, 2001 および W. W. Hagen, Ordinary Prussians. Brandenburg Junkers and Villagers, 1500-1840, Cambridge, 2002 が重要である。

★27　続いて紹介するエンダースとともに、第三章で触れることになるU・グライクスナーの研究がこの面では必読文献である。なお村落共同関係の重視という視点には、近世東エルベ農村社会の多様性に目を向けるばかりではなく、西エルベ社会との共通面をも重視しようとする意図が含まれており、再統一後のドイツ社会全体の問題意識がそこに反映されているのではないか。

★28　L. Enders, Die Uckermark. Geschichte einer kurmärkischen Landschaft vom 12. bis 18. Jahrhundert, Weimar, 1992; Dies., Die Prignitz. Geschichte einer kurmärkischen Landschaft vom 12. bis zum 18. Jahrhundert, Potsdam, 2000.

★29　FBPG, NF. Bd. 4, 1994, S. 263f. のハーンの書評、同誌 Bd. 12, 2002, S. 263-5 のハインリヒの書評を参照のこと。

★30　エンダースのブランデンブルク村落共同体論については、註（28）にあげた両著の他に、Dies., Landgemeinde in Brandenburg. Grundzüge ihrer Funktion und Wirkungsweise vom 13. bis zum 18. Jahrhundert, in: Blätter für deutsche Landesgeschichte, Bd. 129, 1993; Dies., Schulz und Gemeinde in der frühneuzeitlichen Mark Brandenburg, in: T. Rudert/H. Zückert (Hg.), a. a. O. がある。

★31　Th. Fontane, Werke, Schriften und Briefen, Abt. 2. Wanderung durch die Mark Brandenburg, 3 Bde, München, 1987; U. v. Alvensleben, Als es sie noch gab. Adelsitze zwischen Altmark und Masuren, Frankfurt (M), 1996.

★32　近世ドイツ貴族史の全体の研究動向については、R. Enders, Adel in der frühen Neuzeit, Berlin/New York, 1993 を参照のこと。

★33　ハーンの研究がこれまでの伝統と全く切れて存在しているわけではない。例えば彼の学位論文は多くの一族史を資料として利用していた（P.-M. Hahn, Struktur und Funktion des brandenburgischen Adels im 16. Jahrhundert, Berlin, 1979）。

★34　P.-M. Hahn, Fürstliche Territorialhoheit und Lokale Adelsgewalt. Die herrschaftliche Durchdringung des ländlichen Raumes zwischen Elbe und Aller 1330-1700, Berlin/New York, 1989.

★35　近世権力の秩序形成と維持は、君主権によるよりもむしろ貴族の領主裁判権によるということは、彼が早くから強調してきた点である（Ders., Polizeigesetzgebung und ländliche Sozialverfassung, in: JGMOD, Bd. 29, 1980）。

★36　W. Neugebauer, Absolutistischer Staat und Schulwirklichkeit in Brandenburg-Preußen, Berlin, 1985.

★37　P.-M. Hahn, Struktur und Funktion, S. 141-203.

★38　P. Bahl, Der Hof des Großen Kurfürsten. Studien zur höheren Amtsträgerschaft Brandenburg-Preußens, Köln/Weimar/Wien, 2001.

★39 P.M. Hahn, Aristokratisierung und Professionalisierung. Der Aufstieg der Obristen zu einer militärischen und höfischen Eliten in Brandenburg-Preußen von 1650-1725, in: FBPG, NF. Bd. 1, Hft. 2, 1991.

★40 F. Göse, Die Struktur des kur- und neumärkischen Adels im Spiegel der Vasallentabellen des 18. Jahrhunderts, in: FBPG, NF. Bd. 2, Hft. 1, 1992.

★41 なおハーンは建築史家H・ローレンツとともに、近世ブランデンブルク歴史的建築物の調査・研究グループを組織し、貴族が建築させた城館や教会の調査を進めているが、これらの建築物や内装・調度は、支配者としての貴族の心性が表現された象徴形式であるとみなされている。しかしこの面でのハーンの業績がどれほど興味深いものであっても、それについては本書で採りあげることはあまりないであろう。既に一九八〇年代からハーンはこの領域に関心を示していたが、ドイツ再統一によって実地調査や文書館史料利用が容易となり、これを契機に文化史・建築史へと彼の研究の中心が移行しつつある。その成果はP.M. Hahn/H. Lorenz (Hg.), Herrenhäuser in Brandenburg und der Niederlausitz. Kommentierte Neuausgabe des Ansichtenwerks von Alexander Duncker (1857-1883), 2 Bde, Berlin, 2000 に結実した。同書は、一九世紀の出版業者A・ドゥンカーの著書の意義を再発見し、それに掲載された貴族城館のリトグラフと解説を復刻するとともに、個々の館の調査を行ない、それらの建築史・文化史的価値を本格的に検討し直した。

★42 W・アーベル著（寺尾誠訳）『農業恐慌と景気循環——中世中期以来の中欧農業および人口扶養経済の歴史』未來社、一九七二年。

★43 近世ヨーロッパの権力エリートとは、国家形成に参画しそれをリードし、この過程から大きな利益を得た者たちのことをいっている。そのより詳しい定義については、W. Reihard, Power Elites, State Servants, Ruling Classes, and the Growth of State Power, in: Ders. (Hg.), The Origins of the Modern State in Europa 13th to 18th Century, Theme D. Power Elites and State Building, Oxford, 1996 参照。

★44 これらの概念については、G・エストライヒ著（阪口修平・千葉徳夫・山内進訳）『近代国家の覚醒——新ストア主義・身分制・ポリツァイ』創文社、一九九三年、N・エリアス著（波田節夫・中埜芳之・吉田正勝訳）『宮廷社会』法政大学出版局、一九八一年、R・ミュシャンブレッド著（石井洋二郎訳）『近代人の誕生——フランス民衆社会と習俗の文明化』筑摩書房、一九九二年、参照。またS. Breuer, Sozialdisziplinierung. Probleme und Problemverlagerung eines Konzepts bei Max Weber, Gerhard Oestreich und Michel Foucault, in: Chr. Sachße/F. Tennstedt (Hg.), Sozialsicherheit und soziale Disziplinierung, Frankfurt (M), 1986 は、エストライヒの「社会的規律化」概念を、M・ウェーバーやM・フーコーの議論と比較して理解するうえで有意義である。

★45　阪口修平「社会的規律化と軍隊」『シリーズ世界史への問い　五　規範と統合』岩波書店、一九九〇年、二三七頁。「社会的規律化の概念は、国家と社会の全体を構造史的に理解するための一つの試み」とする阪口氏の理解より、「規律化」概念の効力を限定的に考えているR・v・デュルメンに、同意できる部分が多い（『近世の文化と日常生活　二　村と都市』鳥影社、一九九五年、三七一―五頁）。なお「社会的規律化」概念を近世ブランデンブルク社会の説明に適用する場合、農場領主制によって強く規定された特殊東エルベ的社会が、それによって的確に解釈できるかという特有の難問が控えている。現在までのところ、阪口氏によってもこの問題は十分説得的に解明されてはいない。むしろこの課題に取り組んだのは、増井三夫氏であった。しかし氏は、「農村における貴族の支配体制、グーツヘルシャフトにおけるグーツヘル＝農民関係を認めつつ、それをそのまま国家の支配機構のなかに包摂し、グーツヘルと農民間の支配＝服従の関係をそのまま国家における支配＝服従の関係に転化させる」ことを「社会的規律化」の意図と説明されるが（同氏、前掲書、一九頁）、このような理解では、社会的規律化による変革の内容、即ち人格的忠誠に中心を置いた社会関係より事象的支配・社会関係への移行という意味が、見失われてしまうことになる。氏の精力的な教育行政史や村落学校史研究からは学ぶべきことが多いが、それらの考察は、「社会的規律化」論を援用せずとも可能であったのではないか。なおかつて経済史家たちは、再生産表式論に土地制度論を組み合わせたり（講座派、大塚史学）、あるいは原理論と現状分析を段階論によって媒介させ（宇野派）、資本主義経済を「不純」な要素も含めて把握し、類型差や段階差をも考慮しつつ構造的に理解しようとした。一つの方法論に過度に依存することが平板な歴史像に帰結しかねないことを、それらの研究史は教えてくれる。

第一部　近世ブランデンブルクの長期的循環過程

第一章　一六世紀における城主＝官職貴族と農場領主制の形成

はじめに

近世ブランデンブルク社会の形成とそれに対する貴族のかかわり方については、序章で紹介したO・ヒンツェの論文[★1]が、われわれの立場とは異なるとはいえ、大変わかりやすい像を提供してくれる。それは次のとおりであった。中世後期のブランデンブルク社会の混乱は、アスカニア家断絶以来君主権力が安定しなかったところに原因をもち、したがって一四一五年にホーエンツォレルン家のフリードリヒが辺境伯位を得て、同家がこの後に強力な君主権力を築いたことによって、秩序は安定化していった。他方貴族の側は、クウィツォウ家などの有力貴族のなかに同家の統治に公然と反抗する者が目立ち、さらに群小貴族のなかには盗賊行為を彼らの特権とみなす傾向さえあった。ホーエンツォレルン家の君主権はこのような抵抗を排除し、ラント平和 Landfriede の実現によって秩序を回復させていった。貴族たちはこの社会的安定化のなかで、経済的利益の追求に活路を求め、農民から土地を奪い賦役を彼らに課し、農場領主制を作り出していった。また貴族たちは軍事的行為によって君主権を脅かすことは止めたが、しかし君主は、領邦の安危にかかわるすべての問題について領邦諸身分の助言と支持を得ることが義務づけられ、君主権も貴族たちによって強く制約され続けた。

このようなヒンツェの近世初期の貴族像は、一六五三年領邦議会協定によって所領支配の強化を許された代償に絶対主義的権力の誕生を認めたとされる彼らの末裔に直接つながることが意識され、描き出されている。しかし近年の歴史家はかかる歴史像に満足せず、一五、六世紀の秩序の安定が一人君主権によって実現したのではなく、むしろ有力貴族のなかに親ホーエンツォレルン勢力が育ち、ラント平和の実施も彼らの軍事力に頼っていた側面を強調する傾向がある。[★2] もしそうであるならば、貴族の中世的形態と近世的貴族は、ヒンツェが考えたほどには断絶していなかった可能性があり、また近世貴族がホーエンツォレルン家によって飼い慣らされたことで生まれたとする見方も、自明なものとはいえなくなる。さらに近世の幕開けにあたって少なくとも一部有力貴族の武力が貢献したというならば、農場領主制の形成も、はたして貴族の脱軍事化への対応過程、または与えられた秩序安定の利用過程であったと説明するだけで十分であろうか、といった疑問が生じる。本章はこのような疑問を踏まえたうえで、ブランデンブルクにおける一六世紀的体制の成立と、そのなかでの貴族の位置を検討するが、君主権の指導性を一面的に強調するのではなく、むしろ貴族の存在形態の変容のなかに近世社会成立の契機を見出していきたい。具体的には、次の点を解き明かすことを課題とする。まずホーエンツォレルン家君主から厚遇され、秩序安定に寄与した貴族たちがあったとするならば、それはどのような者であり、彼らの新しい時代への対応や中世後期の混乱収拾がどのようにして行なわれたのかを問題にする。次に、彼らによる秩序形成があったとするならば、それと農場領主制形成のかかわりを問うことにしたい。特にそこでは農場領主制形成を、農村社会や村落的秩序の動向と関係させて検討することは、本書課題との関係から不可欠である。最後に、一六世紀的権力体制運営における貴族の位置と役割、またそれによって得た彼らの利益の性格を解き明かすことになるだろう。

★1　O. Hintze, Die Hohenzollern und der Adel, in: Ders., Regierung und Verwaltung. Gesammelte Abhandlungen, Bd. 3, Göttingen, 1967, S. 306.

★2　P.-M. Hahn, Adel und Landesherrschaft in der Mark Brandenburg im späten Mittelalter und der frühen Neuzeit, in: JBLG, Bd. 38, 1987によって、ハーンはこのような観点をはっきり打ち出したが、ほかにH. Böcker, Die Festigung der Landesherrschaft durch die hohenzollernschen Kurfürsten und der Ausbau der Mark zum fürstlichen Territorialstaat während des 15. Jahrhunderts, in: I. Materna/W. Ribbe (Hg.), Brandenburgische Geschichte, Berlin, 1995, S. 174にも、同様の理解が示されている。

第一節　城主＝官職貴族の形成

一　中世後期の社会秩序混乱と城主

一三一九年にブランデンブルク辺境伯家であったアスカニア家が断絶して以来、一五世紀初頭までブランデンブルク社会が混乱した原因を権力的要因に求めるならば、アスカニア朝下で成立した城塞支配の体制が崩れ去っていったことに求めることができよう。アスカニア家辺境伯が領邦君主権Landesherrschaftを一三世紀に築き上げることに成功したのは、マクデブルク大司教、マイセン辺境伯らの近隣諸侯、あるいは高級貴族やブランデンブルク、ハーヴェルベルク両司教らによるこの地の城塞に対する影響力を排除しえたからにほかならない。この結果、各地域の戦略上の要所となった城塞 Landesburgen はブランデンブルク辺境伯の支配下に置かれ、そのなかでも特に重要な城塞は領邦君主のフォークタイ裁判管区の中心 Vogteiburgen として位置づけられた。★1 しかし一四世紀には、アスカニア家断絶時の相続争いに起因した混乱や、あるいは辺境伯家の債務が原因となって、これらの城塞はブラウンシュヴァイク大公やメクレンブルク大公、あるいはミニステリアーレ層を中心とした貴族たちの手に次々と落ちていった。★2 こうして各地の城塞が、ブランデンブルク辺境伯による統合的管理の手から離れ、互いに自己の支配権の拡大をめぐって対立しあう諸勢力の権力的手段となり、これによって長期にわたる秩序の混乱が発生したとすることができるだろう。さてこの混乱の内容にいま少し立ち入ってみるならば、三つの対立関係が複雑に絡み合っていたことを見出すことができる。

アスカニア家断絶直後に、辺境伯の地位をめぐってまずは近隣のザクセン、ポメルン、メクレンブルク各大公が争い、それぞれブランデンブルクの各地を占拠しようとしたが、★3 その後は皇帝家を中心に西部ドイツ諸侯が競い合う。この間ヴィッテルスバッハ家（一三二三―七三年）、ルクセンブルク家（一三七三―一四一五年）、ホーエンツォレルン家（一四一五年以降）と辺境伯家が移り変わり、一五世紀前半までその地位は安定しなかった。特に皇帝権をめぐって競い合うヴィッテルスバッハ、ルクセンブルク両家の対立がブランデンブルクにも波及し、一四世紀中葉は一五世紀初頭と並んで、中世後期において秩序がもっとも混乱した時期にあたる。「盗賊騎士」Raubrittertum の掠奪行為による被害が、この当時頂点に達した。★4

第二の対抗関係は、辺境伯と周辺諸侯とのあいだでの境界領域支配をめぐって繰り広げられた戦争である。アスカニア家断絶直後にブランデンブルクは、辺境伯位をめぐって争った前記三大公に加えてブラウンシュヴァイク大公らによって分割されかかったこともあったが、その後もアルトマルクやウッカーマルクのような辺境地域が争奪の対象となるのはもちろん、プリクニッツ、ミッテルマルクもまた周辺諸侯の介入を免れえなかった。具体的には北方におけるメクレンブルクやポメルン、西方においてのマクデブルク、ブラウンシュヴァイク、南方のザクセンなどの諸侯勢力との闘争である。ヴィッテルスバッハ家の辺境伯位の放棄は、皇帝家ルクセンブルクの圧力とともに、メクレンブルク、ポメルンとの対立が膠着したなかで起こった。★5

第三の対抗関係は、貴族のなかで隔絶した地位をもち、城塞によって独立した軍事力を有する城主 **Burgherrn** が、おのれの裁量によって同盟関係を諸侯と結び、辺境伯や同輩貴族と対立したことである（中世後期に貴族が所有した城塞については、第3図参照）。ブランデンブルクの下級貴族は、城塞を所有する貴族（城主）**Burggesessene, Beschlossene** とそれをもたない貴族 **Unbeschlossene** に分類され、前者が隔絶した地位を得ていた。ここでいう城塞とは、村落内にあって一村を防衛する以上に意味をもたないような小規模のものをいうのではなく、広域にわたって戦略的拠点になりうるもので、もとは辺境伯支配下にあった城塞 **Landesburgen** を指す。★6 城主の数は近世にはいると急増するので、★7 それから中世後期の状況を類推することはできないのであるが、参考に一六世紀後半についてみるならば、クールマルクでは一五七七年に城主に属す一族数は約六六であった。一五八一／三年の城主、非城主貴族一族の合計は約三〇〇であったといわれているので、非城主貴族家数はこの頃二三〇程度であったと考えられる。★8 城主の優越性はその軍事能力や広大な領地所有によっていたが、ほかにも一六世紀の領邦議会制度においては、非城主貴族がクライス（郡）を通じて召集されたのに対し、彼らは直接自らに宛てられた招請状によって呼び出され、領邦貴族のなかで特別の存在として処遇されていた。★9 さて、アスカニア家断絶以降ホーエンツォレルン朝成立までの約一世紀の間（一三一九―一四一五年）、辺境伯が彼らをほとんど統御できずに経過したのは、以下のような事情による。中世後期において、辺境伯、マクデブルク大司教、ブラウンシュヴァイク大公、メクレンブルク大公らが城主たちを自己の陣営に引きこむためにレーエン関係を行使しながら、敵対相手を凌ぐにはこれによっては不十分であったため、さらにしばしば城塞利用に関する契約を城主と締結した。既に述べたように、有力貴族から資金提供を受け、その抵当として城塞を譲り渡した場合、一般には辺境伯は城塞利用権（開城権）だけは確保していたのであるが、ハーヴェルラントの場合のようにそれさえ失う場合もありえた。他方いったん貴族の手に渡った城塞については、他の諸侯が介入する機会も増大することになった。即ち辺境伯に代わって後者が貴族たちに城塞維持資金を提供し、その見返りとして開城権を認めさせたのである。この過程で、辺境伯は自らの封臣に対しても支配力を失うことになった。なるほど辺境伯以外の諸侯に開城権を許す場合でも、辺境伯が攻撃対象である場合は、これらのライバル諸侯は貴族たちに城塞利用を強制することはできないとされていたが、しかし多くの城主、特に境界地域のそれの自立化を防ぐことはできなかった。[★10] ハーンはこうした契約関係を、レーエン制の機能不全の証左であるとするとともに、それらによって権力的支配が商業的取引化 Kommerzialisierung されたことに歴史的意義を見いだしている。[★11] そうであるならば、一六世紀的権力構造は既に一四世紀にその萌芽を見いだすことができる。しかしながらこの段階では、権力の商業的取引化は秩序の解体に作用した。諸侯の側もその支配領域拡大のためには城主の支援を必要としていたが、後者もまた前者の後ろ盾がなければ同輩貴族間の対立を勝ち抜けなかった。しかもエルクスレーベン系アルヴェンスレーベン家やブレドウ家のように、彼らは、状況に応じ辺境伯も含め次々と同盟相手の諸侯を取り替えていた。[★12]
こうした同盟関係はこれら貴族の独立性を高め、辺境伯の支配を不安定化させるばかりか、諸侯間の対抗関係と貴族間の対立を共振させ、地域レベルにおける武力的紛争解決 Fehde を煽りたてる役割を果たしたとみてよい。しばしば互いに別の諸侯と同盟することで、同一親族に属す城主が対立しあい、親族的紐帯が形骸化する場合さえ起こった。[★13] 一族は知行の受領単位でもあったのだから、レーエン制の機能喪失が親族分裂を通じて地域社会にも及んでいたことを示しているといえる。

以上のような諸侯や城主間の不断の戦争状態と、それによる権力秩序の動揺によって、貴族のなかから「盗賊騎士」が生まれ、彼らは家畜などの掠奪を繰り返した。このような暴力行為は小貴族によってのみ行なわれたわけではない。ルクセンブルク朝末期にはクウィツォウ v. Quitzow、ガンス Gans zu Putlitz、ブレドウ v. Bredow、ロッホウ v. Rochow のような第一級の城主層から辺境伯に公然と反抗する者が生まれ、彼ら、特にクヴィツォウ家は、ブランデンブルクのみならずその周辺領域にまで掠奪行動を拡大していった。[★14] このような無秩序化に対して、辺境伯は手をこまねいていたわけではない。例えば一四世紀に辺境伯は期限付きで周辺諸侯とラント平和を締結し、その取り締まりをはかるが、目立った効果は期待できなかった。[★15] その原因は、それの実施組織として導入されたラントフォークタイ制 Landvogtei の弱体性にあった。[★16] 同制度はアルトマルク、プリクニッツ、ミッテルマルク、ウッカーマルク、レブスを区画とし、辺境伯による新たな領邦支配の地域単位創出の試みであったが、アスカニア時代のフォークタイ制度とは重大な相違点をもっていた。まず、後者に比べ一区画がはるかに広域より成っていた。もっとも大きなミッテルマルクのラントフォークタイについては不明であるが、例えばアルトマルクのラントフォークタイはかつては五つのフォークタイにわかれていたし、最小のレブスのラントフォークタイにも以前は三つのフォークタイが存在した。しかし支配区画の広域化は、領邦君主権の強化ではなく弱体化とともに行なわれたため、フォークタイ制に比べ君主支配権の実体は希薄なものにとどまった。辺境伯は各ラントフォークタイの秩序維持、領邦君主の裁判権実行のために、それぞれの地域において有力な城主層をラントフォークト Landvogt あるいはランデスハウプトマン Landeshauptmann に任命した。例えば、アルトマルクのシューレンブルク v. d. Schulenburg、アルヴェンスレーベン v. Alvensleben、プリクニッツのロール v. Rohr、ミッテルマルクのブレドウらである。[★17] 彼らは当地における最有力の城主層であったが、しかしかつてのフォークタイとは違い、当該区画において軍事力（城塞支配）を独占していたわけではなかったし、さらにリポルト・v・ブレドウのごとく、ミッテルマルクのランデスハウプトマンでありながら、辺境伯を裏切ってマクデブルク大司教の支持勢力として活動する者まで現れた。[18] 結局、ラントフォークタイ制度は秩序維持の決め手とはならなかったと結論づけて差し支えない。

中世後期においてブランデンブルクは経済活動が収縮し、人口も大きく減少するが、それにはペストなどの要因も考えうるが、しかし決定的であったのはやはり以上のごとき慢性的戦乱状態と、「盗賊騎士」らによる掠奪の頻発であったろう。廃村率によって、秩序解体の帰結をみるならば以下のとおりである。エンダースの計算によるとウッカーマルクでは、中世盛期に入植された一七三村落のうち（ポメルンに占領された地域を除く）、一四七五年において農場数を減少させずに維持できていた村落は四四、一五〇〇年には六にすぎず、逆に無人化した村落は一三七五年において一六、一五〇〇年には五五にものぼっていた。[19] またプリクニッツでは、中世盛期に存在した四二八村のうち、中世後期において一八五が廃村化したのであった[20]（ミッテルマルクに関しては後出の第1-5表参照）。

二　ホーエンツォレルン家統治体制の開始と城主

一四一五年のホーエンツォレルン家統治体制の開始から一五世紀末を、近世ブランデンブルクにおける長期的循環の第一局面であると序章で位置づけておいた。それは中世後期から近世への移行期であると同時に、回復局面とすることができる。なるほどホーエンツォレルン家初代辺境伯フリードリヒ一世の治世当初は周辺諸侯との厳しい対立にさらされ、クウィツォウ家などの反抗的な臣下に悩まされていたが、徐々に後者への懐柔が功を奏し、[21] 第三代辺境伯（初代選帝侯）のフリードリヒ二世の治世（一四三七―七〇）には、もはや城主たちがブランデンブルク外の諸侯と軍事同盟を結び、選帝侯に対して敵対的軍事行動をとる可能性は消滅し、かわって彼らのなかには選帝侯に資金提供等を通じて忠誠を尽くすことにより、城塞をレーエンや抵当として獲得したうえに、各地域において勢力を伸張する者が目立ってきた。例えばアルトマルクのカルベ系アルヴェンスレーベンとシューレンブルク、プリクニッツのロール、クウィツォウ、ガンス、ミッテルマルクのブレドウとロッホウ、ウッカーマルクのアルニム v. Arnim 各家などがそれであり、彼らは君主が各クライス統治のために置いたランデスハウプトマン職（ウッカーマルクの場合はラントフォークト）を独占することになる。[★22] 以上の事実は、ホーエンツォレルンが城主のなかにクリエンテルを育て上げるのに成功し、領邦君主としての地位を高めたことを意味した。しかしこれによって城主たちの城塞は決してその歴史的意義を終えはしなかった。次に城主として彼らが秩序維持に果たした役割を、アルトマルクの場合を中心に説明することにしよう。[★23]

　ホーエンツォレルンの統治体制が、それに先立つヴィッテルスバッハとルクセンブルクのそれに比べて安定したものであったことは間違いないが、しかし一五世紀の間は相変わらず秩序が再建されたというにはほど遠い状況にあった。なるほどいま述べたように、貴族の公然たる反抗を選帝侯が心配する必要はなくなっていったし、またブランデンブルク貴族による掠奪も減少していったが、それにもかかわらず、盗賊騎士の出没はいっこうにおさまらなかった。これはブランデンブルク貴族が近隣領邦に対しては掠奪を止めなかったのと同様、後者から遠征してきた貴族の武力にブランデンブルクもさらされ続けたためである。[★24] 城塞の軍事上の意義が減じることがなかったのは、このような事情による。このためホーエンツォレルン家君主権は中世後期に失った城塞の回収に努めたのであるが、しかし多くの城は貴族の支配下にとどまり、さらにウッカーマルクの要衝ボイツェンブルク城のように、抵当としてアルニム家の手に渡ってしまう場合さえあった。[★25] したがって、貴族たちの城塞支配のありかたは、ブランデンブルクの秩序を相変わらず左右し続けていた。それでは中世後期と比べ、一五世紀の城主たちの城塞支配の特徴はどのようなものであったのだろうか。

中世後期には、城塞ごとに貴族たちが独立的軍事行動をとり、親族内にも敵対的関係が及んだことは既に述べたとおりであるが、こうした現象は城塞内にも及び、しばしば同一の城塞を分有した兄弟が互いの城館を隔てるために、城内に堀を新たに掘ることさえあった。ところがハーンが明らかにするところによると、アルトマルクに城塞を所有する大貴族たち、例えばアルヴェンスレーベン、シューレンブルク、クネーゼベック v. d. Knesebeck 各家において、一五世紀後半にはこのような分裂傾向に歯止めをかけ、むしろ親族的紐帯を強めるという共通した現象を認めることができるという。ハーンは、親族的結合の強化を、領邦国家の統合化につれ軍事的行動を制約された貴族たちが、新たな状況に適応するためにとった戦略であるとしている。[★26]この城主の親族的結合の強化は、秩序維持にとって次のような積極的意味をもった。アルヴェンスレーベン家の場合、城塞ごとに共同防衛体制のため城塞の修繕や増築の負担に関する契約を親族間で取り交わした。ここで付言しておくならば、こうした親族的紐帯が一六世紀にはさらに発展し、一五五二年にはカルベ系アルヴェンスレーベン家で、また五六年にはエルクスレーベン系で城塞平和 Burgfriede が締結された。このことは実質的に地域において平和的秩序を支えていたのは貴族の城塞であり、貴族の武力は秩序の破壊から一転してむしろ秩序形成に向け作用し始めたことを物語っているといえる。ちなみに城塞平和体制は外敵に対して向けられたばかりではなく、親族内の武力的対立も対象とし、その抑止を目的として親族全体による宣誓共同体 Schwurgemeinschaft を形成し、二一歳以上の男子アルヴェンスレーベン全員に加入を義務づけるとともに、前述のエルクスレーベン系、カルベ系双方の城塞平和体制は、親族内に仲裁裁判制度 Schiedgericht を発展させ、一族内の紛争は君主裁判権の介入を待つことなく、対立する当事者が共同で選出した親族内第三者の仲裁によって解決をはかるとしたのである。[★27]

以上の貴族の城塞による秩序維持は、ラント平和の単なる補完とみなすべきでない。一四七三、六年に選帝侯アルブレヒト・アヒレス Albrecht Achilles は、辺境伯ヨハン Johann をはじめとする息子たちにフェーデを中止させ盗賊行為を禁じるよう命じ、また一四八四年にブランデンブルク貴族身分会議は、選帝侯の裁判権のもとでラント平和を実現することに賛意を表明していた。しかしながら君主は自ら意のままにできる軍事力をもって、ラント平和を実現する能力を欠いていた。各クライスのランデスハウプトマンやラントフォークトが君主官僚としてそれを実行する立場にあったが、彼らも軍事的にはほとんど自立した勢力であった。ウッカーマルクでは、前述のとおり、アルニム家にラントフォークト職とともにボイツェンブルク城が抵当として君主より与えられ、同クライスにおけるラント平和実施の担い手と位置づけられた。[★28] 他のクライスでも地元の有力貴族がランデスハウプトマンに任命され、彼らによって君主の任務が代行されることになっていた。[★29] 選帝侯がラント平和を執行するにあたっては、有力貴族すなわち城主層の軍事的実力に依存しており、この結果、彼らが親族を単位に結集した城塞支配こそが、近世初期においても秩序維持の実体を形成していたのである。[★30]

三　一六世紀における城主＝官職貴族の形成

一五世紀中葉にホーエンツォレルン家によるブランデンブルク統治体制が安定を増したとはいえ、同家第二代選帝侯のアルブレヒト・アヒレスの治世（一四七〇―八六）までは、同家当主はフランケン地方の領邦（アンスバッハ、バイロイト）とブランデンブルクをともに支配し、前者の財源に後者の統治も大きく依存していた。また一四四〇年代末にベルリンに宮廷が建設されていたが、そこに選帝侯が滞在する期間もごく限られていた。[★31] アルブレヒトは在位一六年のうち、ブランデンブルクに滞在したのはわずか三五ヶ月にすぎなかった。アルブレヒトの息子のなかでヨハンがブランデンブルク選帝侯位を継承することにより、ようやく選帝侯が常時領邦内で親政をふるう体制が整い、ベルリンも宮廷としての地位を確かなものとする一方、ブランデンブルクの統治体制はフランケン地方領土より独立を迫られることになる。[★32] ところで一五世紀後半の選帝侯の宮廷行政は、フランケン地方出身者と並び、ブランデンブルクの聖職者と知識人市民層によって支えられるにすぎなかった。[★33] 城主層は選帝侯への公然たる反抗に終止符を打っていたとはいえ、宮廷行政にはほとんど統合されておらず、地域支配は相変わらず自立的武力を保持する城主に依拠していたことは既に述べたとおりである。このため一五世紀後半の城主層による選帝侯統治体制への関与は「在地顧問官」Räte von Haus ausとしての活動、即ち自らの城館に居を定めたまま選帝侯からの諮問の求めに応じることに限られており、[★34] このような形で選帝侯の相談役として重用される者がアルヴェンスレーベン、シューレンブルク、ブレドウなどの名門城主層一門のなかから選ばれていた。[★35]

しかし一六世紀には、宮廷とブランデンブルク貴族の関係に変化が生じた。宮廷の政治活動に、貴族を積極的に登用しなければならない事情が生じたのである。即ち、対外政治の局面において対トルコ戦、帝国内宗派間対立の激化、「ハプスブルク帝国」形成などによって帝国政治が活発化し、加えてブランデンブルクはプロイセン、ポメルンなどの継承権をめぐって外交的活動に力を尽くさねばならなくなる。そのため同国もまたこれらの舞台で活動しうる人材を必要としていた。また対外活動の活発化や宮廷運営の拡大・奢侈化にともなう財政支出増大、諸身分への租税援助要請によって、宮廷・領邦内政治担当の官僚に対する需要も増大する。しかしながら、一五三九年の選帝侯ヨアヒム二世のルター派への改宗とそれ以降すすめられた修道院・教会領世俗化を転機に、人材を聖職者に求めることは困難となり、そのぶん貴族層への期待は高まることになったのである。しかも修道院・教会領世俗化を通じて急増した御領地は膨大な利権を生み出したゆえに、貴族たちにとっても宮廷行政への加担による利益機会を見逃す手はなかった。こうしてブランデンブルク貴族、特に城主層の官職貴族化が一六世紀に本格的に進行していた。このような事例として、ここでもハーンのアルヴェンスレーベン家研究が重要な事実を教えてくれる。アルヴェンスレーベン家でも一五世紀末に、ブッソBussoがアルトマルクのランデスハウプトマンとして、また在地顧問官として選帝侯の信頼を得ていたが、従来の城主の枠にとらわれない活動を開始したのは、一五一一年生まれのルードルフと一四年生まれのヨアヒムの兄弟であった。先祖たちと比べ彼らの略歴で目立つのは次のような点にあった。まず、兄は帝国貴族のもとで、また弟は大学において教育を受け、ヨーロッパ水準の教養を獲得したこと、第二に、選帝侯ヨアヒム一世の弟アルブレヒトが大司教をつとめるマクデブルクの宮廷に仕えたこと、第三に、宮廷での活動において彼らの資金供給力は決定的役割を果したこと、第四に、これらの資金は所領収益によるところが大きいこと、であった。[★36]彼らが人文主義的素養をヨーロッパの知的エリートと共有し、また所領経営より莫大な富を自由にしえたことは、彼らが宮廷行政に参入する際の決定的な要件となっていた。彼らの経済的活動の中心となる所領運営に関しては、農場領主制の形成に限ってこのあと検討するゆえ、ここでは彼らの教育に関して補足的説明を加えておきたい。ハーンの統計的調査によるならば、一六世紀前半までブランデンブルク貴族において大学進学者は例外的存在であったが、しかし世紀後半になると、子弟に大学教育を授ける事例が増大する。このなかではヴィッテンベルク、フランクフルト・アン・デア・オーデル、ライプツィヒなどの近隣地方の大学に進学する者が多かったが、しかし北イタリア、フランスの諸大学で学ぶ者も珍しくはなかった。特にシューレンブルク、アルヴェンスレーベン、アルニムの名門城主一門は進学者数で抜きんでていた。[★37]帝国レベルの政治活動に積極的に参加を迫られた一六世紀のホーエンツォレルン家宮廷にとって、このような教養と資金力をもつ城主の官職貴族化、即ち宮廷行政への積極的関与は欠かすことのできない条件となったのである。一六世紀は、ブランデンブルクの城主たちが中世的性格を徐々に拭い去り、経済的富と教養によって近世的存在に転化しえた時期であったといえよう。

城主層の官職貴族への転化と並んで注目すべきは、宮廷において選帝侯の信頼を得た外来官職貴族のブランデンブルク貴族との急速な融合である。こうした官職貴族層には、トロット v. Trott 家のごとく一五世紀よりブランデンブルクに仕官した一族もあれば、一六世紀初頭に同地に登場するフランス家 v. Flans（あるいは v. Flanss）、シュリーベン家 v. Schlieben、一六世紀中葉に現れたザルデルン家 v. Saldern のような事例もあるが、★38 いずれも君主の恩寵とともに領地を次々と獲得していった。彼らがブランデンブルク貴族に一体化しえた要因としては、後者の領邦外貴族に対する開放性、即ち地元貴族が「現地人官職要求権」Indigenat を十分確保できなかったこととともに、外来貴族と姻戚関係を結ぶことに抵抗を示さなかったという点をあげることができよう。★39 また選帝侯は融合を促進するため、一六世紀後半に官職貴族に対して次々と「城主」の称号と特権を与えていった。★40 このことは、城塞の軍事的実質的意義が低減してゆき、貴族内の隔絶した地位の象徴としての意味が強まったことを表わす出来事であったが、しかし選帝侯によるかかる「位階」の提供は、新興官職貴族たちが姻戚関係などを通じて伝統的城主層と一体化するさいに、後者の抵抗感を和らげる役割を果たしたであろうことは疑いない。このようにして一六世紀には、伝統的城主層の官職貴族化と、官職貴族のブランデンブルク貴族との融合によって、同地において「城主＝官職貴族」と規定しうる権力エリート層が成立したのであった。

以下本章では、一六世紀、即ち近世ブランデンブルクにおける第二循環局面に焦点を定め、城主＝官職貴族による農場領主制形成を中心とする領地・村落支配と、選帝侯権・身分団体における権力支配の特性について検討することになるが、それぞれの領域でいかなる秩序を創出し、またそれによってどのように自らの利益を得たのかを明らかにすることにしたい。

★1　フォークタイ制度についてはアルトマルクとノイマルク、ハーヴェルラントの事例についてのポデールの研究が特に重要である。W. Podehl, Burg und Herrschaft in der Mark Brandenburg. Untersuchungen zur mittelalterlichen Verfassungsgeschichte unter besonderer Berücksichtigung von Altmark, Neumark und Havelland, Köln/Wien, 1975, S. 29-139, S. 496-557. ほかにプリクニッツに関するJ. Schultze, Die Prignitz. Aus der Geschichte einer märkischen Landschaft, Köln/Graz, 1956, S. 54-67も参照。

★2　この過程については、以下の文献を参照。W. Podehl, a. a. O., S. 212-44, S. 580-5; E. Bohm, Tetow und Barnim. Untersuchungen zur Verfassungsgeschichte und Landesgliederung brandenburgischer Landschaften in Mittelalter, Köln/Wien, 1978, S. 52-123, 210-71.

★3　J. Schultze, Die Mark Brandenburg, Bd. 2, Berlin, 1961, S. 9-24.; L. Enders, Die Uckermark. Geschichte einer kurmärkischen Landschaft vom 12. bis zum 18. Jahrhundert, Weimar, 1992, S. 105.

★4　Ebenda, S. 118f. ただしプリクニッツの場合「盗賊騎士」による被害は一五世紀に激化する傾向を見せ、さらに一六世紀においてさえ完全には押さえ込まれていなかったといわれている。L. Enders, Die Prignitz. Geschichte einer kurmärkischen Landschaft vom 12. bis zum 18. Jahrhundert, Potsdam, 2000, S. 143f. u. 288f. 参照。

★5　J. Schultze, Die Mark Brandenburg, Bd. 2, S. 141-60; L. Enders, Die Uckermark, S. 109.

★6　両者の区別については、R. Podehl, a. a. O., S. 56-116が詳しい。

★7　Ebenda, S. 576-80.

★8　M. Haß, Die kurmärkischen Stände im letzten Drittel des sechzehnten Jahrhunderts, München/Leipzig, 1913, S. 35f. 中世後期において有力であったブランデンブルクの代表的城主については、P-M. Hahn, Adel und Landesherrschaft in der Mark Brandenburg im späten Mittelalter und der frühen Neuzeit, in: JBLG, Bd. 38, 1987, S. 52を参照。

★9　M. Haß, a. a. O., S. 33f.; H. Helbig, Gesellschaft und Wirtschaft der Mark Brandenburg im Mittelalter, Berlin/New York, 1973, S. 4.

★10　開城権については、P. Podehl, a. a. O., S. 239-44, S. 581-5とP-M. Hahn, Fürstliche Territorialhoheit und lokale Adelsgewalt. Die herrschaftliche Durchdringung des ländlichen Raumes zwischen Elbe und Aller (1300-1700), Berlin/New York, 1989, S. 503が参照されねばならない。

★11　Ebenda, S. 91.

★12　Ebenda, S. 55-80 ; P. Podehl, a. a. O., S. 566f.

★13　P-M. Hahn, Fürstliche Territorialhoheit, S. 98f. u. 103.

★14 W. Podehl, a. a. O., S. 557-76.

★15 L. Enders, Die Uckermark, S. 117-9.

★16 ラントフォークタイ制については、以下のボームの研究が重要である。E. Bohm, Teltow und Barnim, S. 135-90, 272-91; Ders., Das Land Lebus und seine Vogteien westlich der Oder, in: JGMOD, Bd. 25, 1976, S. 52-68.

★17 P-M. Hahn, Fürstliche Territorialhoheit, S. 65, 93; L. Enders, Die Prignitz, S. 138; W. Podehl, a. a. O., S. 565.

★18 Ebenda, S. 565-9.

★19 L. Enders, Die Uckermark, S. 124.

★20 L. Enders, Das bäuerliche Besitzrecht in der Mark Brandenburg, untersucht am Beispiel der Prignitz vom 13. bis 18. Jahrhundert, in: J. Peters (Hg.), Gutsherrschaftsgesellschaften im europäischen Vergleich, Berlin, 1997, S. 406. 中世後期の廃村化の研究史については、E. Bohm, Zum Stand der Wüstungsforschung in Brandenburg zwischen Elbe und Oder, in: JGMOD, Bd. 18, 1969.

★21 J. Schultze, Die Mark Brandenburg, Bd. 3, S. 12-29.

★22 P-M. Hahn, Adel und Landesherrschaft, S. 53f.; L. Enders, Die Uckermark, S. 111-3; Dies., Die Prignitz, S. 135-40.

★23 以下の記述はハーンの研究に依拠している（P-M. Hahn, Fürstliche Territorialhoheit, S. 114-190）。

★24 L. Enders, Die Prignitz, S. 159-68.

★25 H. Harnisch, Die Herrschaft Boitzenburg. Untersuchungen zur Entwicklung der sozialökonomischen Struktur ländlicher Gebiete in der Mark Brandenburg vom 14. bis 19. Jahrhundert, Weimar, 1968, S. 19f.

★26 P-M. Hahn, Fürstliche Territorialhoheit, S. 114-134. ハーンは学位論文にもとづく旧著において、レーエン制の後退と農場領主制の形成によって貴族における親族＝大家族制は形骸化し、むしろ小家族が実体的意味をもつようになるとしている（P-M. Hahn, Struktur und Funktion des brandenburgischen Adels im 16. Jahrhundert, Berlin, 1979, S. 16f.）。しかし教授資格請求論文にもとづく新著の以上のような見解ははるかに説得力をもつ。

★27 P-M. Hahn, Fürstliche Territorialhoheit, S. 169-72.

★28 L. Enders, Die Uckermark, S. 113.

★29 プリクニッツでは一四世紀末にラントフォークト職にかわってハウプトマン職に移行したが、権限上実質的な変化があったかは不明である（J. Schultze, Die Prignitz, S. 141-3）。

★30 以上の過程については、H. Böcker, a. a. O., S. 224-6 を参照。

★31 Ebenda, S. 188-92.
★32 J. Schultze, Die Mark Brandenburg, Bd. 3, Berlin, 1963, S. 159f.
★33 H. Böcker, a. a. O., S. 209.
★34 J. Schultze, Die Mark Brandenburg, Bd. 3, S. 188.
★35 P-M. Hahn, Struktur und Funktion, S. 173 u. 176.
★36 P-M. Hahn, Fürstliche Territorialhoheit, S. 140-50.
★37 ハーンが明らかにしえた一五〇〇—一六二〇年のブランデンブルク貴族大学進学者一八五名のうち、九二名を三家出身者が占めている（P-M. Hahn, Struktur und Funktion, S. 113-19）。
★38 Ebenda, S. 208.
★39 Ebenda, S. 206.
★40 Ebenda, S. 11; Ders., Adel und Landesherrschaft, S. 49.

第二節　農場領主制の形成と村落秩序

農場領主制の形成は、一五世紀末からのブランデンブルクの秩序安定とヨーロッパ経済の全般的好況・穀物価格上昇に、エルベ以東の領主が機敏に反応し、中世末に荒廃するにまかされていた耕地や廃村に直轄農場を拡張し、そこでの労働力を獲得するため、農民に賦役を強制したと一般には説明される。しかしこのような説明では領主たちが封建的特権を強化し、機会便乗的に好況より利益を引き出したとの印象を与えるだけであり、農場領主制形成に対してもったブランデンブルク貴族の秩序形成機能と自己変革の意味を見失いかねない。以下では、これまで述べた城主層の性格変化と官職貴族の参入が、農場領主制形成にとっていかなる意味をもったのかに焦点をあて、その形成過程を追うことにしたい。

一　城主＝官職貴族による領地寡占

われわれは、農場領主制とそれに対応する近世的農村社会の形成が、ブランデンブルクにおいては城主＝官職貴族層によって先導されたと考えている。まず、彼らがブランデンブルク各クライスの貴族領のうち、どの程度を領有したか確認することから検討を始めることにしよう。ここではウッカーマルク（北東部）、プリクニッツ（北西部）、さらにミッテルマルクの小クライスであるハーヴェルラント（西南部）の貴族領所有者の傾向をみていく。

ウッカーマルクの一族別領有村落数（第1-1表）より、われわれは次のような事実を知ることができる。第一。中世においてこの地で強い影響力を保持していたグライフェンベルク家 **v. Greiffenberg** やブランケンブルク家 **v. Blankenburg**（いずれも城主）などを押しのけ、選帝侯権安定に寄与のあったアルニム家が一五〇〇年において圧倒的地位を占めていた。[★1] 第二。一六世紀のあいだ、貴族全体の所有する村落数が増大している。一五三九年にヨアヒム二世がルター派に改宗したのを受けて行なわれた修道院・教会領の世俗化・御領地化の結果、これらの領地のかなりの部分は選帝侯より恩顧を受けた城主＝官職貴族層に与えられた。なかでも城主より官職貴族に転じた貴族として指を折るべきはアルニム家であり、シューレンブルク家がそれに続く。また新参の官職貴族と

第1-1表　ウッカーマルク貴族の所領所有（単位：村落数）

	1500年		1600年	
貴族家	一括領有	分割領有	一括領有	分割領有
v. Arnim	28	32	65	28
v. Holzendorf	9	23	13	14
v. Greiffenberg	9	23	10	4
v. Sparr	7	1	7	2
v. Blankenburg	6	5	9	7
v. Berg	6	4	7	4
v. Hohnstein	6	3	7	1
v. Bredow	6	2	3	—
v. Buch	4	11	5	13
v. Eickstedt	3	6	5	12
v. Lindstedt	3	6	3	7
v. Döhren	3	1	3	1
v. Schulenburg	2	11	8	7
v. Arnsdorff	2	2	2	2
v. Ramin	2	1	2	3
v. Stegelitz	2	3	3	4
v. Stülpnagel	1	5	2	4
v. Kerkow	1	4	2	4
v. Trott	1	—	24	1
総計	101		179	

典拠：L. Enders, Die Uckermark, S. 307.
注：村落数には分農場 Vorwerke は含まれていない。

して飛躍的に領地を拡大したのはトロット家であった。一六〇〇年には、村落が一貴族家によって一括領有されていた一七九村のうち、半分（八九村）がアルニム家とトロット家によって所有され、両家はほかを圧していた。

第三。ミッテルマルクのハーヴェルラントに本拠を置くブレドウ家は、一五〇〇年当時においてアルトマルクのアルヴェンスレーベン、シューレンブルク、またウッカーマルクのアルニムなどと並ぶ大城主一族であった。しかし一六世紀のあいだに同家一門に属す各家族は財務状況を悪化させており、同家の本拠地であるハーヴェルラントに先駆け、ウッカーマルクで既に同家衰亡の兆しが明瞭となっていた。

プリクニッツに関する一族別領有村落数の数値としては、一六〇〇年のものしかわれわれはもたない。一六世紀前半の領地所有状況に関しては、選帝侯の債務返済のために課税されたラントショッス Landschoß の一族別申告額（一五四二年）より類推することにしよう。[★2] 同税は、レーエン数や貢租等の収入を課税標準とする自己申告制の課税であり、当時から互いの申告の正確さに関して貴族間でも疑念が生まれていたという代物であるが、おおよその所領所有状況を知ることはできる[★3]（第1-2表）。第一。一五四二年同様一六〇〇年においても、ここではロール、ガンス、クウィツォウの中世以来の三名門城主が圧倒的地位を確保している。[★4] 一五四二年では、プリクニッツ貴族全体の租税負担額のうち三家によって約五四％が支払われており、また一六〇〇年には、一貴族家によって一括領有された二〇九村のうち、半分を超える一一四村（五四％）を三家が所有していた。第二。他方、宮廷侍従長として選帝侯と密接な関係を築きあげた官職貴族のザルデルン家は全くの新参者であり、一五四二年には領地所有者として顔を出していなかったが、五〇数年のあいだに前記三家に次ぐ地位を得ている。同家の領地拡大もまた、世俗化された修道院領の獲得によるところが大きい。[★5] 第三。官職貴族としての影響力をもって一六、七世紀に同クライスで多くの領地を得たヴィンターフェルト v. Winterfeld、ブルメンタール v. Blumenthal、プラーテン v. Platen 各家は、一六世紀前半に既に前記三名門家に次ぐ位置にあった。官職貴族は、ロール家などのように大城主から転じた者や、あるいはザルデルンのような領外出身の貴族によってばかり構成されるのではなく、土着中堅貴族から上昇する場合もありえたことを、同クライスの事例は教えてくれる。

ハーヴェルラントの領地所有においては、プリクニッツやウッカーマルクと若干異なった傾向を読み取ることができる（第1-3表）。ここでも中世以来の名門城主ブレドウ家が抜きんでていたことを確認できる。同家に属す各

第1-2表　プリクニッツ貴族の所領所有

貴族家	ラントショッス申告額(1542年) (上位10家)	村落数(1600年) 一括領有	分割領有
v. Quitzow	260 Gulden	39	23
v. Rohr	806	38	18
Gans zu Putlitz	548	37	11
v. Saldern		16	5
v. Blumenthal	80	10	4
v. Wenckstern		10	3
v. Wartenberg	108	9	10
v. Warnstedt	116	8	6
v. Möllendorf	95	5	9
v. Klitzling	90	4	7
v. Winterfeld	67	4	2
v. Kehrberg		3	2
v. Platen	107	2	9
v. Kapelle		2	7
v. Königsmark		2	2
v. Kaphengt		2	2
v. Krüsicke		2	0
v. Burghagen		2	0
v. Düpow		2	0
他20家		計12	
総計	約3000 Gulden	209	

典拠：J. Schultze, Die Prignitz, S. 138f.; L. Enders, Aus drängender Not. Die Verschuldung des gutsherrlichen Adels der Mark Brandenburg im 17. Jahrhundert, in: Jahrbuch für die Geschichte Mittel- und Ostdeutschlands, Bd. 43, 1994, S. 9f. より作成。
注：村落数には分農場 Vorwerke は含まれていない。

第1-3表　ハーヴェルラント主要貴族の所領所有（単位：村落）

貴族家	1500 年 一括領有	1500 年 分割領有	1600 年 一括領有	1600 年 分割領有
v. Bredow	18	16	19	18
v. Hake	8	2	8	3
v. d. Hagen	6	2	7	2
v. Brösicke	4	4	4	4
v. d. Gröben	3	4	3	7
v. Lochow	3	2	3	2
v. Stechow	3	2	2	2
v. Redern	2	5	2	5
v. Ribbeck	0	1	4	1
村落数総計	148		148	

典拠：HOLB,Tl. 3 (Havelland) より作成。
注：1）村落数には分農場 Vorweke は含まれていない。
　　2）村落数総計には、貴族領の他に御領地、教会領、修道院領、都市領なども含まれる。

支家は財務状況を悪化させ、一七世紀にはいると領地を減らすが、[★6]一六世紀の間はよく領地を維持し、むしろ増大さえしている。しかしハーヴェルラントなどミッテルマルク（ベルリン周辺）の特性は、周辺部に比べ隔絶した城主層が比較的少なく、ブレドウの他にロッホウ（ツァウヒエ）、シェンク Schenken v. Landsberg（テルトウ）、シュラープレンドルフ v. Schlabrendorf（テルトウ）、クルメンゼー v. Krummensee（バルニム）、ブルクスドルフ v. Burgsdorf（レブス）などの城主たちがいたとはいえ、アルトマルク、プリクニッツ、ウッカーマルクのような周辺部の大城主たちに比べると小粒の印象はぬぐいがたかった。むしろミッテルマルクではベルリン近郊であることが幸いし、中規模の貴族たちが宮廷で登用され、あるいは身分団体の役員として活躍していたことが目につく。本クライスのハーケ v. Hake、ハーゲン v. d. Hagen、ブレジケ v. Brösicke、グレーベン v. d. Gröben などの各家はその典型であるといえる。またリベック家 v. Ribbeck のように、一五世紀以前にみるべき領地をもたなかったにもかかわらず、官職貴族家として急成長するとともに領地を拡大し、ついには城主の地位を得た一族もあった。[★7] ただし宮廷の近郊という地理的環境は一七世紀後半には全く逆に作用し、彼らの苦境の一原因になったが、この点については第三章で扱うことになるだろう。

以上を踏まえ、一六世紀における貴族領所有分布に関して次のようにまとめることにしたい。まず、各クライスとも数家の貴族が所領の半分近くを占める所領寡占状況にあったが、なかでも各クライスにおいて隔絶した所領規模を誇るのは、中世後期以来の名門城主層である。ただし一六世紀にその地位が無条件に保証されていたわけではなく、アルニム家が勢力を拡大する一方、ブレドウ家のように衰退の兆しを見せている一族もあった。名門城主層が所領領有において圧倒的であったのは、アルニム家をもつウッカーマルクとともに、ロール、ガンス、クウィツォウの三家のあったプリクニッツ、さらにシューレンブルク、アルヴェンスレーベン家のあったアルトマルクであろう。[★8] いずれも中世後期に諸侯間の対立が激烈を極めた地域であり、そこでは選帝侯のもとで平和を回復するのに城主たちが決定的役割を果たした。近世に入っても彼らは順調に官職貴族に転化する一方、所領を堅実に確保していた。他方ウッカーマルクのトロット、プリクニッツのザルデルンのように、従来各クライスで全く所領をもたなかった一族であっても、官職貴族のなかには所領規模の面で名門城主層に次ぐ地位を得た者もいた。また大規模土地貴族には、名門城主層や外来者ばかりではなく、土着中堅貴族から成り上がった一族も含まれる。彼らもまた領地拡大に加わっている。プリクニッツのヴィンターフェルトやハーヴェルラントの中堅貴族などがそれである。以上、いずれのクライスにおいてもわずかばかりの城主＝官職貴族によって、貴族の所領領有は寡占状況にあったといえる。彼らの領地所有の圧倒的比率は、量的意味でも、農場領主制形成にあたって彼らの果たした役割が大きかったことを知らしめる。なお、彼らが一六世紀に所領規模を拡大するにさいして、世俗化された修道院・教会領の獲得が重要な意味をもったことも付言しておかねばならない。

二　領主直営地の拡大と農民農場数の動向

農場領主制形成過程において、領主直営地が中世後期に無主地となった農場を浸食するかたちで拡大したことには疑問の余地はない。しかし城主＝官職貴族による領地支配のありかたをみる前に、この過程で領主直営地がどの程度拡張したのか、また農場保有比に関して、領主と農民の関係にどのような変化が生じたのかは採りあげるべき問題として残っている。換言するならば、回復された平和の経済的利益に、誰がどの程度与ったかが確認されねばならない。

さて一五世紀後半より一六世紀にかけての「領主直営地―農民農場」間の比率に関しては、最近のブランデンブルク史研究者のあいだにも見解の相違が見られる。ハーゲンは、ミッテルマルク六八九村について、フーフェ数でみた場合の各々の保有比（一六二四年）を農民＝七七％、教会・聖職者＝五％、領主＝一八％とし、五分の四のフーフェが農民に属していたとみなし、農民農場の強固な存続を高く評価する。[★9] 彼の試算の問題点については以下で言及するとして、エンダースはこれと対照的理解を提示し、ウッカーマルクにおける領主直営地のドラスティックな拡大過程を論証している。両者の評価が、別個のクライスに関してなされていることから明らかなように、以下問題を検討するにあたって、ブランデンブルクのなかでもかなりの地域偏差がありえたことが考慮されねばならない。そこで、ここではウッカーマルクとミッテルマルクの事情を比較検討することにしたい。なおレーエン制上の規定によって全農場の保有権が領主に帰してしまう廃村 wüste Feldmarken と、一部の農場が打ち捨てられたとはいえ、村落の体を維持した村の場合には、領主経営の拡大については、事情が異なっていた

第1-4表　ウッカーマルクの領主直営地と農民農場の動向

（単位：フーフェ数）

	1500 年	1560 年	1620 年
農民フーフェ	8775	8457	7617
騎士フーフェ	2028	3731	4908
廃村	4427	3042	2705

典拠：L. Enders, Die Uckermark, S. 173.
注：農民フーフェのなかで、領主直営地に接収された部分に関しては騎士フーフェとして計算される。

ことにも注意を要する。

まずエンダースの扱ったウッカーマルクの場合についてみてみよう。[★10] 第1-4表のとおり、領主直営地（騎士フーフェ数）は一五〇〇年から一六二〇年のあいだに二・五倍に増大し、フーフェ数上で全農地の三割以上を占めるに至った。ちなみに彼女の作成による同表では、領主直営地に接収・統合された農民フーフェは、騎士フーフェとして計算されている。領主直営地の拡大が、中世後期を通じて廃村化された農場において主に行なわれたことは明らかであるが、一六世紀の好況期にあっても、既に保有主のいた農民農場をも犠牲にして拡大していることも注目される。このためこのあいだ、農民農場（農民フーフェ）は全農地の六割弱より五割に比率を減じている。エンダースの計算では、農民農場の減少は主に再度不況に突入する一六世紀後半より一七世紀初頭にかけて生じているが、しかし一六世紀前半にも八七七五から八四五七フーフェと減じており、フーフェ数で見る限り農民経営は一六世紀の好況を十分享受しえていないとの評価が可能である。なお廃村は、ほとんどが領主の「分農場」Vorwerke や牧羊地 Schäferei などとして利用されている場合が多かったことをも考慮するならば、「領主直営地—農民農場」間比は、一六二〇年において三対五という比率以上に領主に有利なものであったと考えねばならない。

ミッテルマルクの事情を次にみることにしよう。さて先のハーゲンの算出値が、「領主直営地—農民農場」間の関係を表わすには不正確であると考える根拠は、

第1-5表　ミッテルマルクの領主直営地と農民農場の動向

（単位：フーフェ数・村落数）

小クライス	1450年		1624年			
	農民農場	領主直営地	農民農場	領主直営地	村落数	廃村数
テルトウ	2008	315	3039	675.5	124	9
下バルニム	2596	244	3368	637.5	89	14
上バルニム	2945	223	2401	902	68	18
ツァウヒェ	1800	78	1737.5	265	70	24
			（1851.5	275）	（77	24）
計	9349	860	10545.5	2480	351	65
			（10659.5	2490）	（ 358	65）

典拠：O. Behre, a. a. O., S. 40, 62; F. Grossmann, a. a. O., S. 111-38; E. Fidicin, a. a. O., Bd. 1-3、より作成。

注：1）農民フーフェのなかで、領主直営地に接収された部分に関しては、領主直営地として計算されている。

2）1450年のツァウヒェの統計に、1451年に同クライスに統合されたベールヴァルデ Beerwalde 7ヶ村が含まれていた可能性が否定できない。もし含まれていた場合には、1624年の数値は、括弧内のものに訂正される。

次の二点にある。第一に、彼は両者の関係を「騎士フーフェ—農民フーフェ」間比によって比較しているが、しかしこのような区別は課税制度上の基準による分類であって、保有主体による厳密な区別とは言いがたい。このため農民フーフェのうちかなりのそれが一六二四年までに領主直営地に接収されていたにもかかわらず、その点が考慮されていない。また第二に、彼は定住者の残った村落のみを問題にし、中世以来廃村となり領主直営地に統合されたかつての村を考慮の外に置いている。ここで一六二四年の数値に関し、農民フーフェのうち接収された部分を領主直営地に加算し、一四五〇年の値と比較したのが第1-5表である。★11 ハーヴェルラント、レブスが表では欠けてはいるが、大勢はこの表によって判断しうるであろう。これによるならば、一五世紀後半より一七世紀初頭にかけて領主直営地はここでも約二・九倍に増大しているが、しかし農民農場も約一・一倍に成長していることが注目される。この結果フーフェ数上で両者間の比は一対一一より一対四・三に縮まるとはいえ、ウッカーマルクに比べ、廃村化を免れた村落では農民農場がよく維持されていることは明らかであろう。

次に中世以来廃村となって、分農場としてあるいは牧羊地などとして領主直営地に統合された部分についてみてみることにしよう。ただし廃村については、そもそも村落があった時代に関するフーフェ数の情報が残っていなかったり、あるいは直営地化後も牧羊地などになることでフーフェ数の算出が不可能である場合が多いので、フーフェ数による正確な比較はあきらめざるをえない。第1-5表に記載された四つの小クライスに関しては、一六二四年において現存村落数三五一に対して直営地に統合された廃村数は六五となる。★12 ここで平均的な廃村のフーフェ数が、存続した村落の平均的フーフェ数と同程度であったと仮定し、これをすべて領主直営地に加算すると、「領主直営地―農民農場」間比率は一対二・三となる。以上の数的操作を通じて、ハーゲン、エンダースによって描き出されたミッテルマルク、ウッカーマルク間の像の違いはかなり緩和され、前者でも領主直営地の大幅な拡大は否定できない事実となるが、しかし農民農場もここでは増勢を見せていることに注目したい。

さてブランデンブルク全体に関して評価を加える前に、二点ほど言及しておきたいことがある。第1-5表のとおり、ミッテルマルクの小クライスのなかで上バルニムはウッカーマルクと同様、一六世紀においても農民農場のフーフェ数を大きく減じており、しかも中世以来の廃村の比率も大きい。このことは、これらの地域での中世後期のあいだの農民経営へのとりわけ厳しい打撃が、一六世紀の不振に対しても相変わらず影を落としており、農民経営の再建が比較的損害の軽微であった地域より始まっていることを示唆しているのではないか。★13 次に、これまでわれわれは、廃村がすべて領主直営地に統合されたと仮定して議論を展開してきた。しかし農民村落がそこに再建された事例も一定程度あったことは否定できず、とくにアルトマルクやノイマルクにそれは顕著に見られ、またウッカーマルクなどでも決してそれは珍しくはなかったことが、H・K・シュルツェの作成による近世ブランデンブルク入植地図より明らかになる。★14

以上の検討を踏まえ、前記の問題に対してとりあえず次のように結論づけておきたい。即ち、領主直営地は廃村に絶好の拡大場所を得、そこに分農場や牧草地を設けていった。これに対して村落形態が維持された村に関しては、中世後期にとりわけ厳しい打撃を被ったクライスにおいて、一六世紀好況下でも農民農場のフーフェ数減少に歯止めはかからなかったが、しかし他の地域では農民経営もまた増勢に転じ、秩序回復の恩恵を享受していた。

三　所領裁判令・村落令と村落行政

以上のように一六世紀には、廃村化を免れ村落形態を維持しえた村においては、農民経営も比較的安定した状態にあったと考えられる。そこで次に、中世後期の混乱を生き延びた村の村落秩序のありかたがいかなるものであったかを検討するが、その場合、貴族、特に城主＝官職貴族の農村社会秩序再建に対する役割が、城塞平和による紛争除去にとどまらず、それに連続して行なわれた新秩序形成に対しても発揮されたという点は見過ごされてはならない。[15] ここでは一五世紀末以降創出された村落秩序を知るうえで、貴族が裁判権力として城塞平和と並んで制定に力を入れた所領裁判令 Gerichtsordnungen と村落令 Dorfordnungen が重要な意味をもつ。なおブランデンブルクでは、城主、非城主に限らずたいていの土地貴族は領主裁判権を有しており、この点で他の地域、例えば城塞を有する一部の大土地貴族のみが裁判権を独占していたところの低地オーストリアなどとは異なる事情にあった。[16] 中世末期から近世初期にかけて、城塞が秩序形成に果たした積極的役割が見過ごされてきたのも、このような特有な状況に原因があったと思われる。しかし城主＝官職貴族たちは、なるほど裁判権を独占しえなかったとはいえ、城塞平和とそれに引き続いて制定しようとした所領裁判令・村落令によって、一六世紀の秩序形成に対しても主導的役割を果たすことになった。まずは、ハクストハウゼンによって収集されたアルトマルクの諸法規を中心に検討を進めることにしよう。[17]

これらの規則の成立背景を考える場合、シューレンブルク家やアルヴェンスレーベン家が一六世紀に定めた諸規則が重要な事実を教えてくれる。[18] 先にも述べたとおり、一五世紀後半よりブランデンブルクの城主層においては親族的紐帯強化の傾向が見られたが、こうした動向のなかで彼らは城塞平和の協定を親族内で結び、外敵（追いはぎや兵士ばかりでなく、選帝侯や近隣貴族も念頭に置かれている）に対して一体となってあたるとともに、親族内部に仲裁裁判制度を設け、身内の紛争を外部にもち出さずに処理しようとする動向が生じたことは、前述のとおりである。しかし加えて重要であるのは、秩序混乱の原因を諸侯や貴族間の闘争、兵士や追いはぎの暴力などに限定するのではなく、領民の生活態度の乱れにもそれを求め、規制の対象としていったことであった。例えば一五二〇年のシューレンブルク家の城塞平和協定では既に、領民の諸義務不履行などについて不満が記されていたが、一五七二年の城塞平和協定ではあわせて所領裁判令を制定し、彼らが守るべき規範についても定めるに至った。[19] このようにこれらの規則は、城塞平和と一体のものとして中世的な軍事的武力を背景に成立したことが、見逃されてはならないのである。

しかし所領裁判令・村落令成立の意味はそれにとどまるものではない。即ちそれらは法制史研究者によって近世法秩序形成に対してその意義が重視されてきたポリツァイ条例 Polizeiordnungen の一種であり、作成にあたって、帝国やザクセンなどの先進的ポリツァイ条例が参考にされていたことにも目を向けるべきであろう。[20] このため騎士遊学 Kavalierstouren 、大学教育や、あるいは行政的活動を通じてそれらの内容と意義を理解する能力を獲得した一部の貴族こそが、それらについては制定・普及において指導的立場に立つことができた。[21] ブランデンブルクでは君主がポリツァイ条例を制定しようとした事例として一五五〇年のヨアヒム二世によるそれがあるとはいえ、既に六〇年代には諸身分側が自らの関与によって改訂を行なうことを要求していた。[22] 九〇年代にはクライス議会や「新ビール税金庫大委員会」に改訂が諮問されるが、結局領邦レベルのポリツァイ条例改訂は頓挫し、実効性をもつ規則は地域レベルで実現していったのである。[23] ここで城主＝官職貴族層が法制定の主体になりえた理由を理解するには、ブランデンブルクでは平和形成の実体が城塞平和にあり、有力貴族＝城主層の主導によってそれは実現したということとともに、城主層に新しくブランデンブルクに参入した官職貴族が加わり、「権力エリート」の性格に変化が生じた点にも注目する必要がある。一六世紀に城主＝官職貴族層において大学教育が普及し、彼らがヨーロッパの先進的知的水準を獲得したことは、城主の官職貴族化にばかりではなく、領地支配様式の転換にまで影響を与えたであろう。即ち貴族の領地支配は、「乱暴者」Raufbold の「馬上」Pferdrucken による支配から、「計算書」Rechentafel にもとづく支配へと変化しつつあった。[24] このように所領裁判令と村落令は、中世的城主から近世的官職貴族に転化する過程において成立し、過渡期における支配のありかたをもっとも象徴的に示すものであった、ということができるのである。

次に所領裁判令・村落令の内容で注目すべき点をアルトマルクの事例を中心にまとめ、それをプリクニッツのザルデルン家領地（プラーテンブルク＝ヴィルスナック領）やウッカーマルクの場合によって補っておきたい。これらの規則の多くは、裁判制度・手続きを定めた部分と、村民が順守すべき諸規則の二つの部分より成っている。所領内の裁判制度に関しては、これら規則の定める以外にも重大な制度変革が行なわれているので、検討は後に回すとして、まずは後者の問題から扱うことにしよう。

領民の社会生活の規範化としては、特に二つの点が重視されていたように思われる。第一は、土地や資源利用に関する共同体的規則の順守や、あるいは村民の財産保護についてである。例えば次のような点はたいていの所領裁判令・村落令において採りあげられている事項であった。即ち①各自の耕地境界を厳守し、他人の耕地や共有地を鋤き取ってはならないこと、②放牧開始日と放牧地を確認し、決められた日より早く家畜を放ってはならないこと、家畜の監視を怠らないこと、③垣根や堀を管理し、家畜等による被害を防ぐこと、④森林を保護し、勝手に斧をもってそこに入ったり、あるいは許された以上の豚を林に放たないこと、⑤炉の監視体制（防火）を強化すること、⑥生産した以上に脱穀をした者については、盗んだ穀物ではないか調査すること、などであった。[★25] その多くは古くからの村の慣習をそのまま文章規則化したものではなかったか。エンダースは、中世後期に社会が混乱した時代において、村内の権利・義務関係や耕地・道・垣根などの境界に関する村民の集団的記憶は、秩序維持にとって決定的に重要であったと考えている。[★26] そうであるならば、これらの規則の多くは、村落共同体が世代から世代へと継承した集団的記憶のなかにある秩序を、領主権力が自ら定めた規則のなかに採り入れ、文章として固定したものではなかっただろうか。

しかし村落民が守るべき規則は、伝統からの遺産ばかりとは限らなかった。第二の点として、そのなかに新時代の予兆となる革新的要素が含まれていたことも看過することはできない。それは村民の習俗や道徳的態度への介入にかかわる条項に頻出する。特に、①安息日の順守はたいていの所領裁判令で強く命じられているところであり、日曜日の教会出席と労働の休止は厳命され、アルヴェンスレーベン家所領ではそれに差し障る土曜夜の居酒屋での飲酒が禁じられていた。また、②一八世紀の敬虔主義者のごとく民衆的祝祭を全面的に攻撃することはなかったとはいえ、婚礼や洗礼の儀式を派手に行ない、定められた以上のビールを供することも戒められた。③博打やカード遊びなどの「軽はずみ行為」**Leichtfertigkeit** も禁止の対象とされた。④性道徳への規制も強化され、若者には夜間における異性とのダンスが禁止され、婚前交渉も否定されていった。他に婦人の言葉づかいや下女の品行が監視された。⑤けんかや暴言は犯罪視されるようになり、暴力沙汰への警戒から刃物の携行を禁じる場合もみられる。さらに、⑥瀆神や呪詛も警戒されている。[★27] このように村落における秩序の回復は、単に伝統的村落制度の維持に課題を限定しておらず、村落民が「興奮」「軽率」「浮かれ」といった心的状態に陥りがちな存在であって、これも秩序に対する危険要因と捉えたうえで、彼らを善導し、平静さの維持や絶えざる自己コントロールを求めたのである。いわば「習俗の文明化」(R・ミュシャンブレッド)への意志がそこには表現されていたといえよう。

さてこれまで検討したアルトマルクの所領裁判令と、プリクニッツのザルデルン家が一六世紀後半においてその領地に導入しようとして果たせなかった村落令を比較するならば、それはおおよその内容の一致を見せている。[★28]ただしペーターズの扱ったザルデルン家領地の村落令やエンダースによって調べられたウッカーマルクの村落令には、アルトマルクの規則に比べると、農場領主制創出への領主の利害がよりはっきりと刻み込まれていることは、ここで注目しておいてよい点であろう。即ち、奉公人雇用における領主の優先権、村落共有財産の剝奪などである。これらは、領主による規則の文字化過程で、村落の慣習的権利を奪ったものと位置づけることができる。特に後者では、領主は家畜保有を増やすため、村落共同体より森林・放牧地・村道などを奪い、逆に牧羊権・放牧権などに関する領主権限拡大をはかった。これらの規則は農民側の強い反発にあい、各地共同体より選帝侯の侯室裁判所 **Kammergericht** に旧き権利回復への訴えがなされた。[★29]領主による社会生活の規範化は、確かに一面では伝統的秩序の保存という側面をもってはいたが、しかしそれにとどまるものではなかった。自らが主導して定めた規則を通じて村落民の社会生活を「文明化」し、あわせて農場領主制の創出もはかろうとしていたのである。[★30]

続いてわれわれは、村内秩序の執行体制である裁判制度について考察を進めることにしよう。近世ブランデンブルクの村落行政における領主支配の浸透は、村落内部の人間を介して行なうとともに、外部からも試みられている。村落内に居住し、その行政・司法を担当した役職としてブランデンブルクに一般的であったと考えられるのは、シュルツェSchulzen（一般に「村長」の訳が与えられている）と参審員Schöffenであるが、前者の方法はシュルツェを通じて実現されていった。シュルツェ職は村落裁判の主宰であり、付属する農場とともに本来レーエンとして一般に君主（プリクニッツでは領主から）より与えられていたものであった。このためそれは、領主に対する貢租や賦役賦課をもともとは免れていた。エンダースによると、中世後期において村を超えシュルツェ同士、あるいは都市市民や聖職者とのあいだで親戚関係を形成し、彼らは村落の他の農民とは区別された独自の社会階層を形成していたが、近世に入ってもしばらくは同様の事情が続いた。[★31] 確かに、通常の村落メンバーに対しては社会的に距離をもっていたとはいえ、識字などその「市民的」能力によって、彼らは村落行政のレベルを内部において引き上げる役割を担っていたと考えられる。しかし近世のあいだに徐々に、レーエン・シュルツェLehnschulzenより領主任命制シュルツェSetzschulzenへの移行が進展する。それは、領主によるシュルツェ職および付属農場の買い上げを通じて行なわれる。しかもレーエン・シュルツェの維持された場合であっても、ウッカーマルクではこれらのシュルツェたちも、領主に賦役や貢租を負担する事例が生まれた。[★32] 領主の家産的裁判権Patrimonialgerichtsbarkeitの形成はこのようにして開始されたのであるが、しかしレーエン・シュルツェより任命制シュルツェへの移行が進行したとはいえ、村落自治が一気に後退し、村落裁判・行政が領主の完全な管理下に置かれたと考えるならば、それは早計と言うべきである。シュルツェによる領主利害の代弁があからさまになると、彼の指導力は危機に頻し、村民の不服従を招きかねなかった。[★33] これに対し、一六世紀の村落行政に自治的性格を求める場合、村落メンバーより互選された参審員が、シュルツェとともに村落裁判の運営に責任を負っていたことの意味を見落とすわけにはいかない。[★34] シュルツェと参審員の役割は犯罪の調査と判決にのみあるのではなく、村落内の農地売買、抵当借入の承認もまた彼らの責任であった。しかもこれらの村落裁判の決定事項は「参審員帳簿」Schöffenbücherに記録され、ゲマインデにおいて保管された。そこでは農場売買、借入のみならず、後見人設定や相続に関する記載もあったといわれる。確かに村落裁判の領主裁判化が徐々に進行していたとはいえ、しかし村落内の秩序維持や権利関係の確認・記録化を行なう能力を、ゲマインデ側が保持していたことは看過されるべきではない。★35

以上のとおり村落に対する領主支配の前進は、村落内に置かれたシュルツェ職だけでは十分とはいえなかった。ここで、村落共同体の外部即ち領主の「家」Haus にあって、領主の支配を代行していた書記官アムツシュライバー Amtsschreiber の果たす役割もまた注目しておきたい。穀物管理・販売を担当するコルンシュライバー Kornschreiber や、農場や納屋で使用人層を監督するところの農場監督人 Vögte などを配下に従え、農場領主制の発展とともに、アムツシュライバー職の重要性は飛躍的に高まり、彼と彼の執務室は領地経営全体の「管制塔」となった。★36 しかも彼は村落運営に対しても介入を行なうようになる。即ちザルデルン家領地において、アムツシュライバー職は「参審員帳簿」の記載に対して介入し、さらにはそれとは別個に自ら「アムト帳簿」をもち、村落裁判の決定事項やあるいは村落内の権利関係を記録・管理するようになったのである。★37 文書管理上のこの変化は、農民の権利関係の承認や秩序のありかたの決定を、村落より領主の側に移管する試みと捉えることができる。しかしここでも「参審員帳簿」がすぐに廃止されることはなかったし、また「アムト帳簿」も「参審員帳簿」を筆写することによって作成された。さらに一七世紀後半の「アムト帳簿」でさえ、アルヴェンスレーベン家領地の場合、その記載は詳細でも包括的でもなく、確かに農民の法的関係を基礎づける役割をもったとはいえ、領主による農民の法的地位への介入は決して体系的とはいえなかった。★38 一六世紀においてはいっそうこうしたことはあてはまったであろう。結局、中世後期の混乱をとおして生き残った村落においては、領主の村落支配は、村の自治的性格を完全に奪いさることは避け、自治的役職やそれらによる秩序維持機能を確保してやりながら、それを自らの支配に徐々に適合させようとするものであったといえる。

四　農民の農場保有権と賦役負担

農民の農場保有権劣悪化と賦役負担の増強は、農場領主制の本質的規定と一般的に考えられている。したがって、農場領主制形成過程で農民の農場保有権と対領主負担にどのような変化があったのかが続く検討課題となるが、農場領主制形成を、城主＝官職貴族主導による平和回復・村落秩序形成過程の一環と捉えるわれわれの立場からするならば、農場領主制下の農民の権利と義務もまた、この秩序のなかに整合的に組み込まれうるものでなければならないことに、予め注意しておきたい。

農場保有権に関する従来の通説では、三十年戦争後に隷役小作制の全面的展開が求められており、わが国でも藤瀬浩司氏はそれに従っている。[★39] これに対して加藤房雄氏はハルニッシュの研究に依拠しつつ、隷役小作制（の前身）を農場領主制に先行して存在した歴史的前提であるとの見解をとっている。[★40] しかしながら中世盛期におけるドイツ人入植過程に、農民の農場保有権の起源を求めるハルニッシュの議論は仮説の域にとどまり、十分に実証されているようには思われない。この問題でも実証面において現在の研究水準を代表しているのは、ウッカーマルク、プリクニッツに関するエンダースの研究であろう。彼女によっても、結局、従来の見解は基本的妥当性を確認されている。即ち、一六世紀より一七世紀初頭にかけて、プリクニッツ二五〇村のうち一五九村（六三・六％）において、売買契約や相続契約などの史料により、保有権の安定した永代借地権 Erbzinsrecht が確認できるという（これによって他の村落に永代借地権がなかったということにはならない）。このことから彼女は、同クライスでは一六世紀を通じて、また一七世紀初頭においても、永代借地権が農民の農場保有権に関して構造規定的 konstitutiv であったとみなしている。[41] プリクニッツは、ブランデンブルクのなかではアルトマルク[42]に次いで農民の保有権が安定した地域として知られているが、他方これに比して不安定な地域の代表とみなされるウッカーマルクではどうであったか。ここにおいても、御領地ばかりではなく、同クライスの貴族領としてもっとも代表的であるアルニム家ボイツェンブルク領でも永代借地権は維持され、他の貴族領も含め、総じて一六世紀の好況に支えられ農民農場の保有権はよく確保されていたといえる。[43] ただし両クライスともに、隷役小作制が全くみられなかったわけではない。荒廃した農場や、あるいは買い上げた農場に、領主が直営農場を創設することなく農民入植者を再び求めたが、住居建設や家畜・農具・種籾を自弁しうる農民を見いだせない場合、領主によってそれらは整備され、農場は領主の所有に帰した。隷役小作制は、このような農場が領主より貸し出されることで徐々に形成されたと、エンダースは述べる。[44] それであっても、一六世紀において隷役小作制の形成はあくまで限定的であったとせねばならない。その要因として、われわれは次の二つをあげることにしたい。第一に、なるほど領主の村落行政への介入が強化されつつはあったとしても、村落自治は維持されており、農民の農場保有権や相続が村落裁判によって確認され、「参審員帳簿」に登記され、これが領主によっても認められるところであったことは前述のとおりである。これを無視して農民より農場保有権を奪うことは、領主自ら秩序破壊者のそしりを招くことになる。このため隷役小作権導入は、領主による農民農場買い上げによって導入された。しかし大半の農民農場の保有権が農民に維持された第二の要因として、一六世紀においては、農民も平和的安定と好況に与ったことをここであげたい。階層全体として農民が、家屋・家畜・農具・種籾などの資本を大幅に減じ、これによって隷役小作制が全面的に普及するということは、一六世紀にはおよそありえなかった。

これに対して農民の賦役負担については、中世後期に年に数日であったのが、一六世紀のあいだに週賦役が導入され、多くの地域で週二、三日の賦役がごく一般的になっていった。しかしそれがいかにして可能となったか、また領主がそこでいかなる方法を用いたかは十分明らかであるとは言いがたい。かつてグロスマンやクナップは、領主直営農場拡大と労働力需要の増大につれ、強制的手段を用いつつ、領主は貢租を賦役に転化することでそれを獲得したと述べている。[★45] ところがプリクニッツのクウィツォウ家領地であるシュターヴェノウ領 Rittergut Stavenow 研究により、J・ザックは一九五九年に以下のごとき新説を発表した。即ち彼は、同領でも三十年戦争前に貢租より賦役へと転化が行なわれていることを確認したうえで、その過程における領主の一方的強制力の介在を否定し、むしろ領主―農民間の取引によって賦役導入がはかられたのであり、農民にとっても、賦役強化の代償として認められた貢租軽減は、収穫物の大半を確保できるという利点をもつものであったと論じたのである。さらに領主裁判権の役割に関しても賦役量増大のために機能したのではなく、賦役請求権確保のための権力手段としての意味をもつにすぎないと主張している。[★46] これに対してハーンは、ハーヴェルラントのブレドウ家領地において、農民の抗議や選帝侯の批判を押し切って強引に賦役増強をはかろうとした経緯を紹介することで、ザック説に懐疑的見解を表明しているが、[★47] ザックが対象としたクウィツォウ家領地であるシュターヴェノウ領、クレツケ領 Rittergut Kletzke を同じく扱ったハーゲンの研究と、エンダースのウッカーマルク研究が現在のところ賦役導入過程に関しもっとも信頼しうる説明を与えており、これによってザック説の問題点も明らかになる。

ハーゲンは中世以来の対領主負担の変動を算出するにあたって、それぞれの時代の価値関係に従って、貨幣貢租や賦役をすべてライ麦量に換算する。そのうえでこれらの領地では一五世紀後半より一七世紀初頭にかけ、現物貢租に関しては四分の三、ないし半分に減少していることが、彼によっても明らかにされている。しかしながらこの間、週賦役が導入されており、クレツケ領の場合、一五六〇年には標準的農民（二フーフェ）は週二日、即ち一フーフェ当たり一日の畜耕賦役を負担していた。これをハーゲンは穀物量に換算し、貢租に加算するのであるが、これによって年間対領主負担総量は一フーフェ当たりライ麦一六から一七・五ブシェル bushel になる。[★48]

他方シュターヴェノウ、クレッケ両領地の一四六八―八九年における対領主負担量は年間五―八・五ブシェルであったので、この間の賦役賦課によって対領主負担全体が増大したことは明らかであった。[★49]ハーゲンは賦役増大の具体的手続きを明らかにはしていないが、しかし貢租減少＝賦役増大が農民の利害に沿っていたとするザック説を否定し、賦役引上げを領主側が要求したさい、農民とのあいだで緊張状態に陥ったことを指摘している。[★50]さてハーゲンは、一六世紀における賦役増強とそれによる対領主負担量増大を確認するにとどまらず、これを中世以来の負担量変化のなかに位置づけている。それによると中世後期において人口減少や農業不振によって、対領主負担量は大幅に減少していた。即ち一三一五／六年においてシュターヴェノウ領では、年間一フーフェ当たりライ麦量で二四ブシェルの負担を農民は負っており、この数字を前提とするならば、一六世紀の負担量増大は中世後期の減少分をカバーしきれていないことを意味するのである。彼はまたハーヴェルラントやプリクニッツの他の所領における貢租量の検討をも行ない、中世後期の対領主負担減少は、ブランデンブルクにおいて広く見られる現象であったと考える。[★51]このように一六世紀に対領主負担増大があった事実を認めはするが、それを過大に評価することに懐疑的である彼は、さらにクレッケ領の純収益を次のように計算することで、このような評価を再確認する。即ち同領では、一六世紀中葉（一五六〇年）において一フーフェ当たりの穀物純収穫量（収穫量―播種量）は七四ブシェルであるので、穀物換算した対領主負担は農民経営純収益の四分の一弱（二三・五％）を占めるにすぎなかった。こうした事情を考慮したうえでハーゲンは、一六世紀の賦役増大は対領主負担を増大させ、農民の反発を招いたとはいえ、これによって農民経営を破滅させるような性格のものではなかったとの評価を下した。[★52]

これに対してエンダースの研究は、ウッカーマルクの領主たちによる週賦役導入過程に関する貴重な情報を提供してくれる。[★53]それによってわれわれは、次のような一般的傾向を知ることができる。まず賦役導入にあたっては、領主は最初は懇請によって、しかも多くの場合一時的な負担として農民側にそれを求めた。しかし徐々に負担が繰り返され恒常化するにつれ、農民側の好意によって行なわれていた労働奉仕は義務的賦役となり、しかも強制をもって負担量の引上げがはかられた。これによって農民側の不満が高じ、各地の所領で強い抵抗を招いた。農民たちがしばしば採用した抵抗の方法は、選帝侯の侯室裁判所に訴えることであったが、際限のない賦役負担増に対しては選帝侯や同裁判所も批判的であり、裁判所の介入によって賦役量は固定化されていった。

以上の二人の論述から、農場領主制形成下での賦役導入とその増強によって対領主負担全体が増大したことは、ほぼ間違いない事実として受け取ってよいだろう。[★54] それでは、農場保有権がよく保持されたのと比べて、この領域における農民側に不利な変化をどのように解釈すべきだろうか。村落行政のありかたに照らした場合、次のような理解が可能ではないか。「参審員帳簿」に登記される農場保有権のごとき事項と違い、対領主負担は本来文章化されない慣習によって定まっており、このため領主も当初は懇請によって一時的なものとして賦役導入をはかったのであろう。しかしそれを繰り返すことで、領主側は賦役の増大を新たな慣習として認めさせようとするのに対し、農民側は慣習的義務としての定着化を嫌い、これによって両者間で紛争が生じる。君主権の介入は賦役の増大に上限を設定し、それを固定化させるという意味をもっていた。このようにして定まった賦役量（週二、三日）は、農民経営を不安定な状態に陥れるようなレベルまでには達していなかったと考えられる。村落行政が一方的な領主支配を受け入れたわけではなく、領主のヘルシャフト的要素と村落共同体のゲノッセンシャフト的要素によって構成され、所領裁判令・村落令もまた、前者の文章規則化的志向と後者の伝統的慣習の合成であったように、賦役量の決定も前者によって一方的に決定されたものではなく、両者間の交渉と紛争のなかで形成されていったといえよう。両者のあいだの賦役をめぐる闘争は、一六世紀の平和と経済成長の配当をめぐるそれであり、領主が利益の多くを得て農場領主制を形成しえたとはいえ、農民側がこれによって没落に瀕するような性格のものではなかった。農場領主制下の農民経営に関する通念、即ち「劣悪な農場保有権、不定量賦役による不安定な農民経営」は、一六世紀ブランデンブルクの農民経営にはあてはまらないとすべきである。[55]

最後に賦役負担増強過程において、農民が家畜・農具を所有していたこと（=安定的農場保有権）が、農場領主制の存立に対してどのような意味をもっていたのか確認しておきたい。この点は一七世紀後半以後の農場領主制形態との相違点として、採りあげる価値をもつ。なぜならば一七世紀後半以後の農場領主制においては、領主直営地は種籾の他に役畜や農具を相当程度備えたうえに、領主は農民農場のそれらについても所有権を有する傾向を強めたのに対し、一六世紀についてはそれとは全く異なった関係が展開されていたからである。即ちハルニッシュによるならば、アルニム家のボイツェンブルク領 Herrschaft Boitzenburg では三十年戦争前に、領主直営地経営の収入が貢租のような「土地領主制的」grundherrlich な収入を上回っていたにもかかわらず、農具や役畜は領主直営地の財産目録のなかにはなく、その資産のうちには種籾や肥育用家畜がみられるのみであったと述べている。[56] 時代は下るが一六五二年のフュール家 v. Pfuel 家が所有するフリーデルスドルフ領 Rittergut Friedersdorf の資産評価でも、種籾や肥育用家畜はあげられているが、農耕用牛馬と農具は含まれていない。[57] クウィツォウ家の有するシュターヴェノウ領では、三十年戦争前に三つの直営農場のうちのひとつではそれらを相当数備えていたが、残りの二つの領主農場ではそれを有してはいなかった。[58] ハルニッシュは、当時のボイツェンブルク領の領主直営地が、生産手段を十分備えた「独立事業体」Eigenbetrieb としては成立していなかったと述べているが、[59] 同じことは他の多くの領主直営地にあてはまったと考えられるのである。このように領主直営地が備える役畜や農具が貧弱であるにもかかわらず、その経営が成り立っていたのは、農民が賦役にさいして牛馬や農具を自分の農場から携えてきたからにほかならない。即ちこの段階においては貧弱な領主農場の生産能力を、農民農場の資産と生産能力が支えていたのである。したがって農場領主制は農民の賦役労働を存立の条件とはするが、しかし農民の劣悪な農場保有権はそれの存立の前提ではなく、むしろ形成期においては領主直営地の生産能力弱体のために、その分、農民が役畜や農具を十分所有し、良好な農場保有権をもつことこそ、農場領主制にとって重要な存立要件となっていたという点は、強調しておいてよい点であろう。★60 領主、特に城主＝官職貴族は、城塞平和の発展過程としてその裁判機能を強め、その武力を背景として農村社会に安定的秩序をもたらした。年間数日にとどまっていたとはいえ、もともとの中世の賦役労働は城塞による平和提供への反対給付という意味を本来もっていたゆえ、★61 一六世紀に入って、領主が農民の所有する生産手段と農民の賦役労働を利用して農場領主制を形成しえたことは、客観的にはこうした秩序形成からの配当報酬であったとすることができるのではないか。

★1 L. Enders, Die Uckermark, S. 112f.; P-M. Hahn, Adel und Landesherrschaft, S. 52 u. 4.
★2 J. Schultze, Die Prignitz, S. 138f.
★3 P-M. Hahn, Struktur und Funktion, S. 29-34.
★4 ただしガンス家は騎士身分ではなく、高級貴族身分 Herrenstand に属す（M. Haß, a. a. O., S. 18）。
★5 ザルデルン家の選帝侯との関係と領地獲得に関しては、J. Peters, Inszenierung von Gutsherrschaft im 16. Jahrhundert. Mathias von Saldern auf Plattenburg-Wilsnack (Prignitz), in: Ders. (Hg.), Konflikt und Kontrolle in Gutsherrschaftsgesellschaften, Göttingen, 1995, S. 249-51 参照。
★6 Ebenda, S. 41.
★7 G. Gnewuch, Glanz und Niedergang eines märkischen Adelsgeschlecht. Osthavelländische Linie der Familie von Ribbeck (1523-1811), in: JBLG, Bd. 21, 1970, S. 56.
★8 HHBB, Lfg. 33. G. Heinrich (Bearb.), Besitzstand und Säkularisation in Brandenburg um die Mitte des 16. Jahrhundert.
★9 W. W. Hagen, How mighty the Junkers? Peasant Rents and Seigneurial Profits in Sixteenth-Century Brandenburg, in: Past and Present, Nr. 108, 1985, S. 108.
★10 以下については、L. Enders, Die Uckermark, S. 171-6 参照。

★11　かかる操作は、F. Grossmann, Über die gutsherrlich-bäuerlichen Rechtsverhältnisse in der Mark Brandenburg vom 16. bis 18. Jahrhundert, Leipzig, 1890, S. 111-38 に掲載された表にもとづいて行なっている。

★12　ミッテルマルクの中世後期における廃村化の情報は、E. Fidicin, Die Territorien der Mark Brandenburg oder Geschichte der einzelnen Kreise, Städte, Rittergüter und Dörfer in derselben als Fortsetzung des Landbuchs Kaiser Karl's IV, Bd. 1 (Teltow, Niederbarnim), Bd. 2 (Oberbarnim), Bd. 3 (Havelland, Zauche), Berlin, 1974 より得ている。

★13　ハーンによるならば、中世後期において既にウッカーマルクやバルニムでは、他のクライスに比べ領主直営地の規模が一般に大きかった（P-M. Hahn, Struktur und Funktion, S. 98）。このような傾向が、近世に入っていっそう強化されたとすることができよう。

★14　HHBB, Lfg. 4. Neue Siedlungen in Brandenburg 1500-1800、および同地図に関する H. K. Schulze の解説参照。

★15　以下この点についてはハクストハウゼンの古典的研究とともにペーターズによるザルデルン家領地研究、ハーンによるアルヴェンスレーベン家領地研究、エンダースの研究が重要な事実を解明している（A. Freih. v. Haxthausen, Die Patrimoniale Gesetzgebung in der Altmark, in: Jahrbücher für Preussische Gesetzgebung, Rechtswissenschaft und Rechtsverwaltung, Bd. 39, 1832; J. Peters, Inszenierung von Gutsherrschaft, S. 272-82; P-M. Hahn, Fürstliche Territorialhoheit, S. 178-90; L. Enders, Die Uckermark, S. 201-13; Dies., Landgemeinde in Brandenburg. Grundzüge ihrer Funktion und Wirkungsweise vom 13. bis zum 18. Jahrhundert, in: Blätter für deutsche Landesgeschichte, Bd. 129, 1993; Dies., Schulz und Gemeinde in der frühneuzeitlichen Mark Brandenburg, in: T. Rudert/H. Zückert (Hg.), Gemeindeleben. Dörfer und kleine Städte im ostelbischen Deutschland, Köln/Weimar/Wien, 2001）。ザルデルン家が新興官職貴族、アルヴェンスレーベン家が伝統的城主層にそれぞれ属すことに注目しておきたい。

★16　山田欣吾『国家そして社会——地域史の視点』創文社、一九九二年に所収の「中世末期オーストリアにおける領主制の諸問題」を参照。

★17　A. Freih. v. Haxthausen, a. a. O.　所領裁判令と村落令は厳密に区別できるものではない。アルトマルクのアルヴェンスレーベンやシューレンブルクのような大領主が、領内の村を統括する所領総裁判所 Gesammtgericht を創設し、領内共通の裁判・村落規則を定めたのが所領裁判令、これに対して村ごとに作成されたのが村落令であると考えてよいのではないか。なおハクストハウゼンは、これらの規則の存在がアルトマルクとプリクニッツに限られていたと述べていたが（Ebenda, S. 3-8）、しかしエンダースによってウッカーマルクにも村落令があったことが紹介されている（L. Enders, Die Uckermark, S. 212f.）。クールマルク西部二クライスの村落制度と他の地域のそれとの差を強調するハクストハウゼンの見解は、再検討されなければならない。

★18　シューレンブルク家の規則については、A. Freih. v. Haxthausen, a. a. O., S. 15-44、アルヴェンスレーベン家のそれについては、Ebenda, S. 44-61; P.-M. Hahn, Fürstliche Territorialhoheit, S. 178-90 を参照。

★19　A. Freih. v. Haxthausen, a. a. O., S. 15f. u. 21-28. ハクストハウゼンの研究には一五七二年の所領裁判令は掲載されておらず、一六四四年のものが紹介されているが（Ebenda, S. 34-44）、後者は前者にわずかな変更を加えているのみであったとされている。またアルヴェンスレーベン家でもシューレンブルク家に先駆けて所領裁判令を制定したが、ハクストハウゼンが調査したさいには一六〇三年制定のもののみが保存されていた（Ebenda, S. 46-61）。そこでここでは、一六四四年にシューレンブルク家で制定されたものと、一六〇三年のアルヴェンスレーベン家の規則が基本的には一六世紀の規則と同一の内容をもっていたと考え、これを主に利用することにしたい。

★20　ポリツァイ条例に関する近年の研究史の整理は、松本尚子「ドイツ近世の国制と公法――帝国・ポリツァイ・法学」『法制史研究』第四八号、一九九八年において行なわれている。

★21　P.-M. Hahn, Fürstliche Territorialhoheit, S. 188-91.

★22　J. Schultze, Die Mark Brandenburg, Bd. 4, S. 158.

★23　M. Haß, a. a. O., S. 100-7.

★24　J. Peters, Inszenierung von Gutsherrschaft, S. 251-3.

★25　一六〇三年アルヴェンスレーベン家「所領裁判令」第一部第一五―二五条、一六四七年シューレンブルク家「所領裁判令」第二二―三四条。

★26　L. Enders, Die Landgemeinde, S. 209.

★27　一六〇三年アルヴェンスレーベン家「所領裁判令」第二部第一―六、二四、三一、三二条、一六四四年シューレンブルク家「所領裁判令」第一―八、一一―一三、三五、三六条。

★28　J. Peters, Inszenierung von Gutsherrschaft, S. 276.

★29　Ebenda, S. 258-64; L. Enders, Die Uckermark, S. 212-4.

★30　こうした観点をいっそう押し進め、一六世紀における農場領主制の形成を「社会的規律化」Sozialdisziplinierung の一環として初めて本格的に論じたのは、管見によればハーンであった（P.-M. Hahn, Struktur und Funktion, S. 89-109）。同概念を積極的に使用していないとはいえ、ペータースにも共通した問題意識を読みとることができる。もし「社会的規律化」概念が農場領主制形成の説明においても有効であるならば、同概念の普遍的性格によって論理的に農場領主制が同時代の西エルベ土地領主制に対して、なんらかの共通する特徴をもっていたことをも示唆する。なお日本においても、農場領主制と社会的規律化を関連づけて説明しようとする試みは村落学校に焦点を定めた増井三夫氏によってすすめられた（同氏『プロイセン近代公教育史研究』亜紀書房、一九九六年）。氏の著作が、日本人研究者のそれとしては稀にみる実証的達成と構想力をもつことを認めたうえで、氏の議論にあっては、農場領主制の特殊的性格を強調するところの大塚史学の領主制類型論と、より普遍的概念である社会的規律化論のあいだにある齟齬が十分意識化されていないことに、ここで注目せざるをえない。またハーンのとりあげた一六世紀の社会的規律化と、氏の検討する一八世紀のそれをどのように関連づけるかも残された重要な研究課題となろう。同概念を一六世紀の農場領主制形成に適用することに対しては反対する根拠をもつものではないが、ここではその適用可能性とその問題点を示唆するにとどめておきたい。

★31 Ebenda, S. 154 u. 204.

★32 Ebenda, S. 203.

★33 J. Peters, Inszenierung von Gutsherrschaft, S. 268f. ところで高柳信一氏は、ラントフォークタイ制の形骸化と任命制シュルツェ導入によって、一五世紀には領主裁判権が確立したとしている（同氏『近代プロイセン国家成立史序説』有斐閣、一九五四年、一六一—三頁）。また氏は任命制シュルツェを領主の使用人としているが、農民以外からの選出がはたしてどの程度ありえたか疑問である。氏にあっては領主裁判権成立を早めに、しかも過大に評価しすぎるきらいがある。

★34 アルヴェンスレーベン家領地でもザルデルン家領地でも、各村落二名の参審員が選出された。ブランデンブルク全体をみると各村落で一から四名選出されているが、やはり二名という数は一般的であったようである（P.-M. Hahn, Fürstliche Territorialhoheit, S. 178; J. Peters, Inszenierung, S. 266; C. Bornhak, Preußische Staats- und Rechtsgeschichte, Berlin, 1903, S. 44）。

★35 村落裁判や「参審員帳簿」の存在によって、エンダースやペータースがブランデンブルクの近世村落自治の意義を明らかにしようとするのに対し、ハルニッシュは、豊かな村落共有財産や村落財政をもち、バウアーマイスター制をとる西エルベの村落と比較することで、それを欠くシュルツェ制の東エルベ村落自治を低く評価しようとする傾向がある（H. Harnisch, Gemeindeeigentum und Gemeindefinanzen im Spätfeudalismus, in: Jahrbuch für Regionalgeschichte, Bd. 8, 1981; Ders., Die Landgemeinde in der feudalabsolutistischen Staates. Dargestellt am Beispiel von Brandenburg-Preußen, in: Jahrbuch für Geschichte des Feudalismus, Bd. 13, 1989; Ders. Die Landgemeinde im ostelbischen Gebiet (mit Schwerpunkt Brandenburg), in: HZ, Bh. 13, 1991）。しかしペータースにより、シュルツェの他にさらにバウアーマイスター（各村落に二名）をもつ村落がプリクニッツにあり、農民によって選ばれた彼らが、村内の業務を互いに分業して担当していたことが明らかにされている（J. Peters, Inszenierung von Gutsherrschaft, S. 267）。またアルトマルクの村落にも、この役職が存在した事例を見いだすことができる（P.-M. Hahn, Fürstliche Territorialhoheit, S. 178）。

このような存在がブランデンブルクでどれほど一般的であったかは不明であるが、しかし東西エルベの村落自治を、過度に対照的に捉えることには慎重であらねばならないだろう。

★36　J. Peters, Inszenierung von Gutsherrschaft, S. 273.

★37　Ebenda, S. 278-80.

★38　P.-M. Hahn, Fürstliche Territorialhoheit, S. 300-3. アムツシュライバーの文書による所領管理がたとえどれほど重大な意味をもつとはいえ、それを過大に評価することは控えねばならない。一七世紀の御領地の事例ではあるが、筆者も彼らによる資産管理や定期的会計書類作成の杜撰さが御領地経営に混乱を招いたことを、本書第四章で指摘することになるだろう。

★39　F. Grossmann, a. a. O., S. 63、藤瀬浩司『近代ドイツ農業の形成――いわゆる「プロシャ型」進化の歴史的検証』御茶の水書房、一九六七年、八六頁。

★40　加藤房雄「東エルベ農村社会史論覚書――研究動向の一断面」経済史研究会編『欧米資本主義の史的展開』思文閣出版、一九九六年、二四八―五三頁。氏が参照を求めているのは、H. Harnisch, Die Landgemeinde im ostelbischen Gebiet であるが、註(35)にあげた彼の他の文献とともに Ders., Rechtsqualität des Bauernlandes und Gutsherrschaft, in: Jahrbuch für Geschichte des Feudalismus, Bd. 3, 1979 も参照せよ。なおハルニッシュが中世以来存在したと述べているのは「隷役小作」ではなくその前身であるが、しかし後者の具体的規定が彼によって与えられていない以上、それを「隷役小作」とする以外にはないのではないか。

★41　L. Enders, Das bauerliche Besitzrecht, S. 407-9.

★42　アルトマルクの農民農場保有権については、L. Enders, Die Besitz- und Rechtsverhältnisse der altmärkischen Bauern in der Frühneuzeit, in: FBPG, NF. Bd. 13, Hft. 1, 2003, S. 1-38.

★43　L. Enders, Die Uckermark, S. 181-4.

★44　Ebenda, S. 187-9; L. Enders, Das bäuerliche Besitzrecht, S. 409f.

★45　F. Grossmann, a. a. O., S. 38f.; G. F. Knapp, Die Bauernbefreiung und der Ursprung der Landarbeiter in den älteren Theilen Preußens, Bd. 1, München/Leipzig, 2. Aufl., 1927, S. 40f.

★46　J. Sack, Die Herrschaft Stavenow. Mitteldeutsche Forschungen, Bd. 13, Köln/Graz, 1959, S. 84-8.

★47　P.-M. Hahn, Struktur und Funktion, S. 106-8.

★48　ハーゲンは、英語で論文執筆する場合、常に一シェッフェル Scheffel を一ブシェルとしている。彼は一ブシェルを約四〇キログラムとしているが、一シェッフェルは容積単位で約五五リットルである。

★49 W. W. Hagen, How mighty the Junkers?, S. 95 u. 103f.

★50 Ebenda, S. 105f. u. Anm. 87.

★51 Ebenda, S. 83-95.

★52 Ebenda, S. 107f.

★53 以下の説明は、L. Enders, Die Uckermark, S. 193-200。ほかに藤瀬浩司、前掲書、九一―三頁も参照せよ。

★54 ここで、農場領主制下の賦役労働の特殊性に関して言及しておきたい。既に高柳信一氏によって「再版農奴制」下の賦役と古典荘園制下のそれの違いが認識され、前者においては人格的義務としての性格をもたず、農民保有地への物上負担であることのために、農民本人だけではなく、子供や奉公人がそれを実行することも認められていたことが明らかにされている（同氏前掲書、二四五頁）。これに加えてハルニッシュやハーン、エンダースにより、「週賦役」の他に「定地賦役」的性格の賦役が存在していたことが指摘されている（H. Harnisch, Die Herrschaft Boitzenburg, S. 58-60; P-M. Hahn, Struktur und Funktion, S. 99f.; L. Enders, Die Uckermark, S. 200）。即ち賦役実施にあたって、予め村落共同体によって保有フーフェ数に応じて各農民世帯に対して領主直営地が割りあてられ、個々の農民は各々の割当地において独力で賦役を実行する責任を負った。その意図するところは、共同体による協働を否定し、領主の農場監督人 Vögte による農民各自の労働効率や精勤の監視を強化し、これによって村落令にもられた農民の日常的な「禁欲・勤労の精神」が、領主直営農場において養われ発揮されることであった。したがってここでいう「定地賦役」の意義は、古典荘園制解体期に現れたそれとは全く異なる。後者に関しては、森本芳樹「古典荘園制の解体過程」大塚久雄・高橋幸八郎・松田智雄編著『西洋経済史講座』I、岩波書店、一九六〇年、一一九―一二九頁、を参照。

★55 一六世紀農場領主制下の農民経営に関する藤瀬浩司氏の評価に関し、ここで私見を述べておきたい。藤瀬氏は、東エルベ農民経営の構造的不安定さを過程の出発点として重視し、これにより一五世紀末以来、年地代滞納などで対領主債務を累積させ、これが農民の隷役小作への没落を招き、さらに隷役小作化は賦役の増強を促進したと、農民層の農場領主制下における地位低下過程を説明している（同氏前掲書、七九―八七、九七頁）。隷役小作制が一義的に賦役強化の促進要因になるとの理解に、筆者は異論をもつものであるが、これに関しては第三章において説明するとして、ここでは次の二点の疑問を提示するにとどめたい。即ち第一に、ブランデンブルクに関する限り一五世紀末より一六世紀中葉においては、全般的農民経営の悪化を論証できないこと。第二に、隷役小作制形成の原因を一五世紀末からの対領主債務に求めるという氏の理解は、一七世紀後半以降における隷役小作制の本格的展開という氏も認めている事実と整合しないということ。筆者は、隷役小作制の本格的形成は一五世紀末ではなく、むしろ一六世紀末不況より始まるいわゆる「一七世紀危機」の時代に求めるべきであると考えている。

★56 H. Harnisch, Die Herrschaft Boitzenburg, S. 80-3.
★57 BLHA, MF, Nr. 253, fol. 3-5.
★58 W. W. Hagen, Ordinary Prussians. Brandenburg Junkers and Villagers, 1500-1840, Cambridge, 2002, S. 39-43.
★59 H. Harnisch, Die Herrschaft Boitzenburg, S. 83.
★60 この点は先に紹介した加藤房雄氏、ハルニッシュと筆者の見解が異なるところである。
★61 L. Enders, Die Uckermark, S. 179.

第三節　城主＝官職貴族による権力支配

一　城主＝官職貴族による官職寡占

城主＝官職貴族層の権力支配について検討するにあたって、領地所有と同様に官職に関しても一族別の保有分布を検討することで、数量的に彼らの権力支配をいいうるか確かめてみることにしよう。★1 ハーンは、一四七〇―一六二〇年に関する調査の結果、一二九の一族に属す三一七人の官職保有者と、彼らが得たところの五二六のブランデンブルクの官職数を調べ上げた。一二九家の内訳は、ブランデンブルク貴族家の六六、領邦外出身貴族家の五五、市民家族の八にわかれる。内外の貴族が拮抗しており、官僚の多くを外来貴族に依存していることが見てとれるが、しかし有力な外来官職貴族はブランデンブルクに領地を獲得し、地元の名門城主層と縁組みするこ

第1-6表　ブランデンブルク官職の13貴族家による寡占状況

（1470－1620年）

一族当たりの官職保有者数	一族数	官職保有者数	官職数
6人以上	13	133	227
3-5人	19	68	107
1-2人	97	116	192
計	129家	317人	526

典拠：P-M. Hahn, Struktur, S. 207.
注：13家の内訳は、第1-7表のとおりである。

第1-7表　ブランデンブルクの指導的官職貴族家の官職保有

（1470－1620年）

貴族家	官職保有者	官職数	宮廷官	ランデス Hpl	アムツ Hpl
v. Alvensleben	7	12	3	3	5
v. Arnim	21	33	12	6	9
v. Bredow	10	14	4	3	4
v. Flans	13	28	9	0	12
Gans zu Putlitz	10	19	3	4	5
v. Hake	8	16	7	0	5
v. Oppen	6	12	3	0	5
v. Quitzow	6	8	1	1	5
v. Rochow	7	10	2	0	5
v. Rohr	10	17	4	4	6
v. Schlieben	11	17	9	0	4
v. Schulenburg	14	24	1	7	7
v. Winterfeld	10	17	2	3	6
計	133（42%）	227（43%）	60（45%）	31（75%）	78（35%）

典拠：P-M. Hahn, Struktur, S. 207.

とで、ブランデンブルク貴族化したことをここで考慮しなければならないし、また各一族が輩出した官職保有者数と、彼らが得た官職数をみなければ、いかなる貴族家が官職保有において優位を得たかは明らかにならない。この点を第1-6表によってみるならば、一族より六人以上の官職保有者を出しているわずか一三家（約一〇％）が、一三三人（約四二％）の官職保有者を出し、彼らが二二七（約四三％）の官職を獲得していることが明らかになる。官職保有においても、限られた一族による寡占状況を語ることが許されるであろう。

次に、この一三の一族の内訳を検討してみよう（第1-7表）。圧倒的優位に立つのは、ここでも伝統的城主層であるのは一目瞭然であろう。アルヴェンスレーベン、アルニム、ブレドウ、ガンス、クウィツォウ、ロッホウ、ロール、シューレンブルク各家をこのなかに含めることができる。[★2] ただしブレドウ家は一六世紀末の衰退によって、またロール家は男子の減少によって、官職貴族門閥家の地位を失っていった。これに対してハーケ、オッペン、ヴィンターフェルト各家は、一五世紀以前においてはブランデンブルクの地で目立った貴族家に数えることはできなかったにもかかわらず、一六世紀に急速に官職貴族として成長した一門であり、またフランスとシュリーベンの二家は、一六世紀初頭にブランデンブルクに仕官して以来、早くも官職貴族としての地位を固めている。[★3] こうして、領地所有と同様官職保有においても、名門城主層の優位と一部の地元中堅貴族および領邦外貴族の新興官職貴族としての急速な成長を確認することができるのである。

続いて同じく第1-7表によって、種類別に一三家が得た官職をみてみるならば、次のような興味深い事実に気づく。即ち名門城主一族は宮廷（宮廷官）、地域行政（ランデスハウプトマン）、御領地（アムツハウプトマン）の主要三官職をバランスよく得ており、なかでもランデスハウプトマン職をほぼ独占していた。新興官職貴族がどれほどブランデンブルク貴族と融合していったとはいえ、地域での影響力において、伝統的城主の「家柄」は相変わらず圧倒的意味をもっていたといえよう。これに対して新興官職貴族は、宮廷よりブランデンブルクでのキャリアが始まったことによると思われるが、宮廷で強みを発揮し、また御領地行政においても名門城主と肩を並べているが、これに対して地域行政では活躍の場を与えられていない。さらにここで注目すべきは、全官職数のうち約半分を占める御領地行政官、即ちアムツハウプトマン Amtshauptmann,-leute 職に関して、一三家による寡占の度合いが比較的低く、また名門城主層と新興官職貴族双方によって、それがまんべんなく獲得されていたことである。このことは御領地官職が、一三家とそれに続く「権力エリート」のあいだで「平均的」に、バランスよく分配されていたことを意味するのではないか。続いて述べるように、一六世紀ブランデンブルク官職のなかで御領地官は最大の利権官職であった。このためその配分については、他の官職に比して「権力エリート」内で一定の均衡作用が働いていたと考えられるのである。

二　御領地制度と官職保有

一六一五年に御領地財政運営組織であるカマー Kammer と、関税・ビール税の金庫であったホーフレンタイ Hofrenthei が統合され、御領地財務庁 Amtskammer が創設されるまでは、宮廷で二名（一六〇四年以前は一名）の御領地参事官 Amtsräte が同行政に携わっているにすぎなかった。御領地財務庁でさえも、一七世紀中葉以前は個々の御領地管区 Amt を官僚制的に統制しうる組織ではなかったゆえ、[★4] 一六世紀の御領地行政は、事実上個々の御領地管区ごとに、アムツハウプトマンによって自律的に運営されていたと考えて差し支えない。しかも一五四〇、五〇年代に急速に進められた修道院・教会領世俗化の結果、御領地は大幅に拡大していた。なるほどそのうちかなりが貴族たちにレーエンとして与えられてしまったが、それでも多くの領地を選帝侯は御領地として確保していた。例えば一五〇〇—一六二〇年のあいだにルピンでは、フーフェ数を基準にみた場合、同クライス全所領のうちで御領地は二一%より三九%に、ハーヴェルラントでは三%から一八%に、またプリクニッツでは一%より七%に増大していた。[★5] この結果、御領地は選帝侯財政の基幹を成すに至った。一七世紀末のデータではあるが、御料林や関税、ビール税をも含む広義の御領地財政のなかで、狭義の御領地収入は四分の三を占めており、[★6] 一六世紀後半においても事情は変わりなかったであろう。この結果、御領地管区行政官たるアムツハウプトマン職は中央からの強い統制を受けることなく、このような豊富な選帝侯財政を左右しうる立場を得、これによって同官職は最大の利権の源泉になっていった。

さて一六世紀ブランデンブルクの官職に関しては、フランスでのそれのごとく相続・売買権は付与されていなかったにもかかわらず、われわれが「官職保有」を論じることができるのは、官職のなかで約半数を占めるアムツハウプトマン職の特殊な性格のためである。[★7] 最大の利権官職であるゆえ、官職貴族がそれに強い利害を抱くことは自然であったが、それがどのようにして城主=官職貴族層によって保有の対象となったか、その経緯に関して説明することにしよう。中世後期において選帝侯の城塞が、城主からの資金借入にさいして抵当として利用され、後者の手に渡っていったことは既に述べておいた。しかし一六世紀になると、農場領主制の発展につれ城塞の軍事的意義よりも、むしろ周辺の領地の経済的価値の方が借り手、貸し手双方にとって意味をもつことになる。ところで城主=官職貴族が選帝侯に対して債権を得るのは、直接的な資金融通によるばかりではなく、選帝侯が寵臣に対して恩給を約束し、その支払いが滞ることによって債権が生じることもあった。いずれの場合であっても、修道院・教会領世俗化以後、御領地は選帝侯が所有する最大の資産であったゆえ、抵当としてそれが利用されるのは一般的となる。御領地が授封されることで貴族の私領地化する場合と、貴族に委ねられたとはいえ抵当にとどまる場合のあいだに厳格な違いを見いだせないことからも明らかなように、[★8] いったん抵当として貴族の手に渡ると、選帝侯の負債返済は容易でない一方、貴族たちも経済的価値を高めた御領地を自らの手元に確保しようとするため、特定の貴族家のもとに御領地は抵当としてとどまるようになる。しかも御領地の抵当化が長期化するにつれ、御領地管区の行政官たるアムツハウプトマンにも、抵当権所有者＝債権者が任命されるようになった。ハーンによると、アムツハウプトマンの四割以上が抵当権所有者であったという。[★9] こうして同官職が抵当権と強い関連をもっていたことにより、前者の人事に関する選帝侯の裁量は制限され、事実上同官職は、特定の一族によって長期にわたって独占され続けるといった事態が生まれたのである。[★10] しかも中央の統制が弱いなかで、抵当権とアムツハウプトマン職双方を有することは、領地の経営に関して自由な裁量権を得たに等しかった。何故ならば、抵当権は領地収入のうち債権に対する利子分のみを保証するにすぎなかったが、しかし後者の地位を得た場合、広範な収入を領地運営経費として利用することができた。しかも抵当権によって選帝侯の人事権を封じていたゆえ、君主の意向を無視して領地運営を自由にすることができたのである。[★11] こうして御領地は、城主＝官職貴族の第二の領地と化した。

ところで既に述べたとおり、他の官職に比べアムツハウプトマン職は指導的官職貴族一三家による寡占の度合いが比較的弱く、一定の裾野と均衡をもって「権力エリート」のあいだで分配されていた。なるほどいったんそれを与えてしまうと、抵当権が絡む場合には、以上のとおり選帝侯の統制が効かなくなるという問題点はあったが、利権によって多くの貴族たちを君主権につなぎとめるという役割は、その均衡のとれた分配によって十分実現していたと考えてよいのではないか。さらに官職分配のこのような傾向は、ランデスハウプトマンとともにアムツハウプトマン職が、フランスの訴願審査官のごとく特命委任官僚候補者としての役割を果たしていたことと密接な関連があったと思われる。即ち外交使節やあるいはコミサールのように、選帝侯の意思をより直接的に実行する責任を負い、活動期間の限定された官職には、アムツハウプトマンより任命される事例が目立っており、[★12]

選帝侯にとって、それは人材プールのごとき意味を有していたのである。利権の源泉であるとともに、このような機能のためアムツハウプトマン職が比較的広く、均衡をもって分配されたとすることができるであろう。

以上、官職貴族にとって御領地官のもつ意味を検討してきたが、その意義を近世ブランデンブルクの官僚制発展史のなかに位置づけておきたい。われわれは第三章で、一七世紀後半以降には宮廷官が御領地官にかわって最重要の官職になることを述べるであろうが、それは主だった権力エリートが宮廷に集中していったことを物語る。しかし一六世紀においては、当時の権力エリートである城主＝官職貴族層の宮廷集中化は部分的なものにとどまり、彼らの多くは相変わらず在地的性格を強く維持していた。御領地官はこのような在地制と矛盾なく共存しうる官職制度であったといえる。例えばハーヴェルラントのリベック家が、近接するシュパンダウ御領地管区のアムツハウプトマン職を得たように、自分の領地の隣接地帯に御領地官を求めるのが一般的であった。[★13]その場合彼らは在地的性格を放棄することには迫られなかったであろうし、また彼らのなかから任用された顧問官やコミサールであっても、完全に宮廷貴族化したわけでは必ずしもない。顧問官のなかには相変わらず「在地顧問官」Räte von Haus ausがあったし、またコミサールも一時的な特定の政治課題に限定して任命されたゆえに、[★14]それぞれ職務終了後は領地に帰還することも容易であったろう。このように、一六世紀における宮廷と官僚制の発展は、当時の権力エリートの在地的性格を脅かすような性格のものではなかったということができるだろう。

三　城主＝官職貴族と身分団体

城主＝官職貴族たちの行政的活動が多方面に及んでいたことはいうまでもないが、ここでは国内秩序と政策形成に焦点を定めて、その役割を解明することにしよう。

ブランデンブルクの国内統治に関しては、選帝侯の代理としてアルトマルク、プリクニッツ、ウッカーマルクにはランデスハウプトマンないしラントフォークト職が置かれていたが、それらはごく限られた一門によって独占され、しかも事実上の終身官であった。[★15] このため選帝侯権の意志を直接地域において実現するには、それをもって十分とは言いがたかった。しかもミッテルマルクではそれに対応する役職が消滅していた。[★16] このためそれを補うかたちで利用されたのが、選帝侯による特命委任官僚、即ちコミサールの派遣である。コミサールの任務として重要であるのは、次の二つの活動であった。第一は、貴族や都市間の紛争解決である。[★17] これらの紛争には領地の境界線や相続などをめぐるものが多く、当事者同士やあるいは侯室裁判所をもってしても解決困難な事件であった。確かにそれは、諸身分内で解決が不可能な紛争を、選帝侯権介入によって解決せんとするものであったが、しかしコミサールとして任じられたのは地元でもっとも声望ある貴族であったことが、ここで看過されてはならない。選帝侯権もまた地域事情への精通と声望によって、妥協を導き出す能力とともに、決定を実行に移す力をもつ実力者、即ち城主＝官職貴族に依拠せずにその支配を実現しえなかったのである。われわれはここでも、近世における秩序形成が、城主層の城塞平和によるところが大きかったという先の結論を想起しておきたい。しかし第二にいっそう重要なのは、身分団体会議に派遣されたコミサールの活動である。以下、ラントの政策がコミサールと身分団体間でいかに形成されていったかに関して、論じることにしたい。

一六世紀のブランデンブルクの権力構造が、身分団体と選帝侯権からなるところの二元的構成をとっていたことは論ずるまでもないが、しかしいずれの規定性、優位性を重視するかという周知の議論[18]はここでは取り扱わない。むしろわれわれにとっては、この二元的権力が互いに意思を調整し、これによって一六世紀末まで全体として安定した統治体制をどのように形成しえていたかが、さしあたり問題となる。さて一六世紀のブランデンブルクの統治体制は、ヨアヒム二世（一五三五―七一）とヨハン・ゲオルク（一五七一―九八）の比較的長期にわたる治世をもって代表させることができるであろう。[19]特に同国における宗教改革期でもあった一五四〇年代に身分的組織には重大な改変が行なわれ、それは遠く絶対主義期のそれをも規定することになる。即ち第一に、修道院・教会領の世俗化により聖職身分はブランデンブルク、ハーヴェルベルクの二司教座と、ハイリゲングラーベン修道院、ヨハネ騎士修道会を残すばかりとなり、高級貴族身分 **Herrenstand** とともに騎士身分 **Ritterschaft** に一体化し、これらの貴族＝上級諸身分 **Oberstände** の会議が、領邦直属都市 **Immediatstädte** のそれに対峙するというかたちをとったことである。[20]第二に、両身分よりクライスごとに代表が選出された代表者委員会会議 **Ausschußtag** が選帝侯の財政問題審議のために頻繁に招集され、そのなかから一五四〇年代に「信用事業」**Kreditwerk** と総称される身分金庫運営組織が形成された。[21]これらの金庫は、選帝侯が自らの財政力をもってしても返済しえない債務を諸身分が肩代わりするために設立されたものであり、三種類計六金庫より成っていた。即ち次のとおりである。①新ビール税を徴収・管理し、全クライス・両身分を包括する新ビール税金庫 **Neubiergeldkasse**、②フーフェ・ギーベル税等を徴収・管理し、「ミッテルマルク＝ルピン」、「アルトマルク＝プリクニッツ」、「ウッカーマルク」の三金庫にわかれるところの騎士身分のフーフェ税金庫 **Hufenschoßkassen**、③炉税、穀粉税等を徴収・管理し、「ミッテルマルク＝ウッカーマルク」「アルトマルク＝プリクニッツ」の二金庫にわかれるところの都市金庫[22] **Städtekassen**。これらのなかで、両身分、全クライスを包括するところの新ビール税金庫とその運営会議である「大委員会」**der Große Ausschuß** は、常設的ないし定例に開催される身分団体としてラントの統治体制に重大な影響を与えることになった。なるほど四〇年代には領邦議会は頻繁に召集されていたが、その後は徐々に稀となり、一五七二—一六〇二年のあいだにはついに一度も開催されなくなり、かわって騎士身分のクライス議会、各クライスより選出された代表者委員会会議[★23]（いずれも定例化されておらず）と並んで、新ビール税金庫大委員会が諸身分を代表わする役割を果たした。本来新ビール税金庫大委員会は同金庫の監査にだけ責任をもつ機関であったゆえ、一六世紀の間は租税承認を求められた場合は自らの権限外として峻拒の態度を崩さなかったし、また請願 **Gravamina** を提出する権限も与えられていなかったが、しかし立法・経済政策の策定にあたっては、諮問的立場で選帝侯の政策に重大な影響を与えていった。[★24]

さて租税の承認をも含め、選帝侯がその政策に諸身分の意見を聴取し了解を得る手続きは、一般にクライス議会を前もって召集し、それぞれのクライスの見解をまとめさせたうえで、代表者委員会会議や新ビール税金庫大委員会において全クライス・両身分の意見集約をはかるという過程をとった。[★25] この過程で、選帝侯はその提案を伝えるためにまずクライスにコミサールを派遣し、予め地元の声望ある貴族と会議開催日程の調整を行なった。確かに会議の召集権は選帝侯にあったが、しかし有力貴族の司会とリードのもとでクライス議会は進行した。既に検討したところの各クライスの領地所有状況からも明らかなように、会議の進行に決定的影響力をもったのは、クライスの領地の過半を所有した一握りの城主＝官職貴族層であることは疑いない。[★26] しかも選帝侯のコミサールもまた、貴族たちに影響力をもちうる人物として、当該クライスの有力貴族から選ばれる場合が一般的であるため、城主＝官職貴族層が選帝侯、身分団体双方の代表を兼ねる場合が多かったことを、ここで見逃すわけにはいかない。[★27]

同様の事実は、新ビール税金庫大委員会や代表者委員会会議のような領邦レベルの身分組織と選帝侯権の関係にも見いだすことができる。次にわれわれは、新ビール税金庫大委員会委員として各クライス（ミッテルマルク

第1-8表　貴族家別の新ビール税金庫大委員会委員数

（1564年－1601年）

貴族家	委員数	官職保有者数	官職数
v. Bredow	11	10	14
v. Arnim	9	21	33
v. Schulenburg	7	14	24
v. Rochow	6	7	10
v. Röbel	5	2	2
v. Burgsdorf	4	2	5
v. Bartensleben	3	3	7
v. Bismarck	3	1	1
v. Blummenthal	3	1	1
Gans zu Putlitz	3	10	19
v. Gladow	3	—	—
v. Lüderitz	3	3	6
v. Thürmen	3	4	5
v. Wulffen	3	3	3
以上 14 家計	66 人		
他 55 家計	75 人		
69 家総計	141 人		

典拠：M. Haß, a. a. O., Anlage 2; P-M. Hahn, Struktur, S. 349-52、より作成。

注：官職（保有者）数は、1470－1620年の数値である。

の場合は小クライス）から選出されたところの貴族身分（騎士・聖職者身分）代表者をみることによって、いかなる一族が地域の貴族仲間より委員として選出されていたか、明らかにすることにしよう（第1-8表）。一五六四年より一六〇一年のあいだ、同委員会で活動した貴族（聖職身分も含む）は六九家の一四一人に及ぶが、このなかで三名以上の委員を輩出したのは一四家（二〇％）で、それらから六六人（四七％）の委員が生まれている。この一四家と、第1-7表の指導的官職貴族一三家を比較するならば、ただちに前者の上位四家（ブレドウ、アルニム、シューレンブルク、ロッホウ）とガンス家が官職貴族一三家のなかに含まれていたことに気づく。それらはいずれも伝統的城主層であり、新興官職貴族家をこのなかに見いだすことはできないし、また他の九家すべてについて城主であるか否かを正確に確認することはできないが、このなかに一六世紀になって領邦外よりブランデンブルクに仕官した一族は含まれていない。ランデスハウプトマン職と同様に身分団体代表に関しても、新興官職貴族に比べ伝統的城主層の「家柄」は相変わらず高く評価されていたとすることが許されるであろう。そのことを端的に示すのが、名門城主でありながら一六世紀末において衰退の兆しを見せていたブレドウ家が、それにもかかわらず最多の委員を送り込んでいることである。

しかしこれをもって新興官職貴族家が騎士身分の代表として選ばれ、活躍する場が与えられていなかったとするならば、それは行き過ぎと言うべきであろう。ただしそれら一族が代表の地位を得るには、二、三世代の経過を待たねばならなかった。例えば、一五世紀にブランデンブルクに領地を得ていたトロット家は、既に一五七四年に大委員会委員に選ばれていたが、他方一六世紀前半にブランデンブルクに入ったフランス家とシュリーベン家の場合、フランス家は七三年に代表を出しているとはいえ、シュリーベン家はようやく一六〇一年にヨハネ騎士修道会管区長の立場で委員の地位を得た。さらに一六世紀中葉にプリクニッツに次々と領地を獲得し、同クライス第四位の大領主となったザルデルン家は、ついに一六世紀のあいだには大委員会委員を出すことはかなわなかったが、一六〇五年にようやく代表者委員会会議に同クライスから委員として選出された。[★28] また新興官職貴族家は、身分団体において伝統的城主層以上の活躍を見せる場合もありえた。例えば、ハーケ家の新ビール税金庫運営での活動の中心は大委員会ではなく、むしろ四半期ごとに開催される金庫運営委員会（聖職者＝一名、騎士身分＝二名、都市＝三名）であり、同家は運営委員会の委員 Verordnete を一七世紀後半には二代にわたって送り出し、しかも同家領地が金庫所在地のベルリンに近接していた事情により、会議開催期間外に発生した諸問題に対処したのは同家出身の運営委員であった。[★29] 彼らは新ビール税金庫運営に加えてミッテルマルク＝ルピンのフーフェ税金庫運営委員も兼務しており、身分金庫運営に関しては同家は騎士身分のなかでもっとも影響力をもった一族であったといえる。シュリーベン家の場合もまた、一七世紀に入ると同家より選ばれた代表者委員会会議委員（アダム・v・シュリーベン）は同会議において指導的役割を演じている。なおそのさい、選帝侯代理として代表者委員会会議に派遣され、君主の立場を諸身分側に伝える立場にあったのがアルブレヒト・v・シュリーベンであったことは注目に値する。★30

以上のようになるほど、官職貴族として頂点に立った貴族一門と、騎士身分代表として選ばれることが多かった一族は互いに完全な同心円を描きつつ重複していたとすることはできないにしても、新興官職貴族にも徐々に代表として選出され、そこで活動する機会が回ってくるにつれ、二つの円は重なりを拡大していったということができよう。確かに選帝侯権と身分団体の関係に関し、制度的にいずれの権限が勝ったか論じることに意味を見いださないわけではない。しかし伝統的城主層と新興官職貴族が速やかに融合し、「城主=官職貴族」という二重規定を帯びた「権力エリート」が形成されたことの意味をここで看過することはできない。彼らは選帝侯権の拡大に官職貴族として利益を見いだすばかりか、身分団体を通じて土地貴族の立場の擁護にも熱心であり、このため彼らは両権力の利害調整に無関心ではいられなかった。一六世紀末より一七世紀初頭にかけて財政政策等をめぐり両権力の利害に乖離が見られるようになると、両者に足場をもつシューレンブルク、アルヴェンスレーベン、アルニム、シュリーベン、ガンス、クネーゼベックなどの出身者たちによって利害の調整が行なわれていた。★31

さて城主=官職貴族層が「権力エリート」として選帝侯権、身分団体双方に利害をもち、しかも双方を調整する立場にあったことは、ブランデンブルクの政策形成にどのような影響を与えたのだろうか。権力的地位にあった彼らが心を砕いたのは、もとより彼ら自身の利害であったが、しかしその追求が過度に至ると、選帝侯権と身分団体双方を代表する彼らの地位が危うくなりかねなかった。このため諸利害を調整し、妥協点を探り出すこともまた彼らの重要な役割となった。

まず彼ら自身の利害が露骨に反映された典型的政策としては、農場領主制に直接かかわる政策をあげることができる。都市の独占下にあった穀物取引権の奪取は特に重視された。このため農場領主制の本格的形成とともに、早くも一六世紀初めには、領主直営地生産分に関する領主自身の手による穀物輸出が選帝侯より認められた。さらに一五三六年には、農民の生産分に関しても都市の交易独占に穴をあけ、農民自身が市場を選択しうるよう選帝侯に圧力を加え規則の改正をかちとった。[★32] また領主たちは一六世紀のあいだ、ビール醸造を農村において本格的に展開することで都市の独占権を侵害し、また農民保有地の買い上げによる領主直営地拡大を通じて農村の租税収入源を狭め、これらによって度重なる都市の抗議を招いたが、しかし選帝侯権はそれを放任した。[★33] これもまた有力貴族たちの政治力によるものといえよう。

他方、選帝侯権と身分代表の交渉より生じた政策、特に財政の領域においては、城主＝官職貴族層がしばしば大幅な譲歩を見せていることにも注目したい。ここで、ヨハン・ゲオルク即位（一五七一年）直後に開催された領邦議会（一五七二年）での議論を採りあげることにしよう。[★34] そこでは、前選帝侯ヨアヒム二世が残した四〇〇万ターレルに及ぶ債務処理が問題となった。御領地の多くが抵当化され、選帝侯の独自収入が弱体化し、これによって債務をいっそう増加させ、租税への依存が強まっていることが諸身分側の不満の対象であった。[★35] このため会議に先立って選帝侯の宮廷・在地顧問官によって個々の債務の法的根拠が詳細に洗い出され、債務総額は二五〇万ターレルにまで圧縮されたのであるが、その返済計画を立て御領地を抵当から解放することが、この議会の目的であったといえよう。しかし債務の圧縮にせよ、御領地経営の建て直しにせよ、いずれも選帝侯権、身分団体双方の利害にかなうものであったとはいえ、自ら債権者でありかつ御領地抵当権所有者であった城主＝官職貴族層にとっては、権利や利益の削減につながりかねなかった。それにもかかわらず彼らは表だった抵抗を示さず、官僚として債務圧縮作業を推進する一方、騎士身分としては債務引受け＝租税負担分配に関して、都市の窮状を見かね、従来の騎士身分＝一、都市＝二という比率を、この場合に限って二対一に逆転させることまで受容したのである。

ところで一六世紀から一七世紀にかけ、ホーエンツォレルン家にはマクデブルク、プロイセン、ポメルン、シュトラスブルク、クレーヴェと次々と継承権が生じたが、この結果、王朝的利益にこだわる選帝侯は、自然、積極的外交政策に傾く傾向を示し、他方、財政負担を嫌う身分団体側は消極的・平和的外交政策を志向した。両者の利害対立は特に外交・財政の分野で生じることになる。[★36] 両者の利害を調整し落着を見いだす能力をもつ者は、城主＝官職貴族層をおいては他になく、彼らの一部は選帝侯の代理として、また別の一部は身分代表として会し調整作業を行なった。ただし彼らは利害調整の過程で、自らの利益を追い求めることも忘れてはいなかった。例えば七二年の領邦議会において、選帝侯権や都市に対して財政上譲歩しつつ穀物輸出関税撤廃を勝ち取っていることはその典型事例といえるであろう。[★37] 領地において中世後期の混乱を収拾し秩序の再建に努力を傾けつつ、土地と労働の多くを得て農場領主制を形成したように、ラント政治の舞台でも城主＝官職貴族たちは利権官職を優先的に獲得するのみならず、政策形成においても選帝侯権、身分団体双方における指導的立場に立脚しながら諸利害を調整し、そのなかから自己の利益を引き出す能力をもっていた。[★38] これこそ、一六世紀ブランデンブルクにおいて、城主＝官職貴族が真の「権力エリート」であった証というべきである。

★1　ここでもわれわれはハーンの研究に決定的に依存している。P.M. Hahn, Struktur und Funktion, Kap. 8 参照。

★2　アルヴェンスレーベン家が、アルニムやシューレンブルク家ばかりか、ハーケ、ヴィンターフェルト家などと比べても、官職保有者数、官職数ともに見劣りするが、これは同家がブランデンブルクに限らず、中北ドイツ諸邦に仕官の範囲を広げていた結果であろう。領邦外貴族の官職貴族としての採用と並び、ブランデンブルク貴族の領邦外への仕官は、一六世紀においては珍しい現象ではなかったが、しかし一八世紀になると、正統的「権力エリート」としては望ましい行動ではなくなり、相変わらず領邦外に仕官者を出し続けた同家は、典型的「権力エリート」とは見なせなくなる。

★3　Ebenda, S. 208.

★4　本書第四章第一節、K. Breysig, Geschichte der brandenburgischen Finanzen in der Zeit von 1640 bis 1697. Darstellung und

Akten, Bd. 1, Leipzig, 1895, S. 153-6.

★5　P-M. Hahn, Struktur und Funktion, S. 37, 40 u. 44. 御領地が特に多く分布しているのは、ルピンの他は、下バルニム、レブス、ノイマルクなどであった（HHBB, Lfg. 33）。なおブライジヒが作成した一六一五年の御領地収入表には、二二のクールマルク御領地管区が記載されている（K. Breysig, a. a. O., S. 376）。

★6　O. Behre, Geschichte der Statistik in Brandenburg-Preussen bis zur Gründung des Königlichen Statistischen Bureaus, Berlin, 1905, S. 88.

★7　以下の経緯に関しては、P-M. Hahn, Struktur und Funktion, S. 213-25 参照。

★8　J. Peters, Inszenierung von Gutsherrschaft, S. 249-51.

★9　P-M. Hahn, Struktur und Funktion, S. 222.

★10　Ebenda, S. 219f.

★11　Ebenda, S. 220f.

★12　Ebenda, S. 180 u. 187.

★13　G. Gnewuch, a. a. O., S. 50.

★14　P-M. Hahn, Struktur und Funktion, S. 147f. u. 182.

★15　Ebenda, S. 218.

★16　O. Hintze, Der Ursprung des preußischen Landratsamts in der Mark Brandenburg, in: Ders., Regierung und Verwaltung. Gesammelte Abhandlungen, Bd. 3, Göttingen, 1970, S. 179.

★17　P-M. Hahn, Struktur und Funktion, S. 181-3.

★18　F・ハルトゥング著（成瀬治・坂井栄八郎訳）『ドイツ国制史』岩波書店、一九八〇年、一一七―二八頁。

★19　ただしヨアヒム二世はクールマルクのみを統治し、彼の治世においてはノイマルクの君主は弟のヨハン Johann であった。ヨハン・ゲオルクが両者を再び統合する。

★20　一六世紀ブランデンブルクの身分制の構成に関しては、M. Haß, a. a. O., S. 8-43 参照。

★21　これらの設立年は必ずしも明確ではないが、一五四〇年代であることはほぼ間違いないようである（M. F. v. Bassewitz, Kurmark Brandenburg, ihr Zustand und ihre Verwaltung unmittelbar vor dem Ausbruche des französischen Krieges im Oktober 1806, Leipzig, 1847, S. 134; M. Haß, a. a. O., S. 57）。

★22 M. Haß, a. a. O., Kap. 3.

★23 一六世紀クールマルクの諸身分会議に関しては、M. Haß, a. a. O., S. 44-73; H. Croon, Die kurmärkischen Landstände 1571-1616, Berlin, 1938, S. 4-13 参照。

★24 M. Haß, a. a. O., S. 57f. u. 77.

★25 例えば、一五七七年のトルコ税および王女嫁資税 Fräuleinsteuer 承認と七〇、九〇年代におけるポリツァイ条例改定の手続きを参照せよ（M. Haß, a. a. O., S. 100-15; H. Croon, a. a. O., S. 25-7）。

★26 P-M. Hahn, Struktur und Funktion, S. 164.

★27 M. Haß, a. a. O., S. 73; H. Croon, a. a. O., S. 12.

★28 Ebenda, S. 212.

★29 M. Haß, a. a. O., S. 251.

★30 H. Croon, a. a. O., Kap. 7.

★31 P-M. Hahn, Struktur und Funktion, S. 196-203.

★32 M. Haß, a. a. O., S. 136f.

★33 Ebenda, S. 143-5 u. 165f.

★34 この交渉の経緯に関しては、M. Haß, a. a. O., S. 177-82; H. Croon, a. a. O., S. 13-23 参照。

★35 M. Haß, a. a. O., S. 129.

★36 Ebenda, S. 85. このような対立は一六世紀末以降徐々に激しさを増していくが、それについては第二章でとりあげることになる。

★37 H. Croon, a. a. O., S. 20.

★38 土地貴族たちが、農場領主制形成を通じて農民経営や周辺都市に対して圧力を加えることによって、一六世紀のブランデンブルクの社会構造が世界システム論でいうところの「周縁的構造」への傾向を内包していた点については、否定する理由はない。しかし秩序形成者、利害調整者としての城主＝官職貴族は、少なくとも一六世紀末まではかかる方向性の過度な追求に対して自己抑制するだけの余裕や能力を兼ね備えていた。「一七世紀危機」発生に関するホブズボームの周知の仮説では、東ヨーロッパにおける農場領主制の形成が農民経営や都市を衰退させ、市場収縮の一因となったことが指摘されているが（「一七世紀におけるヨーロッパ経済の全般的危機」トレヴァ＝ローパーほか『一七世紀危機論争』創文社、一九七五年、所収）、ブランデンブルクに関してはこの図式があてはまるか疑問である。

結びに

一五世紀初頭のホーエンツォレルン朝の成立以来、ブランデンブルク社会が中世後期の混乱より脱却し、秩序を取り戻したことには、決して領邦君主権の主導性によるばかりではなく、むしろ城主＝官職貴族の役割が実質的意味をもっていたことを、本章では論じた。一六世紀における彼らによる秩序形成の内容を、ここで確認しておくことにしよう。

まず農村社会では、城塞というアルカイックな実力が、彼らの秩序形成の前提となっていた。この実力にもとづきつつ彼らが創出した秩序の内容は、次のようにまとめることができる。歴史大局的性格から見たとき、それは中世後期の混乱を克服するために、一方では農村の伝統的村落共同体秩序の確認によってそれを行なおうとしたが、他方では領民の「荒廃」を、「習俗の文明化」「社会的規律化」的方向によって解決しようとする傾向も打ち出されていた。彼らが形成しようとした秩序の内容は、決して一三世紀以来のそれの単純な回復ではなかったのである。さて、土地貴族たちによる農場領主制の成立は、城主＝官職貴族の主導した秩序形成の一環として可能となった。この秩序の枠組みを与えたのが土地貴族たちであったことによって、秩序形成の過程で一部共有地の収奪や賦役の増強を彼らに可能にさせ、こうして農場領主制が形成されていった。この秩序によって、農村でもっとも利益を得た者が土地貴族であったことは疑いない事実であるが、しかし賦役量を領主が恣意的に増強できたわけではなく、農民＝村落共同体の抵抗と君主権力の介入によってそれは固定化されていったように、秩序形成には農民の反抗意思や君主権力の意向も貢献していた。この結果、賦役の増加は農民農場にとって重い負担となったであろうが、しかし大多数の農民の経営が揺らぐまでには至らず、むしろ農民もまた平和の配当に与った。一六世紀は、彼らにとっても比較的安定した時期にあたるのである。このため農民農場保有権の劣化もまだ目立たず、この時期の農場領主制は、安定した農場保有権と経営力を有する農民農場に依存してさえいた。

他方、領邦政治の部面でも、城主＝官職貴族は秩序形成を主導したが、宮廷における選帝侯の信任とともに、地域社会での影響力の強さがその実力の基礎となっていた。代表的貴族の「城主＝官職保有者」という二重規定は、領邦権力のレベルでは、彼らが、地域社会（＝身分団体）と宮廷の利害をともに体現していたことを意味した。ごく一握りの城主＝官職貴族は、地域の実力者であると同時に、君主の代理人として地域社会の紛争をおさめ、さらに身分団体と宮廷の意思調整を行なうことで、領邦全体の秩序形成を実現したのである。この過程で彼らは、御領地官などの利権官職を確保しつつ、農場領主制に寄与する政策誘導も忘れることはなかった。

何故に、一六世紀末より彼らがこのような秩序形成能力を失っていったのかは、章を改めて論じることにしよう。

第二章　「一七世紀危機」と三十年戦争

はじめに

前章において、「城主＝官職貴族」と規定しうる権力エリートが、中世後期の荒廃を克服し、一六世紀におけるブランデンブルク社会の秩序確立に指導性を発揮したことを論じた。したがって農場領主制の創出も、君主権による秩序安定や経済好況に対する機会便乗的な対応と説明するのではなく、むしろ彼ら自身による農村秩序の復興・形成過程の一環としてあったことを述べておいた。また彼らの政治的役割も、身分団体による君主権力の制限に核心があるのではなかった。なぜならば、彼らは城主として身分団体（地域）において大きな声望をもつとともに、官職貴族として君主権力を支える立場にもあり、この双方での卓越した地位にもとづく仲介機能と、それによる領邦権力全体の調整能力に、彼らの権力エリートとしての真髄があったからである。このように一六世紀においてブランデンブルクは、城主＝官職貴族の主導性によってきわめて安定した体制を構築し繁栄を享受したが、他のヨーロッパ諸社会と同様、一転して一七世紀には不振に陥り、さらに三十年戦争による破壊の結果、社会の根本的再編を迫られることになった。本章は、一七世紀前半という長期的循環過程では後退局面にあたる

時期を扱うことになる。[★1]

一六世紀末不況に端を発し、三十年戦争で頂点に達するブランデンブルク社会の不振を、ここではヨーロッパにおける「一七世紀危機」の一環として捉えることにしたい。既に序章で述べたとおり、本書は長期的循環の観点から近世社会の段階設定を行なっているが、一七世紀の前半はブランデンブルクにとってもさまざまな領域で危機現象が顕著な時期にあたり、長期的後退局面にあったことは疑いない。この局面を「一七世紀危機」として特徴づける研究は、本研究の前にも先例があり、W・W・ハーゲンが既にブランデンブルク史についてそのありかたを論じている。[★2] ただし彼は、イギリスを中心に論じられた「一七世紀危機」論争の成果をブランデンブルク史にストレートに導入することには懐疑的であり、そこでの危機をもっぱら三十年戦争と社会に対するその影響に限定し、また危機発生の要因も戦争に効果的に対処しえなかった一六世紀的体制の軍事的弱体さに求めている。ブランデンブルクでも一六世紀末より徐々に経済的不振に陥ったり、あるいは一七世紀に入ると宮廷と身分団体間で外交や租税負担をめぐって政治対立が絶えなくなり、戦前に既に一六世紀的体制変質の徴候を読みとることができるが、しかし三十年戦争による社会的打撃の巨大さはそれらとは比較にならず、また前者の延長上に後者を捉えるのも無理がある。それらを考慮するならば、ブランデンブルクにおける「一七世紀危機」を三十年戦争に集約させるハーゲンの理解は、妥当なものとすることが許されるだろう。[★3]

ただそれであっても、トレヴァ＝ローパーの周知のテーゼ、即ち「ルネサンス宮廷肥大化に対する地方の反乱」という対抗図式が[★4]、ブランデンブルクの権力的混乱に対してどの程度の説明能力を有するかは、検討の余地が残っているように思われる。なるほどブランデンブルクの一六世紀的権力では、権力エリートが「城主＝官職貴族」という二重規定を帯びていたゆえに、宮廷と地域間の対立が無制限に昂じることはなかったが、一七世紀にはいると宮廷と身分団体の対立は従来になかった次元にまで深刻化し、権力エリートのありかたに変質が生じたことをうかがわせる。「宮廷」対「地方（身分団体）」という対抗関係の深刻化が何に由来し、それが権力エリートの変質を意味するのか、この点の解明は本章でも避けられない課題となるだろう。

さて三十年戦争による所領経済への打撃と、それから回復する際の農場領主制の変化に関するハーゲンの検討は、本章にとっても教えられるところが多いのであるが、彼の研究では、三十年戦争の所領経済への影響に対象が限定されている。後退局面を権力エリートの秩序形成・維持能力の喪失と捉えるわれわれの観点からするならば、戦争の破壊的影響にのみ課題を限定することは許されず、三十年戦争を社会にとって破壊的にしてしまったブランデンブルク社会内の権力的要因についても解明が必要となる。前章で一六世紀的体制の成立と好況局面の到来を、ブランデンブルク社会に内在して土地貴族の秩序形成能力と関連させながら論じたように、ここではその破綻と危機発生の要因も同社会の内部に求め、特にその間の貴族たちのありかたが危機にどのような責任を有していたか解明することを、本章第二の課題とする。[★5] 三番目の課題として、農民農場のこの間の減少の程度をクライスごとに推定するとともに、個別所領の事例研究にもとづき戦争直後の農民農場の生産力レベルの減退を確認し、三十年戦争がブランデンブルク農村社会に与えた破壊的影響がどの程度のものであったかを、明らかにすることにしたい。

★1　わが国の近世ブランデンブルク＝プロイセン史研究にあっては、三十年戦争期がひとつの重大な空白となっている。

★2　W. W. Hagen, Seventeenth-Century Crisis in Brandenburg: The Thirty Years' War, The Destabilization of Serfdom, and the Rise of Absolutism, in: American Historical Review, Nr. 94, 1989.

★3　「一七世紀危機」概念によって三十年戦争時のブランデンブルク社会を捉えようとする場合、その解釈がヨーロッパの他の諸国の説明に対しても多少なりとも有効性をもつ必要がある。本章では、将校という新しい身分、傭兵軍団という新しい社会集団の権力的統合上の困難に、危機の基本的原因を求めている。このような権力上の問題は、決してブランデンブルクのみが直面していたものではない。例えばフランスについては、一七世紀における軍政監察官の形成過程を追ったD. Baxter, Servants of the Sword. French Intendants of Army, Illinois, 1976や佐々木真「フランス絶対王政期における軍隊行政」『歴史学研究』第六五〇号、一九九五年を参照されたい。

★4　H・R・トレヴァ＝ローパー「一七世紀の全般的危機」『一七世紀危機論争』創文社、一九七五年。

★5　一六世紀の権力エリートの構成に関しては、既に第一章での検討でも明らかなごとく、われわれはP－M・ハーンの研究に大きく依存していた。他方、一七世紀後半のブランデンブルク＝プロイセン国家のそれについては、P・バールのプロソポグラフィ的手法による宮廷研究とハーンの将校研究が重要であり、第三章での検討ではそれらの成果を取り入れ、権力エリートの社会的構成を捉えることができるだろう。これに対して一七世紀前半に関してはドイツでもこれらに匹敵する研究はない。本章でも権力エリートに関する検討は、政治・軍事上の中心的人物に限定され、そのぶん表面的叙述に終わらざるをえないことを予め断っておきたい。

第一節　一六世紀的体制の衰退過程

一　一七世紀初頭における「宮廷―身分団体」関係の変化

一七世紀初頭のヨアヒム・フリードリヒとヨハン・ジギスムントの両選帝侯の治世においては、ブランデンブルクの権力関係に二つの点で変化の兆しを読みとることができる。第一に、官職保有者のなかに領邦外出身者や改革派（カルヴァン主義者）が増え、選帝侯の側近でそれが特に顕著となっていったことである。これとは逆にブランデンブルクの名門貴族たちはそれより排除され、宮廷での権力的地位を失っていった。[★1] 第二に、選帝侯権力と身分団体のあいだで対立が増し、両者のあいだで政策的意思調整が困難となっていったことである。選帝侯権内でのブランデンブルク貴族の後退は、両者のあいだの有力な仲介者の消滅を意味するゆえ、二つの点は相互に関係していると考えてよいだろう。いずれも一六世紀的権力構造の変質＝衰退を物語っており、以下このような変化が生じた過程を追ってみることにしよう。

（一）ヨアヒム・フリードリヒ治世（在位一五九八—一六〇八年）

さて両選帝侯下の政治方針が、一六世紀後半のヨハン・ゲオルク治世（一五七一—九八年）のそれと異なる点として、王朝的領土拡大政策への転換をあげることができる。そのきっかけは、ヨハン・ジギスムントがプロイセン公女アンナと一五九四年に結婚したことに求めることができる。公が男子継承者に恵まれず、このためヨハン・ジギスムントがプロイセンの領土継承の期待をこの縁組みより得たことはよく知られているが、そればかりではなく、アンナの母即ち公妃マリー・エレオノーレもまた、ユリヒ＝ベルク公国 Herzogtum von Jülich-Berg の継承権を有していたため、ライン下流域にも領土獲得の展望がホーエンツォレルン家に開けた。しかしこの縁組みは、選帝侯を複雑な外交関係に巻きこむ契機ともなったのである。[★2]

このような国際政治への積極的参入は、国内政治に重大な変化をもたらした。その第一は、一六〇四年における枢密参議会 Geheimer Rat の設立と、領邦外貴族や改革派の宮廷での影響力増大である。確かに一七世紀初頭に、伝統的権力エリート層が影響力を完全に失ったわけではない。ガンス、ヴィンターフェルト、シュリーベン、クネーゼベックといった従来の名門貴族に属す者たちが、アムツハウプトマンやランデスハウプトマン職などを保持する一方、選帝侯の外交使節として国際政治の場でも活躍していた事実は否定できない。[★3] しかし外交問題などに機能的に対応するために、ブランデンブルク最初の合議制統治機関として枢密参議会が設立されると、それによって、前章で「城主＝官職貴族」として規定したブランデンブルク名門貴族の権力が大きく削がれたことにも注目しなければならない。まず筆頭参議ともいうべきレーベン J. v. Löben はニーダーラウジッツ貴族であり、ヨアヒム・フリードリヒが選帝侯に即位する以前からの側近であって、個人的信頼関係から重用されていた。ほかにライン地方出身の貴族ビーラント O. H. v. Bylandt（あるいは Freih. v. Rheydt）も選ばれている。ブランデンブルク貴族出身の参議としては、ヴァルデンフェルス Ch. v. Waldenfels があげられるにすぎない。彼は、プロイセン問題の専門家としての能力が評価されて任命されたものと思われるが、第一級の名門貴族家出身者とすることはできない。[★4] また領邦外出身者の積極的登用とともに看過されてならないのは、筆頭参議ともいうべきレーベンはルター派であったが、しかしビーラントらの公然あるいは隠然たる改革派を枢密参議会が抱えていたことである。ただし以上のような選帝侯宮廷の変化にもかかわらず、諸身分側からすると耐えられる範囲内にとどまっていた。ヨアヒム・フリードリヒやルター派貴族レーベンの妥協的性格により、この時期には王朝的拡大政策も、諸身分側からすると耐えられる範囲内にとどまっていた。一六世紀後半のヨハン・ゲオルク期との比較で、この期の政策展開の特徴をみてみることにしよう。

前選帝侯ヨハン・ゲオルク治世においても、租税負担をめぐって諸身分と選帝侯権、また諸身分内（特に騎士身分—都市間）で対立が絶えなかったことは事実であった。[★5] しかしそれが埋めがたい亀裂にまで至らなかった理由として、次のような事情をあげることができる。まず、彼の統治期において目立つ税目はトルコ税、帝国税、帝国クライス税といった帝国の平和維持を目的とする租税であって、選帝侯の意志とは直接関係なく帝国や帝国クライスから負担が割りあてられた税であったため、諸身分側もそれらの課税理由に対して執拗に反対するのは困難であった。[★6] しかもヨハン・ゲオルク自らの宮廷運営は緊縮財政との評判をとる一方、彼はルター派信仰を堅持し、国際的対立に対しても距離を置いていたゆえに、ルター派信仰＝消極的外交・財政政策として特徴づけられる諸身分側の政策志向とのあいだに、根本的対立は存在しなかったのである。したがって彼の治世においては、城主＝官職貴族たちの仲介機能は比較的発揮しやすい状況にあったといえよう。

続くヨアヒム・フリードリヒ期において選帝侯権が、外交および財政をめぐって諸身分側と協議した難題の第一は、ヨハン・ゲオルクが残した債務と、彼自身がマクデブルク君主時代に作った負債を、いかにクールマルクの諸身分に肩代わりさせるかで、この問題は一六〇二年のクールマルク領邦議会において決着をみた[★7]。議会におけるテーマはヨハン・ゲオルク即位時の一五七二年議会と同一であり、また選帝侯権と諸身分のあいだの意見調整をシュリーベン A. v. Schlieben、アルニム B. v. Arnim などの名門城主＝官職貴族が担っていたことを考慮するならば、この段階では両者の関係に決定的変化を認めることはできない。これに対して一六〇五年開催の身分代表者委員会 Ausschußtag では、領土拡大（プロイセン獲得）への諸身分の財政的貢献がテーマとなっていた。プロイセン継承のためには、封主であるポーランド国王による授封の手続きを必要としたが、国王はプロイセンを自ら直接統治する野望をもち、またプロイセンの諸身分にもポーランド諸身分がもつ特権の強さをうらやみ、選帝侯の統治よりも国王のそれを望む動向があった。このためヨアヒム・フリードリヒは、当地の大貴族で親ブランデンブルク勢力であったドーナ F. zu Dohna を通じてプロイセン諸身分対策に意を尽くす一方[★8]、授封の代償として支払う金額をめぐって国王と交渉することを迫られていた[★9]。プロイセン獲得という王朝的利害は、クールマルクあるいは広くブランデンブルクの諸身分にとっては自らの直接的関心事ではなかったが、しかしそれを否定する理由もなく、またポーランドとの軍事的対決は是非避けねばならないものであった。したがって諸身分側は、平和的にポーランド国王による授封を獲得するため、君主に財政支援することを拒否できなかった。結局、選帝侯から委員会に派遣されたA・v・シュリーベンの仲介作業によって、クネーゼベック、ガンス、アルニム、トロット、ハーケ、ロッホウなど名だたる城主＝官職貴族が列する委員会より、財政支援を獲得することに成功した[★10]。この交渉が可能であったのは、外交問題の平和的解決という方向性が、諸身分側の意向に添うものであったためとすることができよう。他方ユリヒ＝ベルク継承問題に目を転ずるならば、ヨアヒム・フリードリヒ統治下ではいっこうに前進を見なかった。枢密参議会のなかには、前記の改革派ライン出身貴族ビーラントが、オランダとの連携による事態打開を構想していたが、レーベンが諸身分の反発を不安視し、それに与しなかったためである。[★11] このようにヨアヒム・フリードリヒ期においては、改革派や領邦外貴族を側近に集め、領土拡大という王朝的テーマが追求されるようにはなるが、あくまで諸身分側の伝統的政策理念尊重という限界内でそれが展開されていたことが注目される。

（二）ヨハン・ジギスムント治世（在位一六〇八―一九年）

ヨハン・ジギスムント治世になると、アダム・ガンス **A. Gans zu Putlitz** やヴィンターフェルト **D. v. Winterfeld** が枢密参議となって、レーベンに代わり選帝侯に強い影響力を行使するようになる。確かに彼らはブランデンブルク屈指の名門貴族出身者ではあったが、[★12] いずれも改革派に属し、その政策がルター派を堅持していたブランデンブルク貴族の大勢の政治的志向とは乖離していた。さらに一六一三年に改革派プロイセン貴族ドーナ **A. zu Dohna** が枢密参議に任命され、彼の影響でヨハン・ジギスムントも改革派へと改宗したのを契機に、枢密参議会は改革派によって占められることになるのである。ブランデンブルク名門貴族であってルター派に属していた参議は、前述のシュリーベンを残すだけとなった。このように領邦外出身者や改革派によって、いっそう徹底した王朝的拡張政策が追求されるようになると、ブランデンブルク貴族がそれに反発するのは必至の情勢となっていった。[★13]

さてヨハン・ジギスムント期には、プロイセン継承問題に代わりユリヒ＝ベルク継承問題が重きをもつようになる。彼は即位後レーベンを失脚に追いやり、改革派の全面的影響下で、ユリヒ＝ベルク領継承に精力を傾注する。しかし同領に対しては、ほかにもファルツ・ノイブルク Pfalz-Neuburg とザクセンも継承権を主張しており、またこれらの対立を利用して皇帝やオランダが影響力の強化をうかがっていた。ヨハン・ジギスムントはプロテスタント勢力の支援によって事態を打開するため、一〇年にはプロテスタント諸侯「同盟」Union に参加したのであるが、これによってブランデンブルクは「領邦防衛臨戦体制」Landesdefension をとらねばならなくなり、このために軍隊召集と継続的課税の必要が生じた。一三年の改革派への改宗も、領土獲得に対するオランダの支援の期待が、その一因としてあったことは言をまたない。逆にファルツ・ノイブルク君主ヴォルフガング・ヴィルヘルムがバイエルンとの縁組みを契機にカトリックへと改宗したため、両者の確執は国際的宗派対立の焦点となっていった。[★14] しかしユリヒ＝ベルク領継承を国内調和に対して優先するヨハン・ジギスムントの方針は、諸身分側の強い反発を招くのは必至であり、その反発によって早くも一五年には、このような方向からの国内体制再編は完全にいき詰まりを見せている。即ち身分代表者委員会は、彼より求められた臨戦体制のための恒常的課税と常設身分代表者委員会設置の要求を繰り返し拒否し、課税や臨戦体制恒常化に対して忌避の姿勢を明確にしたためである。

次に身分代表者委員会の拒否的姿勢の背景について、いま少し立ち入って考えてみることにしたい。ここでは、選帝侯の改革派への改宗が、ブランデンブルクの国際的位置に大きな変化をもたらすばかりではなく（オランダへの接近、皇帝・ザクセンとの対立）、選帝侯と改革派側近たちは、教会評議会 Kirchenrat を設置することでルター派によって占められた宗務局 Konsistorium の権限を削減したうえで、改革派の立場から領邦教会制を再編し、さらに諸身分の教会保護権 Patronat に制限を加えることまで意図していたため、両勢力の対立が外交問題を超えて深化したことに注目しなければならない。一五年のクールマルク身分代表者委員会は、両勢力の教会問題をめぐる激突の場となったが、そこにおいてはアウクスブルク宗教平和令順守、即ちルター派信仰の堅持を選帝侯に求めた諸身分側の要求は通らなかったとはいえ、選帝侯側の意図も挫折の憂き目を見ることになる。教会評議会は廃止に追い込まれ、諸身分の教会保護権が確認されたばかりではなく、選帝侯は御領地に改革派聖職者を任命することさえ自由でなくなったからである。[★15] ここでの議論は両者のあいだに強い相互不信を残し、結果的に効果的な「領邦防衛臨戦体制」の形成を困難とさせたといえよう。

さらに諸身分側が選帝侯の要求に拒否的にならざるをえなかった第二の事情として、身分団体諸金庫の財政破綻と経済不況をあげねばならない。三種類計六金庫よりなる諸身分の財政制度については前章で説明したとおりであるが、[★16] 一七年秋にはこれら金庫は合計で二〇万ターレルを超える債務を抱えており、特に中心的金庫たる新ビール税金庫の債務だけで九万五千ターレルに及んだ。同金庫と二つの都市金庫、ウッカーマルクのフーフェ税金庫の計四つの金庫はもはや新たな財政負担に応じられる状況にはなく、ミッテルマルク＝ルピンのフーフェ税金庫とアルトマルク＝プリクニッツのフーフェ税金庫にのみ一定の余裕が残っているにすぎなかった。[★17] 諸金庫の財政状況悪化に関しては、国際情勢の変化などに伴う財政需要の増大とともに、次の二点を理由として考えることができる。第一として、都市と騎士身分間での租税負担の不公正さをあげねばならない。選帝侯の債務を肩代わりする場合、両者共通の新ビール税金庫の分担分を決めた後、残りを都市金庫（都市）とフーフェ税金庫（騎士身分）のあいだで二対一の割合で分配するというのが慣行となっていた。[★18] このうちビール醸造に課される新ビール税は、醸造特権とひきかえに主に都市が支払っており、[★19] ビール販売を通じて農村に負担転嫁するという仕組みとなっていた。ところが一六世紀以来貴族たちのビール密造が横行し、農村におけるビール市場が奪われるにつれ、農村への負担転嫁が困難となっていたため、新ビール税もほとんど都市が負担するところとなっていたのである。[★20] そのうえ、都市金庫とフーフェ税金庫間の二対一という分配比率に関しても、都市ばかりではなく選帝侯権によっても、両者の財政力に見合ったものではないと認識されていた。このような負担分配比率を改めない限り、新たな租税に応えられる状況になかったといえよう。財政逼迫のいまひとつの理由としては、一六世紀末以来の経済不況を指摘することができる。都市商工業者や中小貴族ばかりではなく、名門の大貴族たちも一七世紀初頭には経済的苦境のなかにあり、彼らのなかでも所領規模において隔絶した地位にあったボイツェンブルク系アルニム家やアルヴェンスレーベン家でさえ、信用危機に追い込まれていたほどである。[★21] 一七世紀前半におけるクールマルク貴族たちの経済的苦境に関しては後述するとして、彼らをして租税負担増大と分配率改訂に応じようとさせなかったのには、このような経済事情があった。

以上のように、経済不況下でのヨハン・ジギスムントの決定的政策転換は、中小貴族ばかりではなく、平和的・安定的内外秩序のなかで一六世紀に順調な経済的成長を遂げた城主＝官職貴族層にとっても、これまで築き上げた権力的・経済的基盤をゆるがしかねないものとして捉えられたことは問違いない。こうして三十年戦争前夜においては、選帝侯権の積極的外交政策の昂進と諸身分側の財政的・経済的困窮が同時進行し、両者のあいだで統一的意思形成がなされないまま、ブランデンブルクは大戦争に巻き込まれていく。しかしこの関係は別の面から見るならば、領土拡大という可能性に惹かれて領邦を超え宮廷に結集した改革派貴族たち、即ちガンス、ヴィンターフェルト（ブランデンブルク）、ビーラント（ライン地方）、ドーナ（プロイセン）などと、領邦内外での秩序攪乱を嫌うルター派ブランデンブルク貴族の対抗という側面を有していたことは明らかである。前章で述べたごとく一六世紀においては、領邦外より仕官した宮廷貴族たちは大きな抵抗なくブランデンブルク貴族と一体化し、ともに「城主＝官職貴族」として権力エリートを形成していった。しかし一七世紀初頭には政策志向の異なる貴族グループがそれぞれ宮廷と諸身分団体を核に分極化し、対立を強めていったのである。それはブランデンブルクでも「中央」対「地方」間の対立が昂じていったことを意味するとともに、両権力に基盤をもち、両者の利害を調整することで権力を得た一六世紀の「権力エリート」、即ち城主＝官職貴族たちの権力的衰退を物語っている。三十年戦争時におけるブランデンブルク国家の軍事的崩壊と、外国軍による農村、都市社会の蹂躙に対して、このような権力内における統一的意思形成の障害は、重大な責任を有していたと考えねばならない。次に三十年戦争前半期におけるブランデンブルク軍の問題点について、概観することにしよう。

二　ブランデンブルク国家の軍事的崩壊

ブランデンブルクの一七世紀初頭までの兵制は、帝国平和維持を目的として派遣される軍隊については傭兵軍を組織していたが、領邦防衛のための軍隊はレーエン制騎兵と都市民兵より構成されていた。★22 一六〇四年に登録されていたブランデンブルク全体のレーエン騎兵数は一〇七三で、ノイマルク貴族と都市分を除くならば、クールマルク貴族たちが負うべきレーエン騎兵軍役負担数は六一五を数えた。レーエン騎兵が、封主である選帝侯とのレーエン契約によってその負担数が予め定まっていたのに対し、すべての市民は武器を自弁し、防衛にあたる義務を有していたが、君主が都市民兵を召集する場合は、そのつど都市との協議のうえ、各都市に歩兵数を割りあてていた。ちなみに一六〇四年時点での都市民兵召集軍はブランデンブルク全体で四〇〇〇、クールマルクに限定すると二八九三になる。後述するとおり、三十年戦争の惨禍を経験した後、一六四四年にフュール C. B. v. Pfuel によって作成されたブランデンブルク防衛軍形成の企画書によると、騎兵、歩兵合わせて一一〇〇〇が必要とされていたが、それと比較するならば、戦前の段階の数字としては前記の兵員数は決して少ないものではない。しかし傭兵軍が主流になりつつあった当時において、レーエン騎兵、都市民兵いずれも指揮官、訓練、武器、戦意すべてにおいて欠陥をもつものであったと、軍事史家ヤニーは評価している。しかし最大の欠点は、これらの召集や租税承認に関し、諸身分と選帝侯のあいだで統一的意思形成が迅速に行なわれなかったことにある。ドーナ A. zu Dohna の計画による「領邦防衛臨戦体制」が一四―五年にかけて追求され、そのための財政負担を身分代表者委員会に求めるとともに、レーエン騎兵、都市民兵の召集が画策された。しかし折からの教会問題での選帝侯―諸身分間の対立下で検討された同案は、諸身分側の支持を期待できず、完全に頓挫してしまった。★23

ブランデンブルクが三十年戦争に直接巻き込まれるのは、一六二六年のデンマーク軍侵攻以後のことであるが、一八年に戦争が勃発すると二〇、二三年に身分代表者委員会は選帝侯の求めに応じ、軍隊召集とそのための課税を認めていた。ここでも相変わらずレーエン騎兵と都市民兵軍を中心としていたが、数がそろわないばかりか、装備の欠陥も改善されていなかった。ただし、身分代表者委員会もこの時には職業的傭兵軍団募集の必要とそれへの財政負担を認めたことは、見落としてはならないだろう。こうして二〇年には三〇〇人の騎兵傭兵軍団と一〇〇〇人の歩兵傭兵軍団の募集が行なわれた。★24 二六年にデンマーク軍侵攻の不安が迫ると、三月には身分代表者委員会も三〇〇人の騎兵軍と三〇〇〇人の歩兵軍の募集を認めたが既に時機を逸していた。★25 それに先立つ二月には一九〇〇〇人を数えるデンマーク軍が領邦内に侵攻しており、ブランデンブルク軍はわずか九個中隊計九〇〇人で防衛にあたらねばならなかった。★26 それ以降もこうした事態はいっこうに改善されず、二九年四月には四つの要塞に四個中隊計七〇〇人の兵員が配置されているにすぎなかった。傭兵軍の軍事力は要塞確保にとって意味をもつにすぎず、国土全域での外国軍の軍事行動をとめる手立てをもたなかった。このため二六年から二七年にかけブランデンブルクは、デンマーク軍とオーストリア軍とのあいだで繰り広げられた戦闘の戦場化を防ぎえず、さらにデンマーク軍敗退後は三一年までヴァレンシュタインの軍事占領を許すことになる。二六年より三一年は、三十年戦争期間中、三〇年代末と並んで、ブランデンブルクにとってもっとも苦難に満ちた時期であって、軍事徴発や暴行、掠奪、放火にさらされ、あるいはヴァレンシュタインの占領下ではコントリブチオン Kontribution

（軍事負担［税］）による組織的搾取を受け、多くの人命と物的資産が失われ、多数の避難民を生んだ。★27

このような経緯より明らかになるように、ブランデンブルクは一七世紀初頭において、遠く離れた領土の継承問題で権力内対立を深め、宗派対立により相互不信を募らせたことで、国家の統一意思を形成しえず、結果的に戦争に対して常に受け身の対応を迫られ、領土防衛体制の準備を遅らせた、とすることができるのではないか。

★1 P-M. Hahn, Landesstaat und Ständetum im Kurfürstentum Brandenburg während des 16. und 17. Jahrhunderts, in: P. Baumgart (Hg.), Ständetum und Staatsbildung in Brandenburg-Preussen, Berlin/New York, 1983, S. 63.

★2 J. Schultze, Die Mark Brandenburg, Bd. 4, Berlin, 1964, S. 138-40.

★3 P-M. Hahn, Struktur und Funktion des brandenburgischen Adels im 16. Jahrhundert, Berlin, 1979, S. 185-7.

★4 J. Schultze, Die Mark Brandenburg, Bd. 4, S. 160-4.

★5 ヨハン・ゲオルク治世の政治動向についてはH. Croon, Die kurmärkische Landstände 1571-1616, Berlin, 1938, S. 13-39.

★6 帝国税制については、山本文彦「一五・一六世紀ドイツの帝国財政と帝国の国家性」佐藤伊久男編『ヨーロッパにおける統合的諸権力の構造と展開』創文社、一九九四年。

★7 H. Croon, a. a. O., S. 56-77.

★8 この後ブランデンブルク＝プロイセン国家において重要な役割を演じるドーナ家についてはNDB, Bd. 4, S. 43-6.

★9 J. Schultze, Die Mark Brandenburg, Bd. 4, S. 164-7.

★10 H. Croon, a. a. O., S. 113-30.

★11 Ebenda, S. 131.

★12 ガンス、ヴィンターフェルト両家については、第一章、六一頁参照。

★13 J. Schultze, Die Mark Brandenburg, Bd. 4, S. 190-2; P-M. Hahn, Calvinismus und Staatsbildung: Brandenburg-Preußen im 17. Jahrhundert, in: M. Schaab (Hg.), Territorialstaat und Calvinismus, Stuttgart, 1993, S. 243f.

★14 J. Schultze, Die Mark Brandenburg, Bd. 4, S. 181-6. ユリヒ＝ベルク公領のうち、ユリヒとベルクはファルツ・ノイブルクに譲り、選帝侯はクレーヴェKleve、マルクMark、ラーヴェンスベルクRavensbergを取得するという内容の合意が一六一四年にひとまずまとまるが、その後もブランデンブルクはユリヒ＝ベルク領全体の獲得をあきらめることはなかった。

★15　H. Croon, a. a. O., S. 188-97、稲森守「国家と教会――プロイセン・ラント教会宗務局の変遷について（一五四三―一八〇八年）」『教養学科紀要（東京大学教養学部）』第二三号、一九九〇年、一二七、八頁。

★16　本書、第一章第三節。

★17　H. Croon, a. a. O., S. 199.

★18　例えば一六〇二年の課税の場合については、Ebenda, S. 68を参照。

★19　M. Haß, Die kurmärkischen Stände im letzten Drittel des sechzehnten Jahrhunderts, München/Leipzig, 1913, S. 213.

★20　H. Croon, a. a. O., S. 97-104.

★21　L. Enders, Die Uckermark. Geschichte einer kurmärkischen Landschaft vom 12. bis 18. Jahrhundert, Weimar, 1992, S. 308; P-M. Hahn, Fürstliche Territorialhoheit und Lokale Adelsgewalt. Die herrschaftliche Durchdringung des ländlichen Raumes zwischen Elbe und Aller 1330-1700, Berlin/New York, 1989, S. 200f.

★22　以下、兵制については、C. Jany, Geschichte der Preußischen Armee vom 15. Jahrhundert bis 1914, Bd. 1, Osnabrück, 1967, S. 9-15.

★23　J. Schultze, Die Mark Brandenburg, Bd. 4, S. 195-8; C. Jany, a. a. O., Bd. 1, S. 46f.

★24　Ebenda, S. 47-51; J. Schultze, Die Mark Brandenburg, Bd. 4, S. 204f. u. 210.

★25　シュルツェは、二六年の諸身分の会議を領邦議会Landtagとしている（Ebenda, S. 211）。しかしクルーンは正式の領邦議会は一六〇二年以降四三年まで開催されていないと述べており（H. Croon, a. a. O., S. 4）、二六年の会議も身分代表者委員会Ausschußtagであったのではないか。

★26　C. Jany, a. a. O., Bd. 1, S. 504.

★27　個々のクライスが外国軍から受けたこの時期の被害の概況については、ハーヴェルラントに関してF. Schröer (ergänzt v. G. Heinrich), Das Havelland im Dreissigjährigen Krieg. Ein Beitrag zur Geschichte der Mark Brandenburg, Köln/Graz, 1966, S. 20-54、プリクニッツに関してJ. Schultze, Die Prignitz. Aus der Geschichte einer märkischen Landschaft, Köln/Graz, 1956, S. 188-95、ウッカーマルクに関してL. Enders, Die Uckermark, S. 314-23を参照せよ。なおシュレーアの書は、ハーヴェルラントに対象が限定されているうえ、第二次大戦での著者戦死により未完成（G・ハインリヒによって補訂）であるとはいえ、三十年戦争時代に関するブランデンブルク社会研究としては今でももっとも重要な書のひとつであり続けている。

第二節　三十年戦争後半期における権力対立

ヨハン・ジギスムントのあとを受けた選帝侯ゲオルク・ヴィルヘルム（在位一六二〇―四〇年）は、オーストリアの軍事占領をスウェーデンとの同盟政策（一六三一―五年）によって脱却した後、ポメルン領有をめぐってスウェーデンと衝突が生じると、プラハ講和によりオーストリアとの同盟（一六三五―四〇年）へと転じる。この間ブランデンブルクは相変わらずスウェーデン軍、続いてオーストリア軍の軍事的従属下にあったとはいえ、徐々に自らの軍隊を整備・拡大していったことは疑いなく、それが四〇年以後の武装中立へとつながったとすることができる。しかし軍隊の拡充は、三〇年代後半において一〇年代とは異なった新たな権力対立構図をブランデンブルク貴族内に醸成し、このことがむしろ新たな社会の荒廃の要因ともなった。続いて三〇年代後半からフリードリヒ・ヴィルヘルム即位（一六四〇年）直後に頂点に達したこの対立構図を析出し、それがいかなる仕組みで社会に対して破壊的となったか、検討してみることにしたい。

一　傭兵軍将校とブランデンブルク貴族

（一）シュヴァルツェンベルク体制

長期的な戦乱に備えた体制の本格的構築は、オーストリアとザクセンを中心に画策されたプラハ講和に加わった後、オーストリアとの連携のもとで始まるが、それはシュヴァルツェンベルク伯 Graf A. zu Schwartzenberg によって推し進められた。しかし彼が創出した三〇年代後半の体制は激しい権力闘争を引き起こし、このためそれについては代表的ブランデンブルク史家のあいだでも真っ向から対立する評価が与えられている。★1 ここでは、その体制の性格を検討したうえで、そのもとでの対抗関係に関し、これまでの研究では軽視されていた側面があることを明らかにする。この側面を看過したならば、この段階でのブランデンブルク社会破壊の原因や、さらには戦後体制の本質を理解することも不可能となるだろう。

従来シュヴァルツェンベルク体制の特徴のひとつとして、オーストリアと連携するところの一部貴族による利権体制という点が強調されてきた。戦前と比較した場合、戦中の権力対立関係において一変したことは、同盟国としていずれを選ぶかをめぐって指導的貴族のなかに親オーストリア派と親スウェーデン派が生じたことである。シュヴァルツェンベルクはユリヒ＝ベルク領継承問題解決を期待されてブランデンブルクに仕官したライン地方出身貴族であるが、父が対トルコ戦での活躍を評価され皇帝より帝国伯爵位を与えられていたこと、また彼自身もカトリック信仰を堅持していたことなどの経緯より、親オーストリア派の指導者であり、彼は親スウェーデン派の枢密参議ゲーツェ S. v. Götze、ヴィンターフェルト S. v. Winterfeld、フュール C. B. v. Pfuel（いずれもクールマルク貴族出身者）らを排除した後、三八年にはクールマルク総督 Statthalter の地位を得た。★2 親オーストリア派はほかに、プリクニッツの伝統的貴族であるブルメンタール J. F. v. Blumenthal やノイマルク貴族のヴァルドゥ三兄弟 v. Waldow などによって形成されていた。[★3] 彼らは権力的地位を利用して、オーストリアとの提携を嫌ってスウェーデンに仕官した貴族の領地を奪い、宮廷官職、ヨハネ騎士修道会管区長などの官職を独占し、さらに御領地抵当権・経営権を強引に奪取し、親スウェーデン派に限らず多くの貴族たちから反発を招いていた。[★4]

しかしシュヴァルツェンベルクの創出した軍政は、親オーストリア政策に付随する欠点を補ってあまりある意義を有するとする見方も一方にある。この軍政は、枢密参議会にかわって軍事評議会 Kriegsrat を選帝侯権の最高行政機関とし、一方で傭兵軍の募集・組織化を進めるとともに、他方で各クライスに配置された軍政コミサール Kriegskommissare を組織し、これによって傭兵軍への資金調達、糧食給付、宿営手配などの実行をすすめようとした。[★5] シュヴァルツェンベルク体制における軍政の意義は、ヴァレンシュタイン占領時代に導入された軍政を引き継ぎ、これを整備したことであり、次の二点が特に重要である。第一は、軍事評議会のメンバーでもあるブルメンタールが総軍政コミサール Generalkriegskommissar に任命され、各クライスの軍政コミサールをそのもとに組織化しようとしたことである。軍政コミサールは、都市民兵軍やレーエン騎士軍によって軍隊が構成されていた時代に既に存在した官職であるが、軍隊の一時的性格に規定され、それもまた恒常的性格を欠いていた。軍政コミサールが初めて恒常的官職として成立したのは、ヴァレンシュタイン占領時代の一六二六―二七年にかけ、各クライスに数名ずつ軍政コミサールを選帝侯が任命し、占領軍への資金・糧食・宿営の手配を担当させて以降のことである。ミッテルマルクの小クライスが、行政組織として大クライスと並ぶ意義をもつようになったのも、それらにこの時、軍政区画としての意味が与えられたためである。なお軍政コミサール成立の経緯や性格に関して、クライスによって違いがあることはヒンツェが指摘しているとおりであるが、身分団体の役職と融合し、各地域の代表的名門貴族がそれに任命されていたという点で各クライスのコミサールとも共通するといってよい。[★6] しかしこれらの軍政コミサールは、シュヴァルツェンベルク体制以前においては系統的に組織されることはなく、二〇年代後半から三〇年代前半にかけ、中央から指導がないまま自らの裁量によってオーストリア軍やスウェーデン軍への対応に追われていた。[7] シュヴァルツェンベルク体制はこうした混乱を収拾するため、三八年にブルメンタールを総軍政コミサールに任命し、彼を通じて軍政コミサールを中央から掌握しようとしたのである。[8] 第二の意義は、ヴァレンシュタインの占領軍が各身分団体に強制したコントリブチオン行政を軍事評議会が継承し、課税の決定と各身分団体への負担配分を行なおうとしたことである。租税行政の実施は軍政コミサール組織にまかされ、その監督下でクライスや都市の身分団体諸金庫は定められた租税を徴収し、傭兵軍に対する支出に備えることを義務づけられた。[9]

なるほどこの軍政組織は、その構想という点では画期的であったかもしれない。四〇年にシュヴァルツェンベルクに対して距離を置くところのフリードリヒ・ヴィルヘルムが即位すると、この組織によって特権を侵害された諸身分側からは、それへの不満が堰を切るように噴き出すことになる。しかし身分団体との関係だけから軍政組織形成の革新的意義を捉えようとする理解、即ちシュヴァルツェンベルク体制を絶対主義の先駆形態と考える主張は、[10] 傭兵軍将校たちの独自の権力的重要性を軽視しているように思われる。シュヴァルツェンベルク体制下の軍政組織は、国内で決して諸身分団体とのみ対峙していたわけではなく、むしろ身分団体と将校たちの仲介を試み、将校たちの自律的な動きに手を焼いていたというのが実情であった。特に三八年の対スウェーデン戦では、総軍政コミサールのブルメンタールを責任者とする資金・物資供給体制が兵力維持能力の欠如を露呈すると、武器・資金・糧食の不足に悩む将校たちの軍事行動を軍事評議会は統制できなくなり、有効な軍事作戦を展開できずに終わった。[11] 当該期の権力関係は将校たちをも含めた三者間で展開し、しかも対立の核心は決して軍政組織と諸身分団体のあいだにあるのではなく、むしろ身分団体と傭兵軍将校のあいだの対立こそ深刻なものであったとせねばならない。このような観点は、この間の権力対立の結果生じたブランデンブルク社会破壊の要因を知るうえで、決定的に重要である。そこで以下、将校たちが権力的要素として登場する過程を検討し、その結果彼らと身分団体間に生じた対立の根拠と帰結を明らかにすることにしたい。

(二) 傭兵軍将校

傭兵軍将校の権力的成長はいうまでもなく、この間の傭兵軍団の急速な増大に依拠していた。ブランデンブルク傭兵軍団の拡大をここに示すならば、次のとおりである。スウェーデンとの同盟時代にスウェーデン軍が投入した兵力は三〇〇〇〇人にものぼったが、これに対してブランデンブルク軍兵力は一六三一年三月の時点で一六〇〇人にすぎなかった。後者の前者への従属は、このような兵力格差によって規定された。この後ブルクスドルフ **K. v. Burgsdorf**、クラハト **H. v. Kracht**、ケッテリッツ **J. Fr. v. Kötteritz** の三人の連隊長を中心にブランデンブルクの傭兵軍募集が行なわれ、三二年には歩兵、騎兵合わせて三三〇〇人、さらに三三年には八六五〇人(歩兵三二個中隊計六四〇〇、騎兵一八個中隊計二二五〇)を数えるまでとなる。[12] またオーストリアとの同盟期に入って三七年には二五一五〇人(歩兵九二個中隊計一八五〇〇、騎兵三三個中隊計三四五〇、軽騎兵二〇個中隊計二二〇〇)よりなる傭兵軍募集計画が立てられるが、あまりに遠大すぎ結局実現はしなかった。それでも三八年六月時点で一二〇〇〇人(歩兵六五〇〇、騎兵二五〇〇よりなる野戦軍と三〇〇〇の要塞防衛軍)をブランデンブルク軍は擁するに至ったのである。[13]

それではこのように膨張した軍団の将校を、どのような地域のいかなる階層に求めたのか。この点で興味深いのは、四〇年一二月一五日の身分代表者委員会の場で、シュヴァルツェンベルクが身分代表、特に騎士身分に対して、彼らと将校たちが多くの場合に親族関係にあることをあげて、両者の融和をはかっていたことである。[14] もしそれが事実であるとするならば、ブランデンブルクの傭兵軍将校について故郷をもたない戦争企業家とみなすことは許されず、彼らの破壊行為をその無国籍性に帰すことはできなくなる。シュヴァルツェンベルク発言の当否をここで確認することにしよう。三八年時点のブランデンブルク軍に関し、二一名の連隊長と大隊長の名前が残っている。[★15] このなかで次の一一名は一六世紀以来のブランデンブルク貴族家出身者であったと考えられる。即ちクリッツリンク H. K. v. Klitzling、クラハト H. v. Kracht、ブルクスドルフ K. v. Burgsdorf、ロッホウ M. A. v. Rochow、ヴァルドウ R. v. Waldow、クラハト D. v. Kracht、ケーアベルク K. J. v. Kehrberg、グレーベン E. L. v. Gröben、フランス H. C. v. Flans、ブルクスドルフ G. E. v. Burgsdorf、シャペロウ J. H. v. Schapelow であるが、なかでもクリッツリンク、両ブルクスドルフ、ロッホウ、両クラハトは、本人がブランデンブルク貴族であることは明らかである。[★16] これに対してグレーベン、フランス、ケーアベルク、シャペロウはいずれもクールマルクの、またヴァルドウはノイマルクにある貴族家の姓と一致し、かなりの確度で当地出身者であると推測できる。他方以下の一〇名の姓を当時のブランデンブルク貴族家のなかに見出すことはできない。ダルギッツ M. v. Dargitz、フォルクマン G. Volkmann、メンクツァイス Mengzeis、モンロア W. Monroy、ポットハウゼン K. v. Potthausen、フォアハウアー H. v. Vorhauer、エリクソン N. Erichson、レムケ C. Lembke、ゴールダッカー H. v. Goldacker、ミュラー Müller。このなかでダルギッツはプロイセン貴族であるが、[★17] 他の九名は出身を確認できない。仮にダルギッツも含めこの一〇名を非ブランデンブルク貴族出身者とするならば、連隊長と大隊長の約半分をブランデンブルク貴族出身者が占めていたことになる。なお四〇年になるといずれもクールマルク名門貴族であるトロット G. F. v. Trott が H・v・クラハトの連隊を、またリベック H. G. v. Ribbeck がロッホウの連隊を引き継いでいる。[★18] このように連隊長、大隊長レベルでは数のうえでブランデンブルク貴族がほぼ半分を占めていたと考えてよく、しかも元帥 Generalfeldmarschall のクリッツリンクの他にロッホウ、K・v・ブルクスドルフ、H・v・クラハト、トロット、リベックなどのブランデンブルク出身者は、軍内部で強い発言力を有していた。なお中隊長レベルまで含めた全将校について、ブランデンブルク貴族の占める位置を確かめることはできないが、ロッホウ連隊のなかにオッペン J. F. v. Oppen とブレドウ H. A. v. Bredow の二名のクールマルク貴族の名を連隊副官、中隊長として見出すことができ、このクラスにも地元貴族が含まれていたことは確かである。[19] しかもこれに加えてわれわれの目を引くことは、以上のブランデンブルク貴族、あるいはそうであると推測される将校には、前章でみたところの一六世紀の指導的官職貴族一三家出身者が含まれていることである。即ちロッホウ、フランス、オッペン、ブレドウがそれであるが、[20] ブルクスドルフ、クラハト、グレーベン、トロット、リベック家もまたそれらに準じる名門貴族と考えてよい。確かに将校たちをブランデンブルク貴族と同一視することはできないが、シュヴァルツェンベルクの前記発言は決して誇大ではなく、傭兵軍将校に、ブランデンブルクの名門貴族家出身者が多く含まれていたことはほぼ間違いないのである。

次に前章において「城主＝官職貴族」と規定した名門貴族家のなかから、いかにして傭兵軍将校層は形成されたか論じることにしよう。この問題に関しては、ここで具体的に明らかにできるのはリベック家の場合についてのみである。[21] リベック家は一四世紀まで遡ることのできるハーヴェルラントの貴族家であるが、「城主」Burgherr の位は一六世紀までは保持しておらず、また一六世紀前半以前においては格別目立った貴族家とすることもできない。しかし前章でも触れたごとく、一六世紀から一七世紀初頭にかけハーヴェルラント貴族層において所領所有の点で変動があり、それまで圧倒的な力を誇っていたブレドウ家が衰退の兆しを見せる一方、それにかわってリベック家が所領を拡大し、一七世紀初頭にはハーヴェルラントの指導的貴族家のひとつに数え上げられるまでになった。[22] しかし同家において特徴的なことは、一六世紀後半より一七世紀にかけての繁栄が、軍人としての功績と密接にかかわっていたことである。同家、正確には東ハーヴェルラント系リベック家のめざましい発展は、ゲオルク（一五二三―一五九三年）より始まる。彼は軍事的活躍の場の限られたブランデンブルクを離れ、世紀中葉においてスペインやザクセンなどの軍隊に加わり、ヨーロッパ各地を転戦した。六七年にブランデンブルクに帰郷した後、ヨハネ騎士修道会管区長、御領地管区シュパンダウ Spandau のアムツハウプトマン職、宮廷官職といった役職・官職を次々と手に入れる一方、七二年にはグローセ・グリエニッケ領 Rittergut Große Glienicke を購入し、九〇年代にはシュパンダウ周辺に領地を拡大している。いずれの出来事も彼の豊富な財力を推測させるが、実際この間七七年に八五〇〇ターレル、八一年に二〇〇〇〇ターレルを選帝侯のために用立てていた。以上の経歴より、豊富な資産形成と官職貴族としての成功の基礎が、ブランデンブルク外での軍人としての活動のあいだに据えられたと考えないわけにはいかない。さらにゲオルクは、シュパンダウ要塞建設のために招かれたリナール伯 R. G. Graf zu Lynar と親交を結び、この後リベック家がシュパンダウの御領地ばかりでなく、要塞に対しても影響力を確保する前提を作りあげた。即ち第二代当主ハンス・ゲオルク一世は、シュパンダウのアムツハウプトマンと要塞司令官 Gouverneuer を統合した役職シュパンダウ・オーバーハウプトマン Oberhauptmann に就任し、ベルリンに近接した同要塞の司令官の地位を得、また第三代当主ハンス・ゲオルク二世も一六四〇年には連隊長となって同要塞司令官に任命され、代々ブランデンブルク軍のなかで枢要な地位を占め続けた。他方、御領地官としては、ハンス・ゲオルク一世はアムツハウプトマンにとどまらず、宮廷において御領地行政全体を統括するところの御領地財務官 Amtskammerrat に任命されている。加えて彼は父同様、領地の拡大にも努め、一六一二年にはリヒターフェルデ領 Rittergut Lichterfelde を得たが、同領を封として受けた者には城主の位階が与えられることになっており、リベック家はこれ以降城主の仲間入りをする。既に一六世紀後半以後、同家はシュパール、フランス、クルメンゼー、トロット、ブレジケ、ハーケ、ブレドウ、ガンス、シューレンブルクなどの並み居るクールマルク名門貴族家と姻戚関係を結んでいったが、城主の位階獲得によって、名実ともにブランデンブルクの名門貴族家の仲間入りを果たしたといえよう。

以上のリベック家の官職貴族、土地貴族としての勃興の経緯、即ち財力をいかして領地拡大に励む一方、選帝侯への資金融通をとおして最大の利権官職であるアムツハウプトマン職を得る、また城主の位階獲得や名門貴族との婚姻によって、騎士身分内における卓越した地位を獲得するといった経過は、一六世紀に繁栄した貴族家のひとつの典型とすることができるものである。また、軍人としての官職も御領地官と密接に結びついており、当初は将校という官職が、他の官職に比して特殊な性格をもった官職であったとは考えられない。ロッホウ、ブルクスドルフ、トロットなどのように、既に名門貴族家として名前が確立した一族からも将校が生まれているという事実は、将校職が名門貴族の体面を汚すものではなかったことを示しているように思われる。しかも一七世紀にはいると経済不況と御領地経済の不振により、将校職は御領地官職を補足するものとして、あるいはそれにかわる利権官職として重要な意味をもつようになる。戦前の一六一五年と戦争直後の五〇／一年に関し収益統計が残っている一一の御領地管区 Ämter についてその収益をみてみるならば、総計で八三七〇〇から四二七〇〇ターレルへと半減してしまっていた。[★23] したがって一七世紀前半の軍隊規模拡大につれて生じた将校ポストは、アムツハウプトマンなど御領地官職の利益縮小を補塡するという役割をもち、官職貴族が生き延びるためにもっとも有力な選択肢となったであろう。[★24] 以上のように、ブランデンブルク貴族のなかから少なからぬ傭兵軍将校が生まれ、しかも将校職は彼らが官職貴族として生き延びる際の有力な選択肢として一七世紀に登場した。既に第一章でも述べたとおり、一六世紀の権力エリートである城主＝官職貴族は、所領支配において城主としての武力的実力を前提として安定的秩序を形成していった。しかし彼らのなかから傭兵軍将校が生まれ、社会における武力的実力を代わって集中的に体現していった。その彼らが何故に形成の母胎となった領主＝騎士身分と対立せねばならなくなり、また郷土に対して暴力を向けることになったのか、次に考えてみることにしよう。

（三）軍事財政制度

さて当該期の将校職、特に連隊長職の性格とともに、軍事財政制度の解明はこの問題を明らかにするうえで不可欠である。[★25]アムツハウプトマンが御領地経営に大きな裁量権をもち、そのポストが事実上保有の対象であったように、連隊長 Oberst, Obrist や中隊長 Kaptän od. Rittmeister もまた、自己資金をもって連隊 Regiment や中隊 Kompanie を経営し、その運営は強い自律性を特徴としていた。それはまず、次のような軍団財政の私的・自律的性格によって規定された。連隊長は選帝侯と連隊結成請負契約 Kapitulation を結び、兵士の募集を自ら行なう責任を負っていたが、[★26]兵士募集のための支度金 Werbegeld や給与 Traktament は予め連隊長が自己資金より用意し、事後的に財政より清算されることになっていた。なお財政より受け取る連隊運営費は、兵士扶養令 Ordonnance von Verpflegung der Soldaten に記載された給与表にもとづいて計算されているのであるが、[★27]この給与表は連隊に対して一括して配分されるところの財政支出額計算のための基準にすぎず、連隊長自らが行なう給与支出行為はこれによって制約されていなかった。即ち連隊長は諸経費や自分の給与に加えて相応の利益を恣意的に計算し、全運営資金からそれらを差し引いて自分のものとしたのち、残りの金額を中隊長に中隊経営資金として一括して配分したのであるが、中隊長もまた自らの取り分を自分の裁量によって得た後に、最終的に残額を中隊の将兵に給与として配分した。いずれもその支出行為に対しては、ほとんど外部から規制を受けることがなかったのである。なお連隊長は連隊内に自らの中隊をもち、同時にそれらについて中隊長をも兼務していたので、連隊に加えて中隊経営による利益も得ていた。[★28]このような軍団の自律的運営は、人事や裁判制度によっても保証されていた。中隊の将校人事は中隊長が作成した案にもとづくとはいえ、連隊長の承認を必要とし、中隊長の選任は連隊長が行なっていた。また連隊は独自の裁判権をもち、連隊長は将兵のなかから判事を指名し、軍事裁判を主宰していた。[★29]

軍団財政の自律的性格や将校職の私的性格は、それがもたらした社会的帰結において、前章で検討したところの御領地経営や御領地官のそれとはとうてい比較できない。その意味を理解するには、軍団財政を軍事財政制度全体のなかで考えてみる必要がある。当該期の軍事財政の最大の特徴は、支出金庫である軍団財政ばかりではなく、収入金庫としての身分団体金庫もまたそれ自体の裁量権によって運営され、双方を計画的に統合するところの制度が脆弱であったという点にある。シュヴァルツェンベルク体制期においては、軍事評議会のもとに統一的軍事金庫を設置しようとする試みもあったようであるが、しかしそれは実現せず、軍事財政全体の調整は、評議会のなかに設置された軍事書記局 Kriegskanzlei が作成・発行する支払指図書 Assignation によって行なわれていた。[30] これは統合的中央金庫不在という条件のもとで、特定のクライスや都市金庫の収入を特定の連隊に割りあてる方法であり、前者に宛てて発行された支払指図書を後者に給付し、後者は前者より軍団運営資金を直接受け取る仕組みとなっていた。この制度の問題点は次の三つに求めることができる。第一に、租税即ちコントブチオン課税に関しても、ヴァレンシュタイン占領時の制度にならい、領邦議会や身分代表者委員会にはかるという正規の手続きを踏まずに軍事評議会の裁量で行ない、収入金庫と支出金庫の組み合わせも評議会が独断で決定していたことである。[31] このためクライスや都市にとってみるならば、それは正当性に欠ける課税と感じられるのは無理もないことであった。第二の問題点は、軍団運営資金を連隊が直接にクライスや都市から受け取るという仕組みそのものにあり、しかも連隊長が既に軍団運営に対して資金を前貸ししているため、資金受け取りは「債権回収」という性格を帯びることによって、その欠点は決定的となった。なぜならばこの「債権者」は自ら軍事力をもち、それによる「債権回収」が暴力的性格を伴うのは必至であったからである。[32] 第三は、軍事財政全過程に対して監督責任を有するところの軍事評議会、総軍政コミサール以下の軍政組織が有効に機能せず、諸身分側から軍団側への資金・物資供給体制を構築できなかったことである。[33] この結果、収入金庫と支出金庫が仲介者なしに直接対峙するがごとき状況が生まれたのであった。

以上のごとき軍事財政制度の問題点は、ブランデンブルク軍増強とともに三〇年代末から四〇年代初頭にかけて破局的様相を呈していった。まず将校たちの前貸しが順調に回収されずに、連隊長ばかりか連隊副官など中隊長クラスにも、一〇〇〇〇ターレルを超えるような多額の債権をもつ者が生まれた。かかる債権回収が必ずしも現金によって行なわれる必要はなく、現物徴発も認められていたことは、問題をいっそう悲劇的にした。軍隊はクライスや都市金庫から資金を受け取れない場合は、納税者である住民から直接に現物徴発を行ない、ここではもはや合法的な徴発と掠奪の区別がつかなくなるような事態が生じたからである。[★34] 他方、諸身分側にとってみるならば、課税の正当性は言うに及ばず、各軍団に支払うべき軍団運営資金の計算根拠もまた不信を呼ぶものであった。即ち運営資金計算の基準は、既に述べたように、兵士扶養令に記された給与表によって定められており、それに将兵数をかけて総額が算出されたのであるが、実際に現員数が定員を大きく下回っており、このため連隊長たちが不当に過大な請求を行ない、現実には存在しない「架空兵士」passevolant の分まで負担させられているのではないかと、彼らは不信を抱いたのである。この疑念は根拠のあるものであり、三八年においてクリッツリンク連隊は二六〇〇人の定員に対して四〇〇人の現員、ヴァルドウ連隊は一二〇〇人の定員に対し一〇〇人の現員しか抱えていなかったが、彼らは定員どおりの資金を請求するといった極端な事例までみられた。[★35]

なるほど将校の多くはブランデンブルクの騎士身分に属していたし、その官職貴族としての発展のなかから生まれたと考えることができる。それにもかかわらず結局は、両者の対立は傭兵軍制と軍事財政の以上のごとき特徴によって構造的に必然であったといえよう。この対立を止揚しうるのは、第三者である軍政組織をおいてほかにはなかったと思われるが、しかし合理的軍事財政も、効果的軍団査察体制も創出されず、軍政組織は両者の仲介機能を十分果たすことができずに終わったのである。

二　一六四〇年代の統治体制

以上の対抗関係は、一六四〇年におけるフリードリヒ・ヴィルヘルム即位と武装中立路線への転換によって表面化した。即位後に生じた権力関係変動の第一は、宮廷でのシュヴァルツェンベルク派の権力喪失である。即ち彼によって排除されていた親スウェーデン派の指導的貴族が次々と復権し、枢密参議会に加わる一方、シュヴァルツェンベルク派に対しては不正蓄財の嫌疑がかけられ、彼らの影響力は一掃されることになる。[★36]続いてわれわれは、一六四〇年からほぼ一〇年間続くところのフリードリヒ・ヴィルヘルム治世初期の体制がどのような性格を有していたか、また三〇年代以来の傭兵軍増強によってもたらされた諸問題が、そのもとでどのように対処されていったかについて、検討することにしよう。

さてシュヴァルツェンベルク派失脚の後、軍事評議会によって掌握されていた軍政指導権が四一年に再び枢密参議会に復帰し、またブルメンタール解任後も新たな総軍政コミサールは置かれなかったため、枢密参議会は最高行政機関としての地位（しかもブランデンブルクを超え、選帝侯の全領土に対する）を回復することになった。枢密参議会の構成からは次の三つの性格を読みとることができる。[★37]第一。一六世紀以来のブランデンブルク名門貴族、即ちゲーツェ S. v. Götze、ガンス A. G. Gans zu Putlitz、ヴィンターフェルト S. v. Winterfeld、クネーゼベック Th. v. Knesebeck の任命は、城主＝官職貴族の復権を印象づけるものであった。[★38]第二。ヴェストファーレン条約によって確認されたホーエンツォレルン家の領土拡大（プロイセン、クレーヴェ＝マルク、ヒンターポメルンなど）に伴い、ブランデンブルク外出身の貴族が含まれていること。ライン貴族ノルプラート J. v.

Norprath やポメルン貴族シュヴェリン O. v. Schwerin などがそれである。第三。将校たちの権力的成長を反映し、ブランデンブルク名門貴族ではあるが、それと同時に将校でもある人物が登用されている。K・v・ブルクスドルフ、C・B・v・フュール、H・G・v・リベック二世がそれにあたる。このうち第二のグループに含まれる者たちが、本格的に力を発揮し始めるのは五〇年代以降のことである。したがって四〇年代の体制をここで簡単に特徴づけるならば、三〇年代後半の三つの権力グループのうちシュヴァルツェンベルク派軍政組織を排除したうえで、他の二つのグループ、即ち同じくブランデンブルク名門貴族出身ではあるが、騎士身分をも代表するところの伝統的な城主＝官職貴族と傭兵軍将校のバランスの上に成り立った体制、とすることができるだろう。

この体制が対処を迫られていた最大の課題は、傭兵軍の常備軍化を前提としたうえで、諸身分と傭兵軍間の政治的対立に解決の道筋をつけることであった。これは、フリードリヒ・ヴィルヘルム即位とシュヴァルツェンベルク派の軍政組織解体によって、これまで後者により押さえ込まれていたクライス騎士身分や都市の傭兵軍への不満が、一気に表面化したことで火急の課題となった。特に重要なのは、四〇／一年の領邦議会で繰り広げられた諸身分による将校批判とその帰結である。[★39] 諸身分側は三〇年代後半の国土破壊はスウェーデン軍によるよりも、ブランデンブルク軍やオーストリア軍の掠奪行為によるところが大きいと捉え、アルトマルク、ウッカーマルク、ノイマルクの都市や騎士身分のなかにはスウェーデン軍への物資補給に応じる一方、ブランデンブルク軍の宿営を拒否する動きさえあった。[★40] 四〇年代をリードした前記の構成を特徴とするところの権力エリートは、諸身分と将校の対立をどのような方向で解決しようとしたのか、次に論じることにしよう。

諸身分側の将校批判の内容を知るためには、四一年一月八日付けの諸身分から選帝侯に宛てられた請願が特に重要である。請願の作成者五人のうち、都市代表二名を除く騎士代表者三名の構成は注目に値する。いずれも名門貴族出身者であるが、シュヴァルツェンベルク派の失脚とともに枢密参議に選出された前記ヴィンターフェルト、ヨハネ騎士修道会管区長であったシュリーベン M. v. Schlieben の他に傭兵軍連隊長G・E・v・ブルクスドルフが騎士身分代表として請願の作成にかかわっていた。[★41] 彼らの傭兵軍批判と選帝侯への要請は次のようにまとめられる。一、軍隊の削減。ブランデンブルク軍の実態が定員を大幅に下回っている点を批判し、全軍を戦闘力の優れた実体のある歩兵五個連隊にまとめあげ、騎兵軍はオーストリア軍に譲渡することを提案した。その後、歩兵一六個中隊（一個中隊＝一五〇人）、騎兵三個中隊（一個中隊＝一〇〇人）という内容の、より具体的な要望が提出された。二、夏期給与の維持。三八年以後ブランデンブルク軍には、単価の安い夏期給与 Sommertraktament が年間を通じて支給されていたが、ロッホウが将校利害を代表して連隊運営の困窮を訴え、議会に対して冬期給与 Wintertraktament 再導入の請願を提出している。これに対して諸身分側は、ここでも連隊の定員未補充と諸身分側の過重負担を理由に、冬期給与導入による給与引き上げに反対した。三、軍団財政への査察（会計監査）体制確立。定員と現員の乖離は、軍団財政＝連隊運営の大幅な自律性と査察体制の欠如によるところが大きく、この点も諸身分側からの批判を免れえなかった。四〇／一年議会では、これに対して諸身分による軍団財政監視が要望される。具体的には騎士、都市両身分から選出されたコミサールによって、軍団は四半期ごとに査察 Musterung を受け、支払指図書は査察記録簿にもとづき、実態（現員数）に即して作成されるべきであるとされた。四、軍隊による強制徴収廃止。軍団自体による租税徴収が事実上掠奪となっている実態を指摘し、コミサールや都市参事会の監督下で、民政執行官であるラントライター Landreiter od. Landreuter によって租税未払分の徴収は行なわれるべき、というのがこの点での諸身分側の要求である。五、租税承認権の確認。諸身分の承認手続きを経ることなしに支払指図書が振り出され、租税徴収が強制されていたことを批判し、諸身分の同意のうえで発行された支払指図書以外に対しては、今後租税徴収を行なわないことが宣言された。

以上の要求に対し、四一年三月三一日には選帝侯より、[★42]また七月三―一三日にはブランデンブルク総督であるエルンスト辺境伯から回答があった。[★43]なるほど選帝侯の返答は、諸身分が従来有していた租税承認などの諸特権尊重を約束したうえで、軍隊による国土破壊の実態調査や、軍隊削減、夏期給与維持、軍隊による租税強制徴収の廃止、軍団査察強化などを認め、諸身分の要望の正当性を基本的に受け入れていたが、しかし具体的内容に乏しいとの印象は拭えないものであった。これに対して総督の回答は、査察の実行を約束はするが、それを待って租税徴収するのでは遅すぎるゆえ、必要資金調達は早急に行なわなければならないこと、また軍隊の削減については歩兵一六個中隊、騎兵二個中隊まで認めるが、しかしそのかわりとして冬期給与導入を行なうことを主張し、軍隊に対しても譲歩の姿勢を示していた。結局、四〇年代初頭において実現したのは、軍隊の削減と諸身分の租税承認権確認、都市と農村間の租税負担配分調整（二対一より五九対四一へ）などにとどまり、[★44]軍政組織のありかたについては、ほとんど内実のある結論を得ることができなかったのである。

このような結果は、前述の権力の構成からして、そのしからしめるところであったといえる。四〇年以後の路線変更、即ち武装中立への転換はオーストリア、スウェーデン両陣営から距離を保つことで社会に対する軍事的負担緩和を意図したものであり、諸身分側の強い意向によるものであった。請願書を作成した騎士身分代表ヴィンターフェルトが枢密参議に任命されたことは、このような要望を権力構成に反映させたものであった。しかしそれと同時に、連隊長であったG・E・v・ブルクスドルフ（弟）が騎士身分代表の一人として請願書作成に加わる一方、ロッホウ連隊を中心に将校のあいだに軍隊削減やオーストリアとの同盟解消に対して不満が生じると、それに対処し、平穏のうちに軍隊を削減することで新選帝侯の下へのその統制が可能となったのは、K・v・ブルクスドルフ（兄）の軍隊内での指導力ゆえであったことは看過されてはならない点である。[★45]騎士身分と傭兵軍のあいだの利害調整は、ヴィンターフェルトやクネーゼベックのような伝統的官職貴族ではなく、むしろ両者に足場をもつブルクスドルフ兄弟を軸にして進められた。騎士身分からの軍隊削減要求は、国土の荒廃を目の前にして受容せざるをえなかったが、しかし軍団運営への統制といういまひとつの要望は、将校の特権を侵害しかねないものであり、租税承認権を無視した課税が諸身分の特権にさわるのと同様な意味を将校たちに対してもったといえる。ブルクスドルフらのリーダーシップによる限り、諸身分の課税承認権回復、軍隊縮小、租税負担軽減に政策課題が限定され、軍団運営への統制は真剣に追求されようがなかったとせねばならない。一六世紀の城主＝官職貴族たちが、宮廷と騎士身分双方に発言力を有し、両者の利害を調整することによって権力エリートとしての地位を確保したように、ブルクスドルフをはじめとするブランデンブルク名門貴族出身の将校たちは、宮廷における選帝侯の信頼とともに、傭兵軍での指導力、騎士身分における声望を兼ね備え、それらのあいだの利害調整を行ない、こうした能力によって一六四〇年代のブランデンブルク政治をリードした。しかし四〇年代以後も傭兵軍は常備軍として恒常化するなかで、親族関係や同一身分への帰属を頼りとする一部将校＝貴族の個人的リーダーシップによるかぎり、軍政組織の整備とそれによる傭兵軍の権力内への統合がはたして可能であるかは、おおいに疑問とせねばならなかった。ブルクスドルフやフュールらを中心に、選帝侯の全領土を包括するブランデンブルク＝プロイセン軍の編成が四三、四年頃より本格的に追求され始めたが、★46 軍団への統制とそのための軍政組織整備はこの間ほとんど実現しなかった。フュールは、一一〇〇〇人からなるブランデンブルク軍編成のための企画書を★47 四四年三月に選帝侯に上申し、そのなかで住民台帳作成にもとづく計画的兵員徴募と租税負担分配という優れた案を構想（未実現）していたが、その案でさえも軍政組織に関してはみるべき内容を含んでいない。一七世紀後半においてもブランデンブルク＝プロイセン国家は断続的に戦争に直面し、軍隊の増強が進められる。しかし騎士身分と将校の利害が究極的には対立せざるをえない関係にあったことを考慮するならば、ブルクスドルフらの一六世紀的統治スタイルによって、両者のあいだの根本的矛盾が解決される展望はなかったと考えざるをえない。結局、五〇年代以降新たな権力エリートの参入と、彼らの指導力によって以上の問題は解決されていくが、この点は次章で検討されることになるであろう。

★1　否定的評価の代表はJ. Schultze, Die Mark Brandenburg, Bd. 4, S. 278f. であり、これに対して彼の統治体制を肯定的に捉えるのはO. Meinardus, Protokolle und Relationen des Brandenburgischen Geheimen Rathes aus der Zeit des Kurfürsten Friedrich Wilhelm, Bd. 2, Osnabrück, 1965^2, S. XXXIIf. である。

★2　J. Schultze, Die Mark Brandenburg, Bd. 4, S. 267.

★3　O. Meinardus, a. a. O., Bd. 1, S. LXII.

★4　Ebenda, S. LVIIIf.

★5　F. Wolters, Geschichte der brandenburgischen Finanzen in der Zeit von 1640-1697. Darstellung und Akten, Bd. 2, München/Leipzig, 1915, S. 25-59.

★6　O. Hintze, Der Ursprung des preußischen Landratsamts in der Mark Brandenburg, in: Ders., Regierung und Verwaltung. Gesammelte Abhandlungen, Bd. 3, Göttingen, 1970, S. 174-84; F. Wolters, a. a. O., S. 15-7; F. Schröer, a. a. O., S. 145f. 軍政コミッサールが後にラントラート（郡長）Landratへと発展していったことはいうまでもない。

★7　Ebenda, S. 43; L. Enders, Die Uckermark, S. 321-5.

★8　F. Wolters, a. a. O., S. 21.

★9　Ebenda, S. 38 u. 48.

★10　O. Meinardus, a. a. O., Bd. 2, S. XVII u. XXXIIf.

★11　C. Jany, a. a. O., Bd. 1, S. 86-9; F. Wolters, a. a. O., S. 21-3.

★12　C. Jany, a. a. O., Bd. 1, S. 67-70.

★13　Ebenda, S. 83-7.

★14　S. Isaacsohn (Hg.), Urkunden und Actenstücke zur Geschichte des Kurfürsten Friedrich Wilhelm von Brandenburg, Bd. 10, Berlin, 1880, S. 57.

★15　C. Jany, a. a. O., Bd. 1, S. 83f.

★16　将校職も含めた個々のブランデンブルク貴族の官職保有については、P.-M. Hahn, Struktur und Funktion、および P. Bahl, Der Hof des Großen Kurfürsten. Studien zur höheren Amtsträgerschafte Brandenburg-Preußens, Köln/Weimar/Wien, 2001 の人名索引などから調べることができる。

★17　G. Gnewuch, Glanz und Niedergang eines märkischen Adelsgeschlechts. Die osthavelländische Linie der Familie von Ribbeck (1523-1811), in: JBLG, Bd. 21, 1970, S. 59.

★18　C. Jany, a. a. O., Bd. 1, S. 91 u. 100; G. Gnewuch, a. a. O., S. 62.

★19　S. Isaacsohn, a. a. O., S. 57.

★20　第一章、第1-7表。

★21　以下については G. Gnewuch, a. a. O., S. 46-66 を参照。

★22　第一章第二節。

★23　K. Breysig, a. a. O., S. 376. 三十年戦争時の御領地経営混乱の行政的側面については、第四章第一節参照。

★24　G・v・リベックの例にも見られるように、ブランデンブルク貴族にとっては自国軍においてのみならず、他の領邦あるいはドイツ以外で傭兵軍将校となる道も開けており、特にオーストリア、スウェーデン軍は軍隊規模においてブランデンブルク軍を大きく凌ぎ、彼らに格好の活躍の場を与えた。その典型例は、所領規模、官職保有において格段の地位をブランデンブルクで誇っていたボイツェンブルク系アルニム家出身のH・G・v・アルニムであり、彼は三十年戦争中オーストリア、ザクセンの傭兵軍将校として活動し、ついに生涯ブランデンブルクに軍人としての地位を得ることはなかった（ADB, Bd. 1, S. 568-70; NDB, Bd. 1, S. 372f）。ほかに戦争中オーストリア軍に従軍した例としてシュパール O. C. v. Sparr (ADB, Bd. 35, S. 64-7)、スウェーデン軍に従軍した例としてゲルツケ J. E. v. Görtzke (BLHA, MF, Nr. 253, fol. 123-6) をあげることができる。この二人は三十年戦争中はブランデンブルク軍に加わることはなかったが、戦後同軍に招聘され、指導的将校の地位を得ている。

★25　当時の軍制については、フリードリヒ・ヴィルヘルム治世の軍制全般を扱ったF・v・シュレッターの著作以上に頼りになる研究は、相変わらず見あたらない（F. v. Schroetter, Die brandenburgisch-preussische Heeresverfassung unter dem Grossen Kurfürsten, Leipzig, 1892）。

★26　Ebenda, S. 132f.

★27　例えば一六五五年まで効力をもっていた三八／九年の給与表は、C. O. Mylius, Corpus Constitutionum Marchicarum, Oder Königl. Preuß. und Churfürstl. Brandenburgische in der Chur und Mark Brandenburg publicirte und ergangene Ordnungen, Teil

3, Abt. 1, S. 21-8 を参照。

★28　以上については F. v. Schroetter, a. a. O., S. 49-61。

★29　Ebenda, S. 30f. u. 141. なお中隊長人事に関しては、四〇年代には選帝侯の承認が必要になっていたようである（Ebenda, S. 134）。

★30　F. Wolters, a. a. O., S. 48 u. 54.

★31　Ebenda, S. 47.

★32　F. v. Schroetter, a. a. O., S. 45f.

★33　F. Wolters, a. a. O., S. 21f.

★34　F. v. Schroetter, a. a. O., S. 45 u. 120; F. Wolters, a. a. O., S. 51. 山内進氏の研究は、傭兵軍による掠奪が当時の法観念によっていかに許容されたかを問うものとして興味深い。しかしそこで論じられているのは敵に対する掠奪行為であり、本書が扱うところの味方への掠奪とは、自ずと問題は異なる（同氏『掠奪の法観念史』東京大学出版会、一九九三年）。

★35　F. v. Schroetter, a. a. O., S. 110f. ほかにK・v・ブルクスドルフについても同様の嫌疑があった（O. Meinardus, a. a. O., Bd. 1, S. XXIX）。

★36　Ebenda, Bd. 1, S. VIIf u. LXII-LXIX.

★37　P. Bahl, a. a. O. S. 408f.

★38　彼らの復活については、P.-M. Hahn, Landesstaat und Ständetum, S. 64.

★39　この会議と四三年に開催された会議も正規の領邦議会 Landtag ではなく、実際は代表者議会 Deputationstag であったようである（S. Isaacsohn, a. a. O., S. 47）。

★40　O. Meinardus, a. a. O., Bd. 1, S. XXXV.

★41　以下の諸身分側の批判と要望は、S. Isaacsohn, a. a. O., S. 50-104 にある四〇／一年議会関係の史料によるが、このうち請願書は S. 77-92 に掲載されている。

★42　Ebenda, S. 92-8.

★43　Ebenda, S. 100-2.

★44　一六四三年に都市と騎士身分のあいだでひとまず租税分配問題は決着をみた（P. G. Wöhner, Steuerverfassung des platten Landes der Kurmark Brandenburg, Teil 3, Berlin, 1805, S. 18-21）。

★45 O. Meinardus, a. a. O., Bd. 2, S. LVI.
★46 Ebenda, S. LXXV-CXX.
★47 Ebenda, Nr. 128, S. 349-78.

第三節　三十年戦争による農村社会荒廃

三十年戦争によるドイツ社会の荒廃は地域によってさまざまであり、一般的評価を急ぐよりは、むしろ地域ごとに実証を積み重ねることが大事である。[★1] オーストリアとスウェーデン間の主戦場となったブランデンブルクは、ドイツのなかでも被害の程度が大きい地域に属していたことは間違いない。戦争による被害を検討する場合、農場数や生産力レベルの低下という数量的視点とともに、村落や領主制のような社会秩序への質的影響の面からも考察を加える必要があるだろう。前章において城主＝官職貴族主導による一六世紀の農村社会秩序確立を検討したわれわれにとっては、後者の観点は確かに重要であるが、ブランデンブルクに関しては三十年戦争下の農村秩序についての情報は断片的で、[★2] 現時点でこれについてある程度一般的な説明を提示することは困難である。そこで本章では農民農場の減少と生産力低下に考察を限定せざるをえない。なお三十年戦争時における人口減少に焦点をあてて、社会破壊の程度を同地域について明らかにしようとする研究は少なからず存在するが、農村を対象

第2-1表　三十年戦争によるクールマルク諸都市の市民世帯数減少

都市	A	B	B/A (%)
アルトマルク都市	戦争前	1643/45 年	
Gardelegen, Osterburg, Werben 計	1067	239	22
プリクニッツ都市	1625 年	1654 年	
Pritzwalk, Kyritz, Havelberg, Lenzen 計	1046	390	37
ルピン都市	1625 年	1645 年	
Neu Ruppin, Gransee, Wusterhausen 計	1129	446	39
ウッカーマルク都市	1625 年	1645 年	
Prenzlau, Neu Angermünde,			
Templin, Liechen, Straßburg			
(Büsching 集計)	1763	300	17
(Mainardus 集計)	1838	247	13
ハーヴェルラント都市	1625 年	1645 年	
Alt Brandenburg, Neu Brandenburg,			
Rathenow, Nauen, Potsdam, Spandau 計	2256	1098	48
ツァウヒェ都市	1625 年	1645 年	
Belitz	157	57	36
テルトウ都市	1625 年	1645 年	
Mittenwalde, Trebbin, Köpenick 計	493	90	18
ベルリン・ケルン	1625 年	1645 年	
	1236	999	80
下バルニム都市	1625 年	1645 年	
Bernau, Liebenwalde, Bötzow 計	510	161	31
上バルニム都市	1625 年	1645 年	
Neu Eberswalde, Straußberg,			
Wrietzen, Oderberg 計	720	169	23
レブス都市	1625 年	1645 年	
Frankfurt (O), Müncheberg 計	1202	466	38

典拠：O. Mainardus, a. a. O., Bd 2, S. CXLI-LII.

とするそれは一部のクライスに限られている。これに対して都市人口減少に関しては、ブランデンブルク全体を検討した研究もみられる。農村社会の荒廃の度合いをみる前に、都市研究の成果によって全体を概観しておくことにしたい★3（第2-1表）。

ほとんどのクールマルク諸都市は、一六四五年において二五年比で三〇%台以下に市民世帯数を減らしてしまっていたが、戦争中の荒廃の程度は都市の性格や、地理的事情によってさまざまであった。宮廷都市ベルリンの市民世帯数減少はもっとも軽微で、ベルリン・ケルンの双子都市は、戦前比八〇%を戦争末期に維持していた。また要塞都市シュパンダウ市もこの間六割の市民を維持し、同市や新旧ブランデンブルク市、ポツダム市を含むハーヴェルラントには一六四五年において戦前比四八%の市民世帯が残っていた。ほかに比較的損害が軽くすんだのは、ベルリンと並んでクールマルク三大都市を形成したブランデンブルクとフランクフルト・アン・デア・オーデルである。両市は戦時中に市民世帯数を半分以下に減らしたとはいえ、戦争直後に回復は進み、五二年には戦前比半分程度まで戻していた。これに対し他の都市の多くは、一六四五年において戦前（一六二五年）比三〇%台以下にまで市民世帯数を減らし、特に北東部のウッカーマルク諸都市と南部のテルトウの都市は一〇%台の市民数を有するにすぎなかった。宮廷都市、要塞都市、大都市を除き、通常の都市は市民世帯数の点から見るならば、三十年戦争によって壊滅的被害を受けたといって過言でないだろう。

一　農民農場の減少と生産力低下

三十年戦争による農村社会の荒廃を概括的に捉えるにさいしてもっとも有効な資料は、五二年に各クライスで作成された「ラントライター報告書」Landreiterberichteである（ラントライターはクライスの民政執行官）。これによって戦争終了後の村落ごとの農民農場数を把握しうる。この調査が行なわれたのは、労働力確保を目指して農村への入植振興をはかるためであったが、それと並びかつてのフュールの計画にならい、兵士を徴募するための基礎資料を作成することがそこでは目指されていた。プリクニッツとルピンの報告書はJ・シュルツェによって公刊されているが、エンダースらの編纂した『ブランデンブルク村落・都市歴史事典』Historishes Ortslexikon für Brandenburgの各村落欄にも、同調査書のデータが掲載されている。[★4] なお戦前との比較で農場数減少の度合いを算定する場合、報告書に保有主を欠く荒廃農場数が記載されている場合は問題がない。これに対して、このような記載のない報告書もあり、その場合、基本的には二四年に作成されたショッス租税台帳のデータと比較して減少数を導き出すことになる。以下、北部の大クライス（ルピンも含む）を概観した後、ミッテルマルクに属する南部の小クライスの場合についてみることにしよう。

アルトマルク

本クライスについては『ブランデンブルク村落・都市歴史事典』は編纂されておらず、クライス全体の農民農場数を算定する史料をわれわれはもっていない。ここではF・カパーンの研究[★5]によって、大まかな動向を確認しておくだけにしておこう。彼の研究は教会や御領地関係の史料によって、アルトマルクの一部村落の人口と農場数変動を確認したものであり、全村落の農場数変化をそこからは正確には知ることはできない。農村人口はクライス西部・中部では戦前比七〇—八五％程度の減少にとどまったが、東部では戦前比四〇から五〇％に減じ、クライス全体の農村人口は戦前比六〇％くらいになったのではないかと、彼は推定している。なお彼の研究では、農場数から人口をそのまま導き出しているため、この減少率はほぼ農場数の減少と同義であると考えてよい。以上の数字が全体的動向を正確に反映しているとは断言できないが、しかしエルベ河対岸（プリクニッツ）に近い東部ほど荒廃の度合いが大きいことは、おそらく事実であったのだろう。

プリクニッツ★6

同クライスのラントライター報告書には各村落ごとの農場・世帯数に不正確な記載が散見される。この結果クライス全体の集計数については、ラントライター自身の明らかに過大な農場・世帯集計と、J・シュルツェによる集計、W・B・ブリッスの集計がすべて異なるという事態が生まれている。さらに村落ごとに階層分類基準が微妙に違っていることも集計を困難にしている。したがって集計値は決して厳密なものではなく、近似値であることが留意されねばならない。本書では農場数算定にさいして次のような操作を行なうことにする。村落によって半フーフェ保有農民 Halbhüfner や半コセーテ農民 halber Kossät が独自に分類されている場合があるが、それらはすべてフーフェ保有農民とコセーテ農民にまとめる。また階層分類することなく、全共同体構成員を世帯主 Hauswirte として一括している村も見られるが、すべてフーフェ保有農民とし、コセーテ農民かケットナーであるか判別が困難な者はコセーテ農民に分類している。なおプリクニッツは二四年のショッス租税台帳を欠くため、主に一五七六年に作成された農村税・ギーベル税台帳の数値によって戦前の農場数を確認する。一六二四年時点の農場数は既に一六世紀末より始まる不況の影響を受け、一六世紀の全盛期のそれより減少していることが自明視されており、これに対して一五七六年の数値は一六世紀好況絶頂期の状況を示していると考えてよい。五二年報告書に記録があるにもかかわらず、一五七六年台帳など戦前についての記録を欠く村落もあるが、それらに関しては一六五二年の集計にも加えていない。以上のような操作によって算出された農場数は、三十年戦争前が四五八五（フーフェ保有農民：三三九二、コセーテ農民：一一九三）であるのに対し、一六五二年は一八〇六（フーフェ保有農民：一一五二、コセーテ農民：六五四）であった。したがって農場数は戦前比三九％に減少したことになるが、フーフェ保有農民の減少率はコセーテ農民のそれを上回っており、このため両者の百分比は七四：二六より六四：三六へと変化している。したがって農場数の減少のみならず、平均的農場規模の縮小がこの間に進んでいたと考えられる。ところで、四〇年代中頃よりクールマルクでは人口数に一定の回復があったと考えられており、プリクニッツの場合も五二年の農場数は決して戦争末期の最低値ではなく、増勢に転じた後の農場・世帯数であることがここでは考慮されねばならない。それではどの程度回復がなされていたのであろうか。

出身地に関するデータは、相当数の新規入植者がこの間あったことをうかがわせる。ブリッスはラントライター報告書に記載されたすべての世帯主（小都市＝間接都市市民も含む）の出身地を調べ上げたうえで、四二％が当該村落外の出身者であることを確認している。しかもそのなかには近隣村落のみならず遠方の出身者も多く含まれており、例えば三十年戦争の影響が比較的軽微ですんだと言われているホルシュタイン、ハンブルク、リューベックから計一七五世帯の移住者があった。ほかにメクレンブルクから七〇人が世帯主としてプリクニッツに移り住んでいる。クレースト Kleest、シュヴィーネコッフェ Schwinekoffe、グローセンベルク Großen-Berg の三村のように、世帯主すべてが領邦外の出身者に入れ替わってしまうような事例まで存在した。なるほどすべての村外出身者が新規入植者とは限らないが、それにしても村外出身者が世帯主の四割を占めていたことは、相当数の新規入植者があり、彼らによって農場の再建がなされつつあったことを推測させる。

ルピン★7

ルピンのラントライター報告書をプリクニッツのそれと比較するならば、保有主をもたない荒廃農場数の項目をもつこと、軍隊経歴についての詳細な記述があること、これに対して出身地についての記載を欠くこと、などの特徴を認めることができる。ここでもラントライター自身によってまとめられた集計値は不正確であり、シュルツェは一六五二年時点の農場保有者を約九〇〇、これに対して保有主のない荒廃した農場数を一四〇〇と、概数のみを示している。ただしこのなかには手工業者や漁師の他に、フレッケン Flecken（半農村的な小間接都市）の農耕市民 Ackerbürger も含まれている。手工業者や漁師を除き、農耕市民も含めた農民農場数に限定するならば、筆者の計算によると、現存農場数が八六六（フーフェ保有農民：五三九、コセーテ農民：二八三、いずれか不明：四四）であるのに対して荒廃農場数は一三三九（フーフェ保有農民：八五三、コセーテ農民：三六三、いずれか不明：一二三）となる。したがって六割の農場が保有主を失い、この結果全農場のなかで耕作主をもつ農場は三九%ということになる。また分類不明の分を除くならば、保有主をもつ農場のフーフェ保有農民とコセーテ農民間の比率（六六：三四）を、荒廃農場も含めた全農場における両者間比率（六八：三二）に比べた場合、フーフェ保有農民が相対的にも減少しており、本クライスでもまた平均的農場規模の縮小が進行していたことをうかがわせる。なお報告書は出身地の記載を欠き、このため新規入植者数を知る手がかりはないが、シュルツェは戦争終了時点で保有主をもつ農場は全農場のうち三分の一程度ではなかったかと推測している。[★8] それを基準とするならば、五二年時点の新規入植者数はわずかなものにとどまっていた。なお農場保有者のなかには五九人の退役兵が含まれている（全農民農場主の六・九%）。これらの兵士の多くは戦争終了後の傭兵軍解散・縮小を受け、農村に帰還・入植した者たちであろう。ルピンの報告書からは、戦後の農村再建にあたって退役兵の力が無視できるものでなかったことを知ることができる。

ウッカーマルク[★9]

本クライスの三十年戦争後の農場数に関しては、エンダースの研究によると、次のごとくであった。戦前に存在した二二二の村落とフレッケンのうち、一六五〇年には八七が完全に廃村化し、二四年に四八〇七農場 Stelle あったフーフェ保有農民、コセーテ農民、漁師は、五〇年にはわずかに合計四九七しか残っていなかった。即ち戦前比一〇%に減少してしまったのである。しかもこの数字は、四三―七年の最低の状況から一定程度回復した後のものであることに、彼女は注意を促している。都市と同様に農村に関しても、ウッカーマルクはもっとも手ひどい打撃を受けたクライスであったといえる。

ツァウヒェ★10

ミッテルマルクの小クライスである本クライスは、以上の北部に位置する大クライスとは、農民農場数減少に関し異なった傾向をみることができる。ツァウヒェの二四年のショッス租税台帳では農場数とともにフーフェ数も調査されたが、五二年のラントライター報告書では農場数だけが記載されていたようである。このためここでも農場数を基準に比較を試みる。集計の結果、農民農場数は二四年から五二年のあいだに一〇九四（フーフェ保有農民：六二一、コセーテ農民：四七三）より五九九（フーフェ保有農民：三〇三、コセーテ農民：二九六）へと減少したことが明らかになる。率にすると五四%の農民農場が耕作主をもっており、アルトマルクを除く前記の三つの大クライスに比べ、打撃の度合いは軽かった。なおフーフェ保有農民とコセーテ農民の構成比はこの間五七：四三より五一：四九と変化し、ここでも平均的農場規模の縮小を確認することができる。

テルトウ★11

本クライスに関しても二四年台帳では農場数、フーフェ数ともに記録されているが、五二年報告書では農場数の記載しか見あたらないゆえ、農場数を基準に減少の程度を確認することにしよう。二四年から五二年にかけて農民農場数は一九〇六（フーフェ保有農民：一二二〇、コセーテ農民：六八六）より一一四一（フーフェ保有農民：六四八、コセーテ農民：四九三）に減り、六〇％の農場が維持された。ここでも北部の大クライスに比べるならば、被害の度合いは軽くすんだといえる。前述のとおり、本クライスに位置する都市は戦争の間に世帯数の減少が特に顕著であった。都市と農村のあいだで世帯・農場数減の程度にずれをみることができる。なおフーフェ保有農民のコセーテ農民に対する比率は六四：三六から五七：四三に変わり、同じく平均的農場規模の縮小が進んでいた。

レブス[★12]

本クライスにはラントライター報告書はなく、一六五四年に作成されたコントリブチオン課税記録を代用することになる。そこではフーフェ保有農民に関しては農場数ではなくフーフェ数が記録されているため、フーフェ数とコセーテ農場数を比較の基準に選ぶことにしたい。またコセーテ農場のなかには、フーフェを有する場合もあり、これらについてはフーフェに換算し、フーフェ数の方に加えてある。なお同課税台帳からは現存農場のフーフェ数と農場数ばかりではなく、新規に再建された農場と保有主がないまま荒廃にまかされている農場のそれをも知ることができる。集計の結果は次のとおりである。五四年時点での現存フーフェ数は一三七五・二五、コセーテ農場数は六四〇であるが、このうち新規入植者によって再建された分は前者が二六五・五、後者は八一・五であり、新しい保有者による農場再建が一定程度進行していた。これに対して相変わらず保有主がないまま再建を待っている荒廃農場に関してはフーフェ数は八九七・二五、コセーテ農場数は五〇一となる。したがって五四年時点で六〇％のフーフェと五六％のコセーテ農場が保有主をもち、耕作されていたことになる。また戦争末期のもっとも荒廃した時期の状況を前記の数字から再現するならば、フーフェ数では四九％、コセーテ農場数では約四九％が耕作されており、約半数の農場が生き延びていたと考えてよい。

以上よりクールマルク農村の農民農場数減少に関して、次のような概観を描くことができるのではないか。三十年戦争の打撃を四〇年代で捉えた都市の場合と五〇年代前半でみた農村の数字を比較し、いずれの打撃が大きかったかを比べることは意味をもたないが、しかし双方とも大打撃を免れることはできず、五割程度の市民世帯数や農場数の減少にとどまった地域は恵まれた部類に属し、少なからぬ地域で戦前比三割台以下にまで減少してしまっていた。農村に限定するならば、北部の大クライスにおいて特に被害は甚大であり、五〇年代初頭においてアルトマルクを除く北西部のクライス（プリクニッツ、ルピン）では四割弱の農場しか耕作されておらず、北東部のウッカーマルクに至ってはわずかに一〇％にとどまっていた。都市も含め北東部の受けた被害がもっとも厳しいものであったことは明らかであろう。これに対して南部に位置するミッテルマルクの小クライス（ツァウヒェ、テルトウ、レブス）でも農場数減少が甚だしいものであったことは否定できないが、しかし北部に比べるならば、戦争直後において半分程度の農場が維持されていたことで、まだ恵まれていたとさえいいうる。さらに農場数の激減とともに注目しなければならないのは、フーフェ保有農民数の対コセーテ農民数比に現れた農場規模縮小化の傾向である。即ち保有者がいて農場が耕作されていた場合であっても、平均的農場レベルにおいて畜耕能力を低下させ、戦前の生産力が維持されていなかったのではないかとの推測がこれより可能となる。しかし個別農民農場の生産力低下は、このような概観的集計からは明らかにならないゆえ、続いて個別事例によって、この点を明らかにすることにしよう。

ここで採りあげるのは、フュール家の一支家がレブスに所有していたフリーデルスドルフ領 Rittergut Friedersdorf と、クウィツォウ家がプリクニッツに所有したシュターヴェノウ領 Rittergut Stavenow の事例であ

第2-2表　三十年戦争後フリーデルスドルフ領のフーフェ農場評価額

（単位：ターレル・グロシェン）

	フーフェ農場購入者（購入年）と各農場の資本不足額		
	J. Suecke（1651）	Schwartzen（1647）	Schindler（1651）
家屋	50	80	150
馬（大）２頭	30	30	30
馬（小）２頭	24	24	24
家財道具	15	15	0
種籾（ライ麦）	80	80	10
（大麦）	22.12	22.12	24
（燕麦）	15	15	13
資本不足額計	236.12	266.12	251
農場名目価値	300	300	300
評価（購入）額	63.12	33.12	49

典拠：BLHA, Pr. Br. Rep. 37, Marwitz-Friedersdorf, Nr. 251, fol. 6.
注：家屋より種籾に至るまでの項目に示された資本不足額は、名目価値から残存価値を差し引いた金額である。

る。前者の村落は三十年戦争中に壊滅的被害を受けた例であり、後者は戦時中半分程度の農場を維持しえた事例としてここで紹介することにしたい。

前者[★13]はフリーデルスドルフ一村よりなる所領であり、戦前においては各三フーフェを保有する八人の農民Bauernの他に一六人のコセーテ農民より構成されていた。対領主負担に関してはコセーテ農民はフーフェ保有農民の半分に評価されていた。しかし一六五二年にはわずかに三人のフーフェ保有農民と一名のコセーテ農民が居住していたにすぎず、しかもフーフェ保有農民は全員一六四七―五一年に入植した者たちであった。即ち戦前そこにおいて居住していた村落民は、戦時中ほとんど同村において生き延びることができなかったと考えて差しつかえない。これらの農場のうちフーフェ保有農民のそれは、本来の資産・設備が十全に備わっている場合、三〇〇ターレルに評価されるはずであった。しかし三人の農民が農場を領主から購入したさいには、それぞれわずかに三三ターレル一二グロッシェン、四九ターレル、六三ターレル一二グロッシェンにしか評価されていない（第2-2表参照）。家屋も根本的修理を必要としたが、本来四頭保有すべき馬は全く備わっておらず、また種籾に関して

第2-3表　三十年戦争後シュターヴェノウ領の農民の家屋（有無）と牛馬（頭数）所有

村落	農民	住居	納屋	馬	牝牛	牡牛
Glövzin	J. Lüneburg (H)	無	無	0	2	1
	J. Zeggel (H)	有	有	3	2	3
	J. Ebell (H)	無	無	0	0	0
	C. Milatz (H)	有	無	0	2	2
	J. Heut (H)	有	無	2	2	2
	S. Straße (K)	有	無	0	0	0
	C. Ebell (K)	有	有	0	0	0
	P. Heut (K)	有	有	0	0	0
	C. Mentz (K)	有	有	0	0	0
Premslin	C. Ebell (H)	有	有	1	2	2
	C. Hecht (H)	有	有	0	2	3
	H. Hecht (H)	有	有	?	?	?
	C. Hecht (H)	有	有	0	2	3
	C. Runge (H)	無	無	0	4	0
	H. Hecht (H)	有	有	0	2	3
	R. Ohlert (H)	無	無	0	2	1
	P. Volzka (H)	有	無	0	2	2
	P. Maaß (H)	有	有	1	2	2
	H. Babekuhl (K)	?	?	?	?	?
Karstädt	J. Nagel (H)	有	有	2	0	2
	H. Schwarze (H)	有	無	0	3	3
	C. Muchow (H)	有	有	3	0	5
	C. Lembke (K)	有	有	0	0	0
	D. Grünewald (K)	有	有	0	0	0
	P. Muchow (K)	有	有	0	0	0
	H. Schultze (K)	有	有	0	0	0
Blüthen	H. Dre (H)	有	有	0	2	2
Mesekow	J. Beese (K)	有	有	0	0	0
	M. Blum (K) 未亡人	無	無	0	0	0
	T. Schulten (K) 未亡人	有	無	0	0	0
	P. Blum (K) 未亡人	無	有	0	0	0
	H. Kunen (K) 未亡人	有	無	0	0	0
Garlin	Kratz (H)	有	有	?	?	?
	J. Kratz (H)	有	有	?	?	?
Sargleben	C. Maltmann (K)	?	?	?	?	?
	J. Jastram (K)	?	?	?	?	?
	L. Alemann (K)	?	?	?	?	?

典拠：J. Sack, a. a. O., S. 91.
注：農民氏名の後のHの記号はフーフェ保有農民、Kはコセーテ農民であることを示す。

もシンドラーなる農民が購入した農場にはライ麦が備蓄されていたようであるが、他の二名が購入した農場の場合、農民が自ら調達することを迫られていた。基本的に農民の負担で農場が再建されねばならなかったゆえに、彼らには農場再建のために三年間の賦役免除 Freijahre が認められている。このように同領の戦争直後の入植者はかつての保有者より畜耕能力を継承できず、生産力的にはほとんど無に近い状況から再建を開始せねばならなかったのである。

フリーデルスドルフ領に比べるならば、シュターヴェノウ領は戦争を通じて農民農場をよく維持していた。同領は計一四の村落、分農場より構成される大領地であった。そのなかの七村には、戦前計五〇のフーフェ保有農民の農場と二五のコセーテ農場があったが、四九年にはこのうち二〇のフーフェ保有農民農場と一七のコセーテ農場が残っていた。即ちこれら村落では半分の農場が維持されていた。しかし保有主をもち、耕作が行なわれている農場であっても、住居や納屋を満足にもたない農民が少なからずおり、牛馬も不足していたことがここでは注目されるべきである(第2-3表)。戦後の再建過程で同領のフーフェ保有農民がもつべき農耕用牛馬は八頭であったが、戦前の標準的フーフェ保有農民も同程度の牛馬を保有していたと考えられる。[★14] しかしこの基準を満たしている者は四九年においてわずかに一名のみであり、一七名のフーフェ保有農民が合計四八頭の農耕用牛馬をもつにすぎなかった(一農場あたり二・八頭。三名に関しては牛馬保有数不明)。しかも畜耕能力を有するコセーテ農民が皆無であることも注目に値する。本領地ではフーフェ保有農民農場とコセーテ農場の比率は戦前に二対一であったのが、戦後にはほぼ拮抗し、畜耕能力を有する農民の相対的減少を確認できるのである。農場数減少の程度という点で、平均的村落に比べ軽微であったとさえ考えられるシュターヴェノウ領においてもまた、かろうじて戦争を生き延びた農民農場の生産力低下は著しく、それは農耕用牛馬不足に如実に示されていた。

前章では、一六世紀の農場領主制形成による農民経営への打撃を過大評価すべきではなく、城主=官職貴族主導の社会秩序確立によって、農民経営も総じて安定を享受していたと述べた。むしろ三十年戦争こそが、傭兵軍の無規律な掠奪行為によって社会秩序を動揺、崩壊させ、農民農場とその生産力を大規模に解体させたことが以上より明らかになった。こうした事実は、農場領主制研究についても次のような反省を迫るものとなるだろう。一七世紀後半における農場領主制の確立過程について、三十年戦争後の絶対主義国家と領主権の共同搾取体制から説明しようとする傾向がこれまでみられた[★15]。しかし以上の農村荒廃状況を確認したいま、農場領主制の発展過程については、三十年戦争による農民農場の数的減少や生産力低下を考慮に入れない説明は虚構の上に論を展開するに等しいと断言できる。生産力を破壊され、牛馬を満足にもたない農民に、いったいどのようにしたら賦役の強化を強制できるか、おおいに疑問としなければならない。またプリクニッツやレブスのデータより、四〇年代後半以来、新規入植者によって農場の再建が行なわれつつあったことは明らかであり、このような入植者のなかには遠方からの移住者や退役兵もかなり含まれていた。農村において村落民の減少ばかりではなく、その構成に大規模な流動化が起きていたことをうかがわせる。一七世紀後半における農村社会再建と農場領主制の展開過程は、一六世紀の順調な好況局面とはおよそ異なった環境下で行なわれたことは看過されてはならない。第三章ではこれらの点を念頭において、農村社会再建の過程が検討されることになるだろう。

二　所領所有への影響

農民農場の減少と生産力低下は、彼らの賦役労働＝畜耕能力に大きく依存していた領主経済に対して、巨大な打撃となったことはいうまでもない。ここでは一六世紀の領主直営地が、独自の役畜や農具を十分もたず、農民農場のそれに依存していたことが想起されねばならない。もとより領主直営農場自体も甚大な損害を戦争によって被っていた。フリーデルスドルフ領は、三〇年代後半にブランデンブルク軍とオーストリア軍の掠奪にあったが、領主も被害を免れることはできなかった。この結果、館や教会は荒廃したままで終戦を迎え、納屋や家畜小屋は崩壊状況にあった。排水用の堀が埋まったまま放置されていたが、同領はオーデル河流域の低湿地帯にあったゆえ、領主農場の耕地も水をかぶり、野草や灌木で覆われ、耕作できるような状況にはなかった。[★16]これに比べればシュターヴェノウ領の方がよほど恵まれていたとはいえ、三つの直営農場における四九年の播種量は、一六〇一年比でライ麦：四三％、大麦：六八％、燕麦：一二％にまで減少していた。[★17]領主にとってのジレンマは、農民農場の減少とその生産力低下のため、直営農場の再建を農民への負担転嫁によって行ないうる状況になかったことにある。それどころかむしろ次章でも説明するとおり、直営農場の再建と並行して、農民農場入植者への支援もまた領主に課された課題となっていった。領主経済、村落双方の再建を実行しうる能力を欠く領主たちは、この過程で所領喪失の危険に直面することになったのである。その典型的事例は前記二所領の領主たちであった。フリーデルスドルフ領はフュール家（当主は既述のC・B・v・フュールとは別人物）によって所有され、同家は農民農場の再建にも努めたが、思うように入植者が集まらず、ついに五二年にゲルツケ家（当主は第二節註24にある将校と同一人物）に売却された。[★18]他方シュターヴェノウ領も名門のクウィツォウ家が、資金難によりブルメンタール家（当主は既述の総軍政コミサールと同一人物）に四九年に売却している。このような事例は数多く見られ、一七世紀には多くの領主が資金力欠如によって領地を手放し、新たな領主の手によって再建がなされていった。その再建過程の検討は本章の課題ではないが、この間の所領所有への影響に関しては、エンダースのプリクニッツ研究に主に依拠しつつ、[★19]ここで扱うことにしよう。

一七世紀プリクニッツにおける所領売買の数的変動をみるならば（第2-4表参照）、一六〇〇—三〇年に第一の山があり、既に戦争前にかなりの領地が所有者を変えていたことが明らかになる。しかし戦争被害の頂点にあった三〇年代には急減し、その後四〇年から七〇年にかけて再び多くの領地が売買されている。戦前における領地売買数の高水準は、一六世紀末より始まった長期不況を反映していることは間違いない。既に述べたように、戦前においてアルトマルクのアルヴェンスレーベン、ウッカーマルクのアルニムのような大領主たちも当時経済的にいき詰まりつつあったが、本クライスの三大貴族家であったロール、ガンス、クウィツォウ各家もまた債務の累積に苦しんでいた。さらに当時貴族のあいだで広く行なわれていた債務連帯保証は、不況下で経営的に弱体化した貴族家の債務累積や破産を連鎖的に拡大する役割を果たしたことが、エンダースやハーンによって指摘されている。[★20] ロール家が、債権者であるヴィンターフェルト家にフライエンシュタイン領 Rittergut Freyenstein などを一六二〇年に売却しているのも、連帯保証によって債務を膨張させた結果であった。戦争は財力を弱体化させた領主の没落を決定づけることになる。しかしそれにもかかわらず三〇年代に領地売買が思いのほか少ないのは、戦時中に施行された債務支払猶予 Indult の効果によるものであろう。クールマルクでは債務支払猶予令が三一、三四、三六年に出され、三〇年代を通じて債務者、特に領主たちはそれによって保護されてきた。[★21] 四〇年代に入っても困窮状態が続くことには変わりなかったため、騎士身分はモラトリアム延長や利子負担の低減を要求し、特に四三年の領邦議会（実際は代表者議会）でその問題をめぐって、債務者利害を代表する騎士身分は都市や君主とのあいだで論争を繰り広げた。[★22] 選帝侯フリードリヒ・ヴィルヘルムは若干の利子削減を認めたが、しかし

第2-4表　プリクニッツにおける所領売買件数（1600－1700年）

期間	売買件数
1600-10	15
1610-20	20
1620-30	19
1630-40	4
1640-50	18
1650-60	18
1660-70	21
1670-80	11
1680-90	14
1690-1700	18

典拠：L. Enders, Aus drängender Not, S. 12.

第2-5表　17世紀におけるプリクニッツ貴族所領所有の変化

（単位：村落数）

貴族家	1600年		1700年	
	一括領有	分割領有	一括領有	分割領有
v. Quitzow	39	23	24	26
v. Rohr	38	18	12	14
Gans zu Putlitz	37	11	36	12
v. Saldern	16	5	16	7
v. Blumenthal	10	4	20	6
v. Wenckstern	10	3	8	1
v. Wartenberg	9	10	9	6
v. Warnstedt	8	6	2	2
v. Möllendorf	5	9	4	5
v. Klitzling	4	7	4	6
v. Winterfeld	4	2	21	23
v. Kehrberg	3	2	—	—
v. Platen	2	9	5	17
v. Kapelle	2	7	3	5
v. Königsmark	2	2	2	2
v. Kaphengst	2	2	3	3
v. Krüsicke	2	0	1	0
v. Burghagen	2	0	2	4
v. Düpow	2	0	—	—
v. Retzdorf	1	10	1	7
v. Karstedt	1	5	2	4
その他	10		19	

典拠：L. Enders, Aus drängender Not, S. 10.

モラトリアムの延長はついに実現しなかった。領主の破産を人為的にせき止めてきた債務支払猶予の終了は、重い債務を負いつつ領地再建に取り組まねばならなかった領主にとっては破産宣告にも等しかったといえる。四〇年代以後の再度の領地売買増大は、このような経緯より生じたと考えてよい。

それでは領地売買により、プリクニッツにおいて所領所有にいかなる変化があったであろうか（第2-5表参照）。中世以来の名家であり、また一六世紀においてもクールマルクの指導的官職貴族家としての地位を確立していた本クライスの三大貴族家のうち、一七世紀を通じて所領規模を維持していたのはガンス家に限られ、クウィツォウ家とロール家は多くの領地を失い、特に後者の衰退が著しい。中堅貴族家のなかではヴァルンシュテット、メーレンドルフもまた領地を減らしている。これに対して領地を大幅に増大した貴族家にはヴィンターフェルト、ブルメンタール、プラーテン各家を数えることが許されるだろう。ただしこのうちヴィンターフェルトが領地を拡大した時期は、後二者の場合とは異なっていた。既に述べたとおり、同家はガンス家などとともに一七世紀初頭に選帝侯の側近として活躍しており、そのためもあってか同家が領地を買い集めたのは領地売買の第一の山である一七世紀初頭に集中している。したがって一六世紀後半の新興官職貴族ザルデルン家の隆盛とともに、その発展は一六世紀的城主＝官職貴族家としての成長の枠内にとどまっていた。男子数減少や不況によって傾きつつあったロール家よりヴィンターフェルト家がフライエンシュタイン領を購入したのは、一六二〇年であったことがここで想起されねばならない。これに対してブルメンタール家とプラーテン家の領地拡大は世紀中葉に行なわれた[★23]。この両家に共通することは、構成員に軍政コミサール（J・F・v・ブルメンタール、S・C・v・プラーテン）と将校（A・J・v・プラーテン、C・E・A・v・ブルメンタール）をもち、両家が三十年戦争中より五〇年代にかけてブランデンブルクの軍政や軍隊で指導的地位にあった点にある。J・F・v・ブルメンタールがクウィッツォウ家からシュターヴェノウ領を購入したのも四九年であった。三十年戦争が多くの貴族の財産を破壊したのに対し、この間むしろそれを資産蓄積の機会に転ずることができたのが、ブランデンブルク内外で軍人や軍政官として活動した者たちであった。ザルデルンやヴィンターフェルト家にかわって、一七世紀中葉にはブルメンタール、プラーテン家など軍関係者をもつ貴族家が、困窮した貴族家に対して資金を融通する役割を負うようになり、その結果、後者から前者への領地の移動が起こった[★24]。フリーデルスドルフ領を五二年に買い取ったJ・E・v・ゲルツケが、スウェーデン軍（五六年以後はブランデンブルク軍）の将校であったことも決して偶然ではなかったのである。

★1　C. Pfister, Bevölkerungsgeschichte und Historische Demographie 1500-1800, Müünchen, 1994, S. 14f.

★2　三十年戦争中の個別所領に関する社会史的研究としてはJ. Peters, Die Herrschaft Plattenburg-Wilsnack im Dreißigjährigen Krieg - Eine märkische Gemeinschaft des Durchkommens, in: F. Beck/K. Neitmann (Hg.), Brandenburgische Landesgeschichte und Archivwissenschaft. Festschrift für Lieselott Enders zum 70. Geburtstag, Weimar, 1997が興味深い。ペータースは、プリクニッツのプラーテンブルク＝ヴィルスナック領における領民と領主の戦争体験の解明を試みている。傭兵化や逃散によって生き延びようとした領民も少なからずいたが、しかし階層間や同一身分内での支援関係によって苦難に対応しようとした例などがそこでは紹介されている。三十年戦争を生きたさまざまな領邦・身分の人々の「体験」の意味を捉えようとしたB. v. Krusenstjern/H. Medick (Hg.), Zwischen Alltag und Katastrophe. Der Dreißigjährige Krieg aus der Nähe, Göttingen, 1999には、残念ながらブランデンブルクの農村関係の論文は含まれていない。

★3　三十年戦争中の都市市民数・人口減少に関し包括的検討としてまずあげねばならないのはマイナルドゥスの研究である（O. Meinardus, a. a. O., Bd. 2, S. CXL-CXLII）。彼はビュシンクとヤストロウの先行研究から得た数値に加えて、独自の資料調査にもとづき、ブランデンブルク主要都市の三十年戦争中における人口減少を推定した。しかしその結論は、シュレーアの著書を補訂したG・ハインリヒにより、二つの点で手厳しい批判を受けた（F. Schröer, a. a. O., S. 117f.）。第一の批判は、戦争終了時の状況について、四五年の数値を採用している点に関するものである。ハインリヒはむしろ五二年のラントライター報告書を終了時のデータとして選び、これによって四五年以降行なわれた入植政策や移民流入の成果、即ち戦争終了時の人口回復状況も考慮すべきであると考える。第二の批判は、平均世帯規模の評価に対するものであり、批判者はマイナルドゥスが世帯規模を実態よりもはるかに大きなものとして理解し、市民世帯数（炉数）に過大の数字をかけて人口数を導き出していると疑問を提示した。ハインリヒの提言にもとづき、新たにブランデンブルクの都市人口減少率を算定しなおしたのがヴォールファイルである（HHBB, Lfg. 50. R. Wohlfeil (Bearb.), Bevölkerungsverluste der brandenburgischen Städte zwischen 1625 und 1652/53）。彼は戦争終了時の数値として五二年のそれを選ぶとともに、戦中における平均的世帯規模の変動を考慮し、世帯数に対してかける乗数（市民世帯あたり平均人数）も戦争開始時、戦争中、戦争終了時それぞれに異なった数字を採用した。このようにして彼によって作成された都市人口地図は、三十年戦争時のブランデンブルク人口減少を扱った近年の研究のなかでは、もっとも信頼性の高いものとすることができるだろう。しかしその研究にも欠点がある。それは各都市の人口減少率を円グラフで示しており、グラフ作成の根拠となった生の数的データを明らかにしていないことにある。このためわれわれはその地図から、各都市の人口減少数・率を視覚的に受け取ることしかできない。第2-1表では農村との比較のために、クライスごとに都市社会の破壊の程度を集計したが、ヴォールファイルの研究はこの目的のためには利用不可能であり、本書ではあえてマイナルドゥス研究に依拠している。なるほどこの後検討する農村のデータも、戦争終了時のそれについては五二年調査にもとづくものが多く、その意味で四五年の数値を採用した彼の研究とのあいだの比較が困難となるのは確かである。しかし四五年は、戦争による破壊の頂点にあった四〇年前後からの時間経過もわずかで、打撃の大きさを推測するにはむしろ好都合であるともいえる。なお農村社会荒廃の程度については、農場数やフーフェ数によって明らかにすることになるが、都市に関してはそれに対応するものとして市民世帯（炉）数をここでは採用することにしたい。それによってマイナルドゥス研究の第二の弱点も回避できるという利点があるのは言うまでもない。ほかにE. Engel/L. Enders/G. Heinrich/W. Schich (Hg.), Städtbuch Brandenburg und Berlin, Stuttgart/Berlin/Köln, 2000にも各都市の時系列的人口数が掲載されているが、都市ごとにとりあげられた年が異なっており、集計には適さない。

★4　アルトマルクに関しては同事典は作成されていない。またハーヴェルラントに関してはラントライター報告書はなく、また四一年に同クライスで行なわれた村落・フーフェ調査では、保有主をもつフーフェと、それをもたず荒廃したままのフーフェが区別されずに一括して記録されているため、これによって農場数の減少を数量的に把握するのは不可能である。さらに上バルニムと下バルニムについては、本書執筆までに同事典の入手が間に合わなかった。このため四つの重要なクライスについての算定はあきらめざるをえない。ウッカーマルク分に関しても事典を入手していないが、それの編纂者であるエンダースのウッカーマルク史研究より農場数の概数を知ることができた。

★5　F. Kaphahn, Die wirtschaftlichen Folgen des 30 jährigen Krieges für die Altmark, Gotha, 1911, S. 69-80.

★6　J. Schultze, Die Prignitz und ihre Bevölkerung nach dem Dreißigjährigen Kriege, Perleburg, 1928; HHBB, Lfg. 20. W. B. Bliß (Bearb.), Die Prignitz im Dreißigjährigen Krieg; HOLB, Teil 1 (Prignitz). 以下HOLBから農民農場を算定する場合、各村落に関する第七番目の調査項目Wirtschafts-und Sozialstrukturより数値を得ている。

★7　J. Schultze, Die Herrschaft Ruppin und ihre Bevölkerung nach dem Dreißigjährigen Kriege, Neuruppin, 1925.

★8　Ebenda, S. 10.

★9　L. Enders, Die Uckermark, S. 337f.

★10　HOLB, Teil 5 (Zauche-Belzig).

★11　HOLB, Teil 4 (Teltow); E. Fidicin, Die Territorien der Mark Brandenburg oder Geschichte der einzelnen Kreise, Städte, Rittergüter und Dörfer in derselben als Fortsetzung des Landbuchs Kaiser Karl's IV, 1974^{2}, Bd. 1 (Teltow), S. 149-52.

★12　HOLB, Teil 7 (Lebus).

★13　以下BLHA, MF, Nr. 251, fol. 6f.; Nr. 254, fol. 8.

★14 J. Sack, Die Herrschaft Stavenow. Mitteldeutsche Forschungen Bd. 13, Köln/Graz, 1959, S. 82 u. 93.

★15 高柳信一『近代プロイセン国家成立史序説』有斐閣、一九五四年、三〇一、二頁。藤瀬浩司『近代ドイツ農業の形成――いわゆる「プロシャ型」進化の歴史的検証』御茶の水書房、一九六七年、一〇一―四頁。ただしこれらの研究が、一七世紀を農場領主制の歴史にとってひとつの画期であると認めている点は重要な指摘であるといえる。これに対して北條功氏の研究にはこのような観点を見出すことはできない（同氏『プロシャ型近代化の研究――プロシャ農民解放期より産業革命まで』御茶の水書房、二〇〇一年）。

★16 BLHA, MF, Nr. 254, fol. 7f.

★17 J. Sack, a. a. O., S. 92.

★18 BLHA, MF, Nr. 253, fol. 3f.

★19 L. Enders, Aus drängender Not. Die Verschuldung des gutsherrlichen Adels der Mark Brandenburg im 17. Jahrhundert, in: JGMOD, Bd. 43, 1994.

★20 Ebenda, S. 6; P-M. Hahn, Fürstliche Territorialhoheit, S. 200f.

★21 S. Isaacsohn, a. a. O., S. 46.

★22 四三年議会におけるこの問題についての史料は、Ebenda, S. 121-50 にある。

★23 L. Enders, Aus drängender Not, S. 15f.

★24 Ebenda, S. 16f.

結びに

一七世紀前半にはホーエンツォレルン家にプロイセン、クレーヴェ＝マルクなど次々と領土拡大の展望が生まれたが、ブランデンブルクはそれにふさわしい国家的体制を構築する余裕をもたなかった。むしろ内部に深刻な権力対立を抱えたまま三十年戦争に巻き込まれ、さらに戦中新たな対抗関係が生じたことは、ブランデンブルク社会の壊滅的荒廃の決定的要因となったといってよい。対立の第一は、一大国家誕生に利害を追い求める内外の改革派貴族が宮廷に結集し、身分団体を中心に集まった大多数のブランデンブルク貴族とのあいだに軋轢が生じたことである。このことは、城主＝官職貴族によって宮廷、身分団体双方の利害・意思調整が行なわれていた一六世紀的権力構造の終焉を意味し、このような権力的分裂状況が、三十年戦争に用意もないままブランデンブルク国家が巻き込まれ、被害を拡大した原因となった。なお四八年のヴェストファーレン条約によってプロイセン、クレーヴェ＝マルクに加え、ヒンターポメルン、ハルベルシュタット、ミンデンをホーエンツォレルン家は領土に得、これらをひとつの統合的国家に築きあげることに、以後君主と権力エリートたちが直面するようになる。この結果、ブランデンブルクを超えて活動するエリートたちが続々とホーエンツォレルン国家（以後「ブランデンブルク＝プロイセン」とする）の中枢部（宮廷、軍隊）に加わってくるが、このことによってブランデンブルク（特にクールマルク）の伝統的貴族が一七世紀後半以後、権力内でどのような立場に立つことになったのか検討することは、第三章での課題のひとつとなるだろう。

一七世紀前半にブランデンブルクに生じた第二の対抗関係は、一六世紀の農村社会と権力構造を築き上げたところの城主＝官職貴族層が、その形態転換のなかから傭兵軍将校という一種の鬼子を生み出し、後者が城主層に代わってブランデンブルク社会における軍事力の体現者となり、しかもその母胎となった貴族たちと対立を繰り広げ、ブランデンブルク社会に対して破壊の主導者として臨んだことである。一六世紀的構造を決定的に破壊したのは彼らであった。したがって権力内で重要性を飛躍的に高めた傭兵軍将校を、いかにそのなかに再統合するかが三十年戦争後の差し迫った難題となった。しかもその場合、城主＝官職貴族の城塞平和は完全に過去のものとなり、彼らの秩序維持能力は無力であったうえ、騎士身分（土地貴族）と傭兵軍将校の利害対立を、貴族自身の手によって調整することも不可能となり、第三者たる軍政組織の整備が避けてとおれぬ課題となって浮上することになるであろう[★1]。

他方農村社会においては、三十年戦争による戦渦で各クライスの農民農場数は戦前比五〇―一〇％程度までに減少し、生き残った農民農場においても生産能力に著しい低下のあったことが明らかとなった。また領主直営地の被害も甚大であり、多くの領主は所領維持能力を失い、領主の頻繁な交替が起こった。なるほど、ブランデンブルクにおける「一七世紀危機」が三十年戦争の惨禍とほとんど同義であったとする本書の立場に拠るならば、貴族の責任は権力関係の調整能力喪失にこそ見出すべきであり、その領地支配のありかたが農村破壊に直接結びついたわけでは決してなかった。しかし、一六世紀の城主＝官職貴族の秩序維持能力が、相変わらず城塞保有にもとづくものであったことをここで想起するならば、三十年戦争の社会的帰結は、土地貴族の存在意義を根本から問い直すことを不可避とせざるをえなかった。そこでは、領民に対する有効な武力的保護能力を失った彼らには、一六世紀の城主＝官職貴族とは異なった役割が求められることになるだろう。

★1　一七世紀後半のブランデンブルク＝プロイセン国家の性格を、基本的に君主権力＝諸身分間の関係から説明しようとする視角に対して、本書が異論をもつものであることは本章の議論からも理解いただけよう。それは決して古典的「絶対主義」理解ばかりではなく、それの批判者に対しても向けられている。

第三章　三十年戦争後の宮廷・軍政組織確立と農村社会の再建

はじめに

前章でわれわれは、一六世紀に権力エリートとして栄えた「城主＝官職貴族」が一七世紀前半に権力維持能力を失ったことと、三十年戦争下のブランデンブルク農村社会荒廃を関連づけて論じた。本章の論述を始めるにあたって、再度前章の結論をここで確認しておくことにしたい。一七世紀前半における権力的混乱の第一の要因は、ホーエンツォレルン家の領土拡大に自らの利益を求めて宮廷に結集した内外の改革派（カルヴァン派）貴族[★1]に対して、身分団体を拠り所とした大多数のルター派ブランデンブルク貴族が反発を強めたことであり、このことは同国が国家的意思を統一できぬまま三十年戦争に巻き込まれ、被害を大きくしたことに重大な責任をもっていた。次に、「城主＝官職貴族」のなかから傭兵軍将校が生まれ、城主にかわってブランデンブルク社会の武力を一身に体現したのであるが、しかし形成の母胎となった騎士身分と政治的に対立したばかりか、彼らが率いるブランデンブルク軍は自国の農村と都市社会を三十年戦争下で守るどころか、むしろ掠奪その他によって破壊する側に回ってしまった。この結果、一六五〇年代初頭にはクールマルクの各クライス農村で戦前比一〇―五〇数%の農民農場が残るのみで、またたとえ農場が残存したとしてもそれらの生産能力は手ひどい破壊を被っていた。一七世紀後半以後のブランデンブルク社会再建にとって以上の二重の対立を克服し、権力的統合を達成することは、避けることのできない課題となった。

さて本章では、一七世紀後半から一八世紀初頭の回復局面の段階を扱うが、それは国制上は絶対主義国家の成立期にあたり、また農村社会では農場領主制の完成期であるといわれる。この権力と社会での重大な変化については、以下のように説明するのが一般的である。一六五三年を最後に領邦議会は召集されることがなくなり、君主権の絶対主義化の進行につれ騎士身分は領邦レベルでの発言力を減じ、この後クライス（郡）を主要な活動舞台とするようになるが、しかし前記の議会において所領支配に関し貴族に多くの特権が確認された。即ち、公課の免除、騎士領が非貴族の手に渡ることに対する制限、領主裁判権の確保、体僕制 Leibeigenschaft の確認、農民農場統合権限の拡大などである。[★2] 当時導入され強化されつつあった世襲隷民制 Erbuntertänigkeit ともあいまって、貴族は国制での権限削減の代償に所領での支配権強化を手に入れ、これによって農場領主制を確立することが可能となった。このように説く議論は、古典的学説として確立しているといって差し支えなかろう。[★3]

しかし前章での検討の結果を踏まえるならば、次の三点の疑問に前記の議論が答えていないことに、われわれは不満をもたないわけにはいかない。第一に、選帝侯権と騎士身分の対立が、社会的には改革派宮廷貴族とルター派ブランデンブルク貴族の対抗という側面を併せもっていることを考慮した場合、国制上の議論に終始することができないのは自明である。一六世紀の権力エリートが「城主＝官職貴族」という二重規定を帯びていたゆえに、宮廷と身分団体の対立は深刻なレベルに至る前に調整されえた。したがって一七世紀初頭に生じた宮廷貴族とブランデンブルク旧貴族の分裂傾向が、一七世紀後半以後どのような帰結をみたのかは、われわれにとっても重大関心事であり、国家中央の権力エリートはいかなる社会的構成をとっていたか、またそこに従来の地域支配者であった土地貴族（旧貴族）はどの程度参画しえていたのかを、社会的実態面から明らかにしなければならない。[★4]これによってわれわれは、一六世紀の中央―地域間の権力関係と三十年戦争後のそれが、どの点で異なっているのかを知ることができる。第二に、もともとともにブランデンブルク貴族に属していた傭兵軍将校と騎士身分間で展開された身内の抗争は、権力的対抗関係として選帝侯権と騎士身分の対立以上に深刻であったことが見逃されている。権力的統合の対象は、一方の地域身分団体ばかりではなく、騎士身分から派生した傭兵軍将校に対してこそ向けねばならなかった。ブランデンブルク貴族が生み出した分裂と抗争が、権力的にいかに克服され、調整されたかが説明されねばならないだろう。第三に、三十年戦争により人口と農場を大幅に減じ、生産能力を決定的に破壊され荒廃した農村社会において、どのようにしたら領主支配の強化が可能であったかというわれわれの疑問[★5]に対して、古典的説明は全く解答を与えることができない。農場領主制の確立過程の検討は、三十年戦争とその後のブランデンブルク農村社会再建過程の苦難の意味を十分考慮したものでなければならない。その場合、領主が武力的意味において農民保護機能を失ったこの時代に、どのような社会的役割を果たすことでこの再建過程に与ったかが問われるべきであろう。本章は、以上三点の検討を通じ、回復期のブランデンブルク社会秩序再建に対して、土地貴族が演じた役割を解明することにしたい。

★1　本章でも前章に続いて改革派と呼ぶことにしたい。これは厳密な意味でのカルヴァン主義者でない者もそのなかには含まれていたこと（K. Deppermann, Der Hallesche Pietismus und der preußische Staat unter Friedrich III (I), Göttingen, 1961, S. 28)、また近年のブランデンブルク史研究では Reformierten とするのが一般的であることの二つの理由による。ただしハーンのような今日の代表的ブランデンブルク史家が、両者を併用している場合も見られる（P.-M. Hahn, Calvinismus und Staatsbildung: Brandenburg-Preußen im 17. Jahrhundert, in: M. Schaab (Hg.), Territorialstaat und Calvinismus, Stuttgart, 1993)。

★2　S. Isaacsohn (Hg.), Urkunde und Actenstücke zur Geschichte des Kurfürsten Friedrich Wilhelm von Brandenburg, Bd. 10,

Berlin, 1880, S. 178f.

★3　O. Hintze, Die Hohenzollern und der Adel, in: Ders., Regierung und Verwaltung, Göttingen, 1967, S. 39; F. L. Carsten, Geschichte der preußischen Junker, Frankfurt (M), 1988, S. 34f. 高柳信一『近代プロイセン国家成立史序説』有斐閣、一九五四年、三〇一、二頁。

★4　阪口修平氏や仲内英三氏はクライス等族制の意義を強調することで、国制史的レベルで通説的絶対主義国家論の批判を展開した（阪口修平『プロイセン絶対王政の研究』中央大学出版部、一九八八年、仲内英三「一八世紀プロイセン絶対王政時代の地域レヴェルの等族制――プロイセン絶対王政とクライス等族制」『早稲田政治経済学雑誌』第三三三号、一九九八年）。しかし宮廷やクライス騎士身分がどのような社会的構成をとっていたのかまでは検討されていない。

★5　本書第二章、一五五頁。

第一節　宮廷社会と権力エリートの構成

一　宮廷・御領地行財政の転換と「宮廷都市地帯」形成

一六四〇年のフリードリヒ・ヴィルヘルム即位とともに枢密参議会が再建され、ゲーツェ S. v. Götze、ガンス A. G. Gans zu Putlitz、ヴィンターフェルト S. v. Winterfeld、クネーゼベック Th. v. Knesebeck など、ブランデンブルク名門貴族の出身者が参議に任命されると同時に、同じく名門一門に属していたが同時に傭兵軍将校でもあったブルクスドルフ K. v. Burgsdorf、リベック H. G. v. Ribbeck、フュール C. B. v. Pfuel が登用されていたことは既に述べた。[★1] 一見、一六世紀の「城主＝官職貴族」層が復権を果したしたかのごとき印象を与えるが、しかし枢密参議会の構成は四〇年代末より五〇年代にかけて様変わりすることになる。[★2] その契機は、選帝侯の信頼を得て四〇年代のブランデンブルク＝プロイセン政治をリードしたブルクスドルフの五一／二年における失脚である。ブランデンブルク貴族としては、新旧総軍政コミサールのブルメンタール J. F. v. Blumenthal やプラーテン C. E. v. Platen、元帥のシュパール O. C. v. Sparr がいずれも枢密参議としてその後も一定の役割を果たすにしても、ブルクスドルフが去った後、ブランデンブルク貴族が宮廷や国政で指導的地位を失っていったことは否定しがたい。これにかわって五一年にはポメルン貴族シュヴェリン O. v. Schwerin、帝国貴族ヴァルデック G. F. Graf zu Waldeck らが国政指導権を掌握し、これをトルノウ Dr. J. Tornow など市民出身知識人が補佐する体制が枢密参議会で形成されていった。なるほど五〇年代にはブルメンタールがシュヴェリンやヴァルデックに対して対抗的な役を演じたが、その彼も五三年にはヴァルデックとの政争に敗れ、またブランデンブルクの内政に力を尽くしたクネーゼベックが五八年に死去すると、ブランデンブルクの伝統的名門貴族たちの宮廷での影響力減退は覆いがたいものとなった。[★3]

このような宮廷におけるブランデンブルク貴族の後退は、御領地改革とも密接な関係にあったので、以下この点から考察を続けたい。一六世紀に関しては既に述べたとおり、宮廷官と並んでアムツハウプトマン（御領地官）とランデスハウプトマン（クライス行政官）が三大官職を構成した。特にブランデンブルクの有力貴族たちは御領地官職を獲得することに熱心であり、アムツハウプトマン職は、当時にあっては最大の利権官職であったことは既に本書でも強調したところである。[★4] 御領地は、事実上彼らの私領地と基本的には大差のない存在となっていた。しかし一六五一年にヴァルデックやシュヴェリンがブルクスドルフに代わって国政指導権を得ると事態は変化し、国家御領地参事会 Staatskammerrat の設立を通じて、彼らは御領地行財政の根本的変革を試みることになる。その後、御領地財務庁Amtskammerの長官となったカンシュタインR. v. Canstein（一六五九年就任）やグラーデベックB. v. Gladebeck（一六七八年就任）、また八九年に設立された宮廷御領地財務府Hofkammerの初代長官クニップハウゼンD. Freih. v. Inn-u. Knyphausenがこれを引き継ぎ、御領地改革を実現していった。この改革の経過と内容については第四章で検討することになるので、[★5]その要点として次の二点をここではあげるにとどめる。①御領地管区Amtごとの自律的運営体制を改め、御領地財務庁や宮廷御領地財務府といった中央官庁を強化し、これらが作成する予算に従って御領地運営を行なわせるとともに、中央御領地金庫General-Domänenkasse整備を通じて収支を一括管理し、各御領地管区レベルでの勝手な資金流用を不可能にさせていった。②長期的に見るならば、御領地経営はアムツハウプトマンを中心とする行政の直接経営から、総小作人Generalpächterによるより専門的な経営体制に移行し、しかもこの総小作経営から貴族は排除され、経営は市民に任されることになった。この結果、御領地官職は、ブランデンブルク貴族にとって利権的性格であることを止めたが、他方その過程で、御領地収入は中央金庫即ち宮廷に集中されていったゆえに、宮廷の官職が重きをもつようになるのは必定であった。権力エリートの御領地（地域）から宮廷（中央）への集中過程が、御領地＝宮廷行政Kammerverwaltungの改革とともに進行したといえる。加えて既に述べたとおり、宮廷における最高行政官職であった枢密参議会においても、ブランデンブルク貴族の勢力後退が五〇年代に明白となり、御領地行政の転換と宮廷での権力関係変動の関連性をうかがわせるが、実際に宮廷での権力者ブルクスドルフとともに、彼と親密な関係にあり御領地財務庁長官であったアルニムB. v. Arnimが五二年に地位を追われていた。[★6]宮廷と御領地行政で同時に名門ブランデンブルク貴族の実力者たちが、ヴァルデックやシュヴェリンらの新興勢力に敗れ去ったことは、両分野での権力変動が互いに連動していたことを示すものといってよいだろう。

さらに御領地改革は財政を通じてのみならず、「宮廷都市地帯」Residenzlandschaft形成によってもまた、宮

第3-1表　ハーヴェルラントの主要所領所有者（単位：村落数）

所有者	1650年 一括領有	1650年 分割領有	1700年 一括領有	1700年 分割領有	1750年 一括領有	1750年 分割領有
御領地	17	15	27	20	32	21
v. Bredow	15	14	15	9	16	7
v. d. Hagen	6	4	6	5	6	5
v. d. Gröben	6	3	1	1	0	0
v. Hake	5	5	2	5	1	4
v. Ribbeck	5	2	6	1	5	1
v. Brögicke	3	6	2	4	2	4
v. Redern	3	5	1	6	1	8
ﾌﾞﾗﾝﾃﾞﾝﾌﾞﾙｸ司教座	11	6	11	5	11	6
ﾌﾞﾗﾝﾃﾞﾝﾌﾞﾙｸ市	5	2	5	1	5	1

典拠：HOLB, Tl. 3 (Havelland) より作成。
注：村落数には「分農場」Vorwerk は含まれていない。

第3-2表　テルトウ、ツァウヒェの主要所領所有者（単位：村落数）

所有者	1650年 一括領有	1650年 分割領有	1700年 一括領有	1700年 分割領有	1750年 一括領有	1750年 分割領有
御領地（テルトウ）	38	18	53	18	77	14
御領地（ツァウヒェ）	30	4	38	3	39	3
v. Rochow	12	4	9	3	11	2
Schenken v. Landsberg	11	4	5	0	0	0
v. Schlabrendorf	5	4	2	10	1	7
v. Hake	4	4	3	3	3	3
v. Otterstädt	4	3	4	1	3	1
v. Beeren	4	3	3	2	3	1
v. Wilmersdorf	1	2	1	1	2	5
v. Brögicke	1	2	2	0	2	0
ﾌﾞﾗﾝﾃﾞﾝﾌﾞﾙｸ 司教座	3	0	1	0	1	0

典拠：HOLB, Tl. 4 (Teltow), Tl. 5 (Zauch-Belzig) より作成。
注：村落数には「分農場」Vorwerk は含まれていない。

第3-3表　レブスの主要所領所有者（単位：村落数）

所有者	1650年 一括領有	1650年 分割領有	1700年 一括領有	1700年 分割領有	1750年 一括領有	1750年 分割領有
御領地	20	2	25	4	28	5
v. Burgsdorf	14	2	9	3	8	2
v. Schapelow	4	2	0	1	0	1
v. Pfuel	3	3	1	1	1	1
v. Wulffen	3	1	3	1	3	1
v. Strantz	3	0	3	0	3	0
v. d. Marwitz	3	0	3	0	3	0
v. Hohendorf	2	0	2	0	2	0
v. Derfflinger	0	0	6	0	0	0
v. Flemming	0	0	5	0	5	0
フランクフルト大学	7	0	8	0	8	0
フランクフルト市	2	1	2	1	3	0
ヨハネ騎士修道会	2	3	2	3	3	2

典拠：HOLB, Tl. 7 (Lebus) より作成。
注：村落数には「分農場」Vorwerk は含まれていない。

廷Hofの確立に寄与することになったが、そこではブランデンブルク貴族の地位低下が再び露呈することになる。一五三九年のヨアヒム二世のルター派への改宗以降、修道院・教会領の世俗化とともに御領地は一時的に拡大するが、一六世紀にはその多くが抵当として有力貴族の掌中に帰すばかりではなく、寵臣に対して封として譲渡されてしまったものもあったことは第一章で述べておいた。[★7] しかし一六五一年にシュヴェリンが御領地行政の指導権を握ると、一転して御領地の分散・私領地化に対して本格的な歯止めがかけられるようになる。即ち、五二／三年の領邦議会で課税承認されたコントリブチオンを財源にして、アルトマルクの四つの御領地管区を請け戻したのを嚆矢として、[★8] この後、御領地を封として譲渡することはもちろん、抵当化も回避するようになった。それぱかりか御領地拡大に向けて政策の舵を切り、特にベルリン、ポツダム両宮廷都市周辺において、それが精力的に追求されたことは注目すべきである。一七、八世紀におけるミッテルマルク各クライスの御領地について、この点を確認してみることにしよう（第3-1、3-2、3-3表）。いずれのクライスとも一七紀後半以降、御領地の拡大が見られるが、特にベルリンの南方に位置するテルトウでそれが顕著であることは明らかであろう。ここでは一二八村落中、御領地によって一括所有されたそれは三八（一六五〇年）より五三（一七〇〇年）、七七（一七五〇年）へと増大している。特にシェンク家 Schenken v. Landsberg（ベルリンより南東）とシュラープレンドルフ家 v. Schlabrendorf（ベルリンより南西）の二つの名家が大きく領地を減らし、その多くが御領地となったが、前者は完全に家系断絶し、それが所有していたケーニヒス・ヴスターハウゼン Herrschaft Königs Wusterhausen とトイピッツ Herrschaft Teupitz の巨大領地が御領地に帰している。これに比べると、ベルリン西部に位置するハーヴェルラントでの御領地拡大は、一見テルトウに比べささやかなレベルにとどまっているように見えるが、しかしベルリン、シュパンダウ（要塞都市）、ポツダム（第二宮廷都市）の周辺に限定するならば、そこで領地を多くもつハーケ家がそのほとんどを失い、それらは買い取られて御領地となった。ベルリンの北方から東方に位置する上・下バルニムについては正確な御領地村落数の統計をもっていないが[★9]、G・ハインリヒ作成による二つのブランデンブルク所領分布地図（一六世紀中葉と一八〇〇年時）を比較すると[★10]、アルニム家が所有していたビーゼンタール領 Rittergut Biesenthal（ベルリンより北東）と、クルメンゼー家 v. Krummensee が有するアルトランズベルク領 Rittergut Altlandsberg（ベルリンより東）の二つの大領地が、この間に御領地となっていることが注目される。以上のなかにはシェンク家のように自ら没落・断絶した一族も含まれるが[★11]、しかしハーケ家領地が、同家の抵抗を押し切って選帝侯の強い意志によって御領地化されたように、全体としてはベルリン、ポツダム周辺でのその拡大は、君主権力の一貫した政策によるものとしなければならない。その場合、両都市周辺での御領地拡大の動機については、財政や経済政策的な観点からの説明では十分とはいえず、むしろ広大な「宮廷都市地帯」建設という、選帝侯と宮廷エリートたちの一貫した方針が介在していたことが見逃されてはならない。即ちブランデンブルク＝プロイセン国家の首都として、また君主権の隔絶性を顕示するものとして、一六五〇年代以降ベルリンとポツダム両宮廷都市において宮殿建築・拡大に取り組んだばかりか、その後背地に森林、狩猟場を次々と獲得し、そこに数々の離宮や狩猟用城館、庭園を建設し配置していったのである。[★12] 特にここでは、B・v・アルニムに代わって五〇年代に御領地行政を指導したシュヴェリンが選帝侯の意志を体して、ベルリンとポツダム周辺の御領地拡大に巨大な役割を果たしたことが注目される。六〇年に彼は選帝侯の指示を受けて、抵当としてハーケ家に渡っていたポツダム御領地管区の請け戻しに成功したのを皮切りに、同家からボルニム、ドレヴィッツ領買上げを実現した。また彼は妻の実家であるシュラープレンドルフ家より自ら領地を買い求め、これを選帝侯に転売することで御領地拡大に貢献している。ほかにも五〇年代以降クルメンゼー家などから買い集めて、上バルニムにアルトランズベルク巨大領地を作り出していったが、これもシュヴェリン家は一七〇八年に国王フリードリヒ一世の求めに応じて御領地行政に売却しているため、長期的に見るならば、ここでも「宮廷都市地帯」の拡大に貢献していたといえる。[★13] 一七世紀後半以降のクールマルク所領所有構造の変化については後により詳しく検討するが、ここで予めごく概括的にまとめておくならば、ベルリン、ポツダム周辺に御領地が拡大し、それを囲うように新興宮廷エリートが領地を求め、旧来からのブランデンブルク貴族は外縁部分に追いやられていく傾向をもっていた。したがって「宮廷都市地帯」の成立にともない、両宮廷都市周辺ではシュラープレンドルフ家やクルメンゼー家の領地に見られるように、伝統的貴族から新興宮廷貴族を介して御領地に帰すというのが、領地移動の典型的パターンとなった。[★14] 所領所有の面でも、宮廷の拡大と伝統的ブランデンブルク貴族の後退を確認することができるのである。

二　大選帝侯フリードリヒ・ヴィルヘルム治世の宮廷官職保有者

絶対主義時代のブランデンブルク＝プロイセン国家の宮廷発展が、フリードリヒ三世（国王としては一世）の治世（一六八八―一七一三年）に頂点に達したことはよく知られているが、しかしフリードリヒ・ヴィルヘルム時代（一六四〇―八八年）に既にその基礎が築かれていたと考えてよい。特にヴェストファーレン条約によって拡大した同国家の権力的中枢としてベルリン宮廷は位置づけられ、そこに新領邦（州）や帝国内外からも有為の人材が登用されていった。枢密参議会の構成より既にわれわれは、五〇年代にブランデンブルク貴族が宮廷で後退する一方、新興エリートの勃興があったことをみたが、以下宮廷エリートの構成についてより包括的検討を試みることにしたい。ここでは、フリードリヒ・ヴィルヘルム時代のそれに関するP・バールの研究に頼ることになる。それはプロソポグラフィ的手法によって、ベルリン宮廷の上級官職保有者の構成を包括的に捉えることに成功しており、また厖大な同書付録 **Anhang** も、宮廷エリートに関する貴重なデータを多く含んでいる。[★15]

バールは、フリードリヒ・ヴィルヘルム時代のベルリン宮廷で上級官職を得た三四三人のエリートをさまざまな角度から分析しているが、彼らはいずれも選帝侯から直接任用された者たちで、后や公子・女らのもとにある廷臣はそのなかに含まれず、また宮廷で活動はするが、君主によってではなく上級官職保有者によって召し抱えられている者も除外されている。[★16] さて宮廷官職は宮内職と行政職に大別される。ここでは、前者については貴族によって占められる侍従以上の官職を、また後者に関しては最高行政機関としての枢密参議会を中心に検討を進めたい。[★17]

宮内職の典型的昇進コースは、小姓 **Page** から侍従見習 **Hofjunker**、**Kammerjunker** を経て、侍従 **Kammerherr** さらにはそれ以上の顕官となるものだった。バールによるならば、侍従見習まで務めるブランデンブルク貴族は少なくないが、彼らにはこれ以後軍務に転じる者が多かったという。[18] それでは宮中の最高官職は、どのような人物によって占められていたのであろうか。宮内職のなかで最高位にあるのが侍従長 Oberkämmerer であり、これに次ぐのが兵部長 Obermarschall であった。双方の地位とも当初はブランデンブルク名門貴族によって確保され、前者は一六六〇年までガンス A. G. Gans zu Putlitz が、後者は五九年までロッホウ O. C. v. Rochow が務めていた。しかし前者の職はその後に空席となり、後者はカンシュタイン R. v. Canstein（ヴェストファーレン出身）やグルムプコウ J. E. v. Grumbkow（ポメルン出身）など、領邦外出身の実力者が任命された。それに続く官職は城守 Schloßhauptmann、内膳長 Oberschenk、典厩長 Oberstallmeister、御料長 Oberjägermeister である。前三者は当初いずれもブランデンブルク貴族によって占められていたが、五六—六〇年にかけて領邦外出身貴族の手に渡っている。唯一の例外はベルステル E. G. v. Börstel で、このブランデンブルク貴族は内膳長を六二—七五年に、城守を七五—八年に務めている。これに対して御料長の場合には正反対の動向が見られる。六三年まではクレーヴェ出身貴族のヘルテフェルト J. G. v. Hertefeld がその地位にあったが、その後はブランデンブルク貴族がこれを務めた。[19] 以上の顕職に続くのが侍従である。君主の寵臣ではあるが、ほかに実務的官職が設けられるにつれ、名前だけの名誉職 Sinekure となる傾向があったといわれる。実際に活動していた侍従 Wirkliche Kammerherren に限定してみるならば、ここでは二人のフィンケンシュタイン Chr. u. E. Finck v. Finckenstein、ヴァルトブルク G. Truchseß v. Waldburg、レーンドルフ A. Graf v. Lehndorf、デーンホフ F. Graf v. Dönhoff といったプロイセン出身の大貴族たちの独壇場であるといってよく、ブランデンブルク貴族としては、マルヴィッツ J. G. v. d. Marwitz の名前を見出すだけである。[20] 以上のとおり、ブランデンブルク貴族が宮中より完全に排除されたわけではないにしても、ポメルンやプロイセン等の出身者によって、顕職が占められる傾向が強まったことは間違いない。ここでも五〇年代が傾向の変わり目であったことは、留意しておく必要がある。

次に宮廷の行政職に目を転じ、枢密参議の出身地域・身分別構成を確認することから始めてみよう（第3-4表）。四〇年代に枢密参議として活動した貴族一九名のうち、ブランデンブルク貴族は一〇名で過半数を占め、また市民四名のなかでもブランデンブルク出身者は三名を数える。全体としてブランデンブルク出身者、特に貴族を中心に参議が選出されていたのは明らかであった。ブランデンブルク以外ではポメルンの三人（うち貴族二名）が

第3-4表　大選帝侯フリードリヒ・ヴィルヘルム治世の枢密参議新任者の出身別構成

	旧貴族	新貴族・市民
1640 年代		
ブランデンブルク	10	3
帝国貴族	3	
ポメルン	2	1
その他	4	
1650 年代		
ブランデンブルク	2	1
帝国貴族	1	
ポメルン	2	
ブレーメン	2	
その他	3	5
1660 年代		
ブランデンブルク	4	
帝国貴族	1	
その他	1	1
1670 年代		
ブランデンブルク	1	
ポメルン	2	
その他	3	3
1680 年代		
ブランデンブルク	1	1
帝国貴族	1	
ポメルン	2	
その他	3	3

典拠：P. Bahl, a. a. O., S. 408-410, 421-623 より作成。
注：1）1640年代に分類された者たちのなかには、それ以前に就任した者も含まれている。
2）1676年に就任したシュヴェリン子 O. Freih. v. Schwerin (d. j.) はベルリン生まれであるが、父にあわせてポメルンに含めた。また17世紀に帝国貴族の身分を得た者も、元来の出身身分に含めている。

続き、このなかにシュヴェリンが含まれる。しかし五〇年代に任命された者の内訳は一変する。貴族の新任者一〇名のなかでブランデンブルク貴族は二名にすぎない。ここでもポメルン貴族が二名選ばれていることが注目される。また市民・新貴族六名中ブランデンブルク出身者はわずか一名であり、四人は西部諸州（クレーヴェ、マルク）や中部諸領邦（アンハルト、ブラウンシュヴァイク）の出身者であった。六〇年代の新任者七人のなかには四名のブランデンブルク貴族が含まれ、彼らの権力的復調の兆しがあるかに見えたが、しかし七、八〇年代に選ばれたブランデンブルク貴族はプロイセンと並ぶ二名で、これはポメルンの四名を下回っている。またブランデンブルク市民は七〇年代には任命されず、八〇年代に一名あったにすぎない。四〇年代の枢密参議会で圧倒的影響力を誇ったブランデンブルク貴族が後退し、人数のうえではポメルン貴族、プロイセン貴族などとかわらない存在となり、出身地域の多様化が進んでいたことは、以上から明らかである。また市民についても同様のことがあてはまるといえよう。ちなみに貴族に関してはポメルン、プロイセンなど東エルベ出身者が目立つが、これは市民におけるドイツ西部、中部出身者の進出とは鋭い対照をなしている。[★21]

以上の位の高い宮内職や枢密参議の検討で得た傾向が、上級宮廷官職保有者全体にもあてはまるのか、次に確かめることにしよう。上級官職保有者三四三人のなかで、ブランデンブルク出身者一二一人に次ぐのはポメルン、シュレージェン、プロイセンからの者たちである。シュレージェン出身者（一六人）の多くは改革派の商人や聖職者であったが、[★22]ポメルンからの二一名中一六人は貴族であり、プロイセン出身者一四名は全員が貴族であった。[★23]彼らの多くが当該地の名門貴族の出であることは、その出身地が父親のそれと一致する者が多いことにもよく現れている。これに比べるとブランデンブルク出身者一二一名のなかで市民・新貴族が七七名を占め、しかも父と出身地が異なる者がこのなかに相当数（三九名）含まれている。これに対してブランデンブルク出身の貴族は四三名にとどまり、父親と同じ出身地をもつ貴族はこのうち三三人であった。[★24]これはポメルン貴族やプロイセン貴族の倍程度であって、数のうえでは凌駕するとはいえ、固有のブランデンブルク貴族は宮廷エリートの一〇分の一を占めるにすぎなかった。加えて既にみたとおり、彼らの多くは四〇年代以前に任命された者たちであったゆえ、時間の経過につれ伝統的ブランデンブルク貴族は比率を下げ、国家を構成する一領邦出身者としての地位しか得られなくなった。ブランデンブルク＝プロイセン国家が単なる諸領邦の集合体にとどまらず、全体国家へと変貌するためには、ベルリン宮廷もまた、ブランデンブルクの宮廷から国家全体のそれへと転換しなければならなかったのであろう。

出身の多様化は経歴の多様化をも伴っていたが、この点については枢密参議に検討を限定することにしたい。四〇年代に任用されたブランデンブルク貴族の参議にも、大学の学歴、外国での将校歴をもつ者や外交官などの経験者が少なくなかった。[★25] しかし五〇年代以降、任命された参議たちの経歴はいっそう多様であり、さまざまな能力や経験をもつ者たちが集められている。主要な経歴をここで分類してみよう。①ベルリン宮廷で特別な活動経験はないが、しかし外交、行政、学識、交易などでの卓越した実績や能力が見込まれて登用されたケース。帝国貴族、外国宮廷や新領邦の行政官、外交官、学者、商人などに多くみられる。ヴァルデック、カンシュタイン、イエナ **Dr. F. Jena**、ブラスパイル **W. W. Blaspeil**、クニップハウゼン、シュメタウ **W. Schmettau** などである。帝国貴族より市民までさまざまな出身者が属す。②将校から任用される場合。四〇年代にもブルクスドルフやフュールル、リベックが参議として重用されるが、この傾向はその後も続く。シュパール **O. Chr. v. Sparr**（四九年就任）、デルフリンガー **G. Derfflinger** のようにオーストリア軍やスウェーデン軍で将校として活動し、その後ブランデンブルク＝プロイセン軍の中枢を担った将校がその典型である。ほかにグルムプコウやドーナ **C. A. Burggraf zu Dohna** などがここに分類されうる。デルフリンガー以外は貴族出身者である。③侯室裁判所判事 **Kammergerichtsrat** からの昇進者。同裁判官は宮廷行政職のなかでは枢密参議に次ぐ地位を享受し、また宮廷のなかでもっとも学識を有する者たちが同裁判所に集められていた。ここから参議に選抜された者には、プラーテン Dr. C. E. v. Platen のごとく、貴族でありながら学位を有する者もいたほどである。ほかにトルノウ Dr. J. Tornow、グレーベン H. L. v. d. Gröben、シュヴェリン子 O. v. Schwerin (d. J.) らがこれに属す。貴族、市民ともに選ばれている。④宮廷の秘書官、実力者の家庭教師・秘書。ヴァルデックの秘書であったマインダース F. Meinders、またシュヴェリンに見出されたフックス P. Fuchs のように、市民出身者が実力者にひきたてられて昇進しているのがこのケースである。★26

以上、宮内職、行政職双方の検討から導き出される当面の結論として、四〇年代の宮廷社会がブランデンブルク貴族を中心とした比較的均質な社会であったのに対し、五〇年代以降に膨張した宮廷は、新領邦も含めドイツ各地から多様な階層の多様な経歴をもつ者を集めたため、そこでは複雑な権力エリート社会が作り出されていったとすることができるのではないか。もちろん一七世紀後半以降、市民出身の宮廷エリートが貴族の地位を得たり、さらに下級貴族に帝国男爵や帝国伯爵の位を獲得する者が多く現れ、宮廷エリートのなかに身分上昇のための共通の階梯ができあがっていったことは、重要な事実であるといえるが、★27 それにもかかわらず、宮廷社会は相変わらず元来の出身身分によって分け隔てられていたことには変わりなかった。このことは宮廷エリートの通婚圏によく現れている。新貴族層が伝統的貴族と縁組みできた事例として、デルフリンガーがブランデンブルク貴族のシャペロウ家 v. Schapelow より妻を迎えた例があるが、これは彼の軍隊内での傑出した地位によって可能となった例外であり、★28 新貴族は市民や新貴族自体のなかに配偶者を見出すのが一般的であった。★29 他方、伝統的貴族についても、彼らが元来属していた身分、即ち帝国諸侯、帝国貴族、下級貴族の境界を超えて婚姻圏を形成することはなく、さらに下級貴族の場合、出身領邦ごとにそれは分け隔てられる傾向をもっていた。★30 このように一七世紀後半の宮廷エリート社会は単に多様であるだけではなく、出身身分・地域ごとに分節化されてもいた。当該期の宮廷エリートのなかで一頭地を抜く存在であったシュヴェリンの異例の実力も、このような宮廷社会の分節化を念頭においたとき、はじめて理解できるのである。即ち彼は生涯三回の結婚において妻をそれぞれシュラープレンドルフ家（ブランデンブルク貴族）、クライツェン家（プロイセン貴族）、フレミング家（ポメルン貴族）から迎え、さらに娘たちを、国家主要領邦出身の名門貴族家や官職貴族家、即ちブルメンタール家（ブランデンブルク貴族）、デーンホフ家、レーンドルフ家（以上プロイセン貴族）、ヴィッテンホルスト・ゾンスフェルト家、ハイデン家、ヴィリヒ・ロトゥム家（以上クレーヴェ・マルク貴族）と満遍なく嫁がせ、これによって領邦の壁を易々と超えてしまった。[★31] また彼ほど市民出身者の宮廷での仕官、昇進を援助した実力者はなく、息子の家庭教師や秘書官など息のかかった人物が次々と宮廷で登用され、このようなクリンテルたちはかわってシュヴェリンの活動を支えていった。[★32] ヴァルデックに比べ国家構想能力において劣ると評価されながら、最終的にフリードリヒ・ヴィルヘルム時代の宮廷で比肩するもののない存在にまで彼が力をもったのは、縁組みやパトロネージュによって、宮廷に厳然として存在する出身領邦や身分の壁を乗り越え、宮廷社会に広く人的関係を張りめぐらすことのできた、その傑出した能力によるところが大きかったといわねばならない。[★33]

しかし分節化した宮廷社会をとりまとめていたのは、一部実力者の姻戚関係やパトロネージュばかりではない。いっそう重要であるのは、宮廷社会を地域社会から分離し、宮廷文化の特有性をきわだたせていたところの改革派信仰色の強さである。一七世紀初頭以来ブランデンブルク宮廷内で改革派信仰が浸透し、これが同国国家形成に重大な影響を与えたことはつとに強調された点であり、[★34] 本書でも既にこの点については触れている。[★35] しかしここでも宮廷エリートへの改革派浸透の実態は、バールによって初めて明らかにされた。彼によるならば、上級官職保有者三四三名中、改革派ないしそうであると推定できる人物は一六七名（四八・一％）に達するのに対し、ルター派ないしそうであると推定される者は一〇五名（三〇・六％）にとどまる。さらに不明者六九名には外国出身者が多く、彼らのなかでも改革派が優位であっただろうとバールは考えている。[36] 改革派色の一番強いのは、選帝侯と日常的に接触する度合いの高い宮内職であったが、これに対して行政職ではそれが薄まる傾向をもち、枢密参議はほぼ二対一で改革派優位であるとはいえ、歴代の元帥はルター派から選ばれ、また総軍政コミサールについても治世前半にその職にあったプラーテンや後任者のマインダースはルター派であった。特に御領地行政関係の市民出身官僚でルター派色が濃厚であった。[37] このように宮廷でルター派が排除されたり、少数派として不遇をかこっていたとまではいえないにしても、しかし中枢部分は改革派で占められ、宮廷周辺部分の実務官僚にルター派が多く登用される傾向をもった。新生ブランデンブルク＝プロイセン国家では、ブランデンブルクに限らず、貴族も含め地域社会ではルター派信者が圧倒的であったゆえ、宮廷で改革派官職保有者が数のうえで上回っていることは、改革派信仰が宮廷社会の独特の文化的特性であって、彼らの多くに特権者としての共属意識を植えつけたであろうことは疑いない。

以上のごとく一七世紀後半には、ブランデンブルク貴族は宮廷の肥大化によって既得権を失ったのみならず、宮廷のなかでも勢力を縮小し、ルター派に踏みとどまっていた大多数の彼らにとって、宮廷は文化的にも遠い存在となってしまった。はたしてこれによって彼らは完全に「権力エリート」の地位から滑り落ちてしまったのか、この点を次に考えることにしたい。

三　ブランデンブルク貴族と軍隊勤務

当該期における権力エリート内の公式的序列は官位規則 Rangordnung が示してくれる。フリードリヒ一世治世末期の一七〇八年一一月一六日制定の位階表と、フリードリヒ・ヴィルヘルム一世即位直後の一三年四月二一日のそれを比較すると、後者によって重大な変更が行なわれていたことが明らかになる。[★38] 一七〇八年における序列は、①侍従長、②元帥および州（領邦）総督、③兵部長、④王室衣装長、⑤枢密参議、⑥大将、⑦中将、⑧黒鷲騎士、⑨永代駅逓長官、⑩典厩長（以下省略）の順であったが、一三年には次のように改訂されている。①元帥、②総督、③大将、④侍従長、⑤中将、⑥枢密参議、⑦王室衣装長、⑧黒鷲騎士、⑨少将、⑩典厩長（以下省略）。既に一七〇八年において軍の中枢部にあった者たちは宮廷顕官に次ぐ位置を占めていたが、それでも侍従長が元帥の上にあったことが示すように、宮廷の位階上の権威は軍を上回っていたとすることができる。しかし一三年には元帥ばかりか大将さえも侍従長を抜き、さらに中将が七位から五位に、少将は一八位から九位へと引き上げられていた。ほかに将官の位をもたない連隊長の官位も、四三位から一九位に格上げされている。

官位上の宮廷官の後退と軍人の浮上は、フリードリヒ・ヴィルヘルム一世が、権力統合上の中心を宮廷から軍隊へと移動させたことの現れであり、財政上の数値の変化もそれを裏づけている。即ち国家財政の二大構成部分である宮廷・御領地財政と軍事・租税財政の関係は、前王と彼の治世のあいだで様変わりしていた。両財政間の資金移動をみるならば、フリードリヒ一世時代には宮廷・御領地財政から軍事・租税財政への繰入れは一六八九年に行なわれたのが最後であり、この後には後者から前者に規則的に多額の資金が移動し、宮廷重視の政策が顕著である。A・F・リーデルによると、治世末期の軍事・租税財政収入は、外国からの援助などを除き国内からの恒常的収入に限るならば、年間二五〇万ターレル程度であったが、このなかで軍事目的に利用されたのは二二〇万ターレルにとどまり、約三〇万ターレルが宮廷・民政費に移転された。ところがフリードリヒ・ヴィルヘルム一世治世下では、資金移動の方向は逆転し、軍隊増強のために宮廷・御領地財政も動員されるようになった。一七一三年から二〇年代中葉までは、宮廷・御領地財政から軍事・租税財政へ年間三〇―五〇万ターレル程度が移転され、その後さらに増加した結果、三〇年代後半には年間一〇〇万ターレル以上が繰り入れられていたのである。[39] このように官位表によっても、また財政政策からも、一八世紀前半に権力の比重が宮廷より軍隊へと移動したことを確かめることができる。このため当該期の権力エリートを、宮廷にのみ求めるのは不十分であるといえよう。

一七世紀後半の宮廷拡大は、伝統的ブランデンブルク貴族を権力に統合するよりも、むしろ圧迫し排除する方向に作用したことをこれまで明らかにしてきたが、いまひとつの権力の核として宮廷と並び、それを凌駕していった軍隊におけるブランデンブルク貴族の位置はどのようなものであったか、次に検討することにしたい。軍隊内権力エリートの構成に関するもっとも注目すべきものとして、ハーンの研究[40]がある。彼は、一六五〇―一七二五年にブランデンブルク＝プロイセン軍で活動した連隊長クラス（将軍も含む）の将校三七八名を探し出し、バールほど体系的・網羅的ではないが、プロソポグラフィ的手法を一部利用しつつ分析を試みている。[41] 彼の研究対象とする時期は本章が扱うそれと一致しており、われわれにとって教えられるところが大きい。三七八名の出身身分・地域別の構成をまず確認しておこう。数量上は下級貴族が二六四名と全体の七割を占め、これに帝国諸侯、ユグノー（貴族）を含めるならば貴族は九割弱（三三一名）となって、宮廷に比べるならば、はるかに貴族優位の社会であったことが明らかである。他方、出身地別構成は不明分四六を除き、国内出身者が二一六人で六五・一％を占めるが、このなかの一〇七人、したがって全体の三二・八％がブランデンブルク出身者であった。三七八名のなかから帝国諸侯とユグノーを除いた人数（三一一名）のなかでは、下級貴族が八四・九％、市民・農民・新貴族が一五・一％を占めていた。もしブランデンブルクの貴族出身者と市民等の比率もこれと同程度であると仮定するならば、ブランデンブルク貴族は九〇名強となり、全連隊長のなかで四分の一強の一大勢力を成していたと推測される。ハーンは、このなかにブランデンブルク外出身者を祖先にもつ者もあったことを否定していないが、[42]それにしても一七世紀後半に、ブランデンブルク貴族が宮廷エリートにおいて一〇分の一程度の勢力にすぎなかったことを考慮するならば、軍隊内への彼らの進出はいっそう注目に値する。

以上のとおり、数字上は連隊長クラスでブランデンブルク貴族が四分の一程度を占めていたと思われるが、そうであるからといって、彼らが軍の中枢部も同じような比率で掌握していたことにはならない。確かに四〇年代には、ブルクスドルフやフュールらのブランデンブルク貴族が同軍のなかで強力な指導力を発揮していた。しかし五〇年代、特にスウェーデン＝ポーランド戦争（一六五五―六〇年）のあいだに外国軍から多くの将校を招聘したことにより、指導部に大きな変化があった。五〇年代以降ブランデンブルク＝プロイセン軍を率いた将軍たちには、元帥のシュパールの他にもゲルツケ **J. E. v. Görtzke**、クァスト **A. C. v. Quast**、ゲーツェ **A. v. Götze** など、三十年戦争後にスウェーデン軍やオーストリア軍から母国軍に戻ったブランデンブルク貴族も含まれていた。しかしブランデンブルク貴族外からもデルフリンガー、ドーナ、アンハルト・デッサウ公 **J. G. II Fürst v. Anhalt-Dessau** のような次代の同国軍を担う人材が、五〇年代後半には次々と加わっている。[43]この結果、フリードリヒ・ヴィルヘルム死去時（一六八八年）の同国軍将軍の構成は、ブランデンブルク外出身者が優勢となっている。即ちデルフリンガーとアンハルト・デッサウ公を頂点とする一三名の将軍のうち、ブランデンブルク貴族はバルフス **J. A. v. Barfus** とマルヴィッツ **K. H. v. d. Marwitz** の二人にとどまっていた。[44]アンハルト・デッサウのような帝国諸侯やそれらの公子は、ブランデンブルク＝プロイセンの衛星国家君主として軍隊で厚遇され、またドーナ家、デーンホッフ家などプロイセンの大貴族たちにも若年（三三歳以下）のうちに連隊長に昇進する者が多かった。[45]さらに宮廷同様ここでも、文官でありながらシュヴェリンは女婿に四人もの将軍をもち、また同じくグルムプコウも軍隊内に強大な閥を形成することに成功し、ポメルン貴族の力にも目を見張らせるものがあるが、九一年に元帥の地位を得たフレミング **H. H. v. Flemming** もポメルン貴族出身者であった。[46]これに対して、高齢

（五二歳以上）でようやく連隊長のポストを手に入れた者に、ブランデンブルク貴族が目立っていた。[47]

次にわれわれはF・ゲーゼの研究によって、ブランデンブルク貴族のなかでどの程度の者たちが軍隊勤務を経験したかをみるが、[48]これによって連隊長クラスにブランデンブルク貴族が多く含まれているにもかかわらず、彼らの昇進が遅く、さらに軍中枢部＝将軍の地位に達する者が少なかった事情の一端も明らかになるだろう。彼の研究によると、一七一三年時点のクールマルク騎士領所有者全六九三人（うち市民四一人）のなかで、現役将校は一二八名（外国軍勤務一八名を含む）、退役将校は九三名に達し、既に軍隊勤務経験者が三割（計二二一名）を超えていた。これに比べるならば、文官経験者は一〇六名にすぎない。他方、ノイマルク貴族の軍隊勤務経験者の比率はさらに高く、現役・退役将校は全騎士領所有者（うち市民二四名）のなかで四割を占めている（四九七人中一九九名）。一八世紀後半には軍隊経験者の比率がさらに高まっていることは、一七六九年の数字をみるならば一目瞭然となる。クールマルク騎士領所有者五七七人（うち市民六五人）のなかで、文官経験者は一一二人であるのに対し軍隊経験者は三二三人にのぼり、過半数の者が軍隊勤務経験を有していたが、特に退役将校が現役将校の一・五倍に達していることが興味深い（一九四対一二九）。この数字のなかで、軍隊勤務経験者の比率の高さとともに注目すべきは次の二点である。第一は、クールマルク貴族以上にノイマルク貴族に軍隊勤務への志向が強くみられる点である。これについてゲーゼは、クールマルクに比べ所領規模の小さい貴族がノイマルクに多く、領主の地位にこだわるだけでは貴族身分にふさわしい生活が不可能であったゆえに、士官となる者が多くここから輩出されたと推測している。[49]第二は、退役将校の比率の高さであり、これは領地を相続した時点で多くの貴族が軍隊から退いたことによる。[50]このため長期にわたって軍隊勤務する貴族には、一族の当主とならなかった者が多かったと推測することが可能となる。以上から、比較的所領規模の小さい貴族家が将校を多く送り出し、しかも当主の地位を得られなかった者が長期にわたって勤務する傾向をもっていたと、彼らの軍隊勤務を性格づけることができるのではないか。後に述べるように一七世紀後半以後も、軍団運営のために将校たちは自己資金を準備する責任を有していたことを考えるならば、このような群小貴族たちにとっては将軍となるのはもちろん、連隊長の地位を得るのさえ困難であったことは、容易に推測がつくというものである。[★51]

したがってこれまでの検討をまとめるならば次のとおりになるだろう。軍隊内で厚遇されたとはいえないにしても、絶対主義国家成立期において全体としてブランデンブルク貴族は宮廷よりも、むしろ軍隊の場でそれに参画する傾向を強めた。なるほど将軍レベルの指揮官では、宮廷同様に帝国貴族や他領邦出身者に対して指導的地位を譲っていったが、しかし連隊長以下の部隊運営を支える人材を多く送り出した。新生ブランデンブルク＝プロイセン国家の頂点部分のエリートとなるのではなく、むしろ軍隊組織の現場指揮官として国家に忠勤する、というのが彼らの典型的な姿であった。一七世紀前半に既に、ブランデンブルク貴族が獲得を目指す官職は、御領地官より将校へと移行していったと前章で述べておいたが、[★52]世紀後半以降このような傾向がいっそう明瞭になっていったといえるだろう。

★1　第二章、一三五頁。

★2　P. Bahl, Der Hof des Großen Kurfürsten. Studien zur höheren Amtsträgerschaft Brandenburg-Preußens, Köln/Weimar/Wien, 2001, S. 408f.

★3　M. Hein, Otto von Schwerin. Der Oberpräsident des Großen Kurfürsten, Königsberg, 1929, S. 56f.; P.M. Hahn, Landesstaat und Ständetum im Kurfürstum Brandenburg während des 16. und 17. Jahrhunderts, in: P. Baumgart (Hg.), Ständetum und Staatsbildung in Brandenburg-Preussen, Berlin/New York, 1983, S. 65. ブランデンブルク貴族の勢力後退はこれまでもしばしば強調されてきたことであるが、その要因を根本的に明らかにした研究は未だ存在しないように見うけられる。本書も遺憾ながらこの点を解明することはできない。しかしそれについては、ブルクスドルフ失脚の一因として彼が新しい国家構想をもてなかったこと、また四〇年代に復権を果たしたブランデンブルク出身の枢密参議がいずれも高齢で旧世代に属していたことを重視したハインの議論に、ここでは注目しておきたい（M. Hein, a. a. O., S. 8 u. 45f.）。一六世紀には国際的視野を誇った「城主＝官職貴族」たちであったが、前章で述べたようにその後の厳しい国内対立と三十年戦争での疲弊によって、視野の広さと新時代の国家構想力をもつ人材を育成できなかったところに、彼らの勢力後退の原因があったのではないか。五〇年代に枢密参議会に地位を得た数少ないブランデンブルク貴族の経歴を見るならば、ブルメンタールは帝国政治での経験、シュパールはオーストリア軍での軍歴、プラーテンは三年間のフランス留学を含む長期の学歴をもち、ブランデンブルク＝プロイセンの国家建設を国際的視点から構想する能力を有した者として、ブランデンブルク貴族のなかでは例外的存在であったと考えられる。

★4　第一章、九二頁、また第四章第一節、参照。

★5　第四章第三節。この時期の御領地行政については K. Breysig, Geschichte der brandenburgischen Finanzen in der Zeit von 1640 bis 1697. Darstellung und Akten, Bd. 1. Die Centralstellen der Kammerverwaltung. Die Amtskammer, das Kassenwesen und die Domänen der Kurmark, Leipzig, 1895 が相変わらず必読の文献である。ほかに S. Isaacsohn, Die Reform des kurfürstlich brandenburgischen Kammerstaat 1651/2, in: Zeitschrift für Preußische Geschichte und Landeskunde, Bd. 13, 1876 と Ders., Erbpachtsystem in der Domänenpolitik, in: Zeitschrift für Preußische Geschichte und Landeskunde, Bd. 11, 1874、および H-H. Müller, Domänen und Domänenpächter in Brandenburg-Preußen im 18. Jahrhundert, in: Jahrbuch für Wirtschaftsgeschichte, 1965/4 も参照。

★6　S. Isaacsohn, Die Reform, S. 166.

★7　第一章、五九頁。

★8　S. Isaacsohn, Urkunde und Actenstücke, S. 175-7, 267-9 u. 280f.

★9　E. Fidicin, Die Territorien der Mark Brandenburg oder Geschichte der einzelnen Kreise, Städte, Rittergüter und Dörfer, Berlin/New York, 1974, Bd. 1, S. XII-XIV, Bd. 2, S. XII-XIV に一六五〇、一七五〇年時点の御領地村落があげられているが、その情報は詳細ではない。

★10　HHBB, Lfg. 31. G. Heinrich (Bearb.), Besistzstand in Brandenburg um 1800; Lfg. 33. G. Heinrich (Bearb.), Besitzstand und Säkularisation in Brandenburg um die Mitte des 16. Jahrhundert.

★11　P-M. Hahn/H. Lorenz (Hg.), Herrenhäuser in Brandenburg und der Niederlausitz, Berlin, 2000, Bd. 2, S. 218-20.

★12　この点については、F. Göse, „Die Postanische Sache... ist zur Endschaft zu befordern". Der Auskauf des Adels im Potsdamer Umland durch Kurfürst Friedrich Wilhelm, in: P-M. Hahn/K. Hübener/J. H. Schoeps (Hg.), Potsdam. Märkische Kleinstadteuropäische Residenz, Berlin, 1995 が重要である。宮殿建設については J. Kunisch, Funktion und Ausbau der kurfürstlich-königlichen Residenzen in Brandenburg-Preußen im Zeitalter des Absolutismus, in: FBPG, NF, Bd. 3 (1993), Hft. 1, S. 177-92 を参照。

★13　シュヴェリンによる御領地拡大政策については F. Göse, Der Auskauf des Adels を参照。またシュヴェリン家の領地拡大については M. Hein, a. a. O., S. 150-4 u. 386-9; P-M. Hahn/H. Lorenz, a. a. O., Bd. 2, S. 643-5 を参照。シュヴェリンはクールマルクのレーエン事務局長官 Lehnsdirektor も兼職していたが、彼はこの職務によって各領地の債務状況や、レーエン保有者代替わりのさいの手続き不履行など重要情報を知りうる立場にあった。御領地や自らの領地拡大のための交渉にさいして、これら所領関係の情報は相手側に対して脅迫の意味をもち、交渉を有利に運ぶことを可能にしたと考えられる（P-M. Hahn, Neuzeitliche Adelskultur in der Provinz Brandenburg, in: P-M. Hahn/H. Lorenz, a. a. O., Bd. 1, S. 46）。

★14　P. Bahl, a. a. O., S. 293.

★15　近世ドイツおよびブランデンブルク＝プロイセン宮廷史研究の動向については P. Bahl, a. a. O., S. 1-24; J. Kunisch, a. a. O., S. 167-76 を参照。本書で扱うことはできないが、フリードリヒ三（一）世時代の宮廷社会については、Stiftung Preussische Schlösser und Gärten Berlin-Brandenburg (Hg.), Sophie Charlotte und ihr Schloß. Katalog der Ausstellung im Schloß Charlottenburg, Berlin, 1999/2000 に掲載された諸論文が有益である。

★16　バールは、上級官職保有者の指標として、Herr の敬称、「顧問官」Rat の称号、葬送説教 Leichenpredigt の三つをあげている（P. Bahl, a. a. O., S. 29f.）。

★17　総監理府 General-Direktorium が一七二二年に設立されるまでは、枢密参議会が最高行政機関であった。なるほど総監理府の前身である宮廷御領地財務府と総軍政コミサリアートが徐々に枢密参議会の行政権限や活動領域を奪っていったが、しかし大選帝侯フリードリヒ・ヴィルヘルム時代においては、枢密参議会は実質的に行政の中心であり続けたと考えるべきである。

★18　Ebenda, S. 50-2 u. Anm. 174.

★19　以上については Ebenda, S. 44-8 u. 406f.

★20　Ebenda, S. 49 u. 408.

★21　数のうえでポメルン貴族はブランデンブルク貴族に次ぐ存在に成長しただけではなく、ポメルンからはシュヴェリン、グルムプコウ父子、カメケ E. B. v. Kameke のようなブランデンブルク＝プロイセン国家の屋台骨となるような大政治家がうまれている。これはポメルンの次のような事情を無視しては理解できないのではないか。三十年戦争時にスウェーデンとその領有をめぐって争われた同領のうち、フォアポメルンとシュテッティン市はスウェーデンが、ヒンターポメルンはブランデンブルク＝プロイセンが得たが、この後もポメルン全体の支配を後者はあきらめることはなかった。多くのポメルン貴族はこの過程でどちらの側につくか踏み絵を踏まされており、親ホーエンツォレルンを鮮明にした者たちの忠誠は、特別信頼のおけるものと選帝侯に映ったとしても不思議はない。ブランデンブルク、プロイセン、クレーヴェの有力貴族のなかに自領邦の利害にこだわる者が目に付くのに比べ、ポメルン貴族の代表的存在にこうした傾向が少なく、むしろブランデンブルク＝プロイセン全体国家創出に打ちこむ者が出たのも、以上のような事情とは無縁でなかったであろう。例えばシュヴェリンの場合について、M. Hein, a. a. O., S. 1-39を参照せよ。

★22　P. Bahl, a. a. O., S. 151f.

★23　Ebenda, S. 147-51 u. 158-63.

★24　Ebenda, S. 178.

★25　長期の大学教育を受けた者としてB・v・ブルン、T・v・クネーゼベック、H・G・v・リベック二世、外国軍での軍隊経験者としてC・B・v・フュール、また長期の大学教育を受け、豊富な行政・外交経験をもつ者としてJ・F・v・ブルメンタールをあげうる（Ebenda, S. 433, 440, 519, 545 u. 565）。

★26　以上はEbenda, S. 421-623にまとめられた各官職保有者の略歴による。ほかにAllgemeine deutsche Biographie (ADB) ならびにNeue deutsche Biographie (NDB) にも当時の枢密参議の多くがとりあげられている。また将校出身者については「プロイセン軍指揮官名鑑」ともいうべきK. v. Priesdorff, Soldatisches Führertum, Bd. 1, Hamburg, o. J. も重要な情報源となる。

★27　外国出身者や市民にブランデンブルク貴族身分を与えるという方法については、選帝侯自身の貴族位階授与権の限界という問題があり、ブランデンブルク貴族として選帝侯より承認を受ける者は、予め皇帝より貴族であることが認められなければならなかった。しかし一七〇一年のプロイセン王位獲得によって、この障害も取り除かれることになった。新貴族形成についてはP. Bahl, a. a. O., S. 322-41を参照。

★28　P.-M. Hahn/H. Lorenz, a. a. O., Bd. 2, S. 232.

★29　P. Bahl, a. a. O., S. 242f.

★30　Ebenda, S. 237-46.

★31　M. Hein, a. a. O., S. 5, 160, 212 u. 370; P. Bahl, a. a. O., Tafel 13 (S. 638).

★32　Ebenda, S. 140-2. 一七世紀末に宮廷で絶大な力を誇った実力者ダンケルマン兄E. Danckelmannも、シュヴェリンの推薦によって宮廷で登用された一人である（M. Hein, a. a. O., S. 254）。

★33　この点については、ヴァルデックとシュヴェリンという二人の国家指導者の比較人物論として、K. Breysig a. a. O., S. 20-5が興味深い。

★34　O. Hintze, Kalvinismus und Staatsräson in Brandenburg zu Beginn des 17. Jahrhunderts, in: Ders., Regierung und Verwaltung, Göttingen, 1967. 近年ハーンは、宮廷におけるカルヴァン派＝改革派信仰の近世国家形成への影響を再検討し、より慎重な結論を導き出している（P-M. Hahn, Calvinismus und Staatsbildung 参照）。邦語文献としては、有賀弘『宗教改革とドイツ政治思想』東京大学出版会、一九六六年、第四章、稲本守「国家と教会――プロイセン・ラント教会宗務局の変遷について（一五四三年―一八〇八年）」『教養学科紀要（東京大学）』第二三巻、一九九〇年。

★35　第二章第一節。

★36　P. Bahl, a. a. O., S. 199.

★37　Ebenda, S. 204-7.

★38　ABB, Bd. 1, S. 411-19.

★39　A. F. Riedel, Der Brandenburgisch-Preussische Staatshaushalt in den beiden letzten Jahrhunderten, Berlin, 1866, S. 51-3, 65f. u. Beilage Nr. 12.

★40　P-M. Hahn, Aristokratisierung und Professionalisierung. Der Aufstieg der Obristen zu einer militärischen und höfischen Elite in Brandenburg-Preußen von 1650-1725, in: FBPG, NF, Bd. 1, Hft. 2, 1991.

★41　ハーンが依拠している史料のなかでプリースドルフ編纂の軍指揮官名鑑は特に重要であるが、残念なことに出身地に関するデータがこの文献では詳細でない（K. v. Priesdorff, a. a. O.）。

★42　P-M. Hahn, Aristokratisierung und Professionalisierung, S. 193.

★43　K. v. Priesdorff, a. a. O., S. 1-98 の各将校の欄参照。

★44　C. Jany, Geschichte der Preußischen Armee vom 15. Jahrhundert bis 1914, Bd. 1, Osnabrück, 1967, S. 307.

★45　プロイセン貴族には軍隊勤務を避ける傾向があったといわれる（W. Neugebauer, Der Adel in Preußen im 18. Jahrhundert, in: R. G. Asch (Hg.), Der europäische Adel im Ancien Régime, Köln/Weimar/Wien, 2001, S. 70）。それだけにプロイセン大貴族のなかから軍隊に仕官する者が現れた場合、厚遇されたと思われる。

★46　P-M. Hahn, Aristokratisierung und Professionalisierung, S. 175 u. 198; K. v. Priesdorff, a. a. O., S. 52f.

★47　P-M. Hahn, Aristokratisierung und Professionalisierung, S. 206-8. ただし長期的な視点でみるならば、相当数の将軍を輩出し、軍のなかで高い地位を維持し続けた一族がブランデンブルク貴族のなかにあったこともまた事実であった。例えば、一八二八年までにブランデンブルク＝プロイセン軍に将軍を多く生んだ上位一〇貴族家は次のようであった。クライスト家 v. Kleist ＝一四名、シュヴェリン家＝一一名、ゴルツ家 v. d. Goltz ＝一〇名、ボルケ家 v. Borcke とブレドウ家＝九名、マルヴィッツ家とドーナ家＝七名、フュール家とシューレンブルク家、プットカマー家 v. Puttkammer ＝六名（BLHA, MF, Nr. 254, fol. 3）。このなかにブレドウ、マルヴィッツ、フュール、シューレンブルクと中世後期にまでブランデンブルク貴族として遡れる一族が含まれている。なかでもブレドウとシューレンブルクは一六世紀の有力城主＝官職貴族家であったにもかかわらず、一七世紀の宮廷ではほとんどみるべき活動をした形跡が認められないだけに、いっそう注目に値する。

★48　F. Göse, Die Struktur des Kur-und Neumärkischen Adels im Spiegel der Vasallentabellen des 18. Jahrhunderts, in: FBPG, NF, Bd. 2, Hft. 1,1992.

★49　Ebenda, S. 32f. ノイマルク貴族の領地規模と軍隊勤務の関係についてゲーゼはさらに踏み込んだ検討を試みている（F. Göse, Zur Geschichte des Neumärkischen Adels im 17/18. Jahrhundert, in: FBPG, NF, Bd. 7, Hft. 1, 1997）。

★50　F. Göse, Die Struktur des Kur-und Neumärkischen Adels, S. 40.

★51　ノイマルク貴族とは逆に、アルトマルクの大貴族たちはブランデンブルク＝プロイセン国家に勤務することに執心せず、ブラウンシュヴァイクなど中部諸領邦に地位を得る者が少なくなかった（Ebenda, S. 39）。シューレンブルク家のように多くの軍人を国家に送った一族はそこではむしろ例外的存在であった。アルトマルク貴族の国家に対する態度については、P-M. Hahn, Fürstliche Territorialhoheit und Lokale Adelsgewalt. Die herrschaftliche Durchdringung des ländlichen Raumes zwischen Elbe und Aller, Berlin/New York, 1989, S. 319-82 が参照されるべきである。ほかにプリクニッツの有力貴族にも同様の傾向がみられたという（W. Neugebauer, Der Adel in Preußen, S. 69）。

★52　第二章、一三〇頁。

第二節　軍政組織と軍事・租税財政の確立

一　総軍政コミサリアートとクールマルク軍事金庫の形成

三十年戦争終了後もポメルンの領有をめぐってスウェーデンとは軍事的緊張関係にあり、さらにその後もブランデンブルク＝プロイセン国家はスウェーデン＝ポーランド戦争、ブランデンブルク＝スウェーデン戦争、ルイ一四世の諸戦争と、断続的に戦争にさらされる。この結果、一七世紀後半には同国の兵力は増減を繰り返しつつも、最終的には格段の増加を経験し、三十年戦争終了時に五〇あまりであった中隊数は九〇年代に三〇〇を超えるに至った。[★1] 三十年戦争時にブランデンブルク国家にとって急務となった課題は、同じくブランデンブルク貴族に属しながら対立しあい、戦争被害を拡大した傭兵軍将校と騎士身分の対抗関係をいかに調整するかであったが、世紀後半の軍備増強はこの課題の深刻さを戦後もいっそうきわだたせるものとなる。さらにまた長期的にみるならば、ブランデンブルク＝プロイセン国家の権力統合の中心は宮廷から軍隊へと移動し、そのうえ宮廷から排除されたブランデンブルク貴族が軍隊に拠り所を求めていったことに鑑みるならば、将校とその軍団がいかに制度的に権力統合されたか解明することは、本書にとっても重大な意味をもつ。

軍団の権力的統合のためには、軍政組織の確立が不可欠の条件であったことは、前章で明らかにしたとおりである。そこでまず軍政組織の成立過程を概観しておくことにしよう。[★2] 軍隊の最高指揮権を有していたのは国王の軍事的代理としての元帥であったが、彼を含む将軍たちは、総軍政コミサール Generalkriegskommissar とのあいだで軍政に関し調整を行なう場として枢密軍事評議会 Geh. Kriegsrat をもち、元帥は軍隊の指揮権ばかりではなく軍政に対する監督権も行使し、総軍政コミサールに対しても当初は制度的に優位な立場にあった。[3] なるほど増大する兵力維持のため、五五年四月に総軍政コミサリアート Generalkriegskommissariat が設置され、総軍政コミサール（領邦管轄）、軍政コミサール（クライス管轄）から成る軍政組織のヒエラルヒーが創出されたとはいえ、プラーテン（在任一六五五―六九年）は元帥のシュパールと権限争いを繰り広げ、軍団に対しても軍政組織の権威を十分確立できずにいた。[4] プラーテンはシュパールと同じくブランデンブルク貴族ではあったが、既に述べたように侯室裁判所判事出身の典型的な文官であり、また後任のマインダース（在任一六六九―七五年）も同じく文官のうえ、市民出身者であった。いずれも有能な宮廷エリートであったが、軍隊に対する影響力は十分ではなく、組織の頂点に立つ人物のこのような経歴と出身が、軍政組織の立場の弱さの一原因であったと考えられる。しかし軍人として軍隊のなかに強大な閥を形成していたグルムプコウが総軍政コミサールの地位につき（在任一六七九―九〇年）、連隊長人事に対してまで発言権を得ると、はじめて軍政組織の軍隊に対する優位が確立し、さらに彼のもとで総軍政コミサリアートはその所轄を狭く軍政に限るのではなく、租税政策から経済政策にまでそれを広げ、包括的行政組織としての機能を果たしていった。[5] このような軍政組織の成立は、諸身分に対する君主権の優位性確立の画期とみなされがちであるが、それは一面的な評価であって、統制の対象はまずは軍隊に向けられていたことが、その発展の経過からも明らかである。

さて本章では軍隊の統制にとって必要な軍政上の課題を、もっぱら財政に限定して扱うことにするが、[6] 前章での検討の結果によって、次の三点の解決が軍事財政上もっとも緊急の課題であり続けたと考えられる。[7] 第一に、査察制度の不備によって、各部隊より現員をはるかに上回る兵員数が申告され、予算要求されていた。第二に、租税滞納分の強制徴収が軍隊に容認されていた。第三に、租税行政の整備が軍備拡大に追いつかず、十分な資金が軍隊に供給されなかった。一七世紀後半の軍政組織と軍事・租税財政の整備によって、いかにこれらの問題に解決の道筋が立てられていったか、以下、論じることにしよう。

(一) クールマルク軍事金庫と支払指図書制度

三十年戦争終戦とシュヴァルツェンベルクの失脚後、これまで軍政を統括していた軍事評議会はいったん解散され、このあとブランデンブルクの諸身分勢力は二三年以降休眠状態にあったラントシャフト諸金庫を再建し、軍事財政をそのもとに置こうとした。[★8] しかしこの動きはほとんど成果をみず、また君主権の側からも軍政組織や軍事財政の本格的な構築はしばらくは放置されていた。君主権がそれに真剣に取り組むようになったのは、ヴァルデックやシュヴェリンらの権力掌握以後のことである。即ち五三年のクールマルク領邦議会において、総額五三万ターレルの租税が承認されたのを契機に、これを管理するために軍事金庫が創設されるが、このクールマルク軍事金庫は総軍政コミサリアートの管理下に置かれ、国家の中央軍事金庫が形成されるまでのあいだ、ひとりクールマルクの租税収入のみではなく、他の領邦の租税収入余剰をも管理した。[★9]

クールマルク軍事金庫の最大の課題は、傭兵軍団に対して地域身分団体を直接対峙させることなく、両者の仲介を通じ軍事財政上の秩序を創出することであった。このため軍政コミサールや上級軍政コミサールには地域身分団体の統制とともに、軍隊査察もその任務に加えられていた。[★10] これらコミサールと軍事金庫の仲介的権限は、五六年一一月二五日、六一年二月二日の法によって定められたが、ここでは軍事支出命令権を、クライスなどの地域身分団体でもなければ連隊でもなく、クールマルク軍事金庫が掌握したことに注目しておきたい。それは以下の手続きによって実行されていった。コミサールは連隊・中隊査察を通じて、各部隊が「架空兵士」passevolant を名簿に載せて兵員数を水増ししていないか、また装備に不備がないか調査したあと、連隊名簿を作成する。この査察済み名簿にもとづき、軍事金庫は給与規則に則り当該連隊に対する支出額を確定し、クライス金庫など地域金庫に宛て各月分の支払指図書Assignationを発行する。連隊はこの支払指図書を軍事金庫より受領したあと、それを当該地域金庫にもちこみ、換金を受けた。地域金庫は指図書とともに受領書を連隊より受け取り、双方を軍事金庫に送付し、これを後者が帳簿に転記することで一連の支出手続きが完了した。[★11] 以上のとおり、軍事金庫制度は中央金庫会計が収入を一括して集約し、これを目的別に分配・支出するのではなく、特定部隊に対する経費に特定地域の租税財源を充てるものであって、クールマルク軍事金庫の中央金庫としての実体は確固たるものではなく、むしろそれは連隊金庫（支出金庫）と地域身分団体金庫（収入金庫）の集合体とする方がふさわしい。このため軍事金庫の仲介的機能に頼るだけでは、軍隊と租税行政のあいだの矛盾は取り除けず、総軍政コミサリアートは各々の内部にまで支配を浸透させ、合理性や公正性がそこにおいて実現するようにはかることをも、その課題としなければならなかった。

（二）対連隊政策

連隊運営に対しては、将校人事権の選帝侯への集中化などによって徐々に制限が加えられていったとはいえ、[★12] 連隊長は人事に対しても実質的影響力を確保し、また連隊会計は彼の私的金庫としての性格を残していた。即ち、連隊長ら将校は兵士募集に際して支度金や給与の前貸し義務を負っており、必然的に部隊内における資金分配は彼の裁量によるところとなり、部隊内での支出を自由にすることができた。この結果、彼らは資金前貸しによる運用益や、あるいは部隊内の人事に絡んで部下から謝礼などの利益を得ており、そのポストは一八世紀初頭になっても相変わらず売買の対象であり続けたのである。[★13] しかしいったん財政事情が悪化すると、支払指図書の換金は遅れ、スウェーデン＝ポーランド戦争時には、五ヶ月にわたって自己資金によって部隊維持を迫られる連隊長も現れるほどであった。[14] 将校の手の中での債権累積が傭兵軍団による掠奪行為の一大原因であったことは、三十年戦争の教訓とするところであった。それでも総軍政コミサリアートとクールマルク軍事金庫は、傭兵軍に対し統制を行なうことにより、これらの危険性をかなりのところまで取り除くことに成功したように思われる。

傭兵軍に対する統制の眼目は、連隊に対し支出の正当性の証明を求めることとともに、強制徴収に制限を加えることの二点に集約することができる。第一の統制は、軍隊査察に会計監査的機能をもたせることで、連隊長に対し正当な役得利益を保証する一方、過大な不当利益の摘発を目指していた。このため六九年に軍隊査察を定期化し、毎月ないし四半期ごとに各部隊に将兵名簿の更新を義務づけ、また七二年には兵員数の水増しの摘発とともに、武器の標準化や軍服使用の強制など、装備の規格化も査察の対象としていった。[15] しかし強化された査察制度が会計監査的意味を発揮するには、連隊会計が貨幣による運営に一元化することが必要となる。宿営地の現物負担はこの段階でも一掃できなかったが、全歩兵部隊の宿営地を都市へと八四年に移動させ、宿営地の現物給付を限定的なものとしたことは、会計監査上も重大な前進となったであろう。[16]

なるほど以上の軍隊査察は、連隊による恣意的な支出強要防止には有益であった。しかしクールマルク軍事金庫の正当な支出命令があって、それにもかかわらず地域金庫が連隊に支払い義務を果たせない場合、後者に強制徴収の権利が未だに認められていたため、社会がその暴力にさらされる危険性は、相変わらず続いていたことは否定できない。このため傭兵軍に対する第二の統制として、連隊・中隊の強制的租税徴収権に対しても規制が加えられた。即ち五九年一二月二八日の法によると、軍政コミサールの了解なしに、クライス内で連隊は強制徴収を行ないえないことが規定され、またそれが認められた場合でも執行部隊の規模は四人と制限されたのである。[17]

このように、軍政コミサリアート組織の介入によって、傭兵軍の無秩序の暴力は規制されることになった。しかしながら彼らの強制徴収権自体が否定されたわけではなく、それによる暴力的財貨取り立ての可能性も完全に払拭されてはいなかった。武力を有した軍団に対して、社会や国家が多額の債務を負うことを回避できたかは、相変わらず重要な問題であり続けたのである。軍隊の暴発に対して前記の統制は有効性を発揮したが、しかし彼らへの債務のため、租税徴収行政において、彼らの武力に頼らざるをえない状況が六〇年代に入っても続いたことは、クールマルク身分代表者会議 Deputationstag の選帝侯への要望書（六二年一月一三日）より明らかであった。[★18] しかしこのような不満を根本的に解決するには、諸身分、特に騎士身分の租税行政にまで改革の対象を広げないわけにはいかなかった。なぜならば租税行政に対する傭兵軍介入を阻止できるか否かは、租税行政自体の資金供給能力に最終的には依存していたからである。

（三）租税政策

ブランデンブルクの農村租税行政制度に関しては、三十年戦争中に既に一定の変革を経験していた。即ち大クライス連合を単位としていたかつてのラントシャフト諸金庫の租税行政区画に代わり、クライスが農村における軍政＝租税行政区画となっていた。しかしクライスの租税行政は、一六世紀以来のラントシャフト諸金庫制度を踏まえたものであるため、従前の租税行政より引き継いだ不合理性・不公正性から自由ではなかった。[★19] このためグルムプコウが総軍政コミサールの地位に就くと、本格的な租税改革に乗り出し、租税行政を掌握していたクライス騎士身分および新ビール税金庫に対し、合理的制度の採用を迫っていった。ここでは特に以下の二つの政策の意義を強調しておきたい。

第一として、コントリブチオン Kontribution と呼ばれる直接税の改革によって、農村の課税公正化がはかられたことをあげねばならない。[★20] 従来各クライスにおける課税方法はクライス議会によって決定され、八〇年代前半まではいずれのクライスにおいても、一六二四年に作成されたフーフェ・ショッス税台帳にもとづき、主にフーフェを課税標準としていた。しかしスウェーデン＝ポーランド戦争による租税増徴を契機に、農村の主要納税義務者である農民のあいだにコントリブチオン課税のありかたへの不満が高まり、租税行政に停滞が生じた。[21]軍政コミサリアート組織も不公正性の解決に乗り出し、クライス騎士身分に圧力を加え、八〇年代後半以降コントリブチオン改革を実行させていった。改革がクライス単位で進められたため、新たに採用された課税方法はクライスごとにさまざまであったが、一般にそれはフーフェの他に、播種量なども課税額算定において考慮に入れ、租税負担能力に則し、より公正な課税実現を目指したものであった。この改革は、主要な納税義務者である農民の経営安定化に寄与するものであったといえる。[22]

第二の改革は自然増収確保を目指すものであって、それは都市へのアクチーゼ Akzise 導入によっておおいに前進した。アクチーゼは一部直接税を含みつつ、主にパン・肉・アルコール飲料生産に課税される「消費税」Konsumtionssteuern と、商品取引に課税される「取引税」Handelsakzise より成り、領邦直属都市に対して六七年に導入が認められたあと、八一年一一月一〇日および八四年一月一日制定の法によって、貴族領都市をも含むブランデンブルクの全都市に対しコントリブチオンにかわり課税が決定された。[23]これまで租税増徴に対し諸身分の課税承認権が立ちはだかっており、新税導入や課税増徴に関し、戦時には新ビール税金庫「大委員会」、平時には身分代表者会議において相変わらず承認が求められていた。[24]しかしアクチーゼによって軍政組織は、諸身分の課税承認権を有名無実化することに成功したのである。即ち、アクチーゼ導入と並行して新ビール税金庫に対する選帝侯権の支配強化が企てられ、八三年には同金庫役員は君主任命の官吏へと身分を変更させられてしまった。[25]そこでは、領邦議会に代わって諸身分自治の代行を果たしていたところの「大委員会」の機能を奪うことで、その課税承認権を事実上否定することが意図されていたのである。その代償として、八五年以降クールマルクのコントリブチオン総額は固定されることになり、今後同税の増徴は行なわれないことが約束された。[26]しかし新ビール税金庫への支配強化は同時に新ビール税減税を同金庫に強要し、これを通じて同じく消費税であるアクチーゼ導入容易化を目論んで行なわれたものでもあった。結局アクチーゼ導入は課税承認権をめぐる問題に決着をつけ、諸身分による課税承認が問題となるところのコントリブチオンに代わり、それが不要で自然増収可能な税収を軍事金庫にもたらすという意義をもつものとなったのである。しかもこれと関連して重要であるのは、単に課税承認権を否定したのにとどまらず、租税制度の基盤となる経済的過程の育成も同時にはかられ、財源拡大が積極的に追求されたことである。アクチーゼの依拠する経済過程とは域内「都市＝農村」間循環であり、それは都市の購買力、即ち農村の余剰生産力を、農村のコントリブチオンよりもむしろ都市のアクチーゼによって捕捉しようとした施策であった。同税制に騎士身分が一貫して反対していたのと対照的に、都市側が概ね好意的であったのは、課税対象の多くが都市と農村間で取引される農産物およびその加工品であるゆえ、納税義務を免れたところの農村住民もまた、価格転嫁を通じて間接的に租税を負担することになると考えられたからにほかならない。[★27]総軍政コミサリアートは、「都市＝農村」間経済循環育成のため、これに障害となるところの領主の営利事業や外国貿易にも規制を加えていったが、特に意義深いのが一部職種を除く農村手工業を禁止したこととともに、領主を介さず農民が直接地域内都市に農産物を売却するよう誘導し、域内の「都市＝農村」間交易に刺激を与えたことであった。[★28]

以上のような租税行政への介入は、傭兵軍団の権力統合にとっての大前提であり、その意義は、決して君主権による諸身分の権限削減という観点だけから評価しきれるものではない。クールマルク軍事金庫と軍政組織は、身分団体と軍団のあいだに割って入り、しかも両者を同時的に権力統合することを意図していた。このような軍政組織の権限強化は、ブランデンブルク騎士身分と多くの将校たちが同一身分・一族に属しながら、互いのあいだで意思調整する能力をもたなかったことの帰結であり、こうしてブランデンブルク貴族は領主＝騎士身分としても、また将校という立場においても軍政組織権力のもとに統合されていったのである。

二　中央軍事金庫と総監理府設立の意義

（一）中央軍事金庫成立とフィナンシエ的行政官

三十年戦争時に、親オーストリア派と親スウェーデン派の分裂にブランデンブルク宮廷が悩まされたことは既に触れたが、[★29]五〇年代の宮廷でも、国家生き残りのためにいずれの列強と結ぶかをめぐって、親スウェーデン派（ヴァルデック）、親オランダ派（シュヴェリン）、親オーストリア派（ブルメンタール）が外交政策の方向性をめぐってしのぎを削った。[★30]しかし世紀後半には、同国の国際関係上の位置は大きく変わっていった。その契機はスウェーデン＝ポーランド戦争にあり、ここでブランデンブルク＝プロイセン国家が帝国諸侯のなかでひとり独立した軍事勢力としてスウェーデン、ポーランドと対峙しえたことによって、同国軍事力に対する国際的評価が高まることになったのである。このあと列強は競って同国家を自らの陣営に引きこむため、その政治を左右する宮廷エリートたちの抱き込みをはかり、金銭贈与もその手段として利用した。[★31]しかも諸列強の同国への資金提供は、単に宮廷エリート買収のレベルにとどまらず、七〇年代以降軍事同盟を条件に財政支援を同国に与えていった。[★32]おのずからブランデンブルク＝スウェーデン戦争以降、同国軍の主戦場は国内から国外（特にライン河下流域）へと移動することになる。以上のごときブランデンブルク＝プロイセン国家の国際的位置や軍事状況の変化は、軍事財政制度の変革に帰結せざるをえなくなった。即ち国外派遣軍の維持や列強からの援助金管理のため、全体国家に属する軍事金庫が必要となったのである。既にスウェーデン＝ポーランド戦争時に、前線派遣軍に対する資金調達・運用を目的に中央野戦金庫Generalfeldkriegskasseが創設され、さらにドイツ西部方面における軍事危機に備えて六六年、七二年に同金庫が再設置されたが、いずれも臨時的措置にとどまっていた。[★33]しかしブランデンブルク＝スウェーデン戦争開戦にあたって七四年にそれが置かれると、同金庫はその後解散されることなく恒常的制度となり、しかも八〇年代になるとその管轄は前線派遣軍に限定されるのではなく、各領邦軍事金庫の管理と全軍事予算の策定にまで拡大され、それは「中央軍事金庫」Generalkriegskasseと呼ばれるようになっていく。この段階は、八九年より九一年にかけ、最大の領邦金庫であるクールマルク軍事金庫が、会計上、中央軍事金庫に統合されていくことをもって完了し、ファルツ継承戦争後半時においては、中央軍事金庫が軍事財政全体を運営するに至った。[★34]

しかしこの金庫体制が、整然とした集権的官僚制によって運営されていたと想像するならば、実態を見誤ることになる。既述の通り、一七世紀後半においては地域金庫の租税行政が停滞し、連隊金庫の債権回収に遅滞が生じることは十分ありうることであったろう。このような収支の時間的・金額的差を埋めたものこそ、参謀本部Generalkommandoの将軍たちとともに、総軍政コミサリアート行政官の前貸しであり、彼らは収入金庫からの入金があるまで、連隊に対して部隊運営費を前貸ししていたのである。彼らの役割は、収入金庫や支出金庫に財政計画の厳格な実施を求めるばかりではなく、それに支障が生じたさいに自らの資金をもって対処することもその責任とされた。この過程において高級将校や行政官たちは前貸しに対する金利を地域金庫に課すばかりではなく、連隊金庫に対しても「新年付け届け金」Neujahrgeldなどの支払いを求めていた。[★35]このことは、連隊運営がこれらフィナンシエ的行政官や高級将校の資金力なしには、維持しがたいものであったことを裏書きするものといえよう。三十年戦争時に独立独歩であった連隊長たちが、一七世紀後半において徐々に特定の参謀本部高級将校や総軍政コミサリアート指導者の派閥へと統合されたのであるが、[★36]それはまさに連隊の維持が、連隊長の資金力にかわって行政官や将軍たちのそれに依存するところが大きくなったためであり、またかかる依存を利用し、後者は将校人事（ポストの売買）に深く介入し、役得収入等の利権を集中していったのである[37]。したがって一七世紀後半に形成された軍事・租税財政の金庫体制は、地域身分団体の収入金庫と連隊の支出金庫の集合体であるとするばかりでは十分でなく、総軍政コミサリアート行政官たちは自己の資金力を両者のあいだに据え、それを軸に全金庫体系のバランスをとりつつそこから利益を引き出す、そのような性格のものであったと考えられるのである。

しかもフィナンシエ的行政官や高級将校は、一六七〇年代以降このような調整的役割に甘んじることなく、より積極的な課題を遂行していった。一七、八世紀において、覇権国が広域での諸戦争を遂行する場合、軍事力ばかりではなく貿易収支や国際金融力にもとづく資金調達、物資補給能力が問われることになったが[38]、ブランデンブルク＝プロイセンはこのような能力を欠き、地域的経済循環に依存するその軍事財政は、領邦防衛軍を支えることはできても、それを越えた部隊の維持は覇権国の財政支援がなければ不可能であった。このためフィナンシエ的行政官は、覇権国からの財政資金導入によって財政赤字を補塡し、これによって対外的により積極的な軍事行動を実行しうる財政的基盤を築きあげようとしたのである。ここで同国の軍事財政状況の一例として、例えばファルツ継承戦争末期の中央軍事金庫九七年八月予算をみるに、収入一二万ターレルあまりが計上されているのに対し、支出はそれを大幅に上回る約一六万五千ターレルが予定されていた[39]。このような財政赤字はファルツ継承戦争時に恒常化しており、決して一時的なものではなかった。九七年に生じた中央軍事金庫の債務は四二万ターレルとなり、さらに債務残高はこの年に総額一二七万ターレルに膨れ上がっていたのである[40]。このような財政的難問に対し総軍政コミサリアート行政官や高級将校は、自らの個人的資金力と裁量をもって対応していった。このような活動を行なった人物として、将校ではデルフリンガー、フレミング、クァストなどの指導的将軍たち、また行政官ではマインダースとグルムプコウの歴代総軍政コミサールなどをあげることができるが、[41] 一六九九―一七一一年に中央軍事金庫総収入官を務めたクラウトJ. A. Krautの活動にはとりわけ目を見張らせるものがある。それは主に次のような一連の活動より成っていた。第一に、前線部隊に対する支出を自らの資金によって立て替える。第二に、本国からの租税収入の送金・為替業務を実行する。第三に、国内の収入をもってしては派遣軍を支えるには不十分であったゆえ、援助金や帝国宿営分担金、借款の獲得を目的にオランダ、イギリス、スペイン、帝国と交渉し、それらより資金を受け取ると、これによって自らの前貸しを清算する。第四に、以上の業務にさいし、商人として培った商業的ネットワークにおける手形取引を利用して、短期的資金調達や為替・送金を実行していった。このように彼の役割は、本国からの送金と、覇権国や商業的ネットワークからの長短期資金の調達によって、前線部隊に資金融通するところにあり、またこの過程において彼は連隊金庫や中央軍事金庫より多額の手数料・役得利益を獲得したのである。[42]

以上のとおり、前線派遣軍に対する収入調達と支出の実行は、クールマルク軍事金庫の運営方針とは異なった財政技術によって行なわれていた。このシステムでは、軍団は制度の面では確かに総軍政コミサリアート組織や中央軍事金庫に統制されていたが、しかし組織の統制力は、クラウトらのフィナンシエ的行政官や高級将校の個人的資金融通能力がなければ機能しなかったであろう。絶対主義国家は、諸身分によって分散的に保有されていた家産的権利を君主権が集中する過程であると説明されるが、[43] 連隊長にかわってフィナンシエ的行政官が機能的役割を高めたことは、このような過程が軍事行財政においても進行していたことを意味する。なおこの軍事財政は、究極的にはオランダ等覇権国からの援助金や借款によって支えられていることは明らかであった。このため前線派遣軍の軍事行動は、自国の国家意志によって決まるのではなく、むしろ覇権国の利害に依存せざるをえなくなっていた。[44]

（二）総監理府設立と年次予算制度導入

このようにフィナンシエ的行政官や高級将校の自律的行動は、列強への国家的従属と表裏の関係にあった。しかし一七一三年のフリードリヒ・ヴィルヘルム一世即位（二月）とスペイン継承戦争終結（四月）は以上のような軍事財政のありかたを大きく変える画期となり、加えて北方戦争でのスウェーデン敗北（その結果としての二〇年における同国からのフォアポメルン東半分獲得）と二二／三年の軍事・御領地財政総監理府 General-Ober-Finanz, Kriegs und Domänen-Direktorium（通称「総監理府」）設立は、この転換を確定的なものにした。フリードリヒ一世時代後半期の行財政混乱はよく知られているところであるが、それでも総軍政コミサリアートの領域（軍事・租税行政）ではダンケルマン弟 D. L. Danckelmann やグルムプコウ子 F. W. v. Grumbkow が、また宮廷・御領地財政ではカメケ E. B. v. Kameke が改革を模索していた。[45] 続くフリードリヒ・ヴィルヘルム一世治世（一七一三―四〇）を象徴する総監理府の設立は、両行政領域間の権限を調整することにとどまらず、枢密参議会に代わるより機能的な最高行政機関を創出するという意義をもつものであり、これまでの改革の集大成と評価することができる。特に軍事・租税財政改革においては会計制度改革が重要であり、これは先進的な宮廷・御領地財政会計制度の影響によって行なわれたと考えられる。この会計制度の意義については第四章において説明するので、ここで詳述することはせず、総監理府設立にさいして定められた「指示書および服務規則」[46]によって、その要点のみをあげることにしたい。

会計制度面で軍事・租税財政が宮廷・御領地財政に遅れをとったのは、軍事情勢に規定され収支増減のぶれが大きく、年次予算制度の導入が困難であったからであろう。しかしスペイン継承戦争や北方戦争の終戦は、同財政の領域でも計画的財政運営を可能とさせるような国際関係をもたらした。これまでの軍事財政では、その流動的性格のために財政計画（予算）は月単位で策定されていたが、総監理府設立を契機に「聖三位一体祝日」（六月初旬）を開始日とする年次予算制度がそこにも導入されることになった。しかもこの予算は、過去の実績（前年度決算）ではなく過去の計画（前年度予算）を基準として作成され、毎年必ず前年度との変更点を精査することが総監理府の大臣や参議には求められた。さらに年度予算の厳格な実施が義務づけられたことは、決算においても前年度の損失を翌年度の収入によって補塡することが禁じられていたところによく現れている。フリードリヒ・ヴィルヘルム一世治世の外交と財政運営の特徴については、軍事状況の安定化が財政運営の定常化に帰結したとするだけでは十分ではなく、むしろ中央軍事金庫の計画的運営が追求され、対外戦争への関与は国家的従属につながるとともに、財政運営の障害になるとして意図的に禁欲したと評価する方がより適切であろう。[★47]

これと同時に行政官、会計官の性格や任務にも大きな変化があったことも、あわせて注目しておきたい。総監理府は州別システムに政策分野別システムを加味した四つの部局によって構成され、それぞれの部局は大臣と数名の参議によって運営された。彼らは週四回の全体会議に参加し、各部局は担当曜日に所轄の案件を報告するが、そこでの決定は大臣全員の合意がなければ国王に提案できないとされた。[★48]一七世紀後半の宮廷では有力者たちへの所轄分割が制度的に固まっておらず、彼らの活動も自らの恣意によるところが大きかった。このため宮廷内で公然たる路線対立や権限争いが展開されたことは既述のとおりである。これに比べると総監理府の大臣や参議たちへの権限分割は明確に確定され、彼らは機構の一員となり、このため自己の裁量によって行動できる範囲は狭く限定されることになる。さらに総監理府設立前に既に起こっていた会計官の任務の変化もまた注目に値する。即ち先に紹介した総収入官クラウトの総軍政コミサリアート内序列は三位であって、政策形成過程に重大な影響を与えうる立場にあったのに対し、[★49]一七一二年に就任した後任のシェーニッヒC. v. Schönigは政策決定過程からはずされ、[★50]これまでのフィナンシエ的行政官にみられた自由な裁量権をもたず、与えられた規則・命令の正確かつ迅速な実施に任務は限定されていた。それと対応するようにフリードリヒ・ヴィルヘルム一世治世においては、行政官に対して国家（軍隊）への前貸しは求められなくなり、フィナンシエ的行政官の活躍する場はなくなっている。[★51] このように行政官の任務にあっては、軍事情勢に応じて臨機応変に資金を融通することから予算を正確に実施することへと、課題が移行した。任務の変化には彼らの収入の変化も対応しており、従来コミサリアート行政官は役得収入として軍団から「新年付け届け金」を受け取っていたが、前記シェーニッヒの場合それは一定額に固定されてしまい、しかも軍団からではなく中央軍事金庫から支出されることになった。これによってそれは役得収入としての意味を失い、給与の一部と化してしまったのである。

こうして一八世紀前半には同国の軍事財政においては、フィナンシエ的行政官の恣意や覇権国の利害から「組織」が独立し、軍団もそれに従属することになった、と結論づけることが許されるであろう。軍事・租税財政の面でブランデンブルク＝プロイセン国家は、家産的権利の集中化の段階から合理的官僚行政の段階へと、大きく踏み出したといえるだろう。

（三）クライス金庫と中隊金庫の調整的役割

軍事・租税財政の計画的運営は中央軍事金庫と総監理府によるばかりではない、むしろ社会に直接接する収入・支出双方の末端金庫が、社会の再生産を損なうことなく、与えられた課題を確実にこなせるかに最終的にはかかっていた。このうち収入金庫については、クールマルクの場合、クライス騎士身分（クライス議会）によって運営されるクライス金庫がコントリブチオンを徴収していたことは、既に述べておいた。一六八〇年代以後クライスがコントリブチオン改革に迫られ、課税標準をより公正なものにしていったことは前述のごとくであったが、国家計画の達成と社会的再生産の両立のための政策としては、さらに次の施策もあげておく必要がある。クライス金庫支出において最大部分を占めるのは中央軍事金庫から命じられた上納部分であるのはもちろんであったが、クライス議会は毎年四月に作成する年度財政計画において、これに加えて独自の判断によってクライス支出を上乗せしてクライス金庫支出総額＝課税額を予算化していた。[52] クライス独自支出の主だった経費はクライス行政費であり、ほかに災害や家畜の疫病死などに遭い租税支払能力を失った農民に対して租税免除・補助金が認められており、これも重要な費目となった。一七二〇、三〇年代には各クライスにおいてこの租税免除・補助金制度が整備され、扶助の手続きや免除・給付額が制度的に確定されていった。しかもこの措置が認められた農民に関しては、彼の属する所領の領主も自動的に賦役や貢租の免除が義務づけられた。このように安定的な財政資金徴収という課題と、非常時災害への対応という課題がクライス金庫で調整され、そこでは計画的国家運営が地域社会再生産の破壊につながらないようにはかられていたのである。[53]

他方、支出金庫である部隊金庫の方はどうであったろうか。一七世紀後半と比較すると、連隊長に認められていた連隊金庫運営の自由裁量権が徐々に狭まっていったことが注目される。コミサールたちに与えるべき役得（「給与支出手数料」「新年付け届け金」）は、従来連隊長が連隊の給与総額のなかから控除し、金額についてコミサールとのあいだで個別的に決めていたが、後にその額が固定されていったことは既述のとおりである。また連隊将兵給与の再配分を行ない、特定将校に加給を与える権利が連隊長には認められていたが、フリードリヒ一世時代になると、連隊内での給与再配分はすべてコミサールによる査察の対象となり、その目的と金額が適正であるか精査されることになった。[54] このように連隊金庫の独自な支出政策が狭められていったのと並行して、兵員徴募に加えて、軍服や武器など装備の調達責任が連隊金庫から中隊金庫へと移り、後者の機能的重要性が同じくフリードリヒ一世時代に高まっていった。[55] 続くフリードリヒ・ヴィルヘルム一世治世における賜暇制度 Beurlaubungswesen の導入（一七一四年）は、中隊金庫の独自の意義をいっそう高めることになる。これは平時において四、五、九月（教練期間）以外の時期に兵士の帰休・営農を認め、兵力と農村経済を矛盾なく同時に維持しようとした政策であったことは広く知られている。このため兵士各自に二ヶ月間までを限度に、六—八月には中隊あたり同時に五〇人、一〇—三月には三〇人の帰休が認められた（一七一四年当時歩兵一個中隊の兵卒数は一二〇人）。なお休暇中の兵士給与もこの間、中隊金庫には支払われ続け、このなかから半額を当該兵士に支出し、残りの半分を中隊金庫は独自財源として確保することができた。なるほどこの収入は中隊長の利殖の源泉にもなりえたであろうが、しかしそれは基準兵力維持のための財源としてまずは位置づけられたのであり、募兵、兵役更新のさいの支度金として、また定員外訓練兵扶養のためにそこから支出されていた。加えて農村への未成年男子登録制度とカントン（徴兵区）制 Kantonsystem の導入（一七二二年）は、中隊が村落や領主、ラントラート（郡長）など地域関係者と調整しながら計画的に徴兵することを可能にさせた。このように基準兵力維持に責任を負うと同時に、兵士の帰休と計画的徴兵を実施し、農村経済再生産に必要な労働力確保・供給に対しても配慮する責務を、中隊は担うことになった。★56

ともにブランデンブルクの地域社会と貴族身分より生まれた騎士身分と連隊は、三十年戦争期において強い権力的統制を受けることがないまま激しく対立しあい、結果的に後者の暴力によって地域社会自体が破壊されてしまった。こうした状況は、一七世紀後半においてはブランデンブルク社会を超えた総軍政コミサリアート組織とフィナンシエ的行政官の資金力によって、さらに一八世紀前半には総監理府下の国家的行財政機構によって克服された。ただしこの過程において軍団や地域身分団体の独自の役割が否定されたわけではなく、この機構は、末端部分を支えたクライス金庫、中隊金庫がともに地域社会の再生産に責任を負いつつ、予算によって与えられた課題を同時に果たすことをもって完成したことも事実である。ここでわれわれにとって重大な意味をもつと思われるのは、一七世紀前半に統治能力を失った古いタイプの典型的ブランデンブルク貴族が多く両金庫を管轄していたことである。連隊長にまで昇進できたとしても、彼らの多くは中隊長としてそれまでに多くの時間を費やしたであろうことは、前述のとおりである。またクライス行政官であるラントラート（郡長）には、たとえブランデンブルクで宮廷エリートによる領地購入が進んだとしても、富裕な新興エリートではなく、伝統的家柄の旧貴族が選ばれる傾向がみられた。[★57] そうであるならば、彼らは新しい使命に順応し、行政・軍隊と地域社会の結節点であるクライスと中隊にあって、前者の計画的運営に従いつつ、後者の再生産にも配慮するという二重の責務を担っていったといえるだろう。[★58]

★1　F. Wolters, Geschichte der brandenburgischen Finanzen in der Zeit von 1640-1697. Darstellung und Akten, Bd. 2. Die Zentralverwaltung des Heeres und der Steuern, München/Leipzig, 1915, Akte Nr. 75.
★2　F. Wolters, a. a. O., S. 15-124.
★3　R. v. Schrötter, Das preußische Offizierkorps unter dem ersten Könige von Preußen, in: FBPG, Bd. 23, 1913, S. 85-96.
★4　C. Jany, a. a. O., S. 153.
★5　R. v. Schrötter, a. a. O., S. 93; P. Bahl, a. a. O., S. 113.
★6　行軍、糧食補給、宿営手配や医療衛生なども軍政にとって重大な課題であったが、それらを包括的に論じる能力も余裕もない。これらの問題に関しては J. Luh, Ancien Régime Warfare and the Military Revolution, Groningen, 2000, Chap. 1 が有益である。
★7　第二章、一三二頁。
★8　S. Isaacsohn, Urkunde und Actenstücke, S. 100; F. Wolters, a. a. O., S. 270.
★9　Ebenda, S. 271f.
★10　Ebenda, Akten, Nr. 9 u. 11.
★11　C. Jany, a. a. O., S. 110; F. Wolters, a. a. O., S. 356.
★12　R. v. Schrötter, a. a. O., S. 78.
★13　C. Jany, a. a. O., S. 583f.; R. v. Schrötter, a. a. O., S. 141f.
★14　F. v. Schroetter, Die brandenburgisch-preussische Heersverfassung unter dem Grossen Kurfürsten, Leipzig, 1892, S. 120f. ま

た同戦争時の財政逼迫に関してはM. Hein, a. a. O., S. 111を参照。

★15 F. v. Schroetter, a. a. O., S. 129f.; C. Jany, a. a. O., S. 210.

★16 F. v. Schroetter, a. a. O., S. 68f.; C. Jany, a. a. O., S. 324.

★17 F. v. Schroetter, a. a. O., S. 468.

★18 S. Isaacsohn, Urkunde und Actenstücke, S. 505f. 五〇年代以降、君主権の軍隊統制が功を奏し、軍隊への諸身分の不満が解消されていったとかつてハーンは述べたことがあったが（P.-M. Hahn, Landesstaat und Ständetum, S. 52）、しかし他方で彼は軍政コミサールたちが軍隊を充分統御できずにいたアルトマルクの状況も描いている（P.-M. Hahn, Fürstliche Territorialhoheit, S. 255）。

★19 新ビール税金庫等のラントシャフト諸金庫については、第一章、九六頁参照。

★20 それについての詳細は第五章とC. G. Thile, Nachricht von der Churmärkischen Kontributions- und Schoßeinrichtung oder Land-Steuer-Verfassung des Ritterschafts-Corporis, Halle/Leipzig, 1768を参照。

★21 一六六一年には租税行政に不満をもつウッカーマルクの八村落から、クライスのコントリブチオン課税とクライス金庫会計監査への参加要求が提出され、騎士身分とのあいだで対立が生じた。L. Enders, Die Uckermark. Geschichte einer kurmärkischen Landschaft vom 12. bis zum 18. Jahrhundert, Weimar, 1992, S. 362f. を参照。

★22 第五章、第二節、C. G. Thile, a. a. O., S. 181-366.

★23 アクチーゼ導入の経緯はS. Isaacsohn, Urkunde und Actenstücke, S. 488-572、同制度の内容に関してはABH, Bd. 1, S. 585-612を参照。

★24 S. Isaacsohn, Urkunde und Actenstücke, Kap. 3 u. 4.

★25 Ebenda, S. 349-58.

★26 C. G. Thile, a. a. O., S. 94.

★27 ABH, Bd. 1, S. 517f. 価格公定による転嫁防止の試みは功を奏さなかったというのがラヒェルH. Rachelの評価である（ABH, Bd. 1, S. 619-22）。

★28 ABH, Bd. 1, S. 623-5. なお以上のような総軍政コミサリアートの租税政策は、斉一的な制度を一挙に実現することを目指したものではなく、むしろ騎士身分に自発的に税制改革を迫る性格のものであったと考えられる。このため、クライスや貴族領都市のなかには改革への動きをすぐには見せず、コントリブチオン改革やアクチーゼ導入が一八世紀にもち越されたところもあった（第五章、三〇二頁、ABH, Bd. 2, 169f. 参照）。

★29　第二章、一二三頁。
★30　M. Hein, a. a. O., S. 55-66.
★31　Ebenda, S. 270 u. 296.
★32　援助国とその金額については、F. Wolters, a. a. O., Akte Nr. 78.
★33　Ebenda, S. 245-54 u. 272-5, Akten Nr. 41 u. 45-8.
★34　Ebenda, S. 255f., 279f. u. Akte Nr. 81; A. F. Riedel, a. a. O., S. 51.
★35　C. Jany, a. a. O., S. 584.
★36　P-M. Hahn, Aristokratisierung und Professionalisierung, S. 174-6.
★37　F. Wolters, a. a. O., S. 328-30.
★38　R. Bonney, The Struggle for Great Power Status and the End of Old Fiscal Regime, in: Ders. (Hg.), Economic Systems and State Finance (The Origins of the Modern State in Europe, Theme B), Oxford, 1995、特にS. 319f. を参照。
★39　F. Wolters, a. a. O., Akte Nr. 74.
★40　Ebenda, S. 331; C. Jany, a. a. O., S. 425.
★41　H. Rachel/P. Wallich, Berliner Grosskaufleute und Kapitalisten, Bd. 2, Berlin, 1967, S. 102-8.
★42　Ebenda, S. 134-46.
★43　成瀬治『絶対主義国家と身分制社会』山川出版社、一九八八年、二三、四頁。
★44　C. Jany, a. a. O., S. 424f.
★45　O. Hintze, Staat und Gesellschaft unter dem Ersten König, in: Ders., Regierung und Verwaltung, Göttingen, 1967, S. 361-95.
★46　Instruktion und Reglement für das Generaldirectorium, in: ABB, Bd. 3, Nr. 280. 総監理府設立の意義についてはJ. Schellakowsky, Die Instruktion Friedrich Wilhelm I. von Preußen für das "General- Ober- Finanz, Krieges und Domänen-Direktorium" aus dem Jahre 1723, in: B. Laux/K. Treppe (Hg.), Der neuzeitliche Staat und seine Verwaltung, Stuttgart, 1998を参照せよ。邦語文献としては上山安敏『ドイツ官僚制成立論』有斐閣、一九六四年、二〇二、三頁、F・ハルトゥング著（成瀬治・坂井栄八郎訳）『ドイツ国制史――一五世紀から現代まで』岩波書店、一九八〇年、一五七頁。
★47　絶対主義国家時代の「予算」概念についてはH-P. Ullmann, Staatsschulden und Reformpolitik. Die Entstehung moderner öffentlicher Schulden in Bayern und Baden 1780-1820, Göttingen, 1986, S. 48-52 u. 247-52のバイエルンとバーデン財政研究が興味深

い。ウルマンは両邦ともに予算制度は実現せず、慣習・伝統・実績がその代替となっていたとしている。ブランデンブルク＝プロイセン国家会計制度が異例に整備されていたのか確認するためには、さらなる研究が必要であろう。

★48　Instruktion und Reglement für das Generaldirectorium, Art. 1 u. 2.

★49　ABB, Bd. 1, Nr. 61.

★50　Ebenda, Nr. 78を参照。

★51　H. Rachel/P. Wallich, a. a. O., S. 104.

★52　第五章、三〇二頁。

★53　クライス財政における租税免除制度については、詳しくは第五章第三節、C. G. Thile, a. a. O., S. 422-75 u. 536-54を参照。なおクライス騎士身分の果たした財政的役割については、W. Neugebauer, Staatsverfassung und Heeresverfassung in Preußen während des 18. Jahrhunderts, in: FBPG NF, Bd. 13, Hft 1, 2003が重要である。絶対主義段階におけるクライス騎士身分の存在についてはドイツには、P. Baumgart, Zur Geschichte der kurmärkischen Stände im 17. und 18. Jahrhundert, in: D. Gerhard (Hg.), Ständische Vetretungen in Europa 17. und 18. Jahrhundert, Göttingen, 1969やK. Vetter, Zusammensetzung, Funktion und politische Bedeutung der kurmärkischen Kreistage im 18. Jahrhundert, Jahrbuch für Geschichte des Feudalismus, Bd. 3, 1979といった研究があるが、一六世紀以前の身分団体との比較において、これらの文献はまだその独自の意義を十分な説得力をもって解明しきれていなかったように思われる。これに対してノイゲバウアーの研究は、軍隊の肥大化が進んだ絶対主義段階において、財政資金や物資動員に関して果たした身分団体の役割を強調したことで、かつての研究を乗り越えている。本書はさらに議論を進め、財政資金の動員と地域社会再生産の二つの課題を同時に実行し、両者間の矛盾を調整していたこと、ここに絶対主義段階のクライス騎士身分の独自の役割があったのではないかと主張するところに、意図がある。

★54　F. Wolters, a. a. O., S. 756f.; R. v. Schrötter, a. a. O., S. 133f.

★55　Ebenda, S. 134f.

★56　以上についてはC. Jany, a. a. O., S. 682f. u. 707f.; O. Büsch, Militärsystem und Sozialleben im Alten Preussen 1713-1807, Berlin, 1962, S. 18 u. 113-34; H. Harnisch, Preußisches Kantonsystem und ländliche Gesellschaft. Das Beispiel der mitteleren Kammer-departments, in: B. R. Kroener (Hg.), Krieg und Frieden. Militär und Gesellschaft in der Frühen Neuzeit, Paderborn, 1996, S. 141-9を参照。また中隊運営や賜暇制度、カントン制については、阪口修平、前掲書、第三部、南正也「一八世紀プロイセンの中隊経営」『クリオ』第一〇／一一号、一九九七年、仲内英三「一八世紀プロイセン絶対王政と軍隊（一）（二）」『早稲田政治経済学雑誌』第三四

二、五号、二〇〇〇、二〇〇一年によって詳しく検討されているので、ここではこれ以上立ち入らない。なお日本におけるカントン制研究は特にビュッシュの影響を強く受けていたが、彼の「将校＝領主、兵士＝領民」というテーゼに対するハルニッシュの実証に即した批判は鋭く適切であり、今後は後者もあわせて検討されるべきであると考える。このテーゼは、軍隊内に所領の身分関係がもちこまれ、逆に軍隊規律が領主支配を強化し、双方での支配関係が互いに相乗的に強化しあっていた、と主張するもので、ビュッシュの著書の中心的論点であるが、本書がそれと違った観点に立っていることは、以下で明らかにする。

★57　F. Göse, Die Struktur des Kur- und Neumärkischen Adels, S. 36f.

★58　一六世紀以前の身分制と絶対主義国家時代のクライス騎士身分制の連続面を強調するあまり、後者の独自な権力的意義を看過してはならない。

第三節　再建下の農村社会

一六世紀の権力エリートであった城主＝官職貴族たちは、確かに一方では人文主義的素養を身につけ、秩序規範の文章化や領民の道徳的改造を試み、領地支配様式の近世的変革を主導したが、他方では彼らの支配者としての実力は、相変わらず「城主」としての軍事的秩序維持能力に依存していた。しかし三十年戦争によって、地域が自国軍も含む軍隊の暴力のなすがままとなったことは、軍制や軍事技術の変革によって、一七世紀において既に貴族たちの領民保護能力（家権力の支配能力）が現実には虚構となっていたことを白日のもとにさらした。三十年戦争の社会的帰結（地域社会の荒廃）によって、土地貴族はその存在意義を根本から問い直されることになったといえよう。三十年戦争後の体制を、領民に対する絶対主義国家と貴族の共同搾取体制と規定する周知の議論の欠陥は、このような戦後土地貴族の危機的状況を考慮に入れていないというところにある。土地貴族として彼らが存続しえたのは、一六世紀とは性格を異にするとはいえ、なんらかの領民保護機能を果たしていたからだと考えることは不自然であろうか。もし不自然でないならば、彼らに武力的保護機能を期待できなくなったいま、いったいいかなる役割を果たしたのかが、問われなければならないだろう。ここでは、三十年戦争後の農村社会再建過程において土地貴族が果たした役割を検討し、一八世紀前半に確立をみたと考えられる農場領主制の歴史的意義を再検討することにしたい。

一　所領所有の変化

(一)所領所有分布の全般的動向

まずわれわれは、従来わが国の農場領主制研究では所領支配の主体がどのような存在であったかほとんど無関心であったことに鑑み、一七世紀後半より一八世紀前半にかけてのクールマルク領主の構成とその変化の傾向について、概観することから始めることにしよう。★1 ただしクールマルクのなかでも、変化の傾向性についてはクライスごとに相違があるので、地域的偏差を考慮に入れなければならない。

西部・南部(ハーヴェルラント、ツァウヒェ、テルトウ)

ベルリン、シュパンダウ、ポツダム市の西方と南方に位置する三クライスでは（第3-1、3-2表）、既述のとおり御領地拡大が顕著であるが、三都市に隣接するハーヴェルラント東部およびテルトウと、そこから若干の距離を置くハーヴェルラント西部、ツァウヒェでは異なった傾向を認めることができる。一七世紀前半に前者において多くの領地を有したシェンク、シュラープレンドルフ、ハーケ、グレーベンの四家が衰微する一方、後者で絶大な力を誇っていたロッホウ、ブレドウ二家と、これに続くハーゲン家はよく領地を維持していた。特にブレドウ家は、第一章でも述べたごとく一六世紀末に衰退過程にあっただけに、[2]一七世紀後半以後よくもちこたえていたといえる。他方シェンク、シュラープレンドルフ両家の所領喪失は既に一六四〇年代から始まっており、減少の程度は第3-2表の数字が示す以上に深刻であったことが考慮されねばならない。前記四家の所領は主に御領地拡大＝宮廷都市地帯形成の犠牲になったのであるが、これに比べると新興エリートがさほど進出していないのが、この三つのクライスの特徴である。

北部・東部（上・下バルニム）

ベルリン北方から東方に位置するこの二つのクライスでも、大規模な御領地拡大があったことは既に述べたが、これに加えて新興宮廷エリートの勃興がここではきわだっており、[3]それに対応して旧貴族の没落が特に著しい。一六五〇年に下バルニムではアルニム、クルメンゼー家をはじめとして二六の領主家があったが、このうち一七五〇年に同クライスで所領を有していたのはわずかにバルフス家をあげうるのみである。また上バルニムで一六五〇年に所領を有していた二三領主家のなかで、一〇〇年後にそこで領地をもっていたのはバルフス、フュール、シュパール、レーベル v. Röbel の四家にすぎない。両クライスの領主として一七五〇年に名前のあがっている主だった新興勢力には、ポデヴィル v. Podewil、イエナ、フレミング、カメケ、クラウト家のような宮廷・軍隊・軍政にエリートを送り出した一族を見出すことができる。ただしこの一〇〇年のあいだにブランデンブルクの旧貴族が一掃され、領邦外出身の新権力エリートにとって代わられたと結論づけるならば、性急すぎるといえる。新しく両クライスの領主として登場した貴族家に、プラーテンやシューレンブルクのようなブランデンブルク名門貴族家の名前があることも、看過できない。バルフス、フュール、シュパールとこの二家は、伝統的ブランデンブルク貴族家のなかでも軍隊や宮廷のなかで成功した一族であり、これらが君主（御領地）や新興エリートと伍してこの地域で領地支配していた点にも留意しておきたい。また新興エリートのなかにもカンシュタイン家のように、男子相続人途絶によって、所領支配した期間が限られた一族もあったことは、[★4]記憶にとどめておく価値がある。

周辺部（レブス、プリクニッツ、ウッカーマルク）

ここにあげたクライスは、クールマルクのなかでも周辺部に位置している。そこでも御領地の拡大と新興エリートの進出を確認できるが、しかし伝統的貴族の領地所有が大きく揺らいだとまではいえない。レブスではブルクスドルフ家が領地を減らしたとはいえ、貴族のなかでは最大の領主であり続けていたが、それに続くシャペロウ、フュール家の所領減少は決定的といえるものであった（第3-3表）。これら三家の減少分の多くを取得したのはデルフリンガー、フレミングの二家であり、いずれも領邦外出身であって、一族から元帥を送り出していたという共通点をもつ。ただしデルフリンガー家の栄華は長くは続かず、一七二四年に男子相続人が途絶え、領地をすべて手放しているが、レブスではほかにも宮廷エリートでありかつ新貴族であったマインダース家も男子相続人に恵まれず、一代限りの領主で終わっていた。[★5] ウッカーマルクでも一六八〇年代にレックニッツ系シューレンブルク家が衰え、さらにアルニム家に次ぐ大領主家トロット v. Trott が一七二七年に家系断絶し、いずれの所領も御領地に帰した。これに対して同クライスにおいて隔絶した地位にあったアルニム家は、一八世紀に入ってむしろ所領を拡大している。一七世紀後半以降同クライスではじめて領地を得た新興勢力としては、ヴィンターフェルトとシュヴェリンの二家をあげうるが、しかし前者はもともとプリクニッツ貴族であるから、ブランデンブルク外出身の新興大領主はシュヴェリン家をもって代表させるべきであろう。[★6] 最後にプリクニッツでは、代表的旧貴族家のなかでヴィンターフェルト家やザルデルン家 v. Saldern が領地をほぼ維持していたのと比べ、ロール家 v. Rohr は二大所領ノイハウゼン領 Rittergut Neuhausen とフライエンシュタイン領 Rittergut Freyenstein 各々のなかから半分を失い、[★7] クウィツォウ家 v. Quitzow もシュターヴェノウ領 Rittergut Stavenow とクレツケ領 Rittergut Kletzke を手放すまでに没落した。[★8] ガンス家も領地を減らしてはいるが、以上二家のように中心的領地を失ったわけではない。他方ここでは一七世紀中葉にブルメンタール家が領地を大幅に拡大したが、[★9] 同家もせっかく得たシュターヴェノウ領を一七一九年には手放し、代わって一八世紀初めに大所領をプリクニッツに造りだしたのがカメケ、グルムプコウ、クライスト v. Kleist の三家である。フレミング、シュヴェリン家と同じく、それらはいずれもポメルン出身の一族であり、かつ宮廷・軍隊・軍政に傑出した指導者を送り出したことは、本書でも既に述べている。しかしグルムプコウ家の所領は、一七八〇年に同家最後の当主の精神的病いと強制競売によって売却を迫られ、またカメケ家では一八〇一年に唯一の男子相続人が廃嫡され、一〇〇年たたずにプリクニッツの領主リストから名前が消え去っていた。[★10]

以上一七世紀後半より一八世紀前半にかけての所領所有の変化を概観したが、ここから次の結論を導き出すことができるのではないか。第一。一六世紀の所領所有変動にあっては、教会・修道院領の御領地化と城主＝官職貴族層へのそれの譲渡が主要要因となっていた。これに対して一七世紀後半以後には、逆に没落・断絶した旧貴族の所領を得て、御領地や新興エリートの所領が拡大していった。特にベルリン周囲（宮廷都市地帯）でこのような変化が明瞭である。第二。旧貴族の没落は全面的なものとはいえない。ベルリン、ポツダムより一定の距離を置いた西・南方ではそれらは領地をよく維持しており、またクールマルク周辺部でも没落・断絶した貴族家もみられはするが、各クライスの代表的貴族は比較的よく所領確保していた。第三。ベルリンの東・北方隣接地帯では、宮廷・軍隊・軍政で活躍した新興貴族家が旧貴族に代わって領主の座を多く得ており、自らの領地を宮廷都市地帯に連らならせようとする彼らの意図が、ここによく現れているといえるであろう。しかし彼らの領地獲得はそこにとどまらず、周辺部のクライスでも旧貴族から新興エリート（特にポメルン貴族）の手に渡った所領は少なくない。ただし後者のなかには家系断絶などによって、比較的短期間のうちに所領を失う一族もみられた。[★11]

（二）所領所有の不安定化と貴族家相続制度

以上のごとく、一七世紀後半以後の領地所有変動は一六世紀と事情を異にしており、伝統的貴族に限らず新興エリートも含めた所領所有の不安定を、それの有力要因としてあげうるのではないか。所有の不安定性はもちろん、所領支配＝運営の問題と不可分の関係にはある。特に所領経営不振は、一七世紀後半においては不安定性の最大原因といえるが、これについては後に論じるとして、まずは所有の面に限定して、検討を続けることにしよう。[★12]

不安定化の要因としてまず指を折るべきは、貴族家の相続制度に起因する債務肥大である。マルティニによるならば、[★13]貴族財産の中核を成すレーエン（封）の相続規則はさまざまでありえたが、一般的には被相続人の息子たちは全員が相続権を有し、息子が欠ける場合、被相続人に対して一番近くの親等にある男子全員が相続権を得、しかも各相続人の権利は基本的に平等とされていた。ただしデルフリンガーのような寵臣には、君主のはからいによって特別に女子相続権が認められる場合があったが、[14] 一七一七／二三年のレーエン制度改訂によって、一族内で財産分割協定を結び、男子相続人が断絶した場合に、娘など女子の親族にも相続権を与えることが広く認められた。ここでレーエン制改訂後の貴族における遺産分割の具体的事例として、一七五五年に行なわれたA・G・v・マルヴィッツ（レブスのフリーデルスドルフ領領主）の遺産相続の場合（息子四人、娘三人）に即して、いかにそれが分割されたかをみてみることにしよう。[15] 彼の遺産は、①私有財産部分 Allodium（九三四七七ターレル）と、レーエン財産部分 Feudum（六九四四三ターレル）とにわかれるが、後者はさらに、②レーエン基本財産部分 Lehnstamm（二六六六六ターレル）と、③その他部分に細分される。以上のうち②は四人の息子だけが平等に獲得するが、③については娘も相続権を有しており、彼女たちは一人あたり男子の四分の一の権利を得た。さらに①に至っては半分を寡婦が取得したあと、残余部分は男女問わず全相続人のあいだで平等に分配されたのである。もちろん所領分割によって、このような財産分割ができようはずもないので、長男が所領を一括相続し、その他の相続人は、主に年利五％の抵当債券 Hypothekenbrief によって財産分与を受け取っていた。この結果、旧当主の負っていた債務残高が二五〇〇ターレルであったのに対し、新当主のそれは六七七〇五ターレルにまで膨張したのである。

ブランデンブルク貴族の相続制度においては、「家族世襲財産制」Fideikommiß が広く普及するまでは、[16] 男子相続人のあいだでは平等性を基本としていたが、時代を経るにつれ、所領分割による形態からマルヴィッツ家の例にもあるような抵当債券発行によるそれへと移行している。このような相続慣行変化の影響を概括的に捉えるのに好都合の統計として、ここでもハーンの研究が参考になる。彼は、ブランデンブルクの村落と貴族屋敷

Adelssitze のあいだの数量的関係を調査し、次のような結論を導き出した。即ち一六〇〇年時点で複数の貴族屋敷をもつ村落が三一五（三〇・三％）であったのが、一七〇〇年には二三七（一八・一％）、一八〇〇年には九六（七・一％）に減少していた。[★17] 東エルベ農場領主制地帯では、村落一括領有による領主制が一般的であるとの印象が強いが、ブランデンブルクでは分割領有された村落が少なくなかったことは、本書でたびたび示した各クライス所領所有者の表からも明らかであった。一村内での複数の貴族屋敷の存在も、分割領有の証左であるといってよい。それに対しては、前記のような極端な分割相続制に主要な原因があることは明らかであるが、それでも一八世紀には所領所有において一円的領有化の傾向があったことは見逃してはならず、[★18] 以上の数値はまさにこのような動向を端的に示しているといえる。こうした所領細分化に対する歯止めとしてもっとも有効な手段が、前述のごとく財産分割における抵当債券の利用であった。しかしこの結果として、ブランデンブルクの領主たちは所領細分化に代わって債務膨張に悩むことになるのである。[★19]

さらにここで付言しなければならないことは、分割相続制と抵当債券利用の組み合わせが、ブランデンブルク貴族の軍隊勤務形態にとっても適合的であったという点である。先の検討より、抵当債券所有者（債権者）の典型は、当主とならずに長期間にわたって軍隊勤務し続けた者たちであったことは容易に推測可能である。他方、軍隊を除隊して所領所有者＝貴族家当主となった者は、軍隊に残った叔父や兄弟たちに対して債務者の役割を引き受け、彼らに資金を供給し、軍務を側面から支援し続けることになったであろう。宮廷エリートの多くの場合、当主が不在領主化することは避けられなかったが、しかし当主以外が勤務する傾向の強い将校職は、在地領主制と矛盾することが少なく、ブランデンブルクで退役後に多くの領主が直接領地経営に携わることを可能にさせた。代わってこの領主たちは所領経営の余剰から士官候補生である子弟のために仕送りに励むとともに、将校身分維持のために親族に金利を供給し続けたであろう。

さて所領所有者交替のいまひとつの重要な原因は、一族内における男子相続人の払底であった。このような例として旧貴族ではシェンク、クルメンゼー、トロット、グレーベン家がそれにあたり、新興エリートとしてはデルフリンガー、マインダース、カンシュタイン、グルムプコウ家などがあげられる。後者の場合、当然一族の構成員数が限られていたであろうから、それに応じて家系断絶の危険は高かったといえよう。ところで多人数の相続人によって生ずる債務膨張と、男子相続人払底は一見対照的な現象のようにも見えるが、しかしグレーベン家のように比較的短期間のうちに双方を経験した一族もあり、両現象は必ずしも無関係であるとはいえない。なぜならば一族における債務膨張は、当主の領地経営を困難とさせるばかりではなく、配偶者を得るにあたっても大きな制約となったからである。この点を具体例で示してみよう。先のマルヴィッツ家の場合、新当主となった長男は生涯独身で終わり、その後一七八二年にフリーデルスドルフ領を相続したのは次男ではなく三男であったが、その決め手となったのは、彼の妻の実家が富裕な官職貴族家であり、彼女の持参金によって一族の資産状況が大幅に改善されえたからである。[20] 長男はそれに匹敵する配偶者を見いだせず、次・四男の妻も、夫が当主となるためには十分な力とならなかった。配偶者を見出すのがいかに困難かは、裕福な市民出身の娘を妻に選ぶ事例が目立ってきたところにもよく現れているが、[21] これも債務の膨張が貴族の結婚を困難にさせつつあったことを証明しているといえる。相続人過多に由来する債務膨張は結婚の制約条件になり、ひいては次世代における男子相続人払底の一因ともなりえたのではないだろうか。

二　農民農場の再建と農民の地位変化

（一）世襲隷民制

相続制度に起因する所有の不安定は、所領運営＝経営からの収益によって克服されるべきものであるが、しかし戦争による農村社会の荒廃は、この面でも領主の立場を苦しくさせた。三十年戦争の農村社会への破壊的影響については前章で詳しく検討したが、しかし一七世紀後半にもスウェーデン＝ポーランド戦争やブランデンブルク＝スウェーデン戦争の戦場化にさらされた地域が少なくなく、このため農村社会の再建は緩慢であるばかりでなく、跛行的・断続的にしか進まなかった。[22] 一七一〇年代において農民農場数は三十年戦争前（一世紀前）の水準に達せず、一八世紀前半にはいっても農民農場の再建過程が続いていたことは、第3-5表の数値が示すところである。農民農場数減少に現された破壊の程度は北東部のウッカーマルクでもっとも手ひどく、次にプリクニッツなどの北西部が続き、テルトウなど南部は半分程度の農場が残ったことで北部に比べ被害が少なくすんだというのが、前章でのわれわれの結論であった。表からは、三十年戦争による破壊の程度が、再建の困難さをも規定していたことを読みとることができる。

さて戦争による破壊は労働力（人的資源）と農場資産（物的資源）双方に及んだが、これらの欠乏は、資産を有する農民農場の引受け手不足というかたちで表面化した。なるほど五三年の領邦議会によって、荒廃農民農場を領主農場に吸収することが領主に認められたとはいえ、君主権は租税負担者としての農民農場再建を望んでいたうえ、[23] そもそも領主自身の資力不足によって、彼らが直営農場を大規模に拡大できるような状況にはなかった。一六八六／七年のプリクニッツ土地・租税台帳 Kataster には、農民農場保有者の氏名ばかりではなく、荒廃農場利用者の名前も記載されている。[24] 利用者が村落民といかなる関係にあるのかは台帳からは判然としないが、し

第3-5表　農民農場数の動向

	A	B	C	D	E
ウッカーマルク	(1624年)	(1650年)	(1687/8年)		(1734年)
フーフェ保有農民 コセーテ農民	4,807	497	1482.5		3,238
プリクニッツ	(1576年)	(1652年)	(1686年)	(1719年)	(1745年)
フーフェ保有農民	3,392	1,152	2,234	2,828	3,146
コセーテ農民	1,193	654	619	762	881
テルトウ	(1624年)	(1652年)		(1711年)	(1745年)
フーフェ保有農民	1,220	648		930	974
コセーテ農民	686	493		474	501

典拠：ウッカーマルクについては、L. Enders, Die Uckermark, S. 337, 379, 506、プリクニッツについてはHOLB, Tl. 1 (Prignitz); J. Schultze, Die Prignitz und ihre Bevölkerung nach dem Dreißigjährigen Kriege, Perleburg, 1928、テルトウについては、HOLB, Tl. IV (Teltow) より作成。

注：ここに掲載したプリクニッツの数値は、J. Schulze, Die Prignitz, Aus der Geschichte einer märkichen Landschaft, Köln/Graz, 1956, S. 213 や W. Vogel, Prignitz-Kataster 1686-1687, Köln/Wien,S. 3 にある統計数値から乖離している。これは、1652年以後の記録をもつが、1576年など三十年戦争前については記録を欠く村落があり、それらについて本表では52年以後の集計にも加えていないことによるところが大きい。またHOLBのデータは各巻第7調査項目の Wirtschafts- u. Sozialstruktur より採っているが、同項目の数値は原資料の不斉一や混乱を反映し、不完全なものが少なくない。プリクニッツの場合、特に1745年の数値について不自然に農場数が多めに評価されている村落が散見される。それらについては、1734年ないし1760年の数値で代替した。以上の理由により、誤差が生じるのは不可避である。他に、テルトウに関しては、E. Fidicin, a. a. O., Bd. 1 (Teltow), S. 149-152 にも、1624年と1652年のデータが記載されているが、多くの村落の農場数について、HOLB 記載の数値とずれが見られる。同一の原資料によっているにもかかわらず、なぜこのような乖離が生じたのかは不明である。ここでは、1711年と1745年の数値との比較のためにも、HOLB のデータを採用した。

かし領主により荒廃農場の大がかりな利用がなされていた形跡はそこには認められない。このため農民農場をそのまま再建し、それより賦役や奉公人労働を獲得するというのが、領主の一般的方針であったといえる。その結果、農場再建能力を有する者の確保が領主にとって重大な課題となったが、しかしこのような農民を得るのは簡単なことではなかった。それを難しくさせていたのは、労働力不足によって生じた二つの面での競争である。第一は、農場の引受け手獲得をめぐって一七世紀後半には領主間で競争が繰り広げられ、一定年限の賦役免除や建築資材の無償供与、人格的自由の付与によって新規引受け手を得ようとする試みもみられ、[★25]「土地市場」においては明らかに農民優位の事情にあったことである。第二は、農民農場が資材・家畜・種籾確保に苦しみ、租税（コントリブチオン）によって負担を増す一方、労働力不足に起因して労働賃金が上昇したため、農民子弟にとって日雇労働者や奉公人であり続けることの相対的有利性が高まったことである。[★26]このため荒廃がひどく、農民確保に特に不利であった北部では、ウッカーマルクに改革派フランス人を、ルピンにスイス人を招き入れる動きがあったが、しかし所領内における宗派混合が嫌われ、一般的にはならなかった。[★27]

このように、市場の動向にまかせていては不利な方向に流れるのは必定であったため、領主たちは、領民に対する人格的拘束を強めることで農場引受け手を確保しようと努めた。体僕制 **Leibeigenschaft** と世襲隷民制 **Erbuntertänigkeit** がそれである。前者はメクレンブルクやポメルン、あるいはニーダーラウジッツからの影響によって、一七世紀中葉に領民を領内に拘束するために、ウッカーマルクやノイマルクで導入されたものである。[★28]それにはさまざまな変種があり、土地より切り離され、人格そのものが売買対象になるという極端な人格支配の形態もありえたが、一般的には、①領主裁判権への代々の人格的拘束（ただし解放金支払いによって移住が可能となる）、②領主の裁量に依存した農場保有権の不安定、③不定量賦役、が主な特徴であったといえよう。しかし前記の地域以外にはほとんど普及しなかったし、また導入されたウッカーマルクでも、同制度にこだわった所領では裁判闘争を含む農民の強い反発を招き、むしろ新たな引受け手の獲得において不利に立たされるということも起こりえた。[★29]結局、クールマルクで領主によって広く導入されるようになったのは、体僕制ではなく世襲隷民制であった。[★30]これは農民子弟の農場世襲権 **Erbrecht** を世襲義務 **Erbpflicht** に読み替えようとする試みであったが、代人 **Gewährsmann** を立てることによってその義務を免れることが認められていたし、また同制度は、農民の農場保有権とは直接的関係をもたなかったため、良好な保有権とも両立可能な制度であった。[★31]この世襲隷民制の歴史的評価に関しては、ここで次の点を是非とも強調しておかねばならない。まず第一に、同制度は決して領主側の攻勢下で導入されたのではなく、土地過剰状況のなかで農民側が農場引受けを渋る動向があったため、それへの防衛的対応として行なわれたもので、それを一方的な領主権強化と理解するのは適切ではないということ。第二に、一八世紀を通じて土地市場の需給バランスが均衡し、農民が自家への農場確保にこだわりを強めると、同制度の意味は減じざるをえなくなるということ。世襲隷民制導入は、ブランデンブルクにおける農場領主制確立のメルクマールの一つとみなされうるだろうが、その「確立」を領主支配発展の帰結と理解するのは無理があるのではないか。

(二) 隷役小作制

同様のことは隷役小作制 Lassitentum についてもあてはまるが、それもブランデンブルク農場領主制下における農民の隷属形態の一特徴であり、一七世紀後半に本格的に普及したものであった。隷役小作のような農場保有権劣悪化は、賦役労働強化にとって促進要因であったと評価されがちであったが[★32]、しかし近年のブランデンブルク農村史研究はこうした見解を支持してはいない。例えばエンダースは、プリクニッツの諸所領の事例から、同制度の本格的発展のあった一七世紀後半に目立った賦役強化はなかったとしている[★33]。後述するように隷役小作制は賦役強化の方向にも作用しえたが、しかしその普及期である一七世紀後半にはむしろ賦役軽減と結びつくのが一般的動向であった。隷役小作制の普及には主に二つの経路がありえたと考えられる。第一は、農場の建築物や生産手段 Hofwehr(農具・家畜・種籾)を農民が自弁する場合である。しかし農場再建にさいして、領主側から建築資材が供給されたり、あるいは賦役免除が認められると、それらは領主に対する債務とみなされる。そこでは家屋や生産手段が抵当化するが、その資産価値に対して債務額の比率が高まるにつれ、農民の家屋や生産手段に対する所有権は否定され、彼らは隷役小作とみなされるようになった[34]。例えば、シュターヴェノウ領（プリクニッツ）では、一七一一年の記録によると農民は家屋を自ら建築していたはずであったが、賦役免除を受けたことにより、その後の売買記録では家屋や生産手段が資産価値として評価されなくなり、一八世紀末にはついに隷役小作として規定されるに至った[35]。同領では一七・八世紀交替期において、世紀前半に比べ週賦役が三日から二・五日に短縮され、貢租量も半減していたことがハーゲンによって明らかにされており[36]、隷役小作制は、賦役・貢租調達の困難さと密接に関連して形成されたものとすることができるだろう。

隷役小作制形成の第二の経路は、農民側に再建能力がなく、このため初めから領主が家屋や生産手段を供給する場合であった[37]。ここでは賦役の質・量は、領主が準備できる農耕用牛馬や農具に規定されざるをえなかった。フリーデルスドルフ領（レブス）では、三十年戦争直後に家屋建築・生産手段調達を農民に任せて再建が進められたが、しかしいっこうに農場引受け手を見出すことはできず、一六六四年にはついに領主の負担によって農場再建が行なわれることになった。しかし領主の提供できた家畜と種籾は貧弱なものであった。同領の戦前の標準的農民は馬四頭、ライ麦と大麦各一・五ヴィスペルを有していたが、六四年以後入植した農民が領主より得たのは牡牛一頭、牝牛一頭とライ麦五シェッフェル、大麦四シェッフェル（1Wsp=24Schf）にすぎなかった。週賦役は一農場あたり四日（一名による）にも及んだが、農耕用牛馬の決定的不足によってそれは手賦役で行なわれ、労働の質は高いものではなかったと考えられる[38]。しかし週賦役の内容は一八世紀末までのあいだに質的に強化され、夏期三ヶ月間には男女各一名による週三日の手賦役、残り九ヶ月間には男子一名による週二日の手賦役に加え、週一日の畜耕賦役が年間を通じて課されていた。賦役労働の質的向上は領主の追加投資なしには不可能であり、領主によって供給された牛馬はこの間に一農場あたり一二頭に増えていた[39]。このように労働力不足に加えて資本欠乏が深刻であった一七世紀後半より世紀交替期においては、領主による一方的な賦役労働強化は現実的ではなく、それの実現も農民農場再建に領主がどの程度関与できるかにかかっていた。

一六世紀においては、農民は労働（賦役）によるばかりではなく、自ら所有する役畜や農具によってもまた領主直営地経営を支えていた。しかし一七世紀後半においては、農民農場の生産力の破壊・低下の結果この関係は逆転し、土地貴族は賦役の軽減をしばしば迫られるだけではなく、直営地ばかりか農民農場に対する投資的役割も引き受けなければならなくなったのである。三十年戦争によって疲弊して多額の債務を抱え、直営農場再建さえ展望のもてなかった領主にとって、それは力に余る課題であったが、その場合、一六五二年のフリーデルスドルフ領所有者F・v・フューールのように、所領売却を迫られることになったのである。[★40]

三　再建過程における村落共同体と土地貴族

（一）農村における紛争と領主裁判権の強化

最近のブランデンブルク農村史研究者のなかには、一七世紀後半から一八世紀にかけての農村社会を、紛争に満ちた騒々しい社会として描き出す傾向がみられる。この紛争にはさまざまな局面があるので、それをここで分類してみることにしよう。まずは村落民と軍隊間の対立をあげておく必要がある。常備軍化した軍隊が頻繁に行軍・宿営を行ない、また戦時には外国軍が侵略し、世紀後半になっても軍隊の脅威は去らなかった。三十年戦争中に領主たちは村民を守ることができなかったため、その権威はおおいに損なわれ、村民たちは自らの裁量によって自衛策を講じなければならなかったが、そのような例としてプリクニッツの事件がエンダースによって紹介されている。[★41] 例えば四八年一一月に二〇〇人のスウェーデン軍部隊が侵入したさい、バレンティン Barenthin 村

（ヴィンターフェルト家所領）の「農民司令官」は六―七〇名の農民を集めて軍の宿営阻止に立ち上がった。この農民集団はさらに二〇〇人に膨れ上がって、スウェーデン軍の進軍を阻み、後者は農民たちの監視下でようやく進軍することができた。プリクニッツに配置された軍政コミサールは、戦後の五〇年二月になっても農民たちが司令官を選び、勝手に武装している現状を嘆いていた。ここで想起すべきことは、前章でルピンの例によって紹介したように、三十年戦争末期以降に退役兵が帰村・入植し、農村住民のなかに多くの戦闘経験者が含まれていたという事実である。[★42]

このように、三十年戦争後に領主が支配しなければならなかったのは、決して温順な農民たちではなかった。領主が賦役負担の引き上げをはかったり、放牧権や木材伐採権などの権利削減を迫るような事態が生じると、村落ぐるみの反領主闘争が展開された。これが紛争の第二の形態である。農民たちは領主を侯室（王室）裁判所に訴えることにも、さしたるためらいをみせなかった。一六五〇―一七〇〇年に同裁判所で扱われた訴訟のなかで、プリクニッツの村落共同体 Gemeinde が原・被告としてかかわった件数は一五〇にものぼり、その多くが前記のような事項に絡んで生じた紛争であった。[★43] またウッカーマルクの諸村落のように、クライス騎士身分の租税行政に公然と不満を述べ、租税行政への参加を要求したことによって、逆に六一年には後者より同裁判所に訴えられた例もうまれた。[★44] 抗議の対象が一領主にとどまらず、土地貴族中心のクライス政治体制にまで拡大する可能性さえあったことを、この例は示している。領主は、村落支配にあたって牧師やシュルツェ Schulze などの媒介的存在を利用することもできたが、村民とのあいだに共通の利害を多く有する彼らの忠誠にも全面的な信頼がおけず、このような媒介者が時として村落共同体の側に立って行動することも頻繁に起こりえたのである。[★45]

第三の対立関係は、農村住民内のそれである。村落裁判や領主裁判所で扱われた訴訟の多くは、領主―領民間で生じた紛争でもなければ犯罪でもなく、むしろ領民間の民事的トラブルが中心を占めていたことが、グライクスナーのアルトマルク研究によって確かめられている。具体的にはシューレンブルク家所領の「所領総裁判所」Gesamtgerichtにおいて一七二五年と三一年に扱われた訴訟件数一六六のうち、賃金未払いや親族内・隣人間の紛争をめぐる「苦情」が六八件、遺産分与や持参金支払いなど「権利の確認」や「貨幣請求」をめぐるものが四八件あるのに対して、領主—領民間の争いは三七件、犯罪は九件であった。[★46] 彼女によるならば、自らの権利を主張するために裁判に臨んだ農村住民は総じて雄弁であり、その論争的態度によって、当時の法律家が辟易とさせられていたことが史料よりうかがわれるという。[★47]

さて、三十年戦争後の農村地域社会におけるこのような紛争状況をおさめたのは誰であったのか。軍政組織の創出によって、軍隊に対する統制が徐々に進められたことは既に第二節でみた。絶対主義機構の整備はなるほど、軍隊や軍政組織あるいは財政などの分野で前進したが、司法の領域ではさまざまな君権的・身分的司法機関が競合し、一八世紀中葉のフリードリヒ二世とコクツェーイによる司法改革までは、君主権力によって統合的司法機構創出の試みはほとんど手がつけられないままで過ぎた。[★48] このため地域での司法制度の改善は、都市や領主の自主的努力に任され、農村社会内の紛争の処理は、領主にとって重大な課題となったはずであるのだが、問題は彼らの領主裁判権が、一六世紀以前の城主=官職貴族のそれと違って、軍事力の裏づけを失っていたことである。それを欠くぶん、領主裁判は司法機関として純化し、整備されることを迫られた。それではどのような方向で、領主裁判権は整備されたのだろうか。

まず第一は、一六世紀に策定された所領裁判令や村落令の再確認や改訂、あるいは新規導入である。[★49] 戦争によって混乱した村落秩序を、文章化された規則のたがをもって締め直すことで、いまひとたび秩序だった社会関係の再建が目指された。第二に、村落裁判から領主裁判を分化させ、前者の機能を限定するとともに、後者を強化しようとした。シュルツェによって主宰された従来の裁判では、中世末以来その職がレーエンとして君主によって授与された者から領主によって任命された者へと移行していったが、これによって制度上は村落裁判は領主裁判権のもとに置かれ、村落＝領主裁判とも規定すべきものになっていた。これに加えて法学教育を受けた専門家が裁判官 Jusititar として領主によって任用される動きが一六世紀にあったが、こうした傾向は一七世紀後半以後いっそう強まり、村内で処理困難な案件に関しては、従前の村落裁判とは別個にこの専門家に取り扱いが任されるようになったのである。[★50] 第三は、アルトマルクの大所領において実施された所領総裁判所の開設がそれである。[★51] 小領地の場合、領主は単独で専門的裁判官職を維持することは困難であるため、近隣の領主が共同で都市の知識人市民に裁判官の業務を依頼するのが一般的なありかたであった。この場合、裁判官による裁判は通常の村落裁判との分離が明確ではなく、村落裁判のなかの特別な形式ともみなされうるものであった。これに対して所領総裁判所は、互いに近接する領地をもち、しかも同じ一族に属す支家が一体となって裁判官と専門の傭人を雇い入れ、村落裁判とは別個に所領内の中心地（小都市）において共同の裁判会議を定期的に開催するという形態をとった。シューレンブルク家の所領総裁判所は年に二回開催されていたが、一八世紀にはいると必要に応じて臨時の裁判会議も開催されるようになっていった。[★52] 第四は、ヘルムシュテットやフランクフルト・アン・デア・オーデルなどの領邦内外の大学法学部の利用である（ヘルムシュテット法学部はブラウンシュヴァイクの大学）。法学部は君主権の裁判所や行政機構、個々の官僚などから司法に関する諮問を受けるばかりではなく、各種裁判所から判決案の策定まで依頼されていた。量的には、この種の依頼者のなかで裁判領主がもっとも重大なグループをなしていた。[★53] 第五は、裁判記録の管理権を村落から領主に移管する試みである。これまで村落裁判は牧師や教会番 Küster らによって記録が採られ、それは「参審員帳簿」Schöffenbuch として村落共同体において管理されていた。プリクニッツやアルトマルクの大領地では、一六世紀以降これとは別個に領主が管理する「アムト帳簿」Amtbuch が作成され、前者にかわって重要性を増していったが、[★54] ブランデンブルクの南東部においても、三十年戦争以後になると裁判記録は「参審員帳簿」にかわって、領主の手にある「裁判記録帳簿」Gerichtsprotokollbuch として保管されていった。これも裁判運営の責任が、シュルツェやゲマインデ参審員から専門的裁判官に移行していったことと無関係ではなかった。[★55]

このように、村落裁判とは別に領主裁判権の独自の制度や機構、手続きが形成されてきたことを、どのように評価すべきであろうか。まず所領裁判令・村落令にせよ、領主任用の専門的裁判官や所領総裁判所、「アムト帳簿」にせよ、いずれも一六世紀に開始された制度であって、決して三十年戦争後に初めて打ち出された領地支配の新機軸ではなかったことを、確認しておきたい。そのうえで、以上の方向性を領主裁判権の強化とすることには疑いを挟めないが、しかし領主利害に沿った紛争解決装置がこれによって生み出されたとするだけでは、重要な側面を見逃すことになるのではないか。そもそも領主裁判権の強化は、領主利害実現の決め手にもならなかったであろう。なぜならば、領主―領民間の紛争についても、村落共同体には侯室（王室）裁判所に訴えるという方法が残されており、村民たちはそれの利用を厭わなかったように思われるからである。プリクニッツの場合であるが、一八世紀の百年間に八〇〇あまりの賦役負担をめぐる訴訟が王室裁判所にもちこまれ、一村落あたり平均すると三―四件の裁判に原告ないし被告として村落共同体は関与している。[★56]同裁判所も、領民の旧き権利が侵害された場合、領民の立場に同情的であった。次に、民衆同士の紛争が頻発し、訴訟の多くがこれによって占められていたことを考慮したならば、領主裁判権強化を領主利害実現のための施策とすることは、事態をあまりに単純化することになるのではないか。むしろ租税行政において課税標準の公正化が行なわれたように、裁判行政においても紛争解決の客観化が進められたと理解すべき側面があるのではないか。即ち、従来の村落裁判主宰者であるシュルツェは、領主任命による者ならばたいていは村落内の農民より指名されており、このため村内の出来事に対して、彼は第三者的、客観的態度に終始することは困難であった。[★57]これに対して農村社会の外にある知識人市民を裁判官に据え、さらには判決原案の策定を法学部に求めることは、村落内の当事者同士で解決困難な問題を、外部の第三者の判断に委ねることを意味していたといえる。一七世紀後半以降の領主裁判権は、一六世紀以前のそれと違い武力的秩序維持能力を存立の前提としていなかった。それだけに領主裁判権の存立と強化にあたっては、司法の客観化・公正化を進めざるをえなかった。ハーンは、絶対主義時代の農村社会秩序は君主権の法令制定・実施によってよりも、裁判領主の努力によって形成されていったと述べているが、[★58]領主裁判権の整備はこれに貢献したことであろう。

（二）村落裁判と農村社会の文化

さてグライクスナーは、以上の領主裁判権強化を、村落がもつ秩序維持機能の衰微と理解するのではなく、むしろ村落共同体の紛争処理・秩序維持機能の延長・補完として捉えている。[★59]このような理解が可能であるとするならば、土地貴族たちは村落の自治機能に対してどのように臨んだか、また一七世紀後半より一八世紀にかけてのブランデンブルクの村落自治を、どのように評価すべきであるかが、次に問われなければならないであろう。

これまでわれわれは、村落裁判を民事・刑事事件を扱う制度としてのみ理解して議論を進めてきたが、これとは別にそれは「任意裁判権」**freiwillige Gerichtsbarkeit**という機能を有していた。[★60]これは村内にある農場や権利に変化・移動がある場合、村落共同体のメンバー一同の承認手続きを経て行なう制度である。対象となるものをあげるならば、農場売買契約、相続契約、結婚契約、隠居取分契約、旅籠・製粉・牧師・教師・手工業者の権利、などであった。承認された契約内容は「参審員帳簿」に記録（登記）されることになるが、領主によって管理されるた「アムト帳簿」「裁判記録帳簿」が登場した後も、「参審員帳簿」のこの機能は相変わらず維持されることになった、即ちこの面での村落裁判の権限は、三十年戦争後も存続することになったのである。このように「任意裁判権」は、村落共同体メンバー各自が有する権利内容を一同で確認し、記録に保存するという役割をもつが、村落裁判がこの機能を維持していたことは重大な意味をもつ。先にも述べたように、三十年戦争後にブランデンブルク農村では農民の多くが家屋・生産手段に対する所有権を失い、農場保有権を劣化させていったが、村落共同体が以上のごとき機能を維持する限り、隷役小作ばかりか、それよりも権利の劣るウッカーマルクの定期小作でさえ、事実上農場の世襲を領主に認めさせることができた。ボイツェンブルク領 Herrschaft Boitzenburg（アルニム家所有）の定期小作農からなる共同体で、農民農場に空きが生じた場合、共同体の側に新規引受け手に対する同意の権利が留保されていたのも、このような機能によるものであったに違いない。[61] エンダースは、村落共同体を「生きる記憶力」lebendes Gedächtnis と性格づけ、近世を通じて共同体の果たす秩序の決定・保存機能を領主も評価し利用していたと述べているが、[62] 一七世紀後半の混乱期にはその意義は高まることはあっても、減じることはなかったであろう。

さらに村内に紛争・事件が生じた場合の民事・刑事裁判においても、村落とその裁判機能は相変わらずその意義を失うことはなかった。即ち法律専門家の手を煩わせずに処理可能なものは、裁判官の審理・判決に委ねることなく、村落裁判の場で決着づけていたのである。[63] しかも裁判官が主導する裁判においてさえも、村落共同体の関与は不可欠であった。この点に関しては、一八世紀前半シューレンブルク家領地の婚外子裁判を扱ったグライクスナーの研究が、その詳細を明らかにしている。婚外子裁判は、女性の側の「不道徳性行為」Unzucht と男性の側の扶養費負担をめぐって争われた訴訟である。彼女の研究のなかで、われわれにとって重要であると考えられるのは次の論点である。[64] 第一。宗教改革後に婚姻締結規則が厳格化することで、本人同士の合意だけでは効力をもたなくなり、両親の同意が婚約にとって不可欠となった。この結果、結婚約束にもとづく性行為によって妊娠しながら、両親（たいてい男の側）の同意が得られず結婚できない場合、女性は「不道徳性行為」で罰せられた。第二。しかし宗教改革前の性道徳は、一八世紀初頭においても村民の心性のなかに生き続けており、男性側の父子関係認知と扶養費支払いがあれば、村のなかで母親と婚外子の名誉は回復され、「日陰者扱い」を受けずにすんだ。第三。男女間に大きな身分差がない限り、村民は父子関係の確定に熱心であり、また村内の男女関係に関する村民の情報は、父子関係確認にとってもっとも頼りとされるものであった。このため「所領総裁判所」の審議の前に、村落裁判において事前聴取が行なわれた。第四。しかし村落裁判の権威のなさゆえに、その場で男の側が責任を否定する場合も多かったが、しかし「所領総裁判所」での審議と判決は、村落裁判からの報告によって大きく左右された。また同裁判所即ち領主権力も、民衆的観念にもとづく母親・婚外子の名誉回復要求に対しては寛容であった。以上より、グライクスナーがなぜ「所領総裁判所」を村落裁判の延長・補完として捉えているのか、明らかになったであろう。

さらに彼女の研究は、村落裁判が農村の伝統的な宗教・祝祭文化とのあいだに密接な関連を有していた点を明らかにしたことによっても興味深い。★65 村落裁判はキリスト教の祭日に開催される慣行をもち、特に中・北ドイツからエルベ河の東西両岸にかけての地域では、聖霊降臨祭に合わせて行なわれる村落裁判は、村の祝祭行事の重要要素として位置づけられていた。グライクスナーによって解明されたアルトマルクの聖霊降臨祭と村落裁判は、村の法文化にとって次のような意味をもっていた。第一。村落裁判において紛争・事件を裁き、村の掟を確認する。同祭は放牧開始日にもあたるため、それに関する規則を村民全体で確かめ、違反を裁くことも重要視された。第二。耕地利用や木材伐採・放牧などに関して違反を犯した者は、村に対してビールを科料として負担する。裁判後に行なわれる酒宴で村人はともにこのビールを飲み干し、違反によって損なわれた村の秩序が再び回復されたことを祝う。第三。未婚男子の集団は、村の性関係に関して監視者としての役割を果たしており、同祭は、村の慣習からはずれた性関係、特に既婚者・独身女性のそれが村の若者たちによって糾弾される機会にもなった。

裁判と祝祭の不可分関係とともに、グライクスナーが述べていることで重要なのは、伝統的祝祭が村の秩序維持に役立っていることを領主たちは一般的によく理解し、伝統的民衆文化に寛容であったのと比較し、敬虔主義Pietismusの影響を受けた教会巡察官たちがこれに否定的態度で臨んだという点である。[★66] 一六八〇年代には改革派の影響は宮廷を超えて広く拡大できないことが明らかになったが、[★67] それと交替するように九〇年代以降シュペーナー Ph. J. Spenerらのルター派敬虔主義が宮廷に浸透し、[★68] さらにフリードリヒ・ヴィルヘルム一世治世には、フランケ A. H. Franckeを中心としたハレの敬虔主義と国家のあいだに「同盟」が成立することによって、ルター派正統主義にとって敬虔主義が改革派に代わる脅威となったことはよく知られている。この「同盟」の積極的意義は、傭兵軍制に代わって導入されたカントン制軍隊に道徳的実体を注入すること、即ち傭兵軍制に伴う強引な兵士徴募や規律欠如を克服し、静穏な生活態度、規律の順守、市民生活との協調などを教え込んでいったことであった。それの実現のために、ハレで敬虔主義の教育を受けた者たちが、従軍説教者 Feldpredigerとして一七一〇年代後半以後に次々と軍隊に登用されていった。[★69] しかもその後、軍隊外にある枢要な聖職に従軍説教者を優遇して任命する傾向が生じたことは、[★70] 農村社会に対して重大な意味をもつことになった。即ち教会巡察官にも敬虔主義者たちが積極的に任用され、彼らは牧師を監督し、軍隊的秩序に倣い農村社会においても道徳的改造に乗り出したからである。[★71] もともと敬虔主義は、傭兵軍の反道徳的行動を批判したスピリチュアリスムスの影響を受け、無規律な傭兵軍団に批判の矛先を向けていたが、[★72] しかし一八世紀の教会巡察官には、農村の騒々しい祝祭文化と兵士の狼藉のあいだに根本的違いを見出すことができなかった。

他方たいていの土地貴族たちが敬虔主義の介入を嫌い、農村の宗教・祝祭文化を肯定的に受けとめるとともに、伝統妥協的なルター派正統主義に執着したのには、主に二つの理由があったように思われる。第一は、前記のとおり民衆的祝祭文化が村落裁判と不可分の関係にあり、その秩序維持機能を認めていたからであろう。さらに第二に、ルター派正統主義教会は領主身分の維持にとっても有意義であり、儀式に懐疑的で身分平準化傾向をもつ敬虔主義は、彼らにとっても望ましい動きではなかった。[★73]「宮廷都市地帯」に選帝侯（国王）や宮廷エリートたちが競って豪奢な宮殿・邸宅・庭園を建設するのを前にして、旧貴族は資金力欠如によってこうした動きからとり残されたばかりか、三十年戦争後の荒廃で権威を喪失していったことを考慮するならば、領主の地位を象徴的に表現するための文化的装置であるルター派教会を、安価で効果的な手段として彼らが手放そうとしなかったのも、もっともであったといえよう。教会内の座席や祖先の彫像・墓碑、領民の前で繰り広げられた洗礼・結婚・埋葬の儀式は、領主一族にとって祖先祭祀的な役割を果たしたのである。[★74]こうして大半の土地貴族たちは、最初は改革派宮廷、続いて敬虔主義者の攻勢にさらされながら、ルター派正統主義に踏みとどまることになったが、このような土地貴族の志向は、民衆的祝祭文化と村落裁判の存続にとっても不都合でなかったばかりか、むしろ「国家＝敬虔主義」同盟に対する防波堤ともなったであろう。[★75]

★1　アルトマルクを除くクールマルクの村落所有者については、『ブランデンブルク村落・都市歴史事典』HOLB各巻の六番目の調査項目**Herrschaftszugehörigkeit**によって調べることができる。筆者は上・下バルニムとウッカーマルクの巻を有していない。またプリクニッツ部分を収めた第一巻の前記項目データはあまりに細密で、そこから集計するのは著しく困難である。ただし上・下バルニムについてはE. Fidicin, a. a. O., Bde. 1, 2から、またウッカーマルクとプリクニッツについてはエンダースの二冊の大著より大まかな動向を知ることができる。なお以上の史料・著書から所領所有者変化の事実について確かめることはできても、所有者交替の事情については明らかにならない。この点に関してはP.M. Hahn/H. Lorenz, a. a. O., Bd. 2が有益である。同書は、ブランデンブルク貴族文化を建築史の視点から解明しようとしたものであるが、ここにはクールマルクとノイマルク、ニーダーラウジッツの計一六八の所領所有者の変遷と、所有者交替の事情についても多くの情報が含まれている。

★2　第一章、六一—三頁。

★3　以下についてはE. Fidicin, a. a. O., Bd. 1 (Niederbarnim), S. XII-XV; Bd. 2 (Oberbarnim), S. XI-XIV を参照。

★4 P-M. Hahn/H. Lorenz, a. a. O., Bd. 2, S. 88-92.

★5 Ebenda, S. 33f. u. 232f.

★6 L. Enders, Die Uckermark, S. 465.

★7 P-M. Hahn/H. Lorenz, a. a. O., Bd. 2, S. 139.

★8 シュターヴェノウ領の所有者変遷については、J. Sack, Die Herrschaft Stavenow, Köln/Graz, 1959, S. 27-39.

★9 第二章、一五九頁。

★10 L. Enders, Die Prignitz. Geschichte einer kurmärkischen Landschaft vom 12. bis zum 18. Jahrhundert, Potsdam, 2000, S. 689-94 u. 944-50; P-M. Hahn/H. Lorenz, a. a. O., Bd. 2, S. 473 u. 524.

★11 本文で扱わなかったルピンとアルトマルクの所領所有について、簡単に注目すべき点をあげておこう。ルピンはもともと御領地占有率の高いクライスであり、大規模所領を有する貴族家はなかった。そのなかでは軍人を多く送り出したクァスト家が所領を拡大し、逆にグレーベン家がハーヴェルラントでと同様消滅しているのが目立った変化といえる（HOLB, Tl. 2 (Ruppin)）。アルトマルクでも御領地の拡大はみられるが（HHBB, Lfg. 31 u. 33）、新興エリートの進出は旧貴族を脅かすほどのものではなかった（P. Bahl, a. a. O., S. 292）。アルヴェンスレーベン家やシューレンブルク家は相変わらず大所領を維持し、アルニム家を除き、クールマルクにおいてそれらに匹敵する大領主はほかになかったであろう。三十年戦争後のアルヴェンスレーベン家の領地支配についてはP-M. Hahn, Fürstliche Territorialhoheit, S. 252-319、シューレンブルク家についてはU. Gleixner, Das Gesamtgericht der Herrschaft Schulenburg im 18. Jahrhundert. Funktionsweise und Zugang von Frauen und Männern, in: HZ, Beiheft 18, 1995を参照。

★12 この点に関する筆者の研究は未だ十分ではなく、マルヴィッツ家の有するフリーデルスドルフ領研究によって、いずれ詳細に論じる予定である。

★13 以下についてはF. Martiny, Die Adelsfrage in Preußen vor 1806 als politisches und soziales Problem, Stuttgart/Berlin, 1938, S. 16f., 飯田恭「一八世紀プロイセン貴族の社会的特質——ヴェストファーレン貴族との対比の試み」『社会経済史学』第五八巻第四号、一九九二年、八〇—五頁を参照。

★14 P-M. Hahn/H. Lorenz, a. a. O., Bd. 2, S. 232.

★15 BLHA, MF, Nr. 255 u. 256.

★16 世襲財産制については、加藤房雄氏の『ドイツ世襲財産と帝国主義』勁草書房、一九九〇年が参照されねばならないことは言うまでもない。

★17　P.-M. Hahn, Neuzeitliche Adelskultur, S. 34-41. この統計の調査対象は、一八一五年以降にブランデンブルク州に属していた地域であるため、アルトマルクは除外されており、かわってニーダーラウジッツやベルツィッヒなどが含まれている。

★18　L. Enders, Die Prignitz, S. 945.

★19　騎士領の債務肥大化については、ラントシャフト信用機関とそれが発行する無記名式不動産抵当債券 Pfandbrief を重視する研究はわが国にもあった（柳川平太郎「プロイセンにおけるラントシャフト信用制度の成立とその経済的意義」『土地制度史学』第七六号、一九七七年）。しかし一八〇五年時におけるブランデンブルクの騎士領債務残高の内訳をみるならば、ラントシャフト不動産抵当債券によるのは一七三万ターレルであったのに対し、記名式抵当債券 Privathypothek は一三三二万ターレルにも及んでいる（H. Mauer, Die private Kapitalanlage in Preußen während des 18. Jahrhunderts, Mannheim/Berlin/Leipzig, 1921, S. 74f.）。前者の発行と土地投機の関連性を問う柳川氏の議論は確かに意義深いものであるが、ブランデンブルクの場合、後者の多くが遺産相続のさいに発生していることを考慮するならば、ラントシャフト不動産抵当債券の重要性を過度に強調することは、領主の経済的苦境の重大原因を見逃すことにもなりかねないのではないか。

★20　BLHA, MF, Nr. 256 u. 257 よりこの夫婦それぞれの財産状況が明らかになる。

★21　L. Enders, Die Prignitz, S. 952.

★22　一七世紀後半の農村社会再建の困難さについては L. Enders, Die Uckermark, S. 338-80 が是非とも参照されなければならない。

★23　Dies., Die Prignitz, S. 716.

★24　W. Vogel (Hg.), Prignitz-Kataster 1686-1687, Köln/Wien, 1985.

★25　L. Enders, Die Uckermark, S. 356-8.

★26　W. W. Hagen, Seventeenth-Century Crisis in Brandenburg. The Thirty Years' War, the Destabilization and the Rise of Absolutism, in: American Historical Review, Nr. 94, 1989, S. 315f.

★27　W. Neugebauer, Absolutistischer Staat und Schulwirklichkeit in Brandenburg-Preußen, Berlin/New York, 1985, S. 286; L. Enders, Die Prignitz, S. 680.

★28　以下については、W. Neugebauer, Die Leibeigenschaft in der Mark Brandenburg. Eine Enquete in der Kurmark des Jahres 1718, in: F. Beck/K. Neitmann (Hg.), Brandenburgische Landesgeschichte und Archivwissenschaft, Weimar, 1997; L. Enders, Die Uckermark, S. 346 u. 384-8; Dies., Die Prignitz, S. 725f.; F. Grossmann, Über die gutsherrlich-bäuerlichen Rechtsverhältnisse in der Mark Brandenburg vom 16. bis 18. Jahrhundert, Leipzig, 1890, S. 524.

★29 L. Enders, Die Uckermark, S. 360f. にこのような事例が紹介されている。

★30 Dies., Die Prignitz, S. 668.

★31 Ebenda, S. 722-5.

★32 高柳信一、前掲書、三〇一頁。

★33 L. Enders, Die Prignitz, S. 736-44.

★34 Ebenda, S. 714-22, 984-93; Dies., Das bäuerliche Besitzrecht in der Mark Brandenburg, untersucht am Beispiel der Prignitz vom 13. bis 18. Jahrhundert, in: J. Peters (Hg.), Gutsherrschaftsgesellschaften im europäischen Vergleich, Berlin, 1997, S. 410-16. このような経路で隷役小作制が発生することについては、既に藤瀬浩司氏が先駆的に論じているが、その普及の時期について筆者とのあいだで見解の相違があることは、既に第一章で述べた（同氏『近代ドイツ農業の形成――いわゆる「プロシャ型」進化の検証』御茶の水書房、一九六七年、七九―八七頁、本書第一章、第二節註55、参照）。なお、領主―農民間で農民の地位が永代借地農民・自由農民であるか隷役小作農であるか争われることが多かったのは、領主の抵当権が所有権に転化するさいに、その基準が曖昧であったことに由来していたのではないか。農場領主制下の農民の債務の問題については、プロイセンの例を扱った、H. Wunder, Finance in the 'Economy of Old Europa': The Example of Peasant Credit from the Late Middle Ages to the Thirty Years War, in: Dies., Der andere Blick. Auf die Frühe Neuzeit, Königstein, 1999 を参照。

★35 L. Enders, Die Prignitz, S. 986; J. Sack, a. a. O., S. 100.

★36 W. W. Hagen, a. a. O., S. 329-31.

★37 L. Enders, Die Uckermark, S. 391f.

★38 BLHA, MF, Nr. 251, fol. 6 u. 19f.

★39 BLHA, MF, Nr. 19, fol. 64; Nr. 21, fol. 129.

★40 以上によって得た結論にもとづいてわれわれは、わが国における代表的な近世ドイツ農村史研究に対して、本書の立場を明らかにしておきたい。北條功『プロシャ型近代化の研究――プロシャ農民解放期よりドイツ産業革命まで』御茶の水書房、二〇〇一年については、『社会経済史学』第六七巻第六号、二〇〇二年において筆者は既に書評を行なっているが、そこでは次の点を指摘しておいた。氏は、オストエルベ経済の絶頂期である一八世紀中葉の史料にもとづき、一五・六世紀まで遡ってその歴史を描こうとしている。このため東エルベの経済発展を過大評価する傾向があり、いわゆる生産要素の稀少性という点で、土地、労働、資本という序列を暗黙の前提に、歴史像が組み立てられている。しかし現実には一七世紀を中心にかなりの時期において、そこでの不足の度合は、資本、労働、土地という順番で深刻であった。このように序列を逆転させると、領主の役割は自ずと異なって見えてくる。即ち農民から土地を奪い、賦役を課すという側面よりも、むしろあり余る農地に労働力を定着させるために資本を自ら用意することを迫られる領主、という面が浮かび上がってくるのである。これに対して農場領主制の核心部分となる隷役小作制形成を、オストエルベ農民経営の構造的脆弱さから説明しようとする藤瀬浩司氏の前掲書は、本書の理解と共通するところも大きいが、しかし次の点においてわれわれの見解とは異なる。藤瀬氏はこのような構造的規定性を重視し、一六世紀の好況期にも隷役小作制の相当程度の展開をみるが、これに対して長期的循環を重視する本書は、農民経営の脆弱さが絶えず発現・深刻化するのではなく、むしろ後退期、特に「一七世紀危機」の時代に集中的に表面化したと考える。最後にオストエルベ研究ではないが、肥前栄一「北西ドイツ農村定住史の特質――農民屋敷地に焦点をあてて」『経済学論集』第五七巻、第四号、一九九二年についても是非触れておかなければならない。氏は北西ドイツを事例に、中世より近代前半にかけての「フーフェ原理」社会における階層分化の論理を追究し、そこで旧農民、世襲ケッター、共有地ケッター、ブリンクジッツァー、ホイアーリングという序列で階層形成する過程を明らかにした。氏の研究は、「農民層両極分解論」に代わる階層分化論構築を目指したものとして問題提起的であり、それは前者と同様「理念型」的であることによってドイツ近世農村史研究の方法的基準としての意義を有する。それにもかかわらず、というよりもむしろそれゆえに、氏の析出した論理はすべての「フーフェ原理」農村社会にそのまま適用できるわけではない。特にブランデンブルクでは階層分化の起点となる農民経営が不安定であるために、地層のごとく階層が積み重ならず、一七世紀のような不振期にはいったん形成された農村階層秩序が清算され、フーフェ保有農民（旧農民にあたる）の経営はコセーテ農民（ケッターにあたる）や日雇い労働者と伍して再建されねばならなかった。ブランデンブルクは「フーフェ原理」社会の周辺地にあり、そこでの農民経営は戦争被害から回復力を欠き、このためその弱体さを補完するものとして農場領主制が社会的意味をもった、というのが本書の立場である。

★41　L. Enders, Die Prignitz, S. 663-5.

★42　第二章、一四八頁。

★43　L. Enders, Die Prignitz, S. 767-73.

★44　Dies., Die Uckermark, S. 362f.

★45　ハルニッシュはシュルツェを村落における裁判領主の代理者として規定するが、これに対してペータースは両者の中間にあって微妙な地位にあるものとして描き、さらにエンダースはシュルツェが農民の一員として行動する場合が多いことを強調する傾向がある。これは各自の村落自治評価とも関係している。ハルニッシュの研究として H. Harnisch, Gemeindeeigentum und Gemeindefinanzen im Spätfeudalismus, in: Jahrbuch für Regionalgeschichte, Bd. 8, 1981, S. 138-40; Ders., Die Landgemeinde in der

Herrschaftsstruktur des feudalabsolutistischen Staates. Dargestellt am Beispiel von Brandenburg-Preußen, in: Jahrbuch für Geschichte des Feudalismus, Bd. 13, 1989, S. 204; Ders., Die Landgemeinde im ostelbischen Gebiet. Mit Schwerpunkt Brandenburg, in: HZ, Beiheft 13, 1991, S. 312f., ペータースの研究として J. Peters, Flexible Konfliktgemeinschaft. Zur gemeindlichen Handlungsstruktur in den saldernischen Prignitzdörfern in der Frühen Neuzeit, in: T. Rudert/H. Zückert (Hg.), Gemeindeleben. Dörfer und kleine Städte im östlichen Deutschland, Köln/Weimar/Wien, 2001, S. 90-3、エンダースの研究として L. Enders, Die Landgemeinde in Brandenburg. Grundzüge ihrer Funktion und Wirkungsweise vom 13. bis zum 18. Jahrhundert, in: Blätter für deutsche Landesgeschichte, Bd. 129, 1993, S. 218 u. 243-5; Dies., Schulz und Gemeinde in der frühneuzeitlichen Mark Brandenburg, in: T. Rudert/H. Zückert, a. a. O., S. 118-22 が参照されるべきである。三十年戦争後における牧師の領主や村落に対する立場については、J. Peters, Das laute Kirchenleben und die leisen Seelensorgen, in: R. v. Dülmen, Arbeit, Frömmigkeit und Eigensinn, Frankfurt (M), 1990, S. 94-105 を参照。なおエンダースによると、村落裁判を主宰するシュルツェを任命したのは確かに領主であったが、しかし現実には村落共同体の推挙・同意・拒否を踏まえたうえで任命されていた。同じことは牧師にもあてはまるという（L. Enders, Die Landgemeinde, S. 243f. u. 246; Dies., Schulz und Gemeinde, S. 118）。

★46　U. Gleixner, Gesamtgericht der Herrschaft Schulenburg, S. 311-22.

★47　Dies., „Das Mensch" und „der Kerl". Die Konstruktion von Geschlecht in Unzuchtsverfahren der Frühen Neuzeit (1700-1760), Frankfurt (M), 1994, S. 72.

★48　一七世紀初頭のブランデンブルクの司法制度については、P-M. Hahn, Brandenburgisches Gerichtswesen um 1700, in: H. Mohnhaupt/D. Simon (Hg.), Vorträge zur Justizforschung. Geschichte und Theorie, Bd. 2, Frankfurt (M), 1993 を参照。また邦語文献では宮崎良夫『法治国理念と官僚制』東京大学出版会、一九八六年、第一部第三章「官府裁判とコクツェーイの司法改革」も参照のこと。

★49　A. Freih. v. Haxthausen, Die Patrimoniale Gesetzgebung in der Altmark, in: Jahrbücher für Preussische Gesetzgebung, Rechtswissenschaft und Rechtsverwaltung, Bd. 39, 1832, S. 29f.; L. Enders, Die Uckermark, S. 526f.

★50　B. Hinz, Die Schöppenbücher der Mark Brandenburg, Berlin, 1964, S. 15.

★51　M. Bassewitz, Kurmark Brandenburg, ihr Zustand und ihre Verwaltung unmittelbar vor dem Ausbruch des fränzösischen Krieges im Oktober 1806, Leipzig, 1847, S. 77. より詳しくは U. Gleixner, Gesamtgericht der Herrschaft Schulenburg, S. 308f.; P-M. Hahn, Fürstliche Territorialhoheit, S. 278-89 を参照。ただしアルトマルクの所領総裁判所は一六世紀に既に存在していたが、三十年

戦争以後に制度的に整備されていった。アルトマルク以外にそれがあったかは不明である。

★52　U. Gleixner, „Das Mensch“ und „der Kerl“, S. 44.

★53　P-M. Hahn, Die Gerichtspraxis der altständischen Gesellschaft im Zeitalter des „Absolutismus“. Die Gutachtertätigkeit der Helmstedter Juristenfakultät für die brandenburgisch-preußischen Territorien 1675-1710, Berlin, 1989, S. 30f.

★54　第一章、七五頁。

★55　O. Hinz, a. a. O., S. 11f. u. 99f.

★56　L. Enders, Die Prignitz, S. 1025.

★57　J. Peters, Flexible Konfliktgemeinschaft, S. 91-3に、独善的な態度によって村民より嫌われたシュルツェの例があげられている。

★58　P-M. Hahn, Absolutistische Polizeigesetzgebung und ländliche Sozialverfassung, in: JGMOD, Bd. 29, 1980.

★59　U. Gleixner, Gesamtgericht der Herrschaft Schulenburg, S. 312. エンダースにも同様の発想がある。L. Enders, Die Uckermark, S. 527f. 参照。

★60　J. Peters, Flexible Konfliktgemeinschaft, S. 94. 詳細はO. Hinz, a. a. O., S. 54-86を参照。

★61　L. Enders, Die Landgemeinde, S. 233-40; O. Hinz, a. a. O., S. 55.

★62　L. Enders, Die Landgemeinde, S. 209 u. 245.

★63　U. Gleixner, Gesamtgericht der Herrschaft Schulenburg, S. 310. 筆者も、一九世紀初頭のフリーデルスドルフ領の場合であるが、窃盗などの犯罪の多くが裁判官の同席なしにシュルツェと参審員を中心とした村落裁判の場で審理され、刑が科されていたことを確認している（BLHA, MF, Nr. 139）。なお村落裁判によって科された科料は裁判領主や耕地番Flurpolizistに支払われるが、これに加えて共同体の掟を破った者は、村に対しては樽ビールあるいはビール代を負担した。財源が貧弱で、村落裁判の科料収入が村落共同体の中心的財源となっていることを、ハルニッシュはオストエルベ村落自治の未発達さの一根拠としている（H. Harnisch, Gemeindeeigentum und Gemeindefinanzen, S. 163f.）。しかし後述するように、村落自治と文化にとって「樽ビール」がもつ重大な意味を、グライクスナーが解き明かした。

★64　以下については、U. Gleixner, „Das Mensch“ und „Der Kerl“ 特にS. 47-50, 84-6, 96f. u. 176-205を参照。シューレンブルク家領地のあったアルトマルクは、ブランデンブルクのなかで唯一エルベ河西岸に位置するが、しかし村落行政のありかたに関しては東岸の他の地域と基本的に共通しているということは、グライクスナーばかりではなく、彼女と異なる立場に立つハルニッシュも認めている点である（H. Harnisch, Gemeindeeigentum und Gemeindefinanzen, S. 137; Ders., Landgemeinde im Ostelbischen Gebiet,

S. 309)。

★65　以下は、U. Gleixner, Die „Ordnung des Saufens" und „das Sündliche erkennen". Pfingst- und Hütebiere als gemeindliche Rechtskultur und Gegenstand pietistischer Mission (Altmark 17. und 18. Jahrhundert), in: J. Peters (Hg.), Konflikt und Kontrolle in Gutsherrschaftsgesellschaften. Über Resistenz- und Herrschaftsverhalten in ländlichen Sozialleben der Frühen Neuzeit, Göttingen, 1995 を参照。

★66　Ebenda, S. 29-53.

★67　P-M. Hahn, Calvinismus und Staatsbildung, S. 261.

★68　K. Deppermann, a. a. O., S. 27-33.

★69　C. Hinrichs, Preußentum und Pietismus. Der Pietismus in Brandenburg-Preußen als religiös-soziale Reformbewegung, Göttingen, 1971, S. 126-73.

★70　Ebenda, a. a. O., S. 158.

★71　U. Gleixner, Die „Ordnung des Saufens", S. 36-9.

★72　K. Deppermann, a. a. O., S. 15f.; C. Hinrichs, a. a. O., S. 2-10 u. 59f.

★73　Ebenda, S. 178.

★74　P-M. Hahn, Neuzeitliche Adelskultur, S. 50; R. M. Berdahl, The Politics of the Prussian Nobility. The Development of a Conservative Ideology 1770-1848, New Jersey, 1988, S. 67f.

★75　わが国の敬虔主義研究は中谷博幸氏や村上涼子氏、蝶野立彦氏によって進められてきたが、主にシュペーナーの段階に研究の中心があるようである。これに対してハレの敬虔主義と国家の関係を扱ったものとしては、増井三夫『プロイセン近代公教育成立史研究』亜紀書房、一九九六年がある。同書は教育史研究であることに加えて、宗教史、比較経済史、国制史研究の成果もとりいれ、壮大な構想力によって一八世紀プロイセン史を描き出すことに成功している。しかし著者に対して異論を全くもたないわけではない。ここでは「国家＝敬虔主義」同盟の理解について、次の二つの問題を提起しておきたい。まず氏は、一八世紀後半の啓蒙思想家ガルヴェ Chr. Garve の主張などにもとづき、「国家＝敬虔主義」同盟による「社会的規律化」の対象となった農村民衆を、領主に対して恭順な臣民と描いている（同書、八一―九三頁）。しかしそれらが直面した民衆社会は啓蒙思想家の脳裏にあったような従順なものではなく、一七・八世紀交替期のそれであり、しかも容易には御しがたいものであったというのが本書の立場である。第二に、敬虔主義による「社会的規律化」の成果を氏は過大評価しているのではないか。グライクスナーばかりではなく、ノイゲバウアーの教育史研究も村落学校への敬虔主義の影響に対しては懐疑的であり（W. Neugebauer, Absolutistischer Staat und Schulwirklichkeit、特にTeil 2, Kap. 3を参照）、農村におけるその社会的影響が限定的であったという点では、近年の研究は一致をみているように思われる。軍隊内の規律が領地支配にもちこまれたとするビュッシュO. Büschの説を本書が支持しないのは、敬虔主義の影響が重大でないと考えているためでもある。

結びに

一七世紀初頭に宮廷と身分団体のあいだに亀裂が生じ、ブランデンブルクの城主＝官職貴族は、三十年戦争前に既に権力エリートとしての地位を失いつつあった。三十年戦争後の宮廷社会構成の変化は、この傾向を不可逆なものとして決定づけることになる。新領邦が加わり、ブランデンブルク＝プロイセン国家が帝国内の一大国家となったことによって、新領邦やドイツ各地から帝国貴族も含む多くの人材が一六五〇年代以降ベルリン宮廷に集まり、自然、ブランデンブルクの旧貴族はそこにおいて力を失う結果となった。しかし一八世紀にはいり国家の権力的統合の中心が宮廷から軍隊に移動したことは、もともと宮廷よりも軍隊において権力にかかわる方途を求める傾向をもった旧貴族にとっては、国家との一体性を回復する契機となったであろう。実際、一八世紀には、軍隊経験を有する貴族の比率はますます高まっていった。

しかし一六世紀の城主＝官職貴族と一八世紀の旧貴族では、権力へのかかわり方において根本的な違いがあったことは看過できない。一六世紀の城主＝官職貴族層は、君主権力、身分団体双方における優越した地位を利用しながら両利害の意思調整を主導し、この過程で自ら望む政策を引き出す能力を有していた。これに対して軍隊将校たちは、三十年戦争後に本格的に成立した官僚制的軍政組織の統制の対象となり、自由な行動の範囲を狭められていた。この軍政組織は、互いに対立しあう傭兵軍団と身分団体を統制するために、一六五〇年代以降に急速に整備されていったものであるが、当初は傭兵軍将校の資金力に代わるものとしてフィナンシエ的行政官や参謀本部将軍の資力に、それの運営は依存していた。しかしフリードリヒ・ヴィルヘルム一世治世には、計画的財政運営の確立によって、それさえ不要としていった。予め合理的に計算された計画に従って行動するところの行政組織が、権力において主人公となる時代を、ブランデンブルク＝プロイセンは迎えつつあったのである。この時代の旧貴族層の権力的役割は、現場将校として地域行政官として、計画化された国家行政組織の活動を一方で支えるとともに、他方では権力的必要性が地域社会の再生産を破壊しないよう配慮し、双方の課題の調整をはかるところにあったといえよう。

次に、三十年戦争後における土地貴族の形態変化を確認しておこう。この時代に土地貴族は、地域社会においては三十年戦争による社会荒廃からの回復のため、社会的再生産創出に対し自ら責任を担うことになった。三十年戦争後にブランデンブルク貴族から多くの将校が生まれたとはいえ、家長となった者の多くは退役しており、国家勤務と在地領主という二つの立場が、互いに矛盾をきたすことは少なかったであろう。領主たちは、領地再建のために、世襲隷民制導入によって農民たちを領地に拘束しようとしたが、しかし農民農場存続のためには賦役増強を抑制し、しばしばそれを免除するばかりか、農民農場に対する投資的役割も果たさねばならなくなった。いわゆる隷役小作制の本来の意義は、農民が農場所有権を失い領主に対して隷属的状態に陥ったというところにあるのではなく、むしろ農場再建能力を欠く農民に対して、農場を維持させてやり、そのために領主が投資的役割を代行するところにあったのではないか。一七世紀後半以後の農場領主制のありかたは、一六世紀のそれとはずいぶん異なっていたゆえに、両者の比較によって、三十年戦争後の農場領主制の独特な性格が明らかになる。一六世紀の形成期農場領主制においては、城主＝官職貴族は村落共同体の存在と機能をひとまずは踏まえつつも、武力的保護能力に加えて規則の文章化・体系化能力によって領主裁判権を強化し、中世後期の秩序混乱を収拾し、これによって安定的農村秩序を作り出していった。これに対して農民は、自らの生産手段をもってする賦役労働によって領主直営地経営を支え、農場領主制の形成に向けて貢献を強いられていったとはいえ、共同体的権利の剝奪や賦役労働の無制限の増加に対しては村落共同体も黙視せず、強く反発している。結局、後者の抗議や選帝侯（侯室裁判所）の仲介によって賦役量は固定化していったが、最終的にはその量は農民経営を破綻させるようなレベルにまでは達せず、領主と領民間の対立は、秩序安定下での経済成長の配当分配をめぐる争いであると性格づけることができた。したがって大局的にみるならば、領主にとって農民の賦役労働は、安定的秩序提供に対する反対給付のごとき意味をもったのである。これに対して、一七世紀後半以後の領主たちが軍事的保護機能を失ったにもかかわらず領主であり続けることができたのは、一六世紀の貴族とは異なった次のような機能を果たしたことによるところが大きいといえるだろう。第一に、荒廃した農民農場再建に対する前記のような投資的・経済的役割を挙げるべきであろう。農民の生産手段が領主経営を支えていた一六世紀とは逆に、領主が所有権を有する生産手段が農民農場を維持していたのである。しかし彼らの領主としての活動は、このような経済的役割にとどまるものではなく、武力的能力の裏づけを欠いていたとはいえ秩序形成に対しても関心を失うことはなかった。即ち第二に、戦渦のなかをかろうじて生き残った村落共同体の秩序維持にも彼らは気を配り、農村内の紛争や対立に対して武力的解決能力をもたない分、より客観的公正な裁判制度を提供しようとした。第三に、村落共同体自身の伝統的な秩序維持能力の涵養にも配慮している。その場合、彼らは一六世紀の城主＝官職貴族のように村民の道徳的刷新には熱心でなかったばかりか、むしろ敬虔主義者による農村民衆の道徳的改造の試みに対しては、村落秩序を混乱させるものとして敵対的ですらあったことは、一六世紀貴族との興味深い対照性というべきであろう。権力的行政機構において合理化が進行する一方、農村社会では伝統的社会秩序の再建に精一杯であり、この二つの異なった社会原理の狭間にあって、その社会的調整を行なうところに、三十年戦争後の土地貴族たちの社会的存在意義を見出すことができるのではないか。続く第二部では、絶対主義国家形成につれて飛躍的に需要の高まった財政資金調達の問題に焦点を定め、土地貴族の基本的領地支配形態である農場領主制が、この社会的調整においてどのような役割を果たしていたのか、検討することになる。

第二部　ブランデンブルク＝プロイセン国家と農場領主制

第四章　御領地財政と農場領主制

はじめに——近世国家と御領地財政

K・クリューガー★1やW・ブッフホルツら★2によって、近代財政発展の段階設定に関し新たな試みが企てられた。彼らはシュムペーター★3ならびにG・エストライヒ★4の学説から影響を受けつつ、ドイツ領邦国家財政の一般的発展図式を導き出し、近世国家の財政構造を明らかにしようとしているが、ここで注目すべきは、「御領地経済Domänenwirtschaft より租税国家 Steuerstaat へ」(シュムペーター)という中世から近代への大局的な公共経済発展過程の中間段階に、彼らは「財政国家」Finanzstaat (エストライヒ)という固有の構造をもつ近世国家を位置づけようとしていることである。この「財政国家」概念は財政史的に見るならば、二つの特徴を有しているように思われる。第一に、御領地財政が優位性を減じ、租税行政がこれと並ぶ地位を占めていること、第二に、G・シュモラー★5を代表とするかつての歴史学派の財政史研究が、君主権の役割を強調する傾向があるのに対し、この概念の主唱者らは社会的文脈のなかで国家構造を語ろうとし、とりわけ「財政国家」期の租税行政において身分団体の果たした役割を積極的に受けとめようとしていること、以上の二点である。こうした傾向は、一九七

〇年代以降発表された領邦財政史研究の多くに見いだすことができるものである。★6

さて第二部は、近世国家財政に限定して検討しようとしているものではないにしても、一七世紀後半以降のブランデンブルク＝プロイセン国家財政を考察するうえで、考慮しなければならない観点をここで確認しておく必要はあるだろう。近世国家財政固有の特質を考える場合に、御領地財政と租税行政の並存と、家産的・身分的性格の重要性という点は、なるほど重視すべき視点であると考えるが、しかしこれまでの第一部の解明を踏まえるならば、いま少し敷衍しておかねばならない論点があるように思われる。第四章では御領地財政を扱うことになるので、それに関して補足すべき点を説明し、本章の課題を設定することにしたい。

まず第一に、われわれは、シュムペーターに由来する「御領地経済（国家）より租税国家へ」というかの有名な図式にとらわれることによって、近世において御領地が過去の遺物と化していたと考えてはならない。同国家の御領地制度については、K・ブライジヒ★7による史料編纂と研究があるとはいえ、軽視される傾向があったので、なおさらそれの強調は必要であろう。一六世紀の宗教改革においてブランデンブルクがルター派に転じたことで、教会・修道院領の世俗化が実行され御領地が大幅に拡大し、★8一八世紀末にはクールマルク全農民（アルトマルクを除く）の四割を御領地は支配するに至ったのであるが、財政的にも一七世紀後半以後の本格的な宮廷拡大を支えたのは御領地財政であり、少なくとも七年戦争時までは、宮廷・御領地財政は、軍事・租税財政と並ぶ国家財政の二大構成部分を成していた。なるほど一六世紀において、城主＝官職貴族によって御領地経営とその官職は家産的保有の対象となり、御領地管区は特定の貴族家に事実上長期にわたってとどまる傾向をもっていたが、一七世紀後半以後には、御領地行政は彼らの利権より解放され、君主権のもとに集中統合され、これによって宮廷拡大を支えたという第三章第一節での結論をここで想起しておきたい。その場合、「絶対主義時代」の国家的特質として成瀬治氏が着目したM・ウェーバーの規定、即ち家産的権利の君主権への集中という側面を有していたとはいえ、変革の動向はさらにそれを超えて進行し、純粋な近代官僚制的国制への傾向をもっていたという点は、[★9]ブランデンブルク＝プロイセン国家に即していうならば、まさに以上の御領地制度の変革のなかに検証することが可能となるだろう。宮廷と軍隊という二つの中心をもつ近世的権力の財政は、まずは宮廷・御領地財政において権限集中と合理化が進行した。本章第一の課題は、一七世紀後半以後のその過程と帰結を明らかにすることにある。[★10]

しかしたとえどれだけ御領地制度において権限集中と合理化が進行したとしても、制度の末端部分である御領地管区Ämterは、相変わらず一種の家産的権力である領主制、より具体的には農場領主制によっていたという点は看過されてはならない。結局は、制度全体の計画化・合理化が、農村社会末端まで行き届かなかった事情があったのではなかったか。序章でも述べたとおり、クナップなどの研究によってわれわれは、騎士領に比べて御領地は、農場領主制の解消にも積極的であったとの印象をもつが、現実にはさまざまな試行錯誤の過程で、そう簡単には農場領主制を捨て去ることはなかった。ちなみに第五章において、騎士領における農場領主制と租税行政の関係を扱うが、比較のためにも、それに先だって御領地における農場領主制を問題とし、合理化を進める行政組織と、三十年戦争からの回復を至上命題としていた農村社会の挾間にあって、それがどのような機能（社会的調整機能）を果たしていたのかについて考察を進めたい。これが本章第二の課題である。

なお、当該期における御領地行財政のなかには狭義の御領地や御料林にとどまらず、関税・造幣・塩専売・鉱山なども含まれていた。本章は農場領主制との関係如何という課題をもっているので、当然、狭義の御領地に限定して検討を行なう。なお狭義の御領地は、一七世紀末の御領地財政収入において、四分の三強を占めていたことも申し添えておく。[★11]

★1 K. Krüger, Entstehung und Ausbau des hessischen Steuerstaates vom 16. bis zum 18. Jahrhundert. Akten der Finanzverwaltung als frühneuzeitlicher Gesellschaftsspiegel, in: Hessisches Jahrbuch für Landesgeschichte, Bd. 32, 1982; Ders., Gerhard Oestreich und der Finanzstaat. Entstehung und Deutung eines Epochenbegriffs der frühneuzeitlichen Verfassungs- und Sozialgeschichte, in: Hessisches Jahrbuch für Landesgeschichte, Bd. 33, 1983; Ders., Public Finance and Modernization: The Change from Domain State to Tax State in Hesse in the Sixteenth and Seventeenth Centuries. A Case Study, in: P.-C. Witt (Hg.), Wealth and Taxation in Central Europe. The History and Sociology of Public Finance, Hamburg/New York, 1987.

★2 W. Buchholz, Öffentliche Finanzen und Finanzverwaltung in entwickelten frühmodernen Staat, Köln, 1992, S. 1-47.

★3 J・シュムペーター著（木村元一・小谷義次訳）『租税国家の危機』岩波文庫、一九八三年。

★4 G・エストライヒ著（阪口修平・千葉徳夫・山内進訳）『近代国家の覚醒――新ストア主義・身分制・ポリツァイ』創文社、一九九三年。

★5 G. Schmoller, Die Epochen der preußischen Finanzpolitik bis zur Gründung des deutschen Reiches, in: Ders., Umrisse und Untersuchungen zur Verfassung, Verwaltung und Wirtschaft, Leipzig, 1898.

★6 特に、H.-H. Brandt, Der Österreichische Neoabsolutismus. Staatsfinanzen und Politik 1848-1860, 2 Bde, Göttingen, 1978; H.-P. Ullmann, Staatsschulden und Reformpolitik. Die Entstehung moderner öffentlicher Schulden in Bayern und Baden 1780-1820, 2 Bde, Göttingen, 1986が重要な研究であると考える。

★7 K. Breysig, Geschichte der brandenburgischen Finanzen in der Zeit von 1640 bis 1697. Darstellung und Akten, Bd. 1. Die Centralstellen der Kammerverwaltung. Die Amtskammer, das Kassenwesen und die Domänen der Kurmark, Leipzig, 1895. 同書は、軍事・租税行財政を扱った第二巻とともに、一九世紀末、二〇世紀初頭において刊行されたブランデンブルク＝プロイセン国家財政史研究のなかでは、現在でも参照すべきものの筆頭にあげられるのであるが、何故かわが国ではあまり検討された形跡がない。ブライジヒが執筆した前半部分と後半の史料編よりなり、いずれも高い価値をもつ。本章の第一、二節の検討は、同書がなければ不可能であった。ほかにK. Breysig, Der brandenburgische Staatshaushalt in den zweiten Hälfte des 17. Jahrhunderts, Teil 1., in: Jahrbuch für Gesetzgebung, Verwaltung und Volkswirtschaft, N. F. Bd. 16, 1882より、御領地財政全般の概況を知ることができる。

★8 HHBB, Lfg. 33. G. Heinrich (Bearb.), Besitzstand und Säkularisation in Brandenburg um die Mitte des 16. Jahrhunderts.

★9 成瀬治『絶対主義国家と身分制社会』山川出版社、一九八八年、二三頁、M・ウェーバー著（世良晃志郎訳）『支配の社会学』II、創文社、一九六二年、三四五―九頁。

★10　ここでブランデンブルク＝プロイセンの御領地財政と租税行政の金庫関係について、ひとこと触れておきたい。それは同国御領地財政についての誤解をただすためである。ブランデンブルク＝プロイセンにおいて租税は御領地、「私領地」のかわりなく双方に課税され、しかも御領地において徴収された租税は御領地行政管轄の金庫ではなく、軍事・租税行政管轄の金庫に納入され、同金庫は所領支配者の相違に関係なく租税を管轄する。このことは後に紹介する総監理府に宛てられた一七二二年の「指示書および服務規則」第八条第五項より明らかである。以上の点については柳川平太郎氏が「一八世紀プロイセンのアクチーゼ・関税制度」『高知大学学術研究報告』第三一巻、一九八二年において正しく認識をされながら、続篇「Regie 考――プロイセン絶対主義下の間接税行政・再論」『高知大学教育学部研究報告』第三部第三九号、一九八七年において、阪口修平氏の批判を得たとして自説を撤回され、御領地の地租は御領地収入と一括して御領地財政収入となったとの新説を主張された。この見解の変更は無用のものであった。

★11　O. Behre, Geschichte der Statistik in Brandenburg-Preussen, Berlin, 1905, S. 88.

第一節　三十年戦争終了前の御領地制度――旧貴族家のパトロネージュと御領地経営の放任

一　行政組織

第一章でわれわれは、一六世紀の権力構造を君主権と諸身分の二元的権力としてとらえるだけではなく、むしろ城主＝官職貴族が三つの地位、すなわち君主権における官職、地域身分団体における騎士身分代表、最後に大所領を三位一体的に掌握していたことを論証した。[★1] 君主権官職のなかでアムツハウプトマン Amtshauptmann, -leute は、官職数のうえでもまた利権の大きさにおいても、もっとも重要なもののひとつにあげることができる。

アムツハウプトマン職は、御領地の基本単位であるところの御領地管区Amtの最高官職であり、御領地の司法・治安に責任をもつとともに、管区の御領地経営を担当するアムツシュライバーAmtsschreiberおよびその部下のコルンシュライバーKornschreiberを監督する立場にあった。ここでいまひとたび、アムツハウプトマン職を城主＝官職貴族が掌中に収めることのできた経緯を簡単に確認するならば、以下のとおりであった。彼らが君主権に浸透するにあたって、君主への信用提供は重大な役割を果たしたが、その見返りとしてしばしば御領地が担保として利用された。当時の不動産抵当制度では、担保物の管理・利用権は債権者の側にあったため、[★2]多くの御領地管区経営権は信用提供の代償として有力貴族の手に渡った。ここで看過できないことは、彼らのなかに経営権のみならず、アムツハウプトマン職をも手に入れた事例が多く見られたことである。しかも貸付期間の長期化につれ、アムツハウプトマン職の世襲化も可能となった。こうしてアムツハウプトマン職は、フランスの官職保有制度とも類似した性格をもつに至った。[★3]このため御領地は確かに一六世紀のあいだ拡大したのであるが、それらの経営権のみならず行政・司法権も含む支配権は、有力貴族たちによって、御領地管区ごとに分散的に掌握されるに至ったのである。

一七世紀に入るとブランデンブルクでも、集権的に御領地を統治しようとする試みが開始された。一六〇四年以前においては一名の参事官が御領地行政を担当していたが、同年に御領地参事官Amtsräteは二名に増員され、枢密参議会Geheimer Ratとともに御領地行政を担当することになった。さらに一五年には、合議制機関である御領地財務庁Amtskammerがクールマルクに設置され、同時に御領地財政の会計機関であったホーフレンタイHofrenteiの監督権も得た。[★4]しかしながらこれによって、アムツハウプトマンら有力貴族の御領地支配が決定的な打撃を受けたとみるのは、早計に過ぎると言うべきであろう。その根拠として、次の二つをあげることができる。まず第一に、御領地財務庁は、アムツハウプトマンの御領地管区行政を統制するために設置されたとはいえ、彼らの利害代表としての一面も備えていた。設立時においてクールマルクの同庁では、枢密参議を兼務する長官と四人の参事が意志決定を行なっていたが、アムツハウプトマンが二つの参事ポストを占め、御領地財務庁の実務官僚であるカマーマイスター二名が残りの参事に就任した。[★5] 四〇年代の上級官職の構成は不明であるが、四三年に御領地財務長官に就任したB・v・アルニムは、クールマルクきっての城主＝官職貴族出身であることに加え、枢密参議の職にあり、かつレブスLebusとフュルステンヴァルデFürstenwaldeの二御領地管区のアムツハウプトマン職を兼務していた。[★6] 次に第二に、行政組織全体の仕組みが、城主＝官職貴族層の御領地支配に有利に機能していた。当時領土全体を統括する御領地行政組織はブランデンブルク＝プロイセンには未だ存在しておらず、有力貴族門閥の牛耳るところの領邦参議会組織Regierungen（クールマルクの枢密参議会、プロイセンのOber-und Regimentsräteなど）が、領邦単位で当地の御領地財務庁を指導し（ブランデンブルクにはクールマルクとノイマルクのそれぞれに別個の御領地財務庁が存在した）、さらに御領地財務庁が、御領地行政の基本単位たる御領地管区を監督する立場にあった。しかし選帝侯、領邦参議会組織、御領地財務庁、御領地管区の関係は不明朗なものであった。とりわけ混乱の原因となっていたのが、領邦参議会組織の存在である。クールマルクを例にとってみるならば、枢密参議会を通さずに、選帝侯と御領地財務庁は直接報告と決定のやりとりを行なう場合もあったようであるが、しかし他方、有力貴族によって支配された枢密参議会は、御領地行政の重大な問題に対する決定権を留保し、選帝侯の作成する文書や命令に強い影響力をもち、これらの命令は御領地財務庁の頭越しに直接、御領地管区に発せられることが頻繁にみられた。これらの命令はしばしば一貫性を欠き、責任の所在が不明確であるという問題をもっていたが、[★7] 有力貴族の御領地支配にとっては有利に作用したであろう。

二　金庫・会計制度

行政組織に関してと同様、ブランデンブルク＝プロイセンは全土を統合する中央金庫をもたず、領邦ごとにそれは設置されていた。しかもクールマルクの御領地関係の金庫組織は、御領地財務庁の管轄下にあるホーフレンタイと、君主の私的金庫としてのシャトゥレ Schatulle に二分されていた。[★8] 後者は御料林の収益を主な収入とし、少数の御領地管区の収益に対しても権利を有していた。金庫同様に、御料林やこれら御領地管区も御領地財務庁の管轄下にはなかった。シャトゥレは、金庫としての重要性において決して無視しうるものではないが、農村社会の再建という本章課題とのかかわりが薄いことを考慮し、以下では御領地財務庁監督下にあるホーフレンタイに検討の対象を限定することにしたい。

ホーフレンタイの機能上の限界として、クールマルク唯一の中央金庫でなかったことをいまあげたが、加うるにそれは、御領地財務庁管轄下にある御領地管区の総収入はもちろん、純収入さえ一部を把握するにとどまっていた。そこには二つの理由をあげることができる。まず第一に、御領地財政が相変わらず現物経済より脱却できず、デプタートを含む宮廷への現物給付を、ホーフレンタイは掌握できていなかった。[★9] 次に第二に、ホーフレンタイを介することなく、支払指図書 Assignation によって、御領地管区から直接支出されていたことが注目される。この制度は、これ以降、御領地財政改革にとってもっとも重大な論点の一つとなるので、その特性について若干の検討を加えておく。支払指図書とは、御領地財政の収入調達のみならず、支出行為も御領地管区金庫に直接依存するものであって、中央金庫の未形成という状況下で、金庫制度上、御領地行政が管区の緩やかな集合体であることを端的に示す制度にほかならない。問題は、管区金庫が、支払指図書制度を通じ全体としてどのようにコントロールされていたかである。同制度は、その時々に支払能力を有すると考えられる御領地管区に対して、君主が随時支出命令を行なうもので、それに照応して、支払指図書による支出分だけ領邦上級金庫であるホーフレンタイ収入が減少し、しかもその減少分が予測不可能で、毎年大きく変動するという問題をも必然的に招来するものであった。主な支出先として、官僚などに対する給与、年金、恩給、債務返済金等が中心をなしていた。しかし「大選帝侯」と呼ばれるようになったフリードリヒ・ヴィルヘルムによってさえ、当時、同制度がコントロールされていた形跡はない。不適切な人物に支出したり、あるいは同一人物に対して二重三重の支払を行なうなど、不正常な支出が目立っていた。★10 これは、前述のように、御領地行政の政策決定過程に枢密参議などの有力貴族が強い影響力を行使し、管区に対して政策介入していたことなどを考えあわせるならば、彼らが、自らのパトロネージュ拡大のため、君主の支出命令である支払指図書発行に深くかかわり、これによって彼らと恩顧関係にある官僚たちのために、優先的に御領地収入を確保しようとした結果でなかったかと推測されるのである。それでは、以上のごとく必ずしも計画的に発行されたとは言いがたい支払指図書が、御領地管区において現金化されえたのは何故であり、いかなる社会的関係によって保証されていたのか、次に説明されねばならないだろう。御領地管区の最高官職はアムツハウプトマンであったが、彼の主な役割は司法・治安行政であり、経営は市民出身のアムツシュライバーとコルンシュライバーによって指導されていた。枢密参議やアムツハウプトマンら有力貴族は、シュライバー官職を自らと恩顧関係にある者のために獲得しようと狂奔し、宮廷のなかではそれをめぐって駆け引きが繰り広げられた。★11 彼らをそうさせた事情は、次の二点に求めることができる。第一に、シュライバーには、給与の他に豊富なデプタートが給付されていたこと。第二に、御領地管区宛ての支払指図書の発行は計画的に行なわれたものではなく、その現金化はひとえにアムツシュライバーの臨機応変の支払能力にかかっていた。このため恩顧関係にある者をアムツシュライバーに据えることは、彼らに利権ポストを確保してやると同時に、支払指図書の確実な換金を保証するという点でも、重要な意義をもちえたのである。以上のとおり、支払指図書による財政運営は、全体的かつ計画的コントロールによって行なわれるものではなく、パトロネージュ拡大を目指した有力貴族者たちの駆け引きと、それを通じて形成された恩顧関係によって調整されたのである。★12

このように、御領地財政の金庫制度が、御領地管区金庫を支払指図書によって緩やかにまとめたものであったということは、中央からの会計コントロールの欠如と照応していた。そこで、次に御領地財政の会計制度について、その特質を以下列挙してみよう。★13 第一。ホーフレンタイの会計年度は、「聖十字架賞賛の日」Crucis である九月一四日より一年間と決められていたが、年度末に収入と支出の総計をまとめていたとはいえ、項目ごとの集計はなおざりにされていた。必然的に各年度の項目別の未徴収残高や支出未執行残高の確認は放棄され、このため前後の年度の会計が互いに混合しあうことから、年度決算制度は未形成であった。第二。年度決算制度が未確立であったゆえ、当然年度予算制度も形成されようがなく、過去の会計記録が会計運営にとって目安としての役割を果たし、計画的な収入徴収や支出執行は行なわれていなかった。第三。各地域、各級金庫の決算日はおのおの独自に設定されており、クールマルクの御領地管区金庫の場合も、会計年度は六月初旬の「聖三位一体祝日」Trinitatis から始まる一年間であって、中央金庫であるホーフレンタイの会計年度とはくい違っていた。第四。会計年度の不統一ともあいまって、ホーフレンタイは、御領地管区決算をも含めた御領地財政総体の決算把握にはいっさいかかわりをもてず、加えて、御領地管区会計とホーフレンタイ会計双方に対して責任を負っていた御領地財務庁も、同庁を介さずに御領地管区に対して君主の支払指図が頻繁に行なわれていたことにより、御領地管区決算をほとんど掌握できていなかったのである。

三　御領地経営

御領地行政の末端組織である御領地管区は、村落と領主直営地たる分農場 Vorwerke の集合体であり、そこでは行政組織自体による所領経営が行なわれていた。アムツシュライバーの所領経営に対する責任は重く、彼らは各所領に管理人をはじめ生産機能を有する使用人を抱え、使用人の雇用と監督、農民の賦役・貢租の収取、農民農場維持への配慮、施設・生産用具・家畜の維持などの義務を負っていた。このため農民農場をも含む御領地管区の全資産、土地の用途別面積、農民数、賦役・貢租負担量などについて、詳細な目録を作成するとともに、御領地管区の会計決算書および現物在庫表を、御領地財務庁に送付することが彼らに求められていた。[★14] しかしながらそれらの定期的作成はなおざりにされ、全く不十分な状態にあった。一六五二年四月にブルメンタール J. F. v. Blumenthal からヴァルデック G. F. Graf zu Waldeck に宛てられた通信によると(この二人については後述)、四半期ごとの会計報告はおろか年度決算でさえも、当時何年にもわたって御領地財務庁によって検査された形跡がなかったという。[★15] このようなコントロールの欠落は、三十年戦争による御領地経済の混乱をいっそう増す結果となった。一六五九年に合計三三〇〇のフーフェ保有農民農場とコセーテ農場を有していたクールマルクの二五の御領地管区に関して、三十年戦争前にそこにあったフーフェ保有農民農場、コセーテ農民農場数をみるならば六一〇〇にものぼっており、農場数はほぼこの間、半減してしまっていた。しかも耕作主をもち、かろうじて存続しえた農場においても、牛馬や農具の減少は著しく、生産能力低下が原因で、多くの村落では畜耕賦役を手賦役に変更せざるをえない状況にあった。[★16] こうした苦境にあって、残された資産と農民農場を厳重に管理し、それらを維持することに誰よりも責任を負っていたはずのアムツシュライバーであるが、資産目録作成を怠るばかりか、もち手を失った農民農場の資産を私物化する者さえ現れた。彼らの存在は、むしろ農民農場再建や資産管理

に対して重大な障害となっていったのである。★17

このように、資産目録作成や定期的会計報告が軽視されたことは、御領地管区金庫に対する会計コントロールの欠如を端的に示したものであった。枢密参議会やアムツハウプトマンら有力貴族とシュライバーとの関係は、官僚制的監督関係というよりもむしろ人格的恩顧関係によるものであり、前者による後者への支出命令も計画的・定期的なものではなく、むしろ臨機応変なものであって、「融通がきく」ことに価値がおかれていたことを踏まえるならば、厳格な会計コントロールは、むしろこのような関係にとって障害になりかねなかったとせねばならない。しかしながらこのような関係は、御領地経営におけるアムツシュライバーの野放図を容認する結果となり、三十年戦争後の経営再建のためには、もはや適合的でないことは明らかであった。

★1　われわれはこうした結論を得るにあたって、ハーンの研究（特にP.-M. Hahn, Struktur und Funktion des brandenburgischen Adels im 16. Jahrhundert, Berlin, 1979）より学ぶことが多かったことを、再度確認しておきたい。

★2　H・ミッタイス著（世良晃志郎・広中俊雄訳）『ドイツ私法概説』創文社、一九六一年、二一二、三頁。

★3　P.-M. Hahn, a. a. O., S. 213-25. ほかに、当時の官職に関するより一般的な分析は、H. Rosenberg, Bureaucracy, Aristocracy and Autocracy. The Prussian Experience 1660-1815, Massachusetts, 1958, S. 46-57 によって与えられている。

★4　P.-M. Hahn, a. a. O., S. 151-5 ; K. Breysig, a. a. O., S. 153-7; Kurfürstliche Verordnung über die Organisation der Amtskammer, der Hofstaatsverwaltung und der Hofrentei (Ebenda, Akte　Nr. 58).

★5　Ebenda, S. 154.

★6　Kurfürstliche Bestellung für Bernd v. Arnim als Amtskammerpräsident (Ebenda, Akte Nr. 62).

★7　Ebenda, S. 13-5 u. 162f.

★8　A. F. Riedel, Der Brandenburgisch-Preußische Staatshaushalt in den beiden letzten Jahrhunderten, Berlin, 1866, S. 13-7.

★9　K. Breysig, a. a. O., S. 64.

★10　Instruktion des Kurfürsten für Raban v. Kanstein als Leiter der Gesamt-Kammerverwaltung (Ebenda, Akte Nr. 1).

★11 Ebenda, S. 197.
★12 以上、支払指図書制については、Ebenda, S. 65-67; A. F. Riedel, a. a. O., S. 5f.
★13 K. Breysig, a. a. O., S. 59f.
★14 Ebenda, S. 195f.
★15 Ebenda, S. 246.
★16 Ebenda, S. 239-41; Bericht von Thomas von dem Knesebeck und Joachim Schulze an den Kurfürsten (Ebenda, Akte Nr. 81).
★17 Ebenda, S. 198-202, 226-31, 242f. u. 246.

第二節　一七世紀後半の御領地改革――フィナンシエ的行政官登用と請負小作制導入

一　行政組織

一六五一年の国家御領地参事会Staatskammerräteの設置以降、九七年の宮廷御領地財務府長官クニップハウゼンD. Freih. v. Inn- u. Knyphausenの失脚までのほぼ半世紀は、御領地行政組織が形成され、それらによる試行錯誤のなかから、徐々に新しい御領地制度が現れてくる期間とみなすことができる。御領地行政組織の形成という観点から見るならば、一七世紀後半はさらに三つの段階に細分すべきであろう。

第一の段階は、五一年よりスウェーデン＝ポーランド戦争（一六五五―六〇年）までの期間である。旧ブランデンブルク貴族出身の実力者ブルクスドルフ K. v. Burgsdorf の失脚とともに、五一年一二月に行なわれたクールマルク枢密参議会の変革は、御領地行政にも影響を与えないわけにはいかなかった。第一に、その管轄をクールマルクにとどめず、他の領邦行政にも介入し、ブランデンブルク＝プロイセン国家全体を統治する機関として明確に位置づけられた。[★1] 第二に、枢密参議会内において、シュヴェリン O. v. Schwerin、ヴァルデック、ブルメンタール、トルノウ J. Tornow の四人から成る御領地専門部会として国家御領地参事会 Staatskammerräte が設置され、枢密参議会の専門的機能の強化がはかられた。[★2] シュヴェリン（ポメルン貴族）やヴァルデック（帝国貴族）ら非ブランデンブルク貴族を中心に開始された五〇年代初頭の改革行政は、枢密参議会の存在を重視しつつ、しかしその性格を機能的・中央集権的組織へと転換させようとするものであった。[★3]

第二の段階は、スウェーデン＝ポーランド戦争勃発より開始される。段階推展の原因は、この戦争によって、国家御領地参事会委員たちが、外交や軍事など枢密参議としての他の業務に精力を奪われ、御領地行政がなおざりにされたことにある。このため五九年にカンシュタイン R. v. Canstein（ヴェストファーレン貴族）がクールマルク御領地財務庁長官に任命されたのを契機に、政策遂行の中心が枢密参議会より御領地財務庁に移行すると同時に、[★4] クールマルクの御領地財務庁は制度の面でも、その質的能力においても、御領地行政を主導しうる政策主体としてめざましい発展をみた。まず同庁長官には、他の領邦（州）の御領地行政最高責任者の役割も同時に与えられ、スタッフ数も、五六年に長官以下の上級官と下級官あわせて八名にすぎなかったのが、七〇年代はじめには一六名に増員されていた。さらに同庁の指導的メンバーにも変化があった。かつては枢密参議とアムツハウプトマンが上級官職を占めていたのに対し、この段階では、シュルツェ J. Schulze、フェール J. Fehr、マティアス M. Matthias のように、専門的下級官としてこれまで同庁に勤務した人物が、参事などの上級官に昇進する事例が見られ、しかも彼らは、一族のなかから何人ものメンバーを御領地財務庁に送り込んでいった。このことは、御領地行政を長年専門としていた人物に裁量権が任され、しかも御領地行政をめぐって独自の非貴族門閥が形成されていったこと、すなわち伝統的有力貴族の影響下から、同庁が社会的にも独立しつつあったことを意味しているといえよう。[★5] 以上の機能強化によって、御領地財務庁は事実上、御領地行政における最高機関としての位置を獲得した。御領地管区など下級機関と君主のあいだのやりとりは、必ず御領地財務庁を通さねばならなくなり、君主や枢密参議がその頭越しに御領地管区に命令を出すことはありえなくなっていったのである。[★6]

フリードリヒ三世が八八年に即位すると、教育係であったダンケルマン兄 E. Danckelmann を枢密国家・軍事参議官に任命し、彼に国家政治万端にわたる指導権を与えた。彼は、御領地行政についてはクニップハウゼン（帝国貴族）を、また軍政に関してはグルムプコウ父 J. E. v. Grumbkow とダンケルマン弟 D. Danckelmann を行政の中心に据え、彼らに全国家的行政組織の創設を指導させた。[★7] なおクニップハウゼンは、八四年に既に宮廷御領地財務長官 Hofkammerpräsident に任命されており、したがって八四―八年以降九七年の彼の失脚までを、第三の段階とすることができる。この段階は、前段階とは二つの点で区別することができるのではないか。第一に、彼の就任時においてはまだ、国家全体の御領地行政を統括する制度的組織は存在しなかったが、しかし八九年にはついに全国家的官庁として宮廷御領地財務府 Hofkammer が正式に設置され、三名の参事と三名の事務官が配置された。[★8] これにより、中央―領邦（州）―地域（御領地管区）という序列をもつ御領地行政の全国的組織が成立したのであった。第二に、宮廷御領地財務府や御領地財務庁におけるフィナンシエ的官僚の登用である。この点については次の項において述べることになる。

以上のとおり、シュヴェリンらの権力掌握以後、カンシュタイン、クニップハウゼンらによる御領地行政組織形成までを概観するならば、旧ブランデンブルク貴族によって分散的に支配されていた御領地行政は、一七世紀後半に集権的行政組織に様変わりし、しかもその指導部は一貫して非ブランデンブルク貴族が掌握し、そのもとに独自の市民出身実務官僚層が形成されていった。こうして旧ブランデンブルク貴族（アムツハウプトマン）とアムツシュライバーによる御領地支配は崩れ去っていった。

二　金庫・会計制度

一七世紀後半における金庫・会計制度史の紆余曲折を語るには、多くの紙幅を要するので、ここでは大まかな改革の方向性を提示するにとどめたい。まずクニップハウゼン以前の改革の意義について、簡単にまとめておきたい。第一。会計制度確立にとっての障害として、御領地管区からの現物納とデプタートの存在があった。デプタートの廃止は五〇年代に順調に行なわれたが、宮廷に対する現物供給は、その後も相変わらず御領地管区に求められ続けた。[★9] しかし、宮廷の物件的支出を管理する金庫として宮廷国家金庫 Hofstaatsrentei が七三年に設置され、八〇年に現物給付が廃止されることで、現金会計への一元化は完了した。同金庫は専属の御領地管区を設定し、そこからの収入によって、宮廷の物件的経費に対して責任を受けもつことになった。[★10] 第二。御領地管区決算の定期的報告と会計検査は、クニップハウゼン就任以前にはついに実現せず、[★11] 御領地管区金庫を十分コントロールできずにいた。このため、ホーフレンタイやラントレンタイ（クールマルク以外の領邦御領地金庫）を通さずに、直接、御領地管区に対して随時、支払指図書を発行することが、相変わらず容認されていた。しかしながらこの間、支払指図書の発行を全く無統制のまま放置したわけではなかった。グラーデベック B. v. Gladebeck（ブラウンシュヴァイク貴族出身）が御領地財務庁長官在任中（一六七八―八一年）に行なった支払指図書帳簿 Assignationsbuch の作成は、御領地財政のコントロール強化にとって一定の前進と評価しうるものであった。

既述のとおり、支払指図書によってホーフレンタイを介さず御領地管区から直接支払われる支出は、従来計画的統制を受けていなかったが、これを一つの帳簿に登録させ、不適切な支出やあるいは同一項目への重複支出を取り除き、ホーフレンタイの外にあってこれまで管理の行き届かなかった収支のコントロールに乗り出したのである。[★12]これは、御領地管区内部にまで会計コントロールの範囲を拡大し、その自立を奪おうとするものではなかったとはいえ、御領地管区と宮廷のあいだの財政的関係を整序し、宮廷や一部有力貴族の御領地収入私物化に対する防止策として、一定程度の効力をもったといえよう。

以上の部分的改革を踏まえ、クニップハウゼンは包括的金庫・会計制度改革を進めていった。まず八九年に創設された宮廷御領地財務府への「指示書」において、御領地財政関係の全金庫の会計年度開始点を、「聖三位一体祝日」をもって統一すべきとした。[★13]それは、御領地財政の一体的会計把握の大前提となる重要な意味をもつ制度変革であった。このような会計年度の統一にもとづき、予算・決算制度の整備が進められた。すなわち前記八九年の「指示書」(第五条)においては、各州の御領地財務庁は、「聖三位一体祝日」後三ヶ月以内に前年度決算とともに当年度予算を宮廷御領地財務府に提出すべきとされたが、提出すべき対象は、ホーフレンタイ、ラントレンタイ会計にとどまらず、末端の御領地管区会計にも及んだ。さらに予算制度の前進にとって特筆すべき改革は、九六/七年度において、すべての官吏の給与・年金・恩給額に関して、詳細な予算が作成されたことである。[★14]八九年時には、まだ総額で一七一〇〇〇ターレルを限度に、各御領地財務庁に支払指図書発行を認め、地域的領邦的利害に対しても譲歩を見せていた。[★15]しかしこの九六/七年の措置によって、支払指図書による人件費支出はついに全廃され、これまで支払指図書帳簿として支出後に事後的に集約された支出一覧表は、事前の予算としてまとめられることになった。こうして各級財政当局に対する支出指図は、個別的命令より包括的予算による命令に転換していったのであった。また九六年の監査官 Kontroller の導入は、会計検査制度の萌芽として位置づけられうるものであった。これは、宮廷御領地財務府直属の監査官を各ラントトレンタイに常駐させ、ラントトレンタイ会計官 Lantrentmeister の会計運営を監視しようとするものだった。監査官には、会計官の会計報告の適正さを確認するため、対照用会計報告 Gegenrechnung の作成が命じられた。[★16]

さて、中・下級金庫に対する支払指図書発行の縮小に応じて、財政資金の宮廷への集中は必定となり、それらを管理する中央金庫もまた必要となる。九六年に国家御領地会計長職 Oberrentmeister が新設され、それにクラウト兄 C. F. Kraut が任命されることによって、ついに御領地財政領域で中央金庫が成立することになる。[★17] 確かに当初はそれを公式的制度と性格づけることはできなかったとしても、彼個人の金庫がその代替的な役割を果たしていた。ところで、彼をも含め会計官の任務として注目すべきことは、予算制度の成立により、彼らには予算の正確な執行が求められたうえに、経費支払いと収入受入れのあいだに生じる金額と時間の乖離を、会計官個人が自己の資産をもって補塡すること、すなわち国家に前貸しを行なうのもその任務とされたことである。[★18] 従来このような支出責任は、支払指図書の現金化に義務を負うアムツシュライバーにあった。しかし定期的上納に領地経営者の任務が変化し、財政資金の管理が中央に集中するようになると、代わって中央金庫統括者としてのクラウトら会計官の資金融通能力に、財政運営が大きく依存するようになった。九〇年代には、御領地財政、軍事財政双方において、会計官をはじめとする高級官僚による国家財政への貸出しが急増するのであるが、それはちょうど、御領地財政の中央集権化が本格的に進行した時期に照応していた。一七世紀末より一八世紀初頭において、このような積極的貸出しを行なった官僚のなかには、クラウトの他に、中央軍事金庫の総収入官 Generalempfänger のクラウト弟 J. A. Kraut、クニップハウゼン、代々ホーフレンタイ会計官を務めたマティアス一家の名を見ることができる。[★19] クラウト兄が具体的にどの程度の貸付けを行なっていたかは不明であるが、しかし国家への前貸しにおいて、並ぶもののない能力を発揮したクラウト一族の一員として、彼はその資金融通能力が期待され、御領地金庫の実務的統括者に任命されたであろう。このようなフィナンシエ的行政官の活躍は、旧貴族によってアムツハウプトマン職を通じて分散的家産的に保有されていた御領地行政の権限が、一八世紀に至ると、宮廷行政官のもとに集中していたことを示していたといえるのではないか。

三　御領地経営

御領地経営の改善にあたっては、次の二点が解決されねばならない課題となった。第一に、御領地財政における予算制度の発展によって、宮廷や有力貴族の資金需要に対して臨機応変に応えることより、むしろ定期的に一定額の上納を確実に行なうことが、領地経営者の義務となる。第二に、三十年戦争等の諸戦争によって破壊された農場の再建を行なうことも、彼らの任務となる。このうち前者の解決のためには、定期的な現金支払い義務を前提とするところの小作制が整合的制度であったことは疑いない。問題は、農場再建をも同時に実行できる小作人をはたして見いだしうるかどうかにあった。

御領地における実験的な小作制度の導入は、既に三十年戦争終了直後の四〇年代末より、オランダ、フリースランド方面からの農民の招請によって行なわれていた。このときの小作制度は、農民自身が生産手段を自弁し、自らが小作人となって君主と直接、小作契約を結ぶものと、入植請負人が一括して賃借し、貢租などの負担は君主にではなく、請負人に対して農民が支払うものの、二つのタイプに大別することができた。[★20]この二つのタイプはその後の御領地小作制度の原型をなし、その優劣をめぐって、たびたび議論されることとなった。しかし小作人に農民を選び、彼らと直接、君主が契約を結ぶという試みは、その後一七世紀後半には本格的に追求されることはなかった。小作契約を農民と直接結ぶことを通じて、農民農場の自立化をはかることが御領地において一般的にならなかったのは何故か。エンダースが言うように、この時期、農民の地位は、彼らが農具、家畜、種籾などを自弁できたか否か、また家屋を自力で建築しえたかどうか、という事情によって決まった。[★21] それらの能力を欠く農民に対しては、領主が生産手段や建材提供の義務を負うことになった。近年のブランデンブルク農村史研究は、一七世紀後半より一八世紀初頭にかけての時期は、従来の通説とは反対に、人口減少による労働力不足の結果、農民にとってむしろ有利な時期であったことを主張している。農民は、労働力の希少性という自らにとって有利な事情を、自由農民化するために活かすのではなく、むしろ隷役小作制 Lassitentum 下で生産手段や建材自弁を回避しつつ、賦役・貢租の固定化や減免をかちとるというかたちで利用しようとするのが一般的な動向であった。[★22] したがって農場領主制下での隷役小作制の形成は、農民にとって他律的に強制された過程であるとは断言できないのである。この結果、御領地の再建も、生産手段を所有する農民の不足によって、彼らではなく資力を有する者による一括的請負小作に期待するのが自然の成り行きであった。

それではいかなる階層から請負小作人を得ようと期待したのか。国家御領地参事会時代においては、都市市民を請負小作人として招き入れ、彼らによる合理的経営の導入を目指した。このことは、五三年六月に取り交わされた御領地管区ビーゼンタール Biesenthal の小作契約によって明らかである。[★23] そこにおいては、行政自体による従来型の経営では領地再建が見込めないとしたうえで、ベルリンの市民セレ C. Selle に、六年間の期限で、御領地管区に付属する領地等の土地利用権や、賦役や貢租の収取権などの諸権利を貸与した。しかしこのような御領地の小作化に対しては、アムツハウプトマンやシュライバー層など、既得権を有する者たちから強い反発を招いたのは当然であるが、それに加え三十年戦争以後も、ブランデンブルクでは断続的に国土が戦場化し、都市・農村いずれもが破壊の洗礼を受けたため、資金力に優れた請負小作人を都市市民より見いだすこと自体が困難を極めた。それゆえに小作制度の導入は、五二、三年に計一〇の御領地管区において行なわれたにもかかわらず、その後は停滞し、むしろ行政による直接経営に復帰する御領地管区も生まれ、五八年にはクールマルク二八の御領地管区のうち、七のみが小作制を維持していたにすぎなかった。しかもかろうじて小作制として残った御領地管区でも、小作人をアムツハウプトマンやアムツシュライバー層から選ばざるをえなくなったことは、当時の小作契約が示しているとおりである。[★24] このような請負小作制度の停滞を受け、グラーデベック期には行政自身による経営への復帰が選択された。貨幣収入の確実な確保という点では、請負小作制に比べ一見後退のように見えるが、しかし彼は、アムツシュライバーらに御領地経営が依存せざるをえない現実を踏まえ、監督体制が不十分なまま小作制を導入することは、彼らによる杜撰な所領管理をいっそう増長させると考えた。このためむしろシュライバー任命にあたって、可能な限り適切な人材を選ぶことに配慮しつつ、彼らに対する管理体制を強化することに、政策の重点を置こうとしたのである。[★25]

クニップハウゼン期になると財政制度、とりわけ予算制度の整備につれ、御領地経営にとって、予算で予定された収入を確実に確保することが至上命題となっていった。このため彼は、就任当初より請負小作制の本格的導入に取りかかる。問題は相変わらず、小作制下において、収入確保と所領再建の二つの課題をいかに両立させるかにあった。これについてクニップハウゼンは、次のような措置によって請負小作制下で所領、とりわけその中核をなす農民農場の再建を実行しようとした。第一に、ホーフレンタイやラントレンタイ予算に農民の賦役・貢租免除分を支出として予め計上し、一定額を確保したことである。これは、二つの課題、即ち収入の確保による予算の順守と農民農場再建に対する財政上の負担緩和を、なんとか両立させることを目的としていた。従来より戦争、凶作、家畜疫病死、火災などの事情で農民が被害を受けた場合、農民が小作人に対して負担する賦役・貢租は減免され、この減免分は、小作人が御領地財政に納入する小作料においても控除の措置がとられることには

第4-1表　クールマルク御領地経営収益（単位：ターレル）

御領地管区	収益				
	1615 年	1650/1 年	1673/4 年	1680/1 年	1695/6 年
Lebus	18,700	12,200	3,600	8,000	21,000
Fürstenwalde	8,000	6,400	600	—	3,500
Rüdersdorf	1,800	2,000	100	—	2,000
Spandau	6,900	4,500	1,200	—	3,800
Zehdenick	5,000	400	500	—	4,100
Liebenwalde	3,200	400	0	—	1,900
Biesenthal	3,100	1,600	0	—	2,900
Müllenhof	13,900	5,600	1,800	—	6,100
Fehrbellin	3,300	1,600	400	—	3,600
Trebbin	1,600	1,300	400	—	1,300
Zossen	6,100	4,200	1,400	1,700	4,900
Tangermünde	12,100	2,500	400	1,100	4,400
Beeskow	—	—	1,100	2,000	5,100
Ruppin	16,600	—	1,300	1,500	6,300
Arendsee	3,400	—	400	2,100	2,800
Diesdorf	3,300	—	900	2,500	3,400
Wittstock	7,900	—	0	2,100	3,000
Mühlenbeck	1,600	—	0	—	1,000
Zechlin	2,100	—	200	—	1,100
Gramzow	12,600	—	400	—	4,200
Chorin	5,500	—	0	—	1,300
Storkow	—	—	1,200	—	3,800
Ziesar	—	—	300	—	6,800
Burgstall	3,400	—	0	—	1,700
Neuendorf	2,000	—	0	—	1,700

12 管区(1650/1)	83,700	42,700	10,400	—	59,500
8 管区(1680/1)	—	—	9,100	21,000	50,900
25 管区(1673/4)	—	—	16,200	—	101,700
22 管区(1615)	142,100	—	—	—	86,000
ブライジヒ推計					
12 管区(1650/1)	83,700	42,700	12,400	—	42,500
8 管区(1680/1)	—	—	11,600	26,700	37,200
25 管区(1673/4)	—	—	20,600	—	74,200
22 管区(1615)	142,100	—	—	—	63,800

典拠：K. Breysig, a. a. O., S. 376f.

注：収益の値は、年度によって総収入、貨幣・現物合計純収入、貨幣のみの純収入とまちまちであって、年度ごとの比較が不可能である。そこで比較のために、K・ブライジヒが統一的基準によって純収益を推定しなおしたのが末尾の項目である。

なっていた。しかしそれらの実施方法については、明白な規定があったわけではない。しかも財政当局は控除にそれまで消極的であり、このため控除の確実性に信頼のもてない小作人もまた農民に、減免を認めることには積極的にはなれなかった。それを認める場合でも、農民に「礼金」Wohlgeld の提供を求めるという慣行が横行していたという。[★26] このため賦役・貢租減免によって生じる減収分について、小作人に対しても小作料の軽減を保証することで、彼らが減免に積極的に応じられる環境を作ったということができよう。ただし、賦役・貢租減免についての規則が整備されるには、一七二〇年代を待たねばならない。第二の措置は、小作料の算定と資産・領民の保全のため、契約更新（六年）のたびに資産目録や領民名簿の詳細な作成を要求したことである。特に小作契約書には、農民農場に属する家屋、納屋、農具、家畜などに関する目録が添付され、農民ではなく、請負小作人にこれら資産の保全が義務づけられていた。農民農場保全の法的責任を請負小作人に求め、農民の保護を彼らに義務づけたことによって、御領地における隷役小作制は制度的に確立されていったのである。[★27] なおこの目録はすべて宮廷御領地財務府に送付され、その文書庫において保管することとなった。[★28]

さてここで、以上の所領再建政策の結果を、財政的収入によって評価しておくことにしよう（第4-1表）クニップハウゼン就任以前の一六八〇／一年と失脚直前の九五／六年のいずれについても統計的数値の存在する八の御領地管区に関して、その純収益を比較してみるならば、二六七〇〇ターレルより三七二〇〇ターレルに増大していた。しかしながら一六一五年と九五／六年双方について統計が存在する二二の御領地管区の比較では、前者が一四二一〇〇ターレルであるのに対し後者は六三八〇〇ターレルにすぎず、全体として一七世紀末になっても、三十年戦争前の経営状況には遠く及んでいないのは明らかであり、彼の失脚は再建途上におけるものであったとすることができるのではないか。[★29]

★1　C. Bornhak, Preußische Staats- und Rechtsgeschichte, Berlin, 1903, S. 105f.
★2　K. Breysig, a. a. O., S. 17-25.
★3　F. Wolters, Geschichte der brandenburgischen Finanzen in der Zeit von 1640-1697. Darstellung und Akten, Bd. 2. Die Zentralverwaltung des Heeres und Steuern, S. 32ff u. 63ff.
★4　K. Breysig, a. a. O., S. 26-37.
★5　Ebenda, S. 178f.　ほかに H. Rosenberg, a. a. O., S. 61.
★6　K. Breysig, a. a. O., S. 184f.
★7　Ebenda, S. 42.
★8　Kurfürstliche Verordnung über die Einsetzung der Hofkammer (Ebenda, Akte Nr. 9); Knyphausen an den Kurfürsten (Ebenda, Akte Nr. 10).
★9　Ebenda, S. 270 u. 283; Der Kürfurst an die Amtskammer zu Köln (Ebenda, Akte Nr. 90).
★10　Ebenda, S. 83 u. 93f.; Kurfürstliche Verordnung über die Gründung der Hofstaatskasse (Ebenda, Akte Nr. 22).
★11　Ebenda, S. 87f.
★12　Ebenda, S. 90f.; Instruktion des Kurfürsten für Gladebeck als Hofkammerpräsident (Ebenda, Akte Nr. 6).
★13　Denkschrift Dodo von Knyphausens über die Reorganisation der Kammerverwaltung (Ebenda, Akte Nr. 8); Kurfürstliche Instruktion für die Hofkammer, Art. 7 (Ebenda, Akte Nr. 10).
★14　General-Personaletat der Kammerverwaltung (Ebenda, Akte Nr. 49).
★15　Ebenda, S. 121.
★16　Ebenda, S. 125f.
★17　Kurfürstliche Bestallung für Christian Friedrich Kraut als Oberrentmeister (Ebenda, Akte Nr. 45).
★18　H. Rachel/P. Wallich, Berliner Grosskaufleute und Kapitalisten, Bd. 2, Berlin, 1967^2, S. 104.
★19　Ebenda, S. 105-7.　なおここにおいて付言するならば、収入と支出のあいだの期間・額の差が極端に大きな軍事・租税財政に比して、それが比較的少ない御領地財政の場合、このようなフィナンシエ的会計官の果たす役割は相対的に小さかったとみるべきであろう。
★20　K. Breysig, a. a. O., S. 247-65.

★21　L. Enders, Die Uckermark. Geschichte einer kurmärkischen Landschaft vom 12. bis zum 18. Jahrhundert, Weimar, 1992, S. 391.
★22　Ebenda, S. 355-61; W. W. Hagen, Seventeenth-Century Crisis in Brandenburg: The Thirty Years' War, the Destabilization of Serfdom, and the Rise of Absolutism, in: American Historical Review, Vol. 94, 1989, S. 325-31.
★23　Arrendvertrag, betreffend das Ambt Biesenthal (Breysig, a. a. O., Akte Nr. 98).
★24　Ebenda, Akten Nr. 104a, 110, 118 u. 119 に当時の小作契約が掲載されている。
★25　Ebenda, S. 344-8.
★26　Ebenda, S. 356 u. 9.
★27　Ebenda, S. 358.
★28　Ebenda, S. 369; Kurfürstliche Instruktion für die Hofkammer, Art. 16 (Ebenda, Akte Nr. 10).
★29　Ebenda, S. 376f. 収入には現金と現物双方が含まれている。ただし八〇／一年度について現金収入の調査しか存在しないため、ブライジヒが現物をも含む総収入について推計を行なった。

第三節　一八世紀初頭の御領地改革――官僚制的行政組織成立と総小作制

一六九七年のファルツ継承戦争終了を契機に、これまで戦争を遂行してきたダンケルマン派を、ヴァルテンベルク J. K. K. v. Wartenberg とヴィットゲンシュタイン Graf. A. v. Wittgenstein を中心としたグループが追い落としに成功した。その背景には、戦争によるよりも王国の格を得ることによって、国際上の地位向上をはかることに国家的目標が移行するにつれ、それに批判的であったダンケルマン派をフリードリヒ三世が見限ったことがあった。クニップハウゼンとクラウト兄の両宮廷・御領地財政指導者が地位を追われたところからも明らかなように、御領地政策の転換と宮廷運営は、そこでの政争の重大な争点であり、彼らが追放されたのは、新たな国際上の地位にふさわしい宮廷運営にとって、彼らの存在が障害となったからであろう。従来ヴァルテンベルクとヴィットゲンシュタインの政策については、ヒンツェに代表されるように、一方的に否定的に評価するのが通例である。★1 しかしヴァルテンベルク派の失脚（一七一〇／一一年）後の御領地政策は、いくつかの点で彼らの試みを継承しており、このため世紀交替期の政策の検討は興味をひかれるものがあるが、ここではその余裕がなく、それを独自に検討することはあきらめざるをえない。このため本節では、ひとまず御領地政策の完成期と見なせる一七一〇、二〇年代に焦点を定めることにしたい。

一　行政組織

一七一〇／一一年にヴァルテンベルク派が相次いで失脚し、王太子（後のフリードリヒ・ヴィルヘルム一世）派に連なるカメケ E. B. v. Kameke が一一年に御領地行政の長官 Präsident に任命された。これより御領地行政は、一二年の総監理府設立を頂点とする新たなる段階を迎えることになる。この時期に御領地行政組織が急速に整備され、特にそれの一元化が進展したことは注目に値する。なかでも重要であるのが、宮廷御領地財務府系の行政組織とシャトゥレ系のそれの統合である。ヴィットゲンシュタインの失脚後、代わって御領地行政の指導を命じられたカメケの肩書きは「全王国諸州御領地・シャトゥレ長官」であって、彼は、シャトゥレも含む全御領地行政をすべて一体として指導する役割を担っていた。[2] さらにフリードリヒ・ヴィルヘルム一世治世にはいると、一三年には、全御領地行政を統括するための合議制機関として財政総監理府 Generalfinanzdirektorium が設立された。[3] しかし実際には御領地行政の統合は、ヴァルテンベルク期に既に試みられていた。すなわち、ヴィットゲンシュタインらは、クニップハウゼンの影響を強く受けた宮廷御領地財務府のスタッフに信頼を置けなかったため、一六九九年に御領地総監理府 General-Ober-Domänen-Direktorium を設置して、これによって財務府を監督せしめようとした。[4] この政策に対しては、屋上屋を架し、御領地行政に混乱をもちこんだものであるとしてヒンツェは否定的であるが、しかしこれまで宮廷御領地財務府や御領地財務庁とは別個に運営されていたシャトゥレの監督権をも、一七〇六年に御領地総監理府が獲得したことによって、[5] 御領地行財政の一体的運営の基礎が初めて据えられたことは看過すべきではない。[6] 御領地行政組織の整備として次に重要なのは、一二年に、プロイセンの領邦参議会組織 Oberräte の御領地行政権を否定し、そこにおいても宮廷御領地財務府と御領地財務庁による御領地監督権が確立されたことであった。それまでプロイセンでは、領邦参議会組織が御領地監督権を掌握し続け、このためクニップハウゼンの改革はプロイセンには十分及ばず、領邦参議会組織、ならびにそれに関わりある貴族たちにより御領地が私物化され続けていた。すなわち巨大な御領地が贈与されたり、不当に少額の小作料によって貸し出されていたという。一二年のこの改革によって、プロイセンの御領地行政は、全国的制度と同じ基礎の上に立ったのである。[7]

組織の統合に加え、その支配の性質においても重大な変化が見られた。中央におけるフィナンシエ的会計官の後退と、中級行政機関への官僚制的統制強化について、ここで言及しておきたい。国家に対する官僚の前貸しと、公私両資金の融合がこの時期に全く消滅したかについては、確たることは述べられないが、フリードリヒ・ヴィルヘルム一世治世において、フィナンシエ的会計官の敵視と国家資金貯蓄という彼独特の政策によって、彼らの役割が大幅に後退していったことには疑いを挟めない。[8] これに対応するように、御領地財務庁に対する統制と機能強化がはかられていった。なぜならば、フィナンシエ依存からの脱却は、これら機関とその監督下にあるラントレンタイが、予算などの命令を忠実に実行し、規則通り中央へ会計報告や財政資金納入を行ないうるか否かにかかっていたからである。ところがそれにもかかわらず、領邦参議会組織の後退ののち、それに代わって領邦で御領地行政を担った御領地財務庁もまた、中央の意を体した地方行政機関としてよりも、むしろその束縛を離れ在地利害の代弁者として行動することがままみられた。この点をどのように解決しようとしたのか、プロイセン御領地財務庁の場合に即してみてみよう。そこで注目されるのは次の諸点である。第一。一七一一年に宮廷御領地財務府は、プロイセンの御領地財務庁を直接指導するために特命委員会 Kommission を派遣し、御領地政策の改善を指示した。国王と総監理府は、この後もプロイセンも含め、領邦の御領地行政に不満のある場合は特命委員会を設け、調査と改善策の立案を命じ、それにもとづいて御領地財務庁（後身の軍事・御領地財務庁）に対して政策転換を求めている。[9] 第二。可能な限り御領地財務庁の業務は長官、同代理、参事が出席する総会によって意志決定を行ない、このような合議制を通じて官僚と在地利害のあいだの癒着を防止しようとした。また参事は管轄する御領地管区を三年ごとに変更すべきことが命じられていたのも、同様の動機が働いていたと考えられる。[10] 第三。詳細な会計手続きをも含む包括的「服務規則」や「指示書」が繰り返し行政機関宛てに発せられ、その忠実な実行が求められた。この点については項を改めて検討する。

さて一七二二年一二月に財政総監理府が総軍政コミサリアート（軍事総監察庁）Genenral-Kriegs-kommissariat と統合され、軍事・御領地財政総監理府 General-Ober-Finanz-Kriegs- und Domänen-Direktorium（以下「総監理府」の略称使用）が設立されるとともに、領邦レベルでも御領地財務庁が領邦コミサールと合体し、軍事・御領地財務庁 Kriegs- und Domänenkammer として成立するに及び、[11] 御領地行政の整備された合理的制度は、軍政に対しても重大な影響を与えていった。この点は、以下に述べる会計制度によって確かめうるところである。

二　金庫・会計制度

クラウト兄失脚後、一体的な金庫制度確立に向けた努力は中断してしまう。中央金庫確立のための試みが再度本格化したのは、一七一〇年にホーフレンタイを廃止し、それに代わってクールマルクの御領地金庫であると同時に、全国中央御領地金庫としての機能を果たす一金庫 Land- oder Kammer-Rentei が設立されて以降のことである。[★12] この金庫こそその後、「中央御領地金庫」General-Domänenkasse の名で呼ばれるようになったものである。さらに前述のように、一三年にシャトゥレが財政総監理府下の中央御領地金庫に併合されたことで、これによって統一的御領地金庫体制が確立し、国家中央に納入される御領地財政資金は、すべて必ず会計上同金庫を一度通過することになる。そこではシャトゥレに代わる君主の新たな御手許金庫 Handgeldkasse は、中央御領地金庫より毎年一定額を受け取るだけの、特定目的のための支出金庫として位置づけられた。[★13] また従来シャトゥレ同様、特定の御領地管区を独自財源として確保していた宮廷国家金庫の場合も、ヴァルテンベルク期において既に独自財源を奪われていた。[★14] すなわち、宮廷の物件的支出を管理していた同金庫は、この改変によって形式的には独立性を失い、その財源をホーフレンタイに譲渡するのと引きかえに、後者より年間三〇二〇〇〇ターレルを宮廷経費として受け取るだけの支出金庫に格下げされていたのである。ただし実際の運用においては、同金庫の資金はバロック的な宮廷の奢侈に費やされ、前記限度額をはるかに超えて支出が行なわれたため、御領地財政全体から同金庫への繰入れ金が増大し、母体となるホーフレンタイの実勢とは無関係に同金庫の支出は肥大していった。このため彼らの失脚後には、同金庫に対する中央御領地金庫からの繰入れ金払出しは、御手許金庫同様に予算に忠実に行なわれるよう、たがを締め直し、この面でも中央金庫体制は強固となる。[★15]

一七一〇年代以降、会計制度においても重大な制度改革の実施があったことを認めることができる。以下、主に一七一二年のプロイセン御領地財務庁の「服務規則」[★16]と、二二年の総監理府宛ての「指示書および服務規則」[★17]によって、「予算作成」「予算執行」「決算・会計検査」についてそれを確認してみよう。会計制度においてまず特筆すべきことは、一六八九年の「指示書」において額を限定して認められていた支払指図書発行が、一七一二年の「指示書および服務規則」では例外なく否定されたことである。この結果、予算はひとり財政運営の法的根拠となった（第三〇条第四項、第三二条）。ただし、賦役・貢租減免分の小作料控除と、御領地管区内の施設建設費の二費目に関しては、事前に計画することが困難であるため、予算において前者についてはあらかじめ八万ターレル、後者については一七万ターレルが一括して計上されていた。これらについては、実際に支出の必要が生じた時点で、臨時支出 Extraordinäräusgabe としてこの額の範囲内で、国王の承認にもとづく特別命令によって、支出先と支出額が特定されることになった（第二〇条）。

こうして御領地財政は、予算によって計画的に運営されることになるが、それとともに、予算は規範としての性格も著しく強めていった。それは以下のような事情による。一六八九年の「指示書」や一七一二年の「服務規則」第八条においては、「聖三位一体祝日」後三ヶ月以内に、当該年度予算案は前年度決算と同時に、しかも両者対照しうる書式によって、国王（すなわち宮廷御領地財務府）に提出することが命じられていた。ところが各邦の御領地財務庁に宛てられた一七一七年一月三〇日付の「服務規則および指示書」第二〇条によると、御領地財務庁の予算案提出日は三月二四日と大幅に早まっている。[★18]この期日変更の意味するところは、一七二二年の

「指示書および服務規則」によって明らかとなる。そこでも各領邦の軍事・御領地財務庁は、前年度予算と対照形式で予算案を作成し、これを「聖三位一体祝日」の二ヶ月以上前、すなわち三月中に総監理府に提出すべきと規定されていた（第三二条第二項）。つまり予算案の作成期日の変更（決算日の後から前へ）は、予算作成にあたっての比較基準の変更（前年度決算から前年度予算へ）をも同時に伴っていたのである。従来のごとく前年度決算をとりまとめる過程において、それとの比較で予算案を作成しようとする場合は、予算は前年度決算に則るようになるのが自然であり、ここでは財政運営の「現実」に即して「規範」が導かれることになる。これに対して改正後は、前年度会計が閉まる以前に前年度決算とはかかわりなく予算が作成される、つまり軍事・御領地財務庁から提出された予算案を、総監理府は前年度予算と対照しつつ策定したのである。したがってこの制度改正によって、予算の「規範」としての意味が強まることで、以前とは逆に「規範」に即して「現実」が作り出されなければならなくなり、国家運営のありかたにおいて理念上の転換があったと考えねばならないのである。ただし、総監理府が予算を決定するさいに特に注意を払った点は、収入においては減少した項目や、逆に支出においては増大したり新規に生じた費目が、はたして適切か否かの査定にあった。このため国家運営において計画性が高まったとはいえ、各年度予算において国家目標を変更することに対して、慎重な態度がまず求められることになった。即ち常に新たな政策的課題を設け、そのために国家収入の拡大をはかるといった財政政策を、当時のブランデンブルク＝プロイセン国家はとっておらず、静態的な国家運営を基本原則とし、予算は相変わらず「慣行」としての性格をもあわせもっていた。これを超えるような新たな理念にもとづく国家運営の展開は、七年戦争後を待たねばならなかったが、それについては終章で触れることにしたい。★19

さて予算の規範としての性格が強化されたことで、小作人と中級機関に予算どおりの収入調達を、強く求めざるをえなくなるのは必定であった。支払指図書が廃止され、御領地管区の収入はすべてラントレンタイに定期的に上納すべきこととなったにもかかわらず、総監理府設立時において、相変わらず御領地管区やラントレンタイからの滞納が一定程度存在したゆえに、その解決は、この新しい官庁が取り組むべき最重要の課題として位置づけられていた。[★20] たとえば二二年の「指示書および服務規則」では、御領地管区の小作人ないしはアムトマン **Amtmann**（かつてのアムッシュライバー、また請負小作人も含めてこの名で呼ばれることもある）は、四半期ごとに収入をラントレンタイに上納することが義務づけられ、延納は満期日以降一〇日間までは認めるが、それを越えた場合は、軍事・御領地財務庁が現地にメンバーを派遣し、調査を行なったうえで必要とあらば強制執行に訴える、と規定された（第三〇条第二、三項、また二三年一月二三日のクールマルク軍事・御領地財務庁に対する「指示書」第二条第三項も参照）。[★21] この責任を確実に遂行するために、小作人は、農民より貢租を徴収するに先立って、ラントレンタイに四半期ごとに期限どおり小作料を一括して払い込まねばならなかったうえ、小作契約開始にあたって、予め小作料四半期分を保証金として払いこむことが義務づけられていた。彼らに求められたのは、もはや臨機応変の資金融通ではなく、定期的上納の厳守であった。中級機関としての軍事・御領地財務庁もまた、それに対する厳格な監督が義務づけられた。さらにラントレンタイは、御領地管区より徴収した収入を、四半期ごとに満期後三〇日以内に中央御領地金庫に上納することを命じられたが、予算に対して収入不足が生じた場合、当該御領地管区を管轄する軍事・御領地財務庁参事とラントレンタイ会計官は、その補塡に対して連帯責任まで負わされたのである（第三〇条第六項）。加えて期限が過ぎても入金がない場合は、総監理府の当該領邦担当大臣を中心に調査を行ない、それにもかかわらず原因が解明できない場合は、現地に総監理府職員を派遣し、原因究明をはかるとともに適切な措置をとる、と命じられた（第二条第二八項）。他方、支出行為に関しては、支払指図書の否定の結果、もっぱら予算と、臨時支出の場合はそれに加え国王特別命令以外によっては、いかなるものであっても認められなくなった。また支出手続きにさいしては、会計官は印紙付きの受領書を必ず受け取ることが命じられた（ただし三〇ターレル未満の給与支払いについては印紙は不要）（第一三条）。

決算制度については、一七一二年の「服務規則」に重大な命令が含まれている。すなわちそこでは、決算作成までに執行が完了せず、決算において未執行分 Rest と記載されたものについては、次年度会計では別個に処理すべきと規定されていた（第一〇条第一一、一六項）。これは、前年度未徴収金の徴収分を翌年度の収入実績に加えることを厳しく禁じることによって、各会計年度間の完全な分離を実現し、予算執行を年度ごとに厳格に管理するところの年度会計制度が最終的に確立したことを意味した。他方、会計検査のための専門機関も確立する。即ちフリードリヒ・ヴィルヘルム一世即位直後の一四年に、軍事、御領地両財政の監視を主な目的に、総会計検査院 Generalrechenkammer が国王直属機関として設立されたが、二三年には上級会計検査院 Oberrechenkammer と改称され、総監理府のなかの一部局として位置づけられることになる。上級会計検査院は、軍事・御領地財務庁より提出された領邦の決算案を検討し、最終的な決算案を総監理府に提出することを目的とした機関であるが、そこでは決算作成のさいの計算間違いのみならず、予算において承認されていない項目が存在しないか、その洗い出しを行なうこともその役割としていたのは当然であろう。[★22]

さて先にも述べたとおり、総監理府設立によって、宮廷・御領地、軍事・租税両財政のあいだに密接な連携が形成された。以上の御領地財政の改革は、この組織統合によって軍事財政に対しても重要な影響を与えることになった。この点を述べることで、この項の締めくくりとしたい。第一。軍事財政においては、中央金庫制度の形成において御領地財政に先んじていたにもかかわらず、収支の不安定が原因で年度会計制度の整備においては遅れをとっていた。総監理府の設立によって、以上説明したところの御領地財政の進んだ会計制度が軍事財政にも導入され、国家財政全体の計画的な運営が可能となった。一般に旧体制下のドイツ各領邦国家予算は、過去の財政運営実績の「写し」の域を出なかったと考えられるが、[★23] しかしブランデンブルク＝プロイセン財政においては、予算の規範的性格が強化されたことは注目すべき例外をなす。しかも、それを先導したものこそが御領地財政であったのである。第二。中央御領地金庫より中央軍事金庫に毎年、予算によって一定額が繰り入れられるとともに、臨時の拠出がなされ、フリードリヒ・ヴィルヘルム一世治世末には、合計でそれは年間約一〇〇万ターレル以上にも及んだ。前王フリードリヒ一世以前においては、むしろ逆に軍事財政より宮廷・御領地財政に拠出がなされる傾向があったゆえ、総監理府設立によって、御領地財政は官僚の給与ならびに宮廷維持のみならず、軍事財政の補完としての役割も担い、国家財政全体に対する貢献を強めていったとすることができる。★24

三　御領地経営

御領地経営の主体を永小作制による農民に求めるのか、それとも定期小作制による請負小作人とするかの問題は一八世紀にはいると再燃し、しかも本格的論争を御領地行政関係者のあいだに呼び起こした。発端は、クールマルク御領地財務庁参事のルーベン **C. F. Luben** が、農民農場への永小作制 **Erbpacht** 導入を一七〇〇年に提起したことに始まる。彼の案は、御領地を小農場に分割し、それを獲得した農民には永小作権を付与するとともに賦役も廃止してやり、代わりに生産用具・家畜・種籾の買取りを彼らに義務づけるというもので、御領地における農場領主制解体と自由農民創出を提起したものにほかならない。この提案はヴァルテンベルク、ヴィットゲンシュタインらの支持をさっそく得ることになる。一般にはルーベンの意図は、人格的により自由となった農民に、御領地再建の主体を見いだそうとするものであったのに対し、そのさい、国有財産（農場家屋・家畜・農具）売却によって生じる財政収入にヴァルテンベルクらは惹かれ、その案を採用したとされている。★25 他方、ヴァルテンベルク派の失脚とフリードリヒ・ヴィルヘルム一世即位後の御領地経営政策は、御領地管区を一括して請負小作人に貸し付けるところの総小作制 Generalpacht 導入をもって特徴とすると一般に考えられている。この認識は決して誤りではないが、しかしこの期の政策が、ヴァルテンベルク期のそれを全面的に否定したものでないことは、近年のエンダースの研究より明らかとなる。それによると、フリードリヒ・ヴィルヘルム一世期においても総小作制導入と並行して、農民に家屋や家畜・農具・種籾を売却することで財政収入を確保し、同時に自立的な永借地農 Erbzinsbauer を導入しようと、粘り強くウッカーマルクにおいて追求され続けたという。しかし農民の多くには、それらを購入する能力と意欲が欠け、このため当地ではこの試みは十分な成果をおさめなかった。[★26] したがって当該期の御領地政策が、総小作制による農場領主制確立を無条件に絶対的な方針としていたわけではなく、農民の自立能力の限界を見極めたうえでの政策路線であったことは明らかであった。[★27] ちなみに、以後御領地経営方式として普及していった総小作制において、小作人に任された権限は、直営地の土地や生産手段利用ばかりではなく、農民からの賦役・貢租の収受権や領主裁判権も含まれており、彼らは単なる農場経営者ではなく領主権の代理者であったことを、ここで付言しておきたい。

こうして総小作制は、予算制度にもとづく計画的な財政運営を支えるとともに、他方においては脆弱な農民経営を補完しつつ、所領の再建・発展を可能とする制度であることが運命づけられていた。このような観点から、それがいかなる制度であったのか次に見てみよう。計画的財政運営という点では、前述のごとく、一定額の小作料の定期的上納がまず求められたことは明らかであった。その場合、施設建築費の小作料からの控除と、また被災した農民に対する賦役・貢租免除分の小作料控除はいずれも、小作料収入の予期せぬ減少を招きかねない不安定要因であった。このため、前項で述べたように一七二二年の「指示書および服務規則」において、建設費として一七万ターレル、賦役・貢租免除分控除として八万ターレルを、予算において臨時支出分として予め一括計上することを定めたのであるが、あわせて第一九条で、今後、御領地管区の建築物（農民農場付属建築物以外）の建造は、小作人によるのではなく、軍事・御領地財務庁職員であるラント建築長Landbaumeisterが行ない、御領地財政によりその経費は直接負担されるべきことが規定された。この結果、建築費分の小作料控除は廃止され、また賦役・貢租免除分の控除にも上限が付されることになる。以上の規定は、小作料収入の確実な確保を直接的には目的としていたといえるが、それとともに、御領地における農場領主制の成立にとっても、次の二つの重大な意味をもつものでもあったことは看過されるべきではない。

まず、そもそも総小作制下では投資的役割は農民ではなく、小作人に求められていた。しかし前記の規定によって、小作人は館、醸造施設、製粉施設などの建築物への投資義務より解放され、もっぱら直営地、農民農場双方の種籾・家畜・農具など動産の整備、投資に専念することができるようになった。小作契約期間（六年間）の前後に行なわれる管区資産調査もこの点を考慮し、従来小作人による資産の杜撰な管理や私物化を監視することに重点があったのに対し、この段階においては、むしろ前記対象に対する彼らの改善投資を促すことに強調が置かれるようになった。すなわち契約満了時の資産評価に加えて、毎年度末に小作人は当該年度の耕作や家畜保有などに関する経営改良の実績とともに、次年度の改良計画を一覧表にして御領地財務庁に報告することが義務づけられるようになった。[★28] もとよりそれは契約満了後、彼らより管区経営権が返却されるさいに改良投資分の資産回収を保証するためであるが、しかし小作人には常に農法の改善が求められていたゆえ、報告は単に投資額の量的増大を確認するにとどまらず、経営の質的改良を奨励するためのものであった。一八世紀後半における新作物や家畜の改良種、コッペル式農法などの新農法の導入も、ブランデンブルク＝プロイセンにおいては、彼らの主導によるものであったことはここに銘記すべきである。[★29] 前記規定は、一七二〇、三〇年代以後の長期的好況ともあいまって、御領地経営を長期的成長軌道に乗せる役割を果たしたとすることができるのではないか。

次に、隷役小作制下にある農民への保護的影響をあげることができる。そこでは農民は投資的責任を免れ、家屋や農具・役畜・種籾の保全・管理に責任は限定されていたのであるが、農民が、火災後の家屋再建や、天災・疫病など不可抗力による種籾、家畜などの損害に対応を迫られた場合、小作人には賦役・貢租の免除を与えることで、農民農場の再建に対しても負担の分担を求められていた。この免除分は小作料より控除されるべきものであったが、控除総額として毎年八万ターレルが中央御領地金庫予算において確保されたことは、二〇年代にクールマルク各クライスにおいて賦役・貢租免除規則が整備されたこととあいまって、[★30]農民農場の経営安定化に寄与するものであった。以上の財政措置は、所領規模の制限により、このような政策遂行能力を十分もたない騎士領に対して、農民農場維持の面で御領地の優位性を示すものであった。ただしこのような御領地における農民に対する処遇は、騎士領に対しても影響を与えざるをえなかったと考えられる。確かにポメルン、ノイマルクやクールマルクの一部（ウッカーマルク）の騎士領所有者のなかには、三十年戦争後より一八世紀初頭において、領主裁判権への世襲的従属や、不安定な土地保有権、さらに不定量賦役を特徴とする体僕制 Leibeigenschaft 導入によって所領再建を構想する領主も見られはしたが、しかし騎士領においても、第三章第二節で述べたごとく、隷属性が穏やかである世襲隷民制 Erbuntertänigkeit とともに、隷役小作制が一般化し、賦役・貢租量の固定化や災害時の賦役・貢租減免などが農民に認められていった。体僕制による騎士領は、農民にとって良好な条件の所領と比較され、農民より嫌われることで彼らを確保できなくなり、世襲隷民制と隷役小作制の組み合わせが、農場領主制における一般的農民の地位となっていったと考えられるが、御領地における財政措置をも含む農民処遇は、ブランデンブルク＝プロイセンの農村社会において、目標となるべき標準としての意味をもっていったと考えるべきであろう。[★31]御領地における農民保護と貴族領における農民の位置を、あまりに対照的に捉えるのは正しくないとせねばならない。

最後にわれわれは、前記のごとき小作人層がいかにして形成されたのかについて述べることにする。それは同時に所領の再建、発展の資金源がどこにあったかを確認することになるだろう。この点に関しては、かつてのH－H・ミュラーの研究の他に、W・ヘーゲヴァルトの研究よりうかがい知ることができる。[★32] 一七三二年三月二三日付の総監理府宛ての勅命では、現職将校と貴族を小作人とすることは禁じられていたが、退職した非貴族将校が小作人となることは認められていた。[★33] ヘーゲヴァルトによっても、一八世紀のクールマルク御領地管区の総小作人のなかには、ほとんど貴族を見いだせないことが確認されており、御領地経営は貴族の家産的性格を完全に払い去り、合理的国家財政運営を支えるものとして位置づけられるに至ったことは間違いない。ミュラーの研究において紹介された一四の事例（小作人ないしは小作応募者）によると、彼らの父および義父の職業において、商工業者の他に官僚（軍事・御領地財務庁、郵便・駅逓事業、クライス収入官）、自由農民、騎士領管理人を見いだすことができるが、そのなかには総小作人自体も含まれている。アムツシュライバーにもっぱら依存していた一七世紀後半と比較するならば、貴族を除く多様な階層よりそれが形成されていた。またヘーゲヴァルトの研究はより包括的であり、一七二三－一八〇六年のクールマルクの計五二の御領地管区で、総小作人を引き受けた三〇五名を検討しているが、それによると出自が明らかな者二二五名のなかの圧倒的多数は市民出身者であり、なかでも国家役人と総小作人の子弟が目立ち、後者は六七名を数えた。ほかに都市役人や聖職者を父親にもつ者も少なくなく、これに対して商人や工場主は思いのほか少なかったようである。以上は、主に行政関係を中心に資産形成された市民の資金が、小作経営に流入したことを示している。さらにミュラーが明らかにしている点で興味深いことは、一八世紀の後半には、小作人層が独自の社会的階層として成立していたことである。前述のとおり、小作人には相当額の投資も期待されていた。このため契約期間は六年間とされていたが、契約を繰り返し更新し、資本出資者が長期にわたって同一御領地管区の小作経営者であり続ける場合が増えたばかりではなく、相続人に経営を継承させたり、あるいは小作人の子弟に他の御領地管区の小作経営を任せる場合がみられるようになり、こうして独自の社会的階層が形成されていった。★34 それは、他の部門より流入し御領地に投下された資本が、これら小作人の家族関係を通じ、そこにおいて安定的に再投資され続けたことを意味するといえよう。

★1 O. Hintze, Staat und Gesellschaft unter dem ersten König, in: Ders., Regierung und Verwaltung, Göttingen, 1967, S. 366f., 372f. u. 391-5. 通説とは異なる立場をとるものとしてイザークゾーンをあげることができる。彼は、表面的対立にもかかわらず、フリードリヒ・ヴィルヘルム一世による御領地政策は重要な点でヴァルテンベルク期のそれを継承するものであったと考えている。検討に値する説というべきであろう（S. Isaacsohn, Das Erbpachtsystem in der preußischen Domänenpolitik, in: Zeitschrift für preußische Geschichte und Landeskunde, 1874, S. 706f.）。

★2 Bestallung des Wirklichen Geheimen Raths von Kameke zum Präsidenten über das Kammer und Schatullewesen in allen königlichen Provinzen (ABB, Bd. 1, Akte Nr. 46).

★3 Allergnädigstes Reglement, wonach die Affairen bei dem Generalfinanzdirectorio tractiret werden sollen (ABB, Bd. 1, Akte Nr. 123).

★4 A. F. Riedel, a. a. O., S. 39; O. Hintze, a. a. O., S. 372.

★5 A. F. Riedel, a. a. O., S. 37.

★6 R. Stadelmann, Friedrich Wilhelm in seiner Thätigkeit für die Landescultur Preussens, Osnabrück, 1965^2, S. 87.

★7 Reglement der Kammer im Königreich Preußen (ABB, Bd. 1, Akte Nr. 70).

★8 H. Rachel/P. Wallich, a. a. O., S. 104f.

★9 R. Stadelmann, a. a. O., S. 92-9, 107-12 u. 115-27.

★10 Reglement der Kammer im Königreich Preußen (ABB, Bd. 1, Akte Nr. 70). 近代的官僚制形成に対して合議制のもつ意義に関しては、M・ウェーバー著（世良晃志郎訳）『支配の社会学』I、創文社、一九六〇年、一二九頁、参照。

★11 Instruction und Reglement für das Generaldirectorium, Art. 2 (ABB, Bd. 3, Akte Nr. 280).

★12 A. F. Riedel, a. a. O., S. 41.

★13 Ebenda, S. 54f., 61f.

★14　このとき、金庫はHofstaatsrentei よりHofstaatskasse に名称変更された。なお組織改編の年についてはリーデルは一六九七年度であるとし、ヒンツェもそれに従っているが、ブライジヒはその史料的根拠に疑いを投げかけている（A. F. Riedel, a. a. O., S. 42; O. Hintze, a. a. O., S. 367; K. Breysig, a. a. O., S. 149, Anm. 3）。

★15　A. F. Riedel, a. a. O., S. 61f.

★16　Reglement der Kammer im Königreich Preußen (ABB, Bd. 1, Akte Nr. 70).

★17　Instruction und Reglement für das Generaldirectorium (ABB, Bd. 3, Akte Nr. 280).

★18　Reglement und Instruction für alle Amtskammern (ABB, Bd. 2, Akte Nr. 249).

★19　七年戦争後の財政政策については、A. F. Riedel, a. a. O., S. 96-135; W. Schultze, Geschichte der Preußischen Regieverwaltung von 1766 bis 1786, Leipzig, 1888. 邦語文献としては柳川氏の前掲論文、久保清治『ドイツ財政史研究――一八世紀プロイセン絶対王制の財政構造』有斐閣、一九九八年、第六、七章を参照。

★20　Kabinetordre an Ilgen (ABB, Bd. 3, Akte, Nr. 284).

★21　Instruction für die Kurmärkische Kriegs- und Domänenkammer (ABB, Bd. 3, Akte Nr. 295).

★22　Hertel, Die Preußische Ober-Rechnungskammer. Ihre Geschichte, Einrichtung und Befugnisse, Berlin, 1884, S. 9-11 u. 19-24; O. v. Schrötter, Haushaltführung und Haushaltkontrolle in Preußen im 18. Jahrhundert, Leipzig, 1938, S. 15.

★23　たとえば旧体制下におけるバイエルンやバーデン国家予算の場合については、H-P. Ullmann, a. a. O., S. 52f. u. 254 参照。またブランデンブルク＝プロイセンにおける、慣習にもとづく予算より規範としての予算への発展について、その法的意義を述べたO. v. Schrötter, a. a. O., S. 6ff. も参照。

★24　F. A. Riedel, a. a. O., S. 65

★25　L. Enders, a. a. O., S. 434-7; O. Hintze, a. a. O., S. 392. なおこの財政収入の使用目的については、ヒンツェは宮廷国家金庫収入の確保のためであったとしているのに対し、シュターデルマンは担保として債権者に譲渡された御領地を請け戻すためであったとしている（R. Stadelmann, a. a. O., S. 88）。

★26　L. Enders, a. a. O., S. 453-6.

★27　御領地における農民政策に関して、興味深い論点を提示しているのは飯田恭氏の研究である。氏は、文書館史料の精読を通じ、隷役小作制における土地保有権の脆弱さが経営規模の均等化を通してむしろその安定性の保証となっていたこと、御領地においては、隷役小作下にある農民と世襲的土地保有権をもつ農民が並存し、御領地行政当局はそれらに異なった処遇を与えていたこと、以上二点を明らかにしたことにおいて教えられるところが大きい（同氏「『均等化』をめぐる村落内紛争——一八世紀プロイセン王領地アムト・アルト・ルピン（ブランデンブルク州）の場合」『土地制度史学』第一五六号、一九九七年（T. Iida, Konflikte um „Egalisierung“ in der dörflichen Gesellschaft Ostelbiens im 18. Jahrhundert, in: Jahrbuch für Wirtschaftsgeschichte, 1996/2)、同氏「『無能な』農民の強制退去——近世ブランデンブルクにおける封建領主制の一側面」『経済学論集』第六四巻第二号、一九九八年）。

★28　R. Stadelmann, a. a. O., S. 112.

★29　H-H. Müller, Domänen und Domänenpächter in Brandenburg-Preußen im 18. Jahrhundert, in: Jahrbuch für Wirtschaftsgeschichte, 1965/4, S. 154-165.

★30　これら法的規定は、クールマルクの場合、御領地、貴族領その他にかかわりなくすべての所領に対して適用されるものであるが、それについては第五章で検討する。ほかに拙稿「グーツヘルシャフト下における農民家族経済と領主の援助——『農民解放』直前期のクールマルクの場合」『山形大学史学論集』第一三号、一九九三年、五一頁。

★31　L. Enders, a. a. O., S. 441-5 u. 498-505.

★32　H-H. Müller, a. a. O. S. 173-5; W. Heegewaldt, „Wie fuhrt der Teufel zum Beamten den Canonicus?“ Herkunft, Bildung und Karriereweg brandenburgischer Domänenpächter im 18. Jahrhundert, in: H. Kaak/M. Schattkowsky (Hg.), Herrschaft. Machtentfaltung über adligen und fürstlichen Grundbesitz in der Frühen Neuzeit, Köln/Weimar/Wien, 2003, S. 180-5. ミュラーの論文はどちらかというならば一八世紀後半に重点を置いているのであるが、しかしそこにおいて析出された御領地小作人層のありかたは一八世紀の初頭にその形成の起点をもつと考えられる。

★33　Kabinetordre an das General-Directorium (ABB, Bd. 5/1 Akte Nr. 224).

★34　H-H. Müller, a. a. O., S. 165-71.

結びに

以下本章の結論をまとめておくことにしよう。

三十年戦争終了前の御領地やその官職は、有力貴族（一六世紀の城主＝官職貴族）によって家産的に分散保有され、また彼らのパトロネージュ拡大のための手段として利用されていた。御領地管区の行政官職であるアムツハウプトマンは、特命委任官の人材源であったことは第一章で述べたとおりであるが、それにとどまらずその地位は、ブランデンブルク旧貴族にとって経済的にも価値のある官職であった。彼らは管区経営のために、自らのクリエンテルをアムツシュライバー層に据え、それを通じてそこからの収益を国家的統制を受けることなく利用することができた。しかし御領地管区経営に対する行政的統制の欠如は、アムツシュライバーに野放図な領地経営を許し、三十年戦争によって破壊された農村社会の再建にとって障害となっていった。

一六五〇年代のシュヴェリンの改革から、一七世紀末のクニップハウゼンの改革を経て、一八世紀前半のフリードリヒ・ヴィルヘルム一世治世の改革に至るまでの課題は、御領地管区の緩やかな集合体であった御領地制度を、官僚制的行政機構によって全国一体のものとしてまとめ上げ、御領地収入を宮廷・御領地財政として一括することにあったといえよう。なるほどそれは分散的に保有されていた家産的権限の宮廷への集中という意味をもち、このことは、一七世紀末に旧貴族のアムツハウプトマンに代わって、一部のフィナンシエ的行政官が御領地行政の中枢部で力をもったことに端的に現れている。しかし御領地行政の改革はそれに立ち止まることはせず、一八世紀にはいるとフィナンシエ的行政官を排除し、統合的金庫制度と年度会計制度を成立させ、計画的な財政運営を実現し、合理的な行政的運営方針を確立していった。

御領地行政における計画的財政運営重視のために、御領地管区の運営からアムツハウプトマンとアムツシュライバーは徐々に排除され、代わって所領経営者には定められたとおりの収入を、定期的に上納することが求められるようになった。加えて彼らにとっては、三十年戦争によって破壊され、荒廃した農民農場の再建が求められてもいた。この二つの課題を同時に実現する主体を、自由農民による永小作（＝農場領主制の解消）とするのか、請負小作（＝農場領主制）とするのかについては、一七世紀より双方の試みが模索され、一八世紀初頭には御領地行政関係者のなかで論争ともなったが、最終的には総小作制による後者の路線が優位を占め、御領地においても農場領主制は維持されたのである。これは御領地経営の主体として、十分な投資能力をもつ自立した農民を見いだすことが困難であったためである。このため御領地管区経営（賦役収受権や領主裁判権も含む）を、市民層から採用された総小作人に一括して任せ、彼らに農民農場維持への配慮とともに、動産的生産手段の適切な管理とそれへの積極的投資を求めていった。三十年戦争後の農場領主制の性格転換として、実力による領主の農民保護機能が消滅し、代わって直営地・農民農場双方を含む投資的経済的役割が高まったことはこれまで述べてきたとおりである。このように御領地における農場領主制は、一方で御領地財政（宮廷）に対して計画的に財政収入を供給し、他方で領地経済の再生産確立のために、脆弱な農民経営への投資も行ない、こうして二重の社会的役割を自らに集中し調整していたのであった。

第五章　農村税制と農場領主制

はじめに——絶対主義段階の農村税制

われわれは第一部において、一六世紀から一八世紀に至る長期的循環の動態的過程を、貴族たちの秩序形成能力の盛衰という視点から考察した。そのなかでの第三章では、三十年戦争後の段階においてブランデンブルクの権力が宮廷という中心を肥大化させ、また合理的官僚制的行政としてますます組織化される一方、農村社会にあっては三十年戦争による荒廃によって伝統的村落社会の再建に精一杯であったこと、この二つの社会的展開にブランデンブルク貴族はともにかかわり、両者の過程を調整することにその役割があったことを論じてきた。これに対して第二部では、第三章で扱った段階、即ち三十年戦争後の絶対主義国家成立期に対象を限定し、農場領主制という彼らの領地支配形態が、絶対主義国家の財政的要請と農村社会の再生産をいかに媒介し、社会的調整を行なっていたのかについて、制度的分析を行なうところにその中心的課題がある。ただし第四章では、行財政組織の点でも農村社会再建の面でも、先行するモデルとしての役割を果たした御領地行政・経営を検討したのであるから、貴族領地（騎士領）を対象とする本章によって、第二部の課題は最終的に解決されることになるが、[★1]本章の課題についてはいま少しの具体化を要する。

ブランデンブルク＝プロイセン国家は、軍隊の常備軍化とその増強を支えるために、一六八〇年代以降、租税改革を実行した。この税制は、農村における直接税と都市のアクチーゼ Akzise（内国消費税）に二分され、両者が租税収入の大半を調達し、他の租税（関税、印紙税）は補完的存在にとどまっていた（絶対主義国家解体期の数値であるが、第5-1表を参照）。このうち農村直接税は多くの税目によって構成され、しかもその内訳は領邦（州）によってまちまちであるという特徴をもっていたが、[★2]しかしそのなかでコントリブチオン Kontribution（領邦によっては一般フーフェ税 Generalhufenschoß の名で呼ばれている）はすべての領邦に存在し、しかも次の意味から格段に重要な位置を占めていた。まず第一に、収入において農村直接税の大半を調達したということ（第5-2表）、第二に、農村の多数の世帯主を納税義務者として把握し、それは絶対主義国家の農村支配における中核的租税であったということ、第三に、使途が特定されておらず、このためそれは国家の多方面での活動を支えていたということ、以上である。これに対して他の農村直接税は、収入として重要な意味をもたなかったばかりでなく、特定目的税であったり（例えばクールマルクの騎兵糧秣税）、あるいは限られた階層のみが負っていた（例えば領主層が負担した騎馬税）という意味で、その重要性は限定されていた。このためブランデンブルク（クールマルク）での租税制度と農村社会の関連性を問う本章では、コントリブチオンに対象をしぼり、同税がどのような原則によって課税を行なっていたのか明らかにするとともに、貴族たちの地域身分団体であるクライスが租税行政にどのようにかかわったか、さらに農場領主制が、租税制度上どのような役割を果たしたのか検討することにしたい。[★3]次に、御領地財政と比較するならば、コントリブチオン（農村税制）に言及した研究はわが国でも少なくないゆえ、それら研究の意義と問題点を確認したうえで、本章の視角を提示することにしよう。

まず同税に言及した第一のタイプの研究は、中村幹雄、大西健夫両氏のハルデンベルク租税改革の研究である。一八一〇年代初頭の貴族たちによる改革反対運動の結果、コントリブチオン改革が挫折する経緯を中村氏は検討したのに対し、[★4]一八一〇年代末葉の改革過程を扱った大西氏は、コントリブチオンの現状維持を前提に、州間で

第5-1表　ブランデンブルク＝プロイセン国家の租税収入内訳（1809年）

税　目	収入（ターレル）
農村直接税	3,882,168
アクチーゼ	4,332,028
関　　税	937,567
印 紙 税	498,839

典拠：K. Mamroth, a. a. O., S. 277f.

第5-2表　1804/5年度のクールマルク全クライス金庫予算の総計

（収　　入）

租税収入	
コントリブチオン	354,249Tl. 16Gr. 10 1/2Pf.
騎兵糧秣税	100,572. 11. 11.
製 粉 税	8,007. 0. 9.
計	462,829. 5. 6.

（支　　出）

中央軍事金庫への上納	
コントリブチオン・騎兵糧秣税上納金	367,266Tl. 11Gr. 2Pf.
製粉税上納金	4,362. 1. 7.
司法官給与	2,855. 5. 0.
ポツダム近衛連隊	6,413. 19. 8.
刑 務 所	173. 8. 7.
計	381,170. 22. 0.

クライス行政支出	
クライス行政費	40,728. 19. 4 1/2.
租税免除・補助金	16,637. 10. 0.
軍隊行軍負担	21,742. 1. 2 1/2.
計	79,108. 6. 7.

典拠：M. F. Bassewitz, Kumark Brandenburg, ihr Zustand und ihre Verwaltung unmittelbar vor dem Ausbruche des französichen Krieges im Oktober 1806, Leipzig, Nachweisung 4 より作成。

注：1）以上の数値はクールマルク全クライスのコンチリブチオン財政予算の総計である。

2）1ターレル（Tl）＝24グロシェン（Gr）、1グロシェン＝12ペニヒ（Pf）

の租税負担分配問題がどのように決着したか詳細に追究している。[5] これらの研究では、その後「地租」Grundsteuer の名で知られているコントリブチオンは、同改革によって全く変更が加えられなかったと考えられている。第二のタイプである佐藤進、藤本建夫両氏によるより包括的な租税・財政史研究[6]においてもまた、このような認識は共有されており、地域・身分ごとに制度と負担が異なる絶対主義時代のコントリブチオンや他の農村直接税は、ハルデンベルク改革後もそのまま一八六一年の「地租調整法」まで存続したと考えられているようである。このため従来の研究は、身分的免税特権や地域間の負担不均衡を内包する地租を、課税の一般性と平等性を重視する近代的租税観の立場からそれは不公正であると批判し、不公正さの原因を絶対主義段階の税制に帰している。[7] しかし、藤本氏も含め以上の論者は、租税法にのみ目を奪われ、ハルデンベルク改革が他の法（特に「調整勅令」[8]）によって私的土地所有権を創出するさい、コントリブチオンの性格に根本的ともいえる変更を加え、地租としての性格をもともとはもっていなかった同税を、地租へと転化させたという点を見逃している。[9] このため絶対主義段階のコントリブチオン課税の問題点は、改革後の地租の問題とは分けて検討されなければならないものであるにもかかわらず、このような区別の意義は、従来ほとんど意識されてこなかった。[10]

さて、絶対主義段階の農村税制を扱った数少ない研究が、第三のタイプに属す阪口修平氏や久保清治氏の著書[11]である。しかしながら阪口氏の研究は課税については十分な検討を行なっていない。これに対して久保氏の研究は、コントリブチオン制を内在的に検討したことによって、貴重な成果をわが国の学界に提供することになった。氏は、（東）プロイセンとシュレージェンの農村税制の課税方法を詳細に確認し、前記の研究とは対照的に、君主権による税制改革が、従来の等族的協賛税制の不合理性を取り除くことにおいて前進を遂げたことの意義を強調した。なるほど君主権の制度斉一化志向は、絶対主義段階の税制の意義を理解するうえでは重要な論点であり、近代税制史研究者の多くがそれを見過ごしてきたことは、公正な態度であるとはいいがたいものがあった。

しかし氏の研究は逆にそれらの近代性を強調するあまり、それの前近代的側面を軽視するか、あるいは全く顧慮せずにすませているようにも思われる。なかでも氏が軽視したものとしては、次の点が重要である。①課税標準について。コントリブチオン課税では収穫高から種籾量と家運営に必要な部分を差し引き、残余の「収益」(即ち市場売却分)を課税標準としたが、ここでは農民の伝統的家経済維持を大前提として租税負担能力が算定されていた。②課税対象について。自由な私的所有権の対象たる土地ではなく、伝統的村落共同体の持分即ちフーフェ Hufe こそが課税の対象となっていた。③納税義務者について。コントリブチオンやフーフェ税の主な担税者である農民たちは、領主制下にあって独立した納税義務者としては位置づけられていなかった。これらの点は、絶対主義段階の農村税制の独自の意義を理解するうえで、軽視されてはならない点ではないだろうか。

このように立場の違いを超えて、コントリブチオン課税の歴史的意義は近代的課税制度を基準として評価される傾向をもち、その独特の性格は十分理解されるに至っていない。当該段階の権力は、斉一的制度を生み出そうとする君主権の合理的行政組織を上部構造にもちつつも、相変わらず身分的諸制度と、その基礎にあった家権力(この場合は農場領主制)や伝統的村落共同体によっても支えられるという独自構造をもっていた。したがって本書第三章以降を貫く時代認識(「集権的合理的行政機構の形成と伝統的農村社会再建の二重過程」)は、農村税制の理解にも当然いかされなければならないのである。

★1 ただし御領地はコントリブチオンなどの農村税を負担していなかったわけではない。御領地は御領地行政に対して地代を支払う一方、軍事・租税行政に対しては騎士領などとともに税を負担した。

★2 K. Mamroth, Geschichte der Preussischen Staatsbesteuerung, 1806-16, Leipzig, 1890, S. 241-80 が、その概要を知るには有益である。

★3 ここで、本研究において基礎的な史料として利用している二つの財務官僚の著書について、簡単に紹介しておくことにしたい。

まず第一は、枢密軍政官 Königl. Preußischer Geheimer Kriegsrat のティレ C. G. v. Thile の『クールマルクのコントリブチオンとショッス制度（騎士領農村税制）報告書』Nachricht von der Churmärkischen Kontributions- und Schoß-Einrichtung oder Land-Steuer-Verfassung des Ritterschafts-Corporis, Halle/Leipzig, 1768（以下本章では Nachricht と略す）である。ティレは一八世紀中葉においてクールマルクのコントリブチオン行政を担当したばかりか、シュレージェンのコントリブチオン改革にも参加した当代有数の財務官僚であった。このため同報告は、クールマルクの農村税制の客観的認識にとってのみならず、同制度を同時代の政策担当者がどのように評価していたかを知るうえでも有益である。これに対してクールマルク軍事・御領地財務庁書記 Kurmärkischer Kammersekretair のヴェーナー P. G. Wöhner による『クールマルク農村税制』Steuerverfassung des platten Landes der Kurmark Brandenburg, 3 Teile, Berlin, 1804/5（以下本章では Steuerverfassung と略す）はティレの仕事を引せ継ぎ、同時代人にとっても不明な点の多かったクールマルクの農村税制を、できる限り正確に明らかにすることを目的として作成されたものである。このため資料的豊富さの点ではティレの『報告書』を上回るものがある。内容は、制度の概観（第一分冊）、村落ごとの課税表と租税免除規則（第二分冊）、租税関係法令（第三分冊）より成る。なお、ティレの『報告書』は阪口修平氏（中央大学）の御高配により利用することができた。記してお礼を申し上げたい。

★4　中村幹雄「プロイセン税制改革と等族の抵抗」『歴史研究』（大阪学芸大学歴史研究室）第一号、一九六三年。なお、同じ対象を扱ったドイツ本国の研究では、W. Steffen, Hardenberg und die ständische Opposition 1810/1811, Göttingen, 1907; K. Vetter, Kurmärkischer Adel und preussische Reformen, Weimar, 1979, Kap. 1; B. v. Münchow-Pohl, Zwischen Reformen und Krieg, Göttingen, 1987, Kap. 3 などが重要である。

★5　大西健夫『ハルデンベルク租税改革とプロイセン国家財政再建』早稲田大学出版部、一九七八年。本国の研究としては相変わらず C. Dieterici, Zur Geschichte der Steuerreform in Preußen, 1810-1820, Berlin, 1875; R. Grabower, Preußens Steuern vor und nach den Befreiungskriegen, Berlin, 1932 が参照されるべき価値を有する。

★6　佐藤進『近代税制の成立過程』東京大学出版会、一九六五年、第二篇第二章、藤本建夫『ドイツ帝国財政の社会史』時潮社、一九八四年、第二章。本国の研究としては W. Wygodzinski, Die Besteuerung des landwirtschaftlichen Grundbesitzes in Preußen, Jena, 1906, Kap. 1 参照。

★7　例えば藤本氏の次の説明をみよ。「しかし地租制度に関しては、一八一〇年の財政勅令以降ずっと懸案事項となっていたにもかかわらず、一八六〇年ごろまでほとんど手をつけられぬままに放置されていた。東部プロイセンにおいて相変わらず統一性を欠いた前近代的な地租制度が支配していて、その状況を前提として税率で西部より東部が優遇され、他方でまた東部の世襲財産領や騎士領には依然として特別に地租の免除あるいは優遇が許されている、といった不合理が存在していたにもかかわらず、改革は容易に進まなかった」（藤本建夫、前掲書、四三頁）。

★8　Edikt die Regulierung der gutsherrlichen und bäuerlichen Verhältnisse betreffend, §§24 u. 47, in: GS, 1811, S. 281-99.

★9　現在においてもなおわが国でもっとも包括的ドイツ税制史研究である野津高次郎氏の著作が、「地租」の名をハルデンベルク改革以後の税制について限定して使っていることに注目しておきたい（野津高次郎『独逸税制発達史』有芳社、一九五〇年、第一編第三章第三節）。

★10　さすがにR・コゼレックは、ハルデンベルク改革前の農村税制と改革後の地租を区別すべき意義を鋭く見抜いている。「かつて領主は彼の領地区域の租税収入に対して少なくとも支払保証をし、また農民の小作料を租税負担額に従って按分していた。しかしあらゆる土地が私的所有として平等に扱われるようになると同時に、領主と農民の不平等な処遇は純粋な不正と化したのである」（R. Koselleck, Preußen zwischen Reform und Revolution, Stuttgart, 3. Aufl., 1981, S. 525f.）。

★11　阪口修平『プロイセン絶対王政の研究』中央大学出版部、一九八八年、八五―九六、一〇七―一一二頁、久保清治『ドイツ財政史研究――一八世紀プロイセン絶対王制の財政構造』有斐閣、一九九八年、第三、四章。久保氏の著書については、『社会経済史学』第六五巻、第二号、一九九九年に掲載された筆者による書評も参照のこと。

第一節　租税行政

クールマルクのコントリブチオン課税は、三十年戦争以後に常備軍として制度化された軍隊維持のための財源として、一六五三年の領邦議会協約 Landtagsrezeß によって認められたものであるが、[★1] その後、同税課税制度は、一六八六／七年にレブスやプリクニッツ、ハーヴェルラントを皮切りに各クライスごとに全面的に改良され、この改革は一七二一年のテルトウのそれをもって終了した。本章が検討の対象とするのは、この改革によって形成されたコントリブチオン制である。ところで、農村の非領主層に課税される主な直接税としては、コントリブチオンの他には騎兵糧秣税 Kavalleriegeld とショッス Schoß があげられる。[★2] コントリブチオンと騎兵糧秣税の相違は、前者が特定目的に限定されることのない、軍隊等のための包括的財源であるのに対し、後者は騎兵連隊の糧秣調達のための特定目的税である、[★3] という点に求められる。租税行政制度や課税方法については、騎兵糧秣税ははじめからコントリブチオンに準拠していた。これに対してショッスはコントリブチオンの先駆形態であり、当初は課税方法の点で後者は前者に倣っていたが、しかし租税行政に関しては両者のあいだには重大な差異があった。租税行政に関するコントリブチオンの農村税制史上の位置を、ショッスとの比較によって明らかにしておくことにしよう。

ブランデンブルクにおいて、領邦君主に認められた租税は、中世のベーデ Bede にまで遡ることができるが、それは身分別に行なわれた交渉によって認められたものであるうえ、中世後期にはほとんど実効的に徴収されていなかった。[★4] ホーエンツォレルン家入府後、臨時的出費の調達のため、諸身分にさまざまなショッス課税の承認を求めるようになるが、史料によって確認しうる限りで、諸身分全体に対して求めたところのもっとも古い包括的ショッス課税は、君主の負債返済の肩替わりのため一四七二年に領邦議会が承認したものであった。[★5] その後、領邦の緊急の必要性のために、領邦議会によりショッス課税の承認が繰り返されることになった。もとよりショッスは、領邦緊急時における諸身分による「自発的」援助という性格を強くもっており、[★6] そこでは君主の課税権が確立するにはほど遠い状況にあったということができるが、加えて一五四〇年代以降になると、徴収された租税収入の管理も「信用事業」Kreditwerk と総称される計六の金庫（新ビール税金庫がもっとも重要）によって身分団体自体が行なうようになったことは、第一章第三節で述べたとおりである。このようにショッス租税行政は領邦諸身分の管轄下にあったのであり、[★7]一七世紀後半以降たとえ君主権の影響力が強まっていったとはいえ、この点については絶対主義段階でも基本的には変わるところがなかった。[★8]

これに対してコントリブチオンは、クールマルクにおいて一六五三年に常備軍経費支弁のため七年間に限って課税されたが、スウェーデン＝ポーランド戦争（一六五五―六〇年）を契機に恒常税として確定した。コントリブチオンの恒常税化に対する影響としては、三十年戦争終了後もスウェーデンを中心に、バルト海沿岸諸国間で軍事的緊張が引き続き緩むことなく持続したことの意味が無視されてはならない。[★9]さらにこの軍事的緊張は、コントリブチオンの恒常税化とともに、同税徴収額の度重なる引上げの原因ともなった（巻頭の第4図）。即ち、一六五三年にコントリブチオンが導入されたさいに、領邦議会は七年間で五三万ターレル、年平均七万六〇〇〇ターレルの徴収を認めていた。しかし現実にはスウェーデン＝ポーランド戦争のあいだに、クールマルクより徴収された額はこれをはるかに上回り、一六五五年には三六万ターレル、五六年には五四万ターレル、五七年にはついに六〇万ターレルに達した。戦後は年二〇万ターレル台に落ち着いたが、しかしブランデンブルク＝スウェーデン戦争が始まると、その間（一六七四―七九年）には三〇万ターレル台から五〇万ターレル台へと増大した。コントリブチオンの恒常税化と度重なる増徴は、領邦議会の開催と承認を経ることなく行なわれ、それは、租税行政が君主権の軍政組織（総軍政コミサリアート）の管轄下に置かれたことによって可能となった。[★10]このように軍政組織の管掌によるという点で、コントリブチオンはショッスと基本的に異なるのである。

しかしコントリブチオン行政において身分団体、特に騎士身分が絶対主義的君主権によって租税行政から完全に排除されてしまったとするならば、それは正しくない。何故ならば、まず第一に、五三年以後、領邦議会の開催なしにコントリブチオンの徴収が決められていたとはいえ、新ビール税金庫「大委員会」Der Grosse Ausschuß は軍隊規模や租税行政に対して発言を止めず、シュヴェリン O. v. Schwerin らの宮廷指導者や軍政組織もこれを無視できなかった。[★11] さらに第二に、農村税制の場合、軍政組織は各クライス騎士身分（クライス議会）に対して上納すべき金額を命じるのみであって、末端の納税義務者に対する課税はクライス騎士身分の裁量によっており、そのためにクライス議会が毎年租税予算を策定し、租税徴収もクライスが責任をもっていた。加うるに当初は課税方法もショッスのそれに準拠して行なわれていたのである。このような租税行政の二元的構成のゆえに、スウェーデン＝ポーランド戦争とブランデンブルク＝スウェーデン戦争が勃発し、戦費＝課税額が急膨張すると、両者の利害は鋭く衝突することになった。結局、この二元的租税行政が安定軌道にのったのは、一六七九年に総軍政コミサールとなったグルムプコウ J. E. v. Grumbkow の指導下で、一六八五年以降基本的にコントリブチオンの増税は行なわないとしたうえで、[★12] あわせて都市にコントリブチオンに代えて自然増収可能なアクチーゼを導入して以降のことである。

さて八〇年代以後、租税行政が安定していくと、各クライスの課税制度も徐々により合理的なそれへと改められていった。それにはいちおう軍政組織の影響はあったとはいえ、その指導権を過大評価すべきではない。特にクールマルクのコントリブチオン改革の場合、プロイセンに一般フーフェ税を導入したヴァルトブルク K. H. Graf Truchsess zu Waldburg やポメルン、ノイマルクの農村税改革に力を尽したブランケンゼー Generalmajor v. Blankensee のごとき有力な指導的官僚は見あたらず、[★13] クライス騎士身分の力を借りなければ、実現もおぼつかない状況にあった。例えば改革の前提となる租税台帳作成について、各クライスともにクライス軍政コミサール Kriegskommissar（後のラントラート）や侯室裁判所判事など司法関係者が、地元の有力貴族とともに課税制度の改定を行なっている。具体例でそれを示してみよう。プリクニッツにおいて一六八六／七年に行なわれた新租税台帳の策定は、侯室裁判所判事のボルク G. H. v. Borck や同クライス騎士身分代表のガンス H. A. Gans zu Putlitz、ハイリゲングラーベ修道院長カールシュテット v. Carstedt によるものであった。[★14] 一六八七年のハーヴェルラントのコントリブチオン改訂は、侯室裁判所判事ベルヒャイム G. v. Bercheim や御領地財務庁参事グローテ O. v. Grothe に、同クライス軍政コミサールのブレドウ H. C. v. Bredow とリベック H. G. v. Ribbeck などが加わって行なわれている。★15 プリクニッツのガンスやカールシュテット、ハーヴェルラントのブレドウやリベックといった、各クライスの有力旧貴族が強い発言権をもったところに端的に表れているように、一六八〇年代以降クールマルクで行なわれたコントリブチオン改革は、軍政組織の指導下で実行されたとはいうものの、租税行政へのクライス騎士身分、地元貴族の影響力は無視できないものがあった。このため同改革は、領邦全体を通じて統一的方針によって行なわれたのではなく、クライスごとに個別的に実行されたのである。その結果、以下で説明するとおり、クライス内での租税負担の調整において改良が加えられたが、クライス間の負担不均衡には全く手がつけられず、また各クライスのコントリブチオン改革においても、それぞれ異なった課税方法がとられる、という問題点を残すことになったのである。

★1　Steuerverfassung I, S. 26; II, Nr. 33.

★2　この他にも製粉税 Kriegsmetz やビール税 Biergeld などがあった。これらは本来、間接税であるはずだったが、製粉・醸造への間接税課税は農村では技術上不可能であったため、直接税化していた。

★3　Nachricht, S. 95f.; Steuerverfassung I, S. 63-71.

★4　H. Helbig, Gesellschaft und Wirtschaft der Mark Brandenburg im Mittelalter, Berlin/New York, 1973, S. 44-7.

★5　この時の領邦議会の決定については、Steuerverfassung III, Nr. 1 を参照。ほかに、Nachricht, S. 88 u. 561; H. Böcker, Die Festigung der Landesherrschaft durch die hohenzollernschen Kurfürsten und der Ausbau der Mark zum fürstlichen Territorialstaat während des 15. Jahrhunderts, in: I. Materna/W. Ribbe (Hg.), Brandenburgische Geschichte, Berlin, 1995, S. 212-21; J. Schultze, Die Mark Brandenburg, Bd. 3, Berlin, 1963, S. 129-32.

★6　身分制国家の課税権の特徴については、O・ブルンナーの次の説明をみよ。「君主は、緊急の場合に、助言と援助（consilium et auxilium）を要求する権利をもっている。その対象となるのは、君主に本来認められている範囲をこえた軍役ならびに租税の給付である。それらのものは『自発的』に提供されるのだが、君主は緊急のばあいこの『自発性』に対する請求権をもっているわけである」（O. Brunner, Neue Wege der Verfassungs- und Sozialgeschichte, 3te unveränderte Aufl., 1980, S. 192. 石井紫郎他訳『ヨーロッパ——その歴史と精神』岩波書店、一九七四年、二九三頁）。

★7　Nachricht, S. 561f.

★8　ショッス課税方法は、一八世紀にはいると、コントリブチオンのそれに合わせてクライスごとに改良されるようになる（Nachricht, S. 567; Steuerverfassung I, S. 114f.）。

★9　バルト海沿岸諸国間の軍事的対立については、S. Oakley, War in the Baltic, 1550-1790, in: J. Black (ed.), The Origins of War in Early Modern Europe, Edinburgh, 1987、特にS. 624参照。また東欧の絶対主義国家成立に対してこの軍事的対立がもった意義については、わが国では、土肥恒之氏が指摘しているところである（同氏「東欧の絶対主義——鳥山報告に寄せて」『ロシア史研究』第四一号、一九八五年、同氏『ロシア近世農村社会史』創文社、一九八七年、四―一七頁）。

★10　第三章第二節参照。ほかにF. Wolters, Geschichte der brandenburgischen Finanzen in der Zeit von 1640-1697. Darstellung und Akten, Bd. 2. Die Zentralverwaltung des Heeres und der Steuern, München/Leipzig, 1915, S. 60-124; K. Breysig, Die Organisation der brandenburgischen Kommissariate in der Zeit von 1660 bis 1697, in: FBPG, Bd. 5, 1892; L. Tümpel, Die Entstehung des brandenburgisch-preußischen Einheitsstaates, Aalen, 1965, S. 86-159.

★11　S. Isaacsohn (Hg.), Urkunden und Actenstücke zur Geschichte des Kurfürsten Friedrich Wilhelm von Brandenburg, Bd. 10, Berlin, 1880, Kap. 3 u. 4.

★12　Nachricht, S. 94. これ以降はコントリブチオン収入は年間四〇万ターレル程度で推移した（F. Wolters, a. a. O., Akte Nr. 80）。

★13　C. A. Zakrzewski, Die wichtigeren preussischen Reformen der direkten ländlichen Steuern im 18. Jahrhundert, in: Staats- und sozialwissenschaftliche Forschung, Bd. 7, 1887, S. 8-13 u. 44.

★14　W. Vogel, Prignitz-Kataster 1686-1687, Köln/Wien, 1985, S. 6.

★15　Nachricht, S. 267.

第二節　コントリブチオン課税の検討

一　コントリブチオン改革の課題

以上述べたごとく、一六八〇年代以降、軍政組織と各クライスの騎士身分の協力のもとで、クライスごとにコントリブチオン改革が開始された。この改革は、都市へのアクチーゼ導入や金庫・会計制度などの改革も含む行財政改革の一環として行なわれたものであるが、ここでは、コントリブチオン改革に限定して考察を進めることにしよう。したがってわれわれは、改革によるコントリブチオンの課税方法を検討する前に、ショッスおよび改革前のコントリブチオンのそれを確認し、それがいかなる問題を含み、何故に改革されざるをえなかったのか明らかにしておく必要があるであろう。

まず課税対象から問題にしてみよう。ショッスと改革前のコントリブチオンの課税対象は、それが根拠としていた一六二四年租税台帳 Kataster によるならば、農民に関しては切妻屋根 Giebel（即ち屋敷）とフーフェ Hufe であった。[★1] しばしばブランデンブルク＝プロイセンのコントリブチオンやショッスは「地租」Grundsteuer の名で呼ばれ、[★2] あたかも土地が課税対象であるがごとき説明もみられるが、フーフェと土地では課税対象としてもつ意味が全く異なっている。課税対象が土地であるとするならば、納税義務は土地所有者であることによって生じるのであるが、現実には隷役小作農民 Lassiten のように、土地所有者でない農民まで納税義務を負っていたのである。さて、フーフェを一定面積（例えば三〇モルゲン）の土地に還元すべきでないと既にクナップが述べていたごとく、[3]それは、村落共同体内で農民の家、即ち家長に付与された権限（および義務）の単位＝持分のことであり、さらにそれに対応して認められるところの屋敷、菜園、耕地、共有地利用権より構成される農場、つまり家政の規模を示す。課税対象としてのフーフェのこのような性格のために、土地利用に対して事実上所有権的権利をもつ農民（自由農民 Freibauer、永小作農民 Erbpächter）も、もたぬ農民（隷役小作農民、定期小作農民 Zeitpächter）も変わりなく、共同体内で屋敷と農場を構えることが認められているというそのことによって、納税義務が生じたのであった。[4]

さて他方、課税標準においてもフーフェ数が採用されていた。フーフェが一定面積の土地所有ではなく、共同体内で認められた一定規模の農場＝家政保持を意味するということによって、課税標準としてのそれは、長・短所双方を抱えることになった。まず長所から明らかにしておくことにしよう。

ブランデンブルク＝プロイセン国家各領邦（州）の、農民に対する課税を概観してみるならば、[5]われわれは、フーフェ数が家族構成員数や家畜頭数などと並んで課税標準となっている場合と、フーフェ数以外の課税標準がいっさい存在しない場合を見出すことができる。しかも（東）プロイセン一般フーフェ税導入（一七一五―一九年）に典型的に見られるように、一般には課税標準はフーフェ数に統一されていく傾向にあり、[6]クールマルクにおいても農民課税に関して、フーフェは唯一の課税標準であった。このようなフーフェ数への統一によって、租税制度は整理・簡略化されるという利点を得たが、それが可能となったのは、他の課税標準に比して、フーフェ数が課税標準としてもつその包括的性格に理由があったと思われる。家長が家のなかで養っている家族・奉公人の数や飼育している家畜の頭数と、彼が構えている農場の規模つまり家政の規模のあいだには相関関係があると考えられるからである。[7]このため、個別的「租税負担能力」としての家族扶養能力や家畜飼育能力は、フーフェで示された包括的「租税負担能力」としての家政維持能力に一括されえたのである。

これに対して、課税標準としてのフーフェ数は、次の重大な欠陥を有していた。周知のとおり、フーフェは共同体内でのみ通用する単位であり、したがってフーフェ数は共同体内では納税義務者の租税負担能力の指標となりうる。しかし、共同体間では同じ一フーフェによって与えられる農場規模、自然資源量はしばしば大きく相違していたため、フーフェは共同体をこえて租税負担能力を標示する単位としては不適切であり、それは共同体間において負担の不平等を生む原因となった。[★8] コントリブチオン改革が解決を迫られたところの租税制度の不平等さとは、クールマルクに関する限り、このような課税標準の欠陥を意味していたのである。

二　コントリブチオン課税の改革

先にも述べたとおり、コントリブチオン改革はクライス単位で行なわれた。このため改革は、もっぱらクライス内の租税負担分配の調整を課題としたことにより、これまでのクールマルク内のクライス間租税配賦制度は改革の対象とならずに、変更なく存続することになった。租税負担分配の問題を考える場合、クライス内での租税負担分配とともに、クライス間の分配問題も無視することはできない。そこで、クライスの課税方法の検討に入る前に、このクライス間配賦制度について述べておくことにする。

各クライスの毎年のコントリブチオン予算は、クライス財政の過去六年間の平均総支出額を基準にして毎年四月にクライス議会で作成されていた。この支出総額の大半は、中央軍事金庫 Generalkriegskasse への上納金によって占められていたのであるが（一九世紀初頭の予算であるが、第5-2表を参照。またティレの作成よりなる支出決算の書式の第5-3表も参照）、それは領邦全体が負担すべく予め決められた総額をクライスに配賦したものである。[★9] そのさい

第5-3表　1739年某クライス財政における四半期（7－9月）
支出決算書式（単位：ターレル）

1）滞納金	0
2）中央軍事金庫への四半期分上納金	12,000
3）給与	500
4）運搬夫役手間賃	400
5）行軍費	400
6）行軍・兵站金庫分担分	200
7）食費	100
8）使丁給与	30
9）通常の租税免除	200
10）特別租税免除	300
11）家屋建築関係租税免除	100
12）その他	100
計	14,330

典拠：Nachricht, S. 549.

クライス間配賦の基準となったのが、一六二四年租税台帳に記載されていた各クライスのフーフェ総数で、[10]このため一フーフェ当りの収穫量が多くて肥沃なクライスにおいてほど、収穫量を基準とすると上納金は軽くすむという不平等が生じた。[11]この点については、ティレによる四つのクライスについての租税負担調査（コントリブチオンと騎兵糧秣税）が端的に示している（第5-4表）。表は、総生産額より家族経済再生産必要部分（生産手段更新、家族消費、奉公人賃金）を差し引いたのち、残る余剰額に対して租税負担率を算出したものであるが、ウッカーマルクの村落のように一フーフェ当りの余剰額の多い地域ほど租税負担は軽く、下バルニムの村落のように貧しい地域には重い負担が課せられているのがよくわかる。このようなクライス間の不平等は、実際に不当な処遇を受けているクライスの批判の対象となったのであるが、[12]しかしそれは、コントリブチオンの改革がクライス単位で行なわれる限りにおいて、解決しがたい問題として残されたのであった。

第5-4表　クールマルク各クライス村落のコントリブチオン負担率比較

（18世紀中葉）

	穀物収穫量の対播種量比（Korn）	うち自家用分（Korn）	フーフェ当り余剰額（ターレル）	租税負担率（対余剰額比）（%）
バルニム（A 型）				
Blumenberg 村	5	2 1/2	33.3	29
Krumensee 村	4 1/2	2 1/2	23.4	44
Petershagen 村	3 1/2	2 1/4	9.1	70
Schönenbeck 村	3	2	7.1	76
ウッカーマルク（C 型）				
Stolzenhage 村	7	3 1/2	60.3	17
Zolchou 村	6 1/2	3 1/2	55.1	18
Gerswalde 村	5 1/2	3	32.3	24
Neunsunde 村	5	3	22.5	24 1/2
Ringenwald 村	4	2 1/2	18.2	26
ハーヴェルラント（Dl 型）				
Marckee 村	6	3	43.4	18 3/4
Sto1 1en 村	4	2 1/2	23.2	29
Gladou 村	3 1/2	2 1/4	7.6	33
上バルニム（D2 型）				
Werder 付	5	2 1/2	24.2	28 3/4
Brunow 村	4	2 1/2	11.4	42
Hohenstein 村	3 1/2	2 1/4	11.2	40
Heyermühl 村	3	2	10.5	32

典拠：Nachricht, S. 164-80.

注：1）Korn ＝播種量。2 Korn は、収穫量が播種量の 2 倍あったことを示す。

2）余剰額は、生産量（穀物、畜産、牧草、木材等の農林水産生産物）より播種・自家用分（奉公人賃金を含む）を差し引き、金額化したもの。

3）Blumenberg 村の租税負担率についてティレは35%としているが、これは彼の計算ミスによるもので、彼のあげたデータからは29%になる。

4）租税負担のなかには騎兵糧秣税も含まれている。

次に改革によって実現された各クライスのコントリブチオン課税方法を、それの類型的分類を通じて分析してゆく。なお検討では、フーフェ保有農民 Bauer、Hüfner への課税に対象を限定する。他の納税義務者、即ち手工業者、粉屋、居酒屋等に対する課税については異なった類型化が可能であり、またコセーテ農民 Kossäte と漁師は、多くのクライスの場合、フーフェ保有農民のそれに準拠して課税された。★13

A型：［穀物播種量］×フーフェ数

この型には、一六九六年に租税台帳の改訂が行なわれた下バルニムが属す。★14 一六二四年台帳では、既に述べたとおり、フーフェの大小を問わずすべてのそれに対して同一の課税額を課していたことが最大の問題であった。このため九六年に改訂された同クライスの課税は、一フーフェに対して月額一〇、九、六、五グロシェンの等級化された税額を課すことで、一六二四年台帳の欠点を克服しようとしていた（一七一五年には一〇グロシェンは廃止）。このクラス分けは、フーフェ当りの穀物播種量を基準として行なわれており、したがって課税の基準は穀物播種量ということになる。このように、この型は共同体によって相違するフーフェ当りの租税負担能力の評価において、改革前のそれより一歩前進したのであるが、しかし同一の播種量より得られる収穫量の相違までは把握できなかった。この型の最大の欠陥はそこにある。それは第5-4表より明らかなとおり、他のタイプに比べ、同一播種量当りの収穫量の相違に応じて、租税負担率に不平等が存在したのである。なお課税額が、フーフェを単位に課税されているところからも明らかなように、フーフェは相変わらず課税対象としての意味を保持していた。

B型：［穀物播種量＋畜産・牧草・木材・水産生産量］×（フーフェ数）

B型に属すのは、ベースコウ・シュトルコウ★15（租税台帳作成年不明）とグリエン・レーヴェンベルク★16（租税台帳作成一六九〇年）両クライスである。この型に関しては、前者を例にとって説明することにしたい。同クライスではフーフェは規模が小さく、課税対象としての意味をもちえなかったため、農場が代わって課税対象となっていたという（ただしグリエン・レーヴェンベルクの場合は、フーフェが課税対象であった）。課税額はA型同様、穀物播種量を課税の基準としており、種籾一シェッフェルにつき年七グロシェンが課せられ、上半期に三、下半期に四グロシェンが徴収された。しかしながらこの型はA型と異なり、穀物以外の畜産、牧草、木材、水産の各生産量をも課税額を決定するさいに考慮していた。ただし、課税額の算出にあたって、穀物以外の要素を具体的にどのように評価したのかは不明である。

C型：［穀物播種量×土地肥沃度］×フーフェ数

ウッカーマルクの貴族領★17（租税台帳作成一七一八年）とテルトウ★18（租税台帳作成一七二一年）がこのC型に属している。さてC型の場合、フーフェを課税対象とし、また課税額決定に穀物播種量を考慮するという点ではA型と共通するが、しかしそれと決定的に異なるのは、土地の肥沃度も計算に含めるという点である。即ち各村落の一フーフェ当りの播種量を調べるばかりでなく、耕地の肥沃度も調査し、ウッカーマルクの場合、それに従って種籾一シェッフェル当り月額四ペニヒ（一二ペニヒ＝一グロシェン）から一グロシェンの差別化された税率が設定されており、またテルトウの場合も、貴族領は一シェッフェル当り七―一〇ペニヒ、御領地は四―一〇ペニヒ、ケーニヒス・ヴスターハウゼン領 Herrschaft Königs Wusterhausen とトイピッツ領 Herrschaft Teupitz（いずれもシェンク家領地から御領地となる）は五―九ペニヒと、土壌肥沃度の収穫量に与える影響の差を考慮に入れていたのであった。この結果、A型に比べクライス内ではるかに平等な租税負担を実現していたことは、第5-4表からも明らかであろう。

D１型：［穀物播種量×土地肥沃度＋畜産・牧草・木材・水産生産量］×フーフェ数

ハーヴェルラント★19（租税台帳作成一六八六年）とツァウヒェ★20（租税台帳作成一六八七年）がこの型に属し、それはB、C両型の混合型と規定することができる。ただし両クライスの課税方法は若干異なっている。まずハーヴェルラントの場合、フーフェ当りの穀物播種量と畜産・牧草・肥育・木材等の生産量を算定し、後者を前者に換算する。さらに穀物収穫量が播種量の三倍を超える場合、土壌の肥沃の度合に応じて播種量には九分の一―四分の一が加算される。この計算上加算された播種量に対して、一シェッフェル当り一律年額五グロシェン二ペニヒが課せられる。これに対してツァウヒェの場合、フーフェ当りの穀物播種量を調査し、土壌の肥沃度に応じて種籾一シェッフェル当り月額六―九ペニヒが課税された。同クライスもまた、畜産、牧草、木材、水産各生産量を課税額の算出にさいして考慮しているというが、その具体的方法については不明である。なお、このD１型を次に説明するD２型と区別した理由は、後者に比べ、土壌肥沃度の収穫量に対して与える影響を相対的に軽視しているという点にある。最優良地の同一種籾量当りの課税額が最劣等地のそれの一・五倍以内にとどまっている場合をD１型とした。

D2型：［穀物播種量×土地肥沃度＋畜産・牧草・木材・水産生産量］×フーフェ数

上バルニム[21]（租税台帳作成一六九六年）、アルトマルク[22]（租税台帳作成一六九三年）、プリクニッツ[23]（租税台帳作成一六八七年）がD2型に含まれる。前記のとおり同型は、土壌肥沃度の収穫量に与える影響をより重視するという点でのみD1型と異なり、最優良地の同一種籾量当りの課税額が最劣等地の一・五倍を越える場合をD2型に含めている。三クライスいずれにおいても一フーフェ当りの播種量が調査され、上バルニムの場合、種籾一シェッフェル当り土壌肥沃度に応じて月額五―八ペニヒが、アルトマルクは二―四ペニヒが、またプリクニッツに至っては三六にクラス分けされた二―二二ペニヒが課税された。これらのクライスもまた、畜産、牧草、木材、水産各生産量を課税額査定にさいして考慮していた。このうち上バルニムとプリクニッツについては、これまで紹介したクライス同様、どのようにこれらさまざまな種類の生産物から統一的課税の基準を算出したのか不明である。これに対してアルトマルクの場合、クールマルク中で唯一フーフェから家畜、木材が課税対象・基準として切り離されていた。したがってフーフェの課税では穀物播種量および土壌肥沃度が、家畜や木材への課税では家畜頭数と木材量が課税の基準とされ、それぞれ別個に課税額が算定されている。さてこのD2型は、土壌肥沃度の収穫量に与える影響を重視するという点でも、また多様な生産物把握という点でも、もっともすぐれた型であると考えられる。ティレもまた、土壌肥沃度をできる限り正確に把握し、それを課税に反映させること、また穀物以外の生産物ももれなく調査することを公正な課税の前提とみなしており、以上の観点からこのタイプに含まれるアルトマルクやプリクニッツの課税方法を高く評価していた。[24]第**5-4**表からも、上バルニムは、平等な租税負担の実現という点において、D1型のハーヴェルラントも含め他のタイプのクライスに対して、まさっていることが理解できるであろう。

三　コントリブチオン改革における「租税負担能力」理解

以上のごとく、クールマルクのコントリブチオン改革はクライス単位で行なわれた結果、クライス間での租税負担調整がなされず、またクライスによって改革の徹底度がさまざまであるという問題を残した。しかしここでは、各クライスの改革いずれにも共通する点を踏まえ、コントリブチオン改革が、総じて納税義務者の租税負担能力評価および租税負担分配に対して、どのような意義をもつものであったのか考えてみることにしたい。

各クライスのコントリブチオン改革の眼目は、課税の基準をフーフェより穀物播種量、同収穫量、そのほか農林水産生産物量へと変更することにおかれていた。ここでさしあたり問題となるのは、いかなる手続きによって種々の生産物量より統一的な課税の基準を算出したのかである。この点について、プリクニッツや上バルニムの場合、各穀物品種間の価格の差を考慮し、全穀物量をライ麦ないし大麦量に換算し、それを課税の基準としていたが、[★25]他のクライスでも同様の方法がとられたのではないか。なお（東）プロイセン一般フーフェ税の場合、各穀物品種間の価格比は、御領地財務庁の公定価格 Kammertaxe にもとづいて決められていた。[★26]クールマルクにおいても、このような方法がとられた可能性は十分ありえたであろう。また穀物以外の生産物に関してはハーヴェルラントでは、前述のとおりあらゆる生産物量は穀物播種量に換算されていた。アルトマルクのように、穀物とは別個にこれらの生産物に課税された場合を除くならば、他のクライスでも種々の生産物量は穀物量に換算されたと考えられるのであるが、しかし具体的にその方法がどのようなものであったかは不明である。

それでは以上のごとく、フーフェより特定品目の穀物播種量ないし収穫量に、課税の基準を変更した意義はどこにあるのであろうか。納税義務者の租税負担能力評価という点に関しては、評価基準が、共同体内の家政維持能力を標示するフーフェから、穀物播種・収穫量によって示されるところの生産能力へと抽象化され、その結果、共同体を超えて通用する普遍的課税基準導出が可能となった、というところにその意義を求めることができる。これによってショッスおよび改革前のコントリブチオン課税の最大の欠陥、即ち課税の公正さが共同体内でしか保障されえないという問題点を、克服することができたのである。このことを租税負担分配という点からみるならば、生産物の社会的配分状況に対応する合理的租税負担分配が、改革によってクライス全体のレベルで実現されたと特徴づけることができる。それは、課税の基礎となる租税台帳の特徴にも端的に表わされている。改革前に利用されていた一六二四年台帳においては、農民に関する限り、フーフェ数の他は屋敷（切妻屋根）数しか記載されていなかったのであるが、[★27]改革において新規に作成された各クライスの台帳は、フーフェ数に加えて多くの事項を含んでいた。例えばアルトマルク、プリクニッツ、ハーヴェルラント、ベースコウ・シュトルコウの台帳からわかる限りでは、フーフェ数に加えて穀物播種量、穀物収穫量の対播種量比、畜産・牧草・肥育・ホップ・野菜・水産・木材生産量などが村落ごとに記録されている。[★28]そこでは、課税の前提として、領域内において生産される富の総体と、その配分状況の把握が目論まれていたのである。

しかしながら、租税負担能力の普遍的評価や合理的な負担分配という革新的な性格に目を奪われるあまり、改革が旧制度より継承した点を無視することは許されないだろう。即ち、技術的な理由によって採用しなかったベースコウ・シュトルコウを除き、他のすべてのクライスでは、フーフェが相変わらず課税の対象であり続けた、というのがそれである。このことは、二つの意味で改革の革新的性格に留保を加えるものである。まず第一に、納税義務発生の根拠たる課税対象が、ここでは近代的営業権でも土地所有権でもなく、相変わらずフーフェ、つまり「家政」であることに注目したい。この点は、租税負担能力が家政維持能力から（穀物）生産能力へと抽象化されたこととどのように整合しうるのだろうか。その検討は、租税負担能力としての生産能力が、当時どのように理解されていたかを知るためには不可欠であると考えられるので、いま少し論じておくことにしたい。さて、当該期の財政官僚が、臣民の生産活動と家族経済の関連をどのように把えていたか、という問題を考えるうえで、先に紹介した第5-4表のティレによる租税負担調査は興味深いものがある。この調査において特に注意すべきは、彼が、同一播種量当りの穀物収穫量の多い村落ほど、それに比例して穀物の自家用部分（奉公人賃金も含む）も増加すると想定したうえで、前者より後者を差し引いた残りの余剰を基準に租税負担率を計算している点である。この自家用部分の増加は、ティレの調査からは、同一播種量当りの収穫量増大と相関関係にあるとしか考えようがないのであるが、このような理解が決して的はずれでないことを、ポメルンやシュレージェンの農村税制が教えてくれている。両領邦（州）のコントリブチオンにおいては、穀物余剰量を課税標準として採用していたのだが、その算定方法は、収穫量より播種量を差し引いた後、残った部分のうち半分を自家用分、もう半分を余剰とする、というものであった。[★29] このため収穫量が多いほど自家用分も増すという関係が、そこでは前提とされていたのである。それでは何故に当時の税制は、同一播種量当りの収穫量増加につれ、自家用分も増大するということを課税上前提としたのであろうか。この点を考えるうえで鍵となるのは、ここでもティレの見解である。彼は、農民家族経済においては、生計と諸負担支払が規定要因であり、このため豊作による収穫量増加分も蓄財にまわされることはなく、消費されてしまうことを課税上いたしかたのない当然の前提であると考えていた。[★30] このような場合には、生産自体が家族の需要充足と結合していたため、必然的に生産拡大はそのまま消費の増加、あるいは家構成員数の増大につながらざるをえなかった。このため、確かにコントリブチオンにおいて、生産能力は課税手続き上包括的な人格的諸能力から抽象されて、租税負担能力とされるようになったが、実際は相変わらず以上のような指向をもつ伝統的家政維持能力のなかに、不可欠の要素として埋めこまれていたと考えるべきであろう。したがって、租税負担能力が公正な課税のために生産能力に変更されたとしても、「租税負担能力」概念の本質には基本的変化がなかったということができるのではないか。

さらに第二の留保は、納税義務の特徴についてである。つまり、共同体における持分が相変わらず課税対象である限り、納税義務は独立した公民の義務として国家に対して直接的に生じるものではなかった。むしろ共同体への義務に媒介されることで、国家臣民としての納税義務の成立が保障されている。ことばを換えるならば、課税対象がフーフェである限り、国家に対して納税義務を直接負っているのは形式上は村落共同体であって、農民各自はそこでの一員＝持分保有者として、持分に応じて負担していたにすぎない。このことは伝統社会、特にその再建のために苦闘していた三十年戦争後の農村社会での租税負担問題を考える場合、重大な意味をもたざるをえなかった。何故ならば、三十年戦争によって徹底的に農場を破壊され、それの再建途上にあった農民の多くは、フーフェこそ形式上は有するが、それにふさわしい租税負担能力を実際にはもちえない者が少なくなかったであろうからである。それでは実際、個々の共同体メンバーが負担を実行できなかったとき、共同体が納税責任を果たしていたかといえば、否であった。むしろ彼らの納税義務を補完していたのは、クールマルクにおいては領主である。ここに、領主制の意義を考慮することなく、絶対主義段階のクールマルク農村税制を考察しえない理由があった。

★1　F. Grossmann, Über die gutsherrlich-bäuerlichen Rechtsverhältnisse, Leipzig, 1890, S. 102.
★2　K. Mamroth, a. a. O., S. 241-80; W. Wygodzinski, a. a. O., S. 3.
★3　G. F. Knapp, Die Bauernbefreiung und der Ursprung der Landarbeiter in den älteren Theilen Preußens, Bd. 1, 2. Aufl., München/Leipzig, 1927, S. 9.
★4　手工業者、粉屋、家畜番などに対するコントリブチオン課税も、課税対象である「営業権」が共同体内での地位であるということによって、同様の性格をもっていた。

★5　ブランデンブルク＝プロイセン全体の農村税制を概観するためには、C. A. Zakrzewski, a. a. O, および、F. G. Schimmelfennig, Die Preussischen direkten Steuer, Teil 1. Die Grundsteuer-Verfassung in den Preussischen Staaten, 3. Aufl., Berlin, 1859 が便利である。

★6　C. A. Zakrzewski, a. a. O., S. 10. ただしゲルトナー、インストロイテなどの零細農、労働者に対する人頭税、家畜税は、東・西プロイセンの場合、絶対主義段階を通じて存続した（K. Mamroth, a. a. O., S. 271 u. 274）。

★7　伝統社会の農民世帯の場合、家畜に関してはいうまでもないが、家族構成員数についてもこのような相関関係があったとローゼンバウムは述べている（H. Rosenbaum, Formen der Familie, Frankfurt (M), 1982, S. 64-8）。

★8　Nachricht, S. 297.

★9　Ebenda, S. 140 u. 558.

★10　Ebenda, S. 141; Steuerverfassung I, S. 28.

★11　クライス間の配分比率については、Nachricht, S. 140-60; Steuerverfassung I, S. 4-25.

★12　Nachricht, S. 141-3.

★13　Steuerverfassung I, S. 29. なおクールマルクには以下で検討するクライスの他にルピンとレブスがあるが、これらについてはどの類型に属すか確定できなかった。

★14　Nachricht, S. 316; Steuerverfassung I, S. 43f.

★15　Nachricht, S. 361f.; Steuerverfassung I, S. 55.

★16　Nachricht, S. 284; Steuerverfassung I, S. 37f.

★17　Nachricht, S. 239f.; Steuerverfassung I, S. 514. なおウッカーマルクの御領地の課税方法は、御領地管区ごとに異なっており、それぞれがどの類型に属すかは確定できなかった。

★18　Nachricht, S. 339; Steuerverfassung I, S. 45.

★19　Nachricht, S. 162 u. 268; Steuerverfassung I, S. 36f.

★20　Nachricht, S. 353f.; Steuerverfassung I, S. 48.

★21　Nachricht, S. 298f.; Steuerverfassung I, S. 41.

★22　Nachricht, S. 181-3; Steuerverfassung I, S. 32.

★23 Nachricht, S. 216; Steuerverfassung I, S. 35.
★24 Nachricht, S. 183, 1924 u. 219.
★25 Ebenda, S. 216 u. 299.
★26 C. A. Zakrzewski, a. a. O., S. 18. Kammertaxe については、O. Behre, Geschichte der Statistik in Brandenburg-Preussen bis zur Gründung des Königlichen Statistischen Bureaus, Berlin, 1905, S. 270f. を参照。
★27 F. Grossmann, a. a. O., S. 120.
★28 Nachricht, S. 181, 216, 267 u. 361.
★29 C. A. Zakrzewski, a. a. O., S. 46 u. 73.
★30 Nachricht, S. 416f.

第三節　コントリブチオンと農場領主制

本節の課題は、コントリブチオン制において領主制（農場領主制）が果たした役割を考察することである。これを問うことは同時になぜコントリブチオン納税義務が領主にまで拡大されなかったのか、言いかえるならば、これまで検討してきた課税原則が彼らに適用されなかったのはいかにしてであるかを問題とすることにもなる。後者については、免税特権の存在によって、彼らの優遇された地位の理由を説明する傾向がある。★1 確かに地主貴族と農民が私的土地所有者として平等の立場に立った一九世紀については、このような説明は有効であるかもしれない。しかし絶対主義段階に関しては、課税の背後にありながら、租税制度の一要素と化していた農場領主制の検討なくしては、前記の問題の説得的解明は不可能であろう。それは次の理由による。絶対主義段階において、財政官僚たちは、コントリブチオン納税義務者、特に農民の租税負担能力の安定性に関してきわめて懐疑的に評価していた。例えば先に紹介したティレのそれについての理解では、農民の租税負担能力の基礎となる彼らの家政は、家経済の需要充足を目的として運営されているため、蓄積に対する指向が弱く、このことから天災、火災、家畜の疫病等に直面した場合、容易に維持不可能となり、また納税も実行しえなくなる、と考えられていた。★2 これまでの検討から明らかなとおり、一七世紀後半から一八世紀初頭の農村社会再建期においては、農民経営の安定性はいっそう不確かであったろう。その場合、租税行政は、農民の租税負担能力を補完するものとして村落共同体に期待することはなく、農場領主制下での領主の農民援助機能に着目し、それの租税制度内への取り込みをはかった。この結果、農民をはじめとするコントリブチオン納税義務者は、領主に対して納税義務者としての対等性や自立性を失なうことになる。このように対等・独立でない納税義務者間では、課税の平等は基本的に問題になりえなかったと考えられるのである。このため本節では、農場領主制内において、納税義務者としての農民がいかなる性格の配慮を領主より得ていたか、問うことにしたい。

一　領主による賦役・貢租免除

農民の租税負担能力不安定性に対して、租税行政が領主に対応を求めたものの第一が賦役・貢租の免除である。ここではまず、賦役・貢租免除が納税義務をめぐる領主—農民関係にどのような影響を与えるものであったか、またそれは、農民の租税負担能力安定化に対していかなる意義と限界をもつものであったか考察することにする。

さて、領主の賦役・貢租免除義務を定めたのは一七二一年八月一二日の国王「命令」★3であったが、その内容は次の三点よりなっていた。第一。クライスが納税義務者のコントリブチオンを免除した場合、納税義務者が属する所領の領主も、彼に対して課した諸負担を免除する義務を負う。第二。免除期間はコントリブチオンのそれの半分とする。第三。免除の対象となるのは賦役Dienst、賃租Zins、小作料Pacht、そのほか諸負担Prästationenである。このように、「命令」が領主の免除義務をコントリブチオン免除と連結させたことにより、前者の条件や期間は後者のそれによって規定されることになった。したがって領主の賦役・貢租免除義務の内容について理解するためには、クライスのコントリブチオン免除がどのように実行されていたのか、検討しておく必要があるであろう。

このクライスのコントリブチオン免除は、租税免除と補助金給付の二つの政策より構成されていた。その眼目は、公権力も租税免除・補助金給付を通じて農民の家政の危険負担を分担し、これをもって租税負担能力の安定化に寄与することであった。このうち免除制とは、租税負担能力が損なわれた納税義務者について、クライス・コントリブチオン金庫が帳簿上課税額を徴収したことにし、同時に支出においても補助金を与えたことにし、事実上租税を免除する制度である。これに対して免除制にかわって一部クライスで導入された補助金制とは、租税を実際に徴収したうえで、一定額の補助金を給付する制度であった。この免除・補助金制度は、一七世紀後半以来、各クライスで独自に発達したものであるが、しかし当初は各クライスともそのための明確な規則を欠き、このためそれはきわめて恣意的に運用されていた。コントリブチオン制はこの点でもその不平等な処遇が問題となり、とうとうクールマルクの軍事・御領地財務庁は、一七二三年八月九日の「通達」Rescriptによって、同制度の実態調査に乗り出した。その後、同庁の監督下で「租税免除規則」の作成が各クライス当局によって行なわれ、一七三八年頃にはほとんどのクライスで制度の整備が完了し、クライス内では統一的かつ明確な規則にもとづき、租税免除・補助金給付が実現されることになった。[★4] したがって改革後は、領主の賦役・貢租の免除も、先の「命令」により、その手続き・条件・期間に関して「租税免除規則」に則して決定されることになったのである。次に、この改革が租税負担能力安定化に対してもった意義について、まとめておくことにしよう。

まず第一の意義は、納税義務者の免除・給付請願からその承認に至るまでの手続き、およびそれにかかわる諸当局の権限が明確化されたことであろう。まず前述の「通達」および一七二四年二月二九日付の全クライス・ラントラート（郡長）の共同作成による「報告書」[★5] において、クライス内での同制度の恣意的運用を防止するため、免除・給付の決定は軍事・御領地財務庁が最終的に行なうことが確認された。また各クライスの「租税免除規則」では、納税義務者によるラントラートに対する請願は、本人による「請願書」Memoriale に加え領主の「証明書」Attest を添付すべきこと、また請願を受けたラントラートはそれについて調査を行なったうえでクライス議会に報告書を提出すべきこと、議会はそれにもとづき審議し、軍事・御領地財務庁にその結論を提案すべきことが定められた。[★6] 以上によって、クライス当局の一部の関係者による恣意的な制度運用に、歯止めがかかることになる。また租税免除決定の手続きは、そのまま賦役・貢租免除のそれにもなるのであるから、その結果、後者もまた、当局による厳格な調査・審議・決定により行なわれることになった。

第二の意義は、租税免除・補助金給付の条件と期間・金額に関して、クライスごとに統一的規則が作成されたことである。[★7] クライスの「租税免除規則」では、免除・給付の対象となる①火災・老朽化によって必要となった家屋再建、②凶作・水害・霜・雹による穀物被害、③疫病・賦役・火災による家畜被害（および一部のクライスではそれに加え④火災による穀物被害）が発生した場合、いかなる被害に対して、どれだけの期間の免除ないし補助金額が認められるか、具体的に規定されたのであった。この結果、クライス内のすべての納税義務者に対して、同一の条件で同じ内容の租税免除・補助金給付が認められると同時に、領主による賦役・貢租免除の条件と期間も規格化されることになる。

第三の意義は、免除・給付によって生じた財政的欠損・支出に関する財政上・会計上の措置が整えられたことである。租税免除・補助金給付による欠損・支出は、中央軍事金庫への上納金の削減によってではなく、クライス財政によって負担されていた。このため一七三七年五月二日と三八年七月二三日の「通達」は、クライス財政にそれを補塡するための基金の設置を命じ[8]、クライスは、通常のコントリブチオン課税をもってその準備金を調達しえない場合は、臨時コントリブチオンを納税義務者に課すことになった[9]。この結果、クライスの財政事情に攪乱されることなく、安定的に免除・給付を行ないうることになるが、このことは、領主の賦役・貢租免除の条件・期間についても、長期間固定するという効果をもったであろう。

以上三点によって、租税負担能力が損なわれた納税義務者は、その回復のための条件として、クライスの租税免除・補助金給付のみならず、領主の賦役・貢租の免除をも安定的な要因として期待しうることになったといえる。またこの任務によって、クライス（騎士身分）は、国家に対する計画的・恒常的財政収入の上納と、地域の経済的再生産という二つの課題を調整し、同時に実現する役割を担うことになったのである。次に免除制度の問題点と限界についても論ずることにしたい。

まず第一の限界は、コントリブチオン制度全体と共通する問題点であり、それは次のとおりである。先の租税免除・補助金改革は、コントリブチオン改革同様、クライス単位で行なわれた。このため免除・給付の条件と内容がクライス間で大きく相違することになった。例えばハーヴェルラント、グリエン・レーヴェンベルク、ベースコウ・シュトルコウの三クライスは家畜被害への免除・給付を欠いていたし[10]、また火災による穀物被害に対してはプリクニッツとツァウヒェでしかそれは認められていなかった[11]。さらにそれぞれの条件の細目に注目するな

第5-5表　家畜被害に対するクライス・コントリブチオン金庫の補助金額（1頭分の給付額）

クライス	牝牛	牡牛・馬
アルトマルク、ウッカーマルク	1Tl	1T1 8Gr ～ 2Tl
ルピン	1T1	1T1
テルトウ、上バルニム	1T1	2 ～ 15Tl
下バルニム	16Gr	1T1.
レブス	3T1	4 ～ 6T1
ツァウヒェ	1Tl	1Tl ～ 1T1 17Gr

典拠：Nachricht, S. 436-62.
注：ターレル（Tl）＝24グロシェン（Gr）

らば、クライス間の差異は無数にあることに気づくであろう。また免除期間や給付額もクライスによってまちまちであった。試みに家畜の被害に対する補助金給付額を第5-5表によってみるならば、下バルニムの農民は牝牛一頭の被害に対してレブスの九分の二、牡牛・馬に対してはレブス、テルトウ、上バルニムの二分の一から一六分の一の給付しか受けていないことが明らかとなる。このようなクライス間の差異は、各クライスの財政力に起因していたと考えられる。即ち免除・給付に対する財源を、クライス独自で調達しなければならないという事情があったため、全体として納税者の租税負担能力が劣位で、充実した免除・給付をもっとも必要としているクライスほど、貧弱な免除・給付しか実現しえなかったのである。[★12] こうして貧困なクライスに対する不平等は、前節でみた租税負担の配賦ばかりでなく、租税免除・補助金給付、さらにそれに規定された領主の賦役・貢租免除においても再現され、クールマルクのコントリブチオン制における構造的欠陥を構成していったのであった。

次に第二の限界は、「命令」の強制的通用力の欠如から派生する問題である。これまでわれわれは、「命令」と「租税免除規則」がそのまま賦役・貢租免除の法的規定をなしていたごとく説明してきたが、個々の領主—村落共同体間でそれを基本的に決定していたのは、相変わらず両者間の地域的慣習ないしそれを成文化した「台帳」Urbarであった。[★13] 前記の二つの法的規則は、これら地域的慣行を排除し、強制的に通用しうるような法ではなかったのである。このためこのような領主の免除義務を欠く村落もあれば、また義務があったとしても、「命令」や「租税免除規則」どおりにはそれが実行されていない村も少なくなかったのである。それでは、「命令」と「租税免除規則」は、賦役・貢租免除に対していかなる効果ももちえなかったのであろうか。この点についてはK・シュピースの整理による七ヶ村、つまりプリクニッツのレクテ Legde、ヴェレ Welle、グロース・レピン Groß Leppin、ベーヴェリンゲン Beveringen、ネマーランク Nemerlang、ブーフホルツ Buchholz の六村と、ハーヴェルラントのホーエナウエン Hohenauen 村での裁判記録（一八世紀末のものであるが）が明確な解答を与えてくれているように思われる。[★14] これらの村の慣習では、領主による免除が欠落していたり、あるいは免除の条件が家屋建築に、または免除の対象が賦役に限定されており、このため「台帳」作成にさいしてこれらの点をめぐって争いが領主と共同体間で発生した。決着は結局、裁判にもちこまれたのであるが、[★15] そのさい、いずれの村においても領主は慣習を擁護し、これに対して農民側は「命令」にそって賦役・貢租免除の実行を要求した。結果はすべての村落において、第一審から最終審（王室裁判所か）に至るまでことごとく農民側の勝訴に終わったのである。これらの例は、「命令」が慣習に比べて法源として優越しており、いったん両者間で争いが生じた場合、このような「命令」の優越性によって地域的慣習は「租税免除規則」に従って変更されざるをえなくなる、ということを示している。このため、領主の免除義務は、このような迂遠な過程を通じて徐々に「命令」と「租税免除規則」に従って租税制度のなかに組み込まれていったと結論づけることができるであろう。しかしながら、一八世紀末に至ってもその過程は完結していなかった。この点については、プリクニッツとミッテルマルクの全域にわたって領主―農民間の地域的慣習を検討したシュピースの分析が参考になる。彼が資料を収集しえた一〇三村落のうち、五村落では一八・九世紀交替期に相変わらず領主の賦役・貢租免除義務は欠落していた。また免除義務が存在する村落のなかでも、家屋建築に対してのみ免除が認められている村が二一、賦役しか免除されていない村は七、存在していた。[16]このように結局は、「命令」と「租税免除規則」は、地域的慣習を自らに合わせて完全に創り変えるところまでには至らず、租税負担能力を損なう事態が発生した場合でも、免除を享受しえない村が存在したのであった。ただし、ここでぜひ付言しておかねばならないことがある。以上の説明によって、賦役や貢租の免除が君主権の誘導によって一八世紀に普及したとするだけでは、事実を正確に言いあてていない、という点である。既に第三章で述べたとおり、三十年戦争後の農民農場再建過程において、領主には全体として賦役強化を控える傾向があるばかりか、再建過程にあった農民に対しては、自主的に負担の免除や軽減を認める動向さえあった。一八世紀前半のクライス行政における免除制度は、こうした軽減措置を踏まえ、それを規格化するという意味をもったにとどまる、このことを確認しておきたい。

最後の限界は、賦役・貢租免除それ自体がもつ限界であった。農民の家政維持に対する領主の援助には、このほかに、凶作、火災、疫病などにより穀物・家畜被害が生じた場合の種籾、役畜、金銭の供与や、あるいは家屋建築に対する木材、金銭の提供をあげることができる。これらの支援が農民の家政に対する物的・金銭的支出を伴う援助であるのに対し、賦役・貢租の免除は諸負担に対する請求権の一時的放棄にすぎなかった。ところが、家政の安定化にとってより積極的支援たる前二者について、君主権は法的に規定することをためらっており、それを租税負担能力安定化のために利用することはいっさい行なっていなかった。例えば一七九四年になってもまだ、プロイセン一般ラント法第二部第七章第一二二条は、天災、火災、疫病による穀物・家畜被害への援助について、「各々の農場領主は、困窮に陥った臣民を効果的に援助する義務がある」[17]と抽象的に規定するにとどまり、その条件と内容については、いっさい定めていなかった。また、家屋建築に対する援助に関しても、同第三九五条によって次のごとく法的介入は回避されていた。即ち、「村の通常の制度 die gemeine Verfassung des Orts に従って、領主が臣民の農場の家屋の維持に義務をもつ場合、臣民も家屋建築・修繕に対して建築奉仕義務を有する」[18]とし、領主の家屋建築に関する義務については、「村の通常の制度」、つまり地域的慣行の規定に委ねていた。結局このような君主権の消極的態度の結果、前者は領主—農民間の個別的人格関係に、後者は地域的慣習によってもっぱら規定づけられることになったのである。[19]このように農民の家政を支えていた種々の援助のうち、もっとも消極的な性格の賦役・貢租免除しか租税負担能力安定化に利用しえなかったということに、この政策の限界をみることができる。[20]

こうして以上三つの限界により、賦役・貢租の免除は、租税負担能力安定化の決め手となったと考えることはできない。ここに、領主のいっそうの介入の必要性と、納税義務者としての農民の自立喪失の可能性が存在すると考えられるのであるが、この点は次項で検討することにしよう。

二　領主による租税支払保証（租税代納）

これまで述べてきた租税負担能力安定化政策の限界については、政策当局によっても深刻に認識されていた。例えば次のティレの説明をみられたい。なおそこでいう「免除」Remissionとは、租税免除ばかりでなく、領主による賦役・貢租免除も含むと考えてよいだろう。「さまざまな凶作、火災、洪水、霜、雹、家畜の死、その他の不運、さらに風害でさえも、それによって納税義務者はしばしば何年ものあいだ立ち直ることができず、決められたとおり納税することができないという状況に追いこまれることがある。このため往々にして、もっとも充実した免除であっても、このような不幸な納税義務者を救うことができず、このためこのような免除にもかかわらず、コントリブチオン滞納額を帳消しにしなければならなくなってしまうのである」。[21]

このような租税負担能力減退による租税滞納額の累積を防止するため、租税行政当局は領主に対していっそうの介入を求めることになった。農民が納税義務者として自立性を失ない、領主に対して従属化したのは、この第二の介入によってである。従属化は次の二つの段階を経て深化していくことになる。

まず第一は、農民の納税義務実行に対する領主の監督責任の発生である。それはティレによると次のとおり実施された。もし納税義務者のなかに租税を滞納する者がでた場合、農民層のなかで中核的部分をなす隷役小作農民、定期小作農民に関しては、ラントラートは所領の領主に対してその事実を知らせる。これによって領主は、農民が納税不可能となるほど滞納額を累積しないよう監督責任を負うことになる。[22]以上の領主の監督責任にもかかわらず、これら農民において滞納額が累積してしまった場合には、領主には、監督責任をこえ租税代納責任が発生することになる。これが従属化の第二の段階であり、ここでは賦役・貢租免除のごとき労働・生産物分配の再調整ではなく、租税負担分配そのものの再調整が領主—農民間で行なわれるのであった。こうして農民は自分の課税分に対して最後まで責任を負うことを免除され、納税義務者としての自立性を失うことになる。なお、領主が租税代納に消極的な場合、それを実行させるために租税行政当局がとる手段は、次のようにエスカレートしていった。まず領主の自発的租税代納、次にクライスの行政執行官 Kreis- od. Landausreuter による領主からの強制徴収、最後に以上によっても租税を代納しない場合は、一六六七年一二月九日の勅令 Edikt によって、軍隊が強制徴収を行なうことになっていた。[23]ここでわれわれにとって興味深いことは、領主の監督責任にせよ代納責任にせよ、それを強制するためにとられている政策手段の特徴である。即ち前者においては行政当局による直接的指示、さらに後者においては行政的手段のみならず武力の利用さえ行なわれたのであった。このことは、賦役・貢租免除において「命令」「租税免除規則」という強制的通用力をもたない法的手段に頼ったのと好対照をなし、租税代納が、租税負担能力の不安定な納税義務者の存在という条件下で、確実に租税を徴収するための「切札」であったことを端的に示していると考えられる。

ところで、われわれはこれまで領主の租税支払保証を成立させた要因を、農民の租税負担能力の不安定性と、クライス、領主の負担免除の不十分さに求めてきた。しかしもう一点看過されてはならない要因がある。納税義務者同士の租税連帯責任制、即ち村落共同体の納税責任の未形成がそれである。一般的にみても自立的な市民・公民が未形成の伝統社会においては、自己の課税分に最後まで責任を負いうる納税義務者の存在を期待できるかという疑問があるが、コントリブチオンに即して考えた場合、既にみたとおり、納税義務がフーフェなど共同体での地位によって生じている限り、形式的には村落共同体に対して納税上の責任を求めうるはずであった。[24] 実際に絶対主義段階の西部ドイツ諸領邦では、村落共同体や納税者団体によって租税連帯責任制が広く行なわれていた。ところがクールマルクをはじめとする東部においては同制度は欠如し、それに代わって領主による租税支払保証制が成立したのである。[25] さて、何故クールマルクでは連帯責任制が成立しなかったのか、この問いに答えるには、村落自治との関連性を考えてみなければならない。われわれは既に序章と第三章第三節において、ハルニッシュがエンダースやグライクスナーらに対して、ブランデンブルク村落共同体の自律性如何に関して対立的意見をもち、彼がそれについてあまりに否定的な評価を下しているため、後二者から批判されていたことをみた。また本研究も村落裁判などが機能していた実態を重視し、村落共同体の秩序形成・維持機能をこれまで評価してきた。しかし絶対主義段階の権力的問題において財政が重要性を飛躍的に増したことを鑑みた場合、ハルニッシュが問うたところの問題、即ちブランデンブルクを含む東部ドイツ村落共同体における財政的機能の脆弱さは、決して軽んじることのできない点であるように思われる。[26] ブランデンブルクの村落財政については、管見の限り彼の論文以外にほとんどみるべき研究がなく、弱体な村落財政の原因を、農民の農場保有権の劣悪性に求める彼の主張の当否を論じる能力は筆者にもない。しかし村税と多くの施設をもち、豊かな財源によってさまざまな活動を展開しえた西部ドイツの村落★27と比べ、村税を欠き、科料収入に依存するところの東部ドイツ村落の財政機能の貧困さは、財政的需要が高まるにつれて徐々に意味を増さずにはいられなかったことは、否定しようのない事実であったのではないか。クールマルクの村落が租税連帯責任を実行しえなかったのは、村落の財政能力の欠如ゆえであったろう。この結果それに代わるものとして、領主による租税支払保証制が形成されたといえるのではないか。クールマルクにおける租税連帯責任制の不可能性は、租税行政が領主による支払保証を求めなかった自由農民、永小作農民の場合においてさえ、同制度が地域的慣行のなかで自生的に形成されることがあったという事態★28のなかにも、見てとることができる。コントリブチオン納税義務者が領主に対して従属するに至った要因を、彼らの存在形態のなかに求めるとするならば、自らの租税負担能力の不安定性を共同体的自治＝連帯責任によって補完しえなかった、というところにあったのである。

★1　一九世紀における免税特権擁護論として、ハルデンベルク改革に反対したフィンケンシュタインの議論を参照（F. Meusel, Eine Denkschrift des Grafen von Finckenstein „Über die Freiheiten der Ritterschaft“ (1811), in: HZ, Bd. 101, 1908）。

★2　Nachricht, S. 416f.

★3　Verordnung, das bey vorfallenden Unglücks-Fallen, wann den Unterthanen aus der Landes-Cassa Remission geschiehet, die Gerichtsobrigkeit ihnen gleichfalls an ihren Praestationen Remission geben sollen, in: Steuerverfassung II, Nr. 116.

★4　一七三〇年代に整備された租税免除・補助金制については、Nachricht, S. 429-64 を参照。また一七三八年に策定されたアルトマルクの租税免除規則が、Steuerverfassung II, S. 241-6 に掲載されている。なお、その後、同制度は一八世紀末に再び各クライスで改訂されることになるが、この二度目の改訂後の制度に関しては、Steuerverfassung I, S. 214-28; II, S. 246-85 を参照。

★5　Nachricht, S. 428.

★6　とりあえず、註4であげたアルトマルクの「租税免除規則」を参照。

★7　詳しくは、註4の史料にあたらなければならないが、K. Spies, Gutsherr und Untertan in der Mittelmark Brandenburg zu Beginn der Bauernbefreiung, Berlin, 1972, S. 96-114 に、一八世紀末における各クライスの租税免除条件と内容が要領よくまとめられている。

★8　Nachricht, S. 131f.

★9　Steuerverfassung I, S. 215.

★10　Nachricht, S. 462f.

★11　Ebenda, S. 439 u. 61.

★12　こうした状況について、後に一七九四年九月一七日付の総監理府の一文書が次のように述べている。『クライスの免除制は、農場領主の負担免除規則の有効な基準とはなりえない。何故ならクライス金庫のために定められた免除率はクライスの多様性に応じてクライス間で非常に不平等であり、主にそれは各クライス免除基金の収入によって決まっているからである』と説明されているが、このことは実際にそのとおりである。つまりクールマルクでは、クライスの免除制は、クライスの住民が互いに負担しあい、そのために基金を調達したところの共済的援助だからである。いくつかのクライスでは皆が一緒になって豊かな援助を実施し、別のクライスでは貧しい援助しか行なっていない。そしてまさにもっとも貧しいクライスにおいては、免除基金への重い分担金を貧困な臣民に負担させることをおそれて、クライスの免除がもっとも貧弱なものとなってしまっているのである」(K. Spies, a. a. O., S. 139)。

★13　賦役・貢租免除に関するクールマルクの地域的慣行については、Ebenda, S. 203-56 が参看されるべきである。

★14　Ebenda, S. 203-36.

★15　農民の訴訟上の権利については、F. Grossmann, a. a. O., S. 55.

★16　K. Spies, a. a. O., S. 203-56.

★17　Allgemeines Landrecht für die Preußischen Staaten von 1794, Teil II, Tit. 7, §122.

★18　Ebenda, §395.

★19　これらの扶助については詳しくは、K. Spies, a. a. O., S. 172-20 u. 256-84 を参照。

★20　なお、君主権が領主に対して強制した「農民保護」としては、しばしば農民保有地の領主直営地への併合の禁止があげられるが、それは農民保有地 Bauernstelle の「保護」であって、本節で扱っている農民の家政に対する援助とは問題のレベルが違っているので、ここでは触れない。なお「農民保護」については、F. Grossmann, a. a. O., S. 89、北條功「いわゆるプロシア絶対王政の『農民保護』」『史学雑誌』第六三篇第八号、一九五四年、三〇頁。

★21　Nachricht, S. 550.

★22　Ebenda, S. 551f.

★23　Ebenda, S. 553f.

★24　租税連帯責任制については、M・ウェーバー著（世良晃志郎訳）『支配の社会学』I、創文社、一九六〇年、一八四—九頁。

★25　このような事実は既に高柳信一氏によって早くから注目されていたが（同氏『近代プロイセン国家成立史序説』有斐閣、一九五四年、二六八—七〇頁）、東西ドイツの絶対主義国家・社会の構造比較の問題として、その論点はわが国では十分深められてこなかったように思われる。なお高柳氏の著書の他に、P. Blickle, Deutsche Untertanen, München, 1981（服部良久訳『ドイツの臣民』ミネルヴァ書房、一九九〇年）と、ハルニッシュの研究が重要である。

★26　ハルニッシュのブランデンブルク村落共同体論については、序章註22に紹介した諸研究を参照。ここではそのなかでも最重要と思われるH. Harnisch, Gemeindeeigentum und Gemeindefinanzen im Spätfeudalismus, in: Jahrbuch für Regionalgeschichte, Bd. 8, 1981だけを挙げるにとどめておく。ほかにハルニッシュ以外の東部ドイツの村落自治制研究としては、プロイセンに関するR. Stein, Die Umwandlung der Agrarverfassung Ostpreußens durch die Reform des 19. Jahrhunderts, Bd. 1, Jena, 1918, S. 431-57を参照。

★27　西部ドイツの村落財政については、K. S. Bader, Dorfgenossenschaft und Dorfgemeinde, Wien/Köln/Graz, 1974, S. 437-48、および伊藤栄『ドイツ村落共同体の研究』弘文堂書房、一九七一年、二四五—五一頁を参照。また西部ドイツでの租税連帯責任制についても、K. S. Bader, a. a. O., S. 243-6を参照。

★28　グロスマンは、農民が農場保有権にかかわりなく、領主の租税支払保証が行なわれていたと述べている（F. Grossmann, a. a. O., S. 92）。またシュピースの収集した史料のなかにも、自由農民、永小作農民に対してそれが認められている事例を見出すことができる（K. Spies, a. a. O., S. 185f.）。

結びに――コントリブチオンの税制上の位置

本章の検討によって明らかになった点は、次の諸点であった。

第一。一七世紀末・一八世紀初頭のクールマルクにおけるコントリブチオン改革の意義は、斉一的制度を求める絶対主義国家の志向に添って、納税義務者の租税負担能力の基準をフーフェ数（共同体内での世帯維持能力指標）より農産物等生産量（普遍的生産能力指標）に変更し、これによって共同体の枠を越えてクライス全体において課税の公正さを達成した、という点に求めることができる。しかしながら現実にはフーフェは課税対象としての意味を失っていなかったし、新しい租税負担能力たる生産能力も、家政維持能力の転化形態として理解されねばならず、共同体内での家政（世帯）維持者としての納税義務者の本質には、基本的に変化がなかった。

第二。改革はクライス単位で行なわれたため、各クライスは、課税基準を穀物播種量に求める単純な課税方法より、それに加え土地肥沃度や他の各種生産物量をも考慮する精巧なものまで、さまざまな類型の課税方法をそれぞれ別個に採用した。そのうち単純な方法を選んだクライスにおいてほど、租税負担に関して納税義務者間で不平等が生まれた。また、クライス間配賦制度にも変更が加えられなかったため、クライス間の負担不均衡もそのまま存続することになった。租税免除・補助金制度のクライス間格差とも相俟って、このようにクライスが租税行政の実質を担ったことは、クールマルク内での不平等の原因となったことは事実であった。しかしクライス（騎士身分）は、中央軍事金庫に予算どおりに租税収入を上納するという課題を実行するとともに、租税免除・補助金制度によってクライス内の農民経営再生産に全体として責任を負い、両課題を調整する役割を担っていたことは、看過されてはならない点である。

第三。しかしこの調整機能は、クライス財政のみによって実現していたのではなく、最終的には領主＝土地貴族によって果たされた。農民の租税負担能力は不安定であることが租税行政上前提とされており、この租税負担能力が、前述のとおり共同体内での世帯維持能力である限り、それを補完すべきは共同体であるはずであったが、しかしクールマルクでは村落共同体の財政力の弱さゆえに、農場領主がその役割を引き受けていた。コントリブチオン納税義務者の不安定な租税負担能力は、領主の賦役・貢租免除と租税支払保証によって補完されていたのである。

以上が本章の検討結果であるが、最後にコントリブチオンと他の課税とのあいだの関連を問い、絶対主義段階のブランデンブルク＝プロイセン国家税制上で同税が占める位置について、確認しておきたい。

〔領主に対する課税との関連〕クールマルクの領主が負っていた唯一の直接税は、騎馬税 **Lehnpferdegeld** である。この税は一七一七年六月三〇日の「クールマルク・ブランデンブルクの騎士身分への保証」[★1]によって、領邦君主と騎士のあいだのレーエン関係清算を契機に導入されたものである。したがってそれは、レーエン関係にもとづく軍役代納金ではなく、租税であった。これによって、これまで騎士が軍役として負担していた騎馬一頭につき、年額四〇ターレルが彼らに課せられることになった。このように騎馬税とコントリブチオンの課税基準は全く異なっていたため、領主とコントリブチオン納税義務者（＝領民）の租税負担率を比較することは困難であるが、しかし後者の方が重い負担を負っていたことは自明視されている。例えばL・クルークによるならば、クールマルク、ノイマルク、ポメルン、マクデブルクなど中部諸州では、フーフェ当たりの負担に換算すると領民と領主の直接税負担の差は四〇対三にも達していたという。[★2]それにもかかわらず、領主に対しても騎馬税にかえてコントリブチオンを課そうとする動向は、絶対主義段階に関する限り表面化しなかったように思われる。[★3]このことは、課税という側面にのみ注意を向けるならば、不可解なこととして理解に苦しむかもしれない。しかし、

第5-6表　クールマルクのコントリブチオン（騎兵糧秣税も含む）とアクチーゼの収入（単位：ターレル）

	1730	1737	1750	1754	1770	1780	1804/5
コントリブチオン	－	395,927	400,001	－	397,950	393,314	367,266
アクチーゼ	582,703	－	－	766,922	－	－	2,239,311

典拠：1730－80年については、F. W. A. Bratring, Statistisch-topographishe Beschreibung des gesamten Mark Brandenburg, 3 Bde, Berlin, 1804-09 (Neuausgabe 1968), S. 209-11、1804 /5年については、M. F. Bassewitz, a. a. O., S. 207-9.

これまで述べてきたように、農民の租税負担能力不安定化にさいして、課税面における領主の利益は、所領内において労働・生産物分配の再調整によって（賦役・貢租免除）、あるいは租税負担分配の再調整によって（租税代納）、文字通り両者間で調整し直されたのであった。両者間の租税負担の不平等が不公正なものとして改革の対象とならなかったのも、まさに農場領主制による調整装置を税制度が取り込んでいたからであった。

〔アクチーゼとの関連〕一六八〇年代以降の都市におけるアクチーゼ導入の意義については、既に第三章第二節で述べてきたのでここでは繰り返さないが、その政策的成果は確認しておきたい。即ち負担額がほとんど固定されたコントリブチオンに対して、一八世紀になると、首都ベルリンの成長によってクールマルクのアクチーゼ収入は急増加し（第5-6表）、その収入は前者をはるかに上回っていった。ただしここで留意せねばならない点が二つある。第三章で述べたとおり、アクチーゼは地域内の都市＝農村間の経済循環に課税されたものであるゆえ、その増大は決して都市だけが負ったものではなく、価格への転嫁によってベルリンなどに農産物を供給していたところの周辺農村も負担していたこと、これが第一の留意点である。第二は、一八世紀にアクチーゼがコントリブチオンをこれほど凌駕したのはベルリンをもったクールマルクに限られ、第5-1表のとおり、国家全体ではコントリブチオンなど農村直接税収入はアクチーゼと拮抗していた。

〔他領邦（州）の農村税制との比較〕ここでは課税面に限定し、シュレージェンと

（東）プロイセンの制度との比較を試みてみよう。[★4]シュレージェンのコントリブチオン制の特徴は、領民ばかりではなく土地貴族にも課税されていた点にある。それによると、領主、領民が保有するフーフェにつき、収益額［（生産量－播種量）÷二を貨幣換算した額］を算定し、それの多い者に対しては計算上さらに一定比率で加算してやり、それに対して税率をかけて課税額を導き出すというものであった。税率は農民に対しては三四％であるのに対し、領主には二八・三三％と、前者の方が高めに設定されていたが、これは、農民の課税分に対しても領主が支払い保証の責任を負っていたことを考慮するならば、[★5]一概に不合理とすべきでないことは、これまでの検討からも明らかであろう。むしろ両者間の負担の差が、クールマルクに比べるとはるかに接近していたことがここでは注目される。しかもクールマルクの場合と違って、両者を同一税制の納税者とし、同一の課税標準によって課税していたため、双方の負担が明瞭なかたちで比較可能となり、負担の公正さを問題にしうるようになったということができるのではないか。シュレージェンの税制は、近代税制に向けて一歩踏み出したと評価すべきであろう。これに対してプロイセンの一般フーフェ税の場合はどうであろうか。同税についてもまたシュレージェンの税制と同様、租税負担者の負担能力をより正確に把握しようとしたもので、その意味で近代的収益・所得税の先駆であるとみなす論がある。[★6]しかしプロイセンのそれは、クールマルクやシュレージェンのそれとは違う特異な性格をもっていた。即ち自由農民 Köllmer と隷役小作農民 Lassiten とのあいだに明確な区別を設け、前者のような農場所有権を有する者を独立した納税義務者とする一方、後者はいかなる意味でも納税義務者ではなく、彼らが負担する租税については領主が納税義務を負っていたのである。このため領主には、自ら納税した租税負担を、隷役小作農民らの領民に対して、その裁量によって分配・転嫁することが許されていた。[★7]このため、隷役小作農民は納税義務者として国家と関連をもつことはなかった。「近代的納税義務者」の成立という観点からみて、それはクールマルクのコントリブチオンと比べても「遅れた」制度であるとみなすべきである。[★8]

〔一九世紀地租制度への展望〕ハルデンベルク改革は、「共同地分割令」[9]により共同体的土地制度を解体し、「調整勅令」[10]によって領主―農民間の権利・義務関係を清算し、両者間に土地を再分配することでそれぞれを「近代的私的土地所有者」へと転化し、それらを通じてコントリブチオンを含めた農村直接税を地租へと転換させた。これによって、かつての租税負担能力観念を支えていた基本的諸条件は失なわれることになる。したがって「担税能力のある農民階層の確保」が、ハルデンベルク改革の主要目的の一つであると説明される場合[11]、そこでいう「担税能力」とは、これまでわれわれがみてきた「租税負担能力」とは全く別個のものであると解釈されねばならない。こうしてこの基本的観念が変質してしまった後には、従来の租税公正観念も解体不可避となり、この結果、コントリブチオンと騎馬税の不公正な税制への転落は必定となるであろう。

★1 Assecuration vor die Ritterschaft in der Churmark Brandenburg, in: Steuerverfassung III, Nr. 98.
★2 L. Krug, Betrachtungen über den Nationalreichtum des preußischen Staates, Teil 2, Aalen, 1970 (Neudruck der Ausgabe Berlin, 1805), S. 517.
★3 ティレも、彼の課税原則論の説明からみる限り、平等課税という原則と領主の特権的地位のあいだに矛盾があるとは考えていなかったようである (Nachricht, S. 3)。
★4 A. Zakrzewski, a. a. O., S. 2-37 u. 66-82.
★5 J. Ziekursch, Hundert Jahre schlesischer Agrargeschichte, Aalen, 1978 (Neudruck der Ausgabe Breslau, 1927), S. 120.
★6 久保清治、前掲書、第三章。
★7 A. Zakrzewski, a. a. O., S. 37; F-W. Henning, Dienste und Abgaben der Bauern im 18. Jahrhundert, Stuttgart, 1969, S. 32.
★8 シュレージェン、プロイセンの農村税制との比較についてのここでの記述は、拙稿「ナポレオン支配下のプロイセン臨時課税制度と身分制」欧米近代史研究会編『西洋近代における国家と社会』東北大学文学部西洋史研究室、一九九四年、第I節にもとづいている。
★9 Gemeinheitsteilungs-Ordnung, in: GS, 1821, S. 53-77.

★10　Edikt die Regulierung der gutsherrlichen und bäuerlichen Verhältnisse betreffend, in: GS, 1811, S. 281-99.

★11　藤瀬浩司『近代ドイツ農業の形成――いわゆる「プロシャ型」進化の歴史的検証』御茶の水書房、一九六七年、二二〇、二四二頁。

終章　一八世紀後半への展望

われわれはこれまで、近世の長期的循環各局面においてブランデンブルク貴族が秩序形成に果たしてきた役割を検討してきた。ここでは、これまでの検討内容を確認するとともに、一八世紀後半に向けて歴史的展望を論じることにしたい。

一　総括

第一部では、近世の五つの循環局面のうち、中間の三つの段階に集中して検討を行なった。

中世後期の混乱より脱却し、一六世紀に秩序を取り戻し、好況局面を現出させたことには、領邦君主権の主導性によるばかりではなく、むしろ城主＝官職貴族の役割が実質的意味をもっていたことを、第一章では論じた。この時期においてもまだ、城塞というアルカイックの実力が、彼らの秩序形成の前提となっていたが、他方で彼らは、官職貴族へと転化しつつある過渡的存在でもあった。彼らが創り出した秩序の内容をみるならば、一方では、農民の生活態度に農村社会荒廃の一因を見出し、それを「文明化」「規律化」する方向で秩序再建を目指そうとする動きが、はっきり打ち出されていたが、村落共同体の伝統的慣行を秩序の基礎に据えていたことも否定できない。加えて農民たちの反抗的意志が秩序形成に寄与した面さえ見られた。このことは、特に農場領主制形成の部面に見出すことができる。農場領主制は、なるほど城主＝官職貴族主導による秩序形成のなかから誕生した。しかし、当該段階の農場領主制は、安定的農場保有権と経営能力をもつ農民を存立の前提としており、そのさいに、農民の反抗的意志が、農民農場の安定的経営を損なわない範囲に賦役を抑制する役割を果たしていたのである。他方、領邦政治の部面でも、城主＝官職貴族は秩序形成を主導した。ごくひと握りの城主＝官職貴族は、地域の実力者でありかつ君主の代理人として地域社会の紛争をおさめ、さらに身分団体と宮廷の意思調整を行なうことで、領邦全体の秩序形成を実現したのであるが、この過程で彼らは、御領地官などの利権官職を確保しつつ、農場領主制に寄与する政策誘導も忘れることはなかった。

第二章では一七世紀前半の後退局面を扱ったが、この段階、特に三十年戦争期における秩序破壊には、城主＝官職貴族の秩序形成能力衰退が大きく与っていた。新たな権力的対立が生じ、これを調整する能力を彼らがもてなかったこと、ここにブランデンブルクにおける「一七世紀危機」の内在的原因がある。対立の第一は、一大国家誕生に利害を追い求める内外の改革派貴族が宮廷に結集し、身分団体を中心に集まった大多数のブランデンブルク貴族とのあいだに軋轢が生じたことである。このことは、城主＝官職貴族によって宮廷、身分団体双方の利害・意思調整が行なわれていた一六世紀的権力構造の終焉を意味し、このような権力的分裂状況が、三十年戦争に用意もないままブランデンブルク国家が巻き込まれ、被害を拡大した原因となった。第二の対抗関係は、一六世紀の農村社会と権力構造を築き上げたところの城主＝官職貴族層が、その形態転換のなかから傭兵軍将校という一種の鬼子を生み出し、後者が城主層に代わってブランデンブルク社会における軍事力の体現者となり、しかもその母胎となった貴族たちと対立を繰り広げ、ブランデンブルク社会に対して破壊の主導者として臨んだことである。城主＝官職貴族の城塞にもとづく秩序維持能力はその無力さをさらけ出し、騎士身分（土地貴族）と傭兵軍将校の利害対立を貴族自身の手によって調整することもかなわなかった。もはや、第三者たる軍政組織の整備が避けて通れぬ課題となって浮上してきたのである。さて三十年戦争の帰結として、農村社会においては、各クライスの農民農場数は戦前比五〇―一〇％程度までに減少し、生き残った農民農場においても、生産能力に著しい低下のあったことが明らかとなった。城塞による秩序維持能力を失ったこのとき、土地貴族には、一六世紀の城主＝官職貴族とは異なった領主としての役割が求められることになっていた。

第三章が扱った一七世紀後半から一八世紀初頭の時期は、長期的循環では回復局面にあたる。この時代、ブランデンブルク＝プロイセン国家は帝国内の一大国家となったことによって、新領邦やドイツ各地から帝国貴族も含む多くの人材をベルリン宮廷に集め、おのずからブランデンブルクの旧貴族はそこにおいて力を失う結果となった。しかし一八世紀にはいり、国家の権力的統合の中心が宮廷から軍隊に移動したことは、もともと宮廷よりも軍隊において権力にかかわる方途を求める傾向をもった旧貴族にとっては、国家との一体性を回復する契機となった。しかし一六世紀の城主＝官職貴族とは違い、三十年戦争後の旧貴族は、権力の頂点にあって権力関係を調整するような立場にはなく、現場将校として地域行政官として、国家行政組織の計画化された活動を一方で支えるとともに、他方では権力的必要性が地域社会の再生産を破壊しないよう配慮し、双方の課題の調整をはかるところに、秩序形成上の役割があった。これに対して、財政資金の調達・分配といった国家運営の中核的課題は、軍政組織、即ち官僚制行政機構が管轄する時代を迎えた。また土地貴族としては、三十年戦争による社会荒廃からの回復のため、社会的再生産創出に対し自ら責任を負うことになった。一七世紀後半以後の土地貴族たちが、軍事的保護機能を失ったにもかかわらず領主であり続けることができたのは、一六世紀の貴族とは異なった次のような機能を果たしたことによるところが大きいといえるだろう。第一に、荒廃した農民農場再建に対する投資的・経済的役割を挙げるべきであろう。一六世紀農場領主制では、農民所有の生産手段が領主経営を支えていたが、三十年戦争後は、これとは逆に領主所有の生産手段によって農民経営が再建されていった。しかし彼らの領主としての活動は、このような経済的再建にとどまるものではなく、武力的能力を失ったとはいえ秩序形成に対しても関心を失うことはなかった。即ち第二に、戦渦のなかをかろうじて生き残った村落共同体の秩序維持にも彼らは気を配り、農村内の紛争や対立に対して武力的解決能力をもたない分、より客観的公正な裁判制度を提供しようとした。第三に、村落共同体自身の伝統的な秩序維持能力の涵養にも配慮している。その場合、彼らは、一六世紀の城主＝官職貴族のように村民の道徳的刷新に熱心でなかったばかりか、むしろ敬虔主義者による農村民衆の道徳的改造の試みに対しては、村落秩序を混乱させるものとして敵対的ですらあった。権力的行政機構において合理化が進行する一方、農村社会では伝統的社会秩序の再建に精一杯であり、この二つの異なった社会原理の狭間にあって、その社会的調整を行なうところに、三十年戦争後の土地貴族たちの社会的存在意義を見出すことができる。

続く第二部では、一七世紀後半から一八世紀初頭に対象を限定し、絶対主義国家形成につれて飛躍的に需要の高まった財政資金調達の問題に焦点を定め、土地貴族の基本的領地支配形態である農場領主制が、以上述べたところの社会的調整において、どのような役割を実現していたのかについて、検討した。

第四章では、財政制度の面でも農村社会の再建の面でも、改革と秩序再建を先導した御領地を採りあげた。御領地財政に関しては、アムツハウプトマン（多くが一六世紀の城主＝官職貴族）によって家産的・分散的に運営された段階から、フィナンシエ的会計官が権限を集中した段階を経て、統合的金庫運営と計画的・合理的会計制度が整えられる段階へと至った。また御領地管区の経営でもアムツハウプトマンは排除されていったが、それに代わって経営を任されたのは市民出身の総小作人であった。彼らには、農民農場維持への配慮とともに、動産的生産手段の適切な管理とそれへの積極的投資が求められていた。御領地における農場領主制は、一方で御領地財政（宮廷）に対して計画的に財政収入を供給し、他方で領地経済の再生産確立のために脆弱な農民経営への投資も行ない、こうして二重の社会的役割を自らに集中し調整していた。

第五章では、軍事財政の基幹税制であるコントリブチオンを採りあげ、それの合理化過程が、農村社会の再建といかに並行して進められ、農場領主制がそれをどのように仲介していたかを検討した。一七世紀末・一八世紀初頭のクールマルクにおけるコントリブチオン改革は、斉一的制度を求める絶対主義国家の志向に添って、納税義務者の租税負担能力の基準をフーフェ数（共同体内での世帯維持能力指標）より農産物生産量（普遍的生産能力指標）に変更し、これによって共同体の枠を越えてクライス全体において課税の公正さを達成しようとした。しかし、農民の租税負担能力の不安定性ゆえに、課税標準の改革だけでは十分とはいえず、それを補完していたのがクライス（騎士身分）財政における租税免除制度とともに、領主の賦役・貢租免除と租税代納であった。ブランデンブルクの村落共同体は、その裁判機能によって地域内の紛争処理に重大な役割を担ったが、しかし財政は脆弱で、連帯責任制を発達させることができず、このためそれを領主が代替していたのである。

以上が本書による検討の結果であるが、しかし序章において紹介したトクヴィルの問題提起に対して、以上によってもわれわれは完全な解答を与えるに至っていないのではないか。なぜならば、本書の対象とする時期は、三十年戦争の打撃をほぼ克服し終えた一七二〇年代（三〇年代も一部扱った）ごろが終着点であって、フランス革命を迎えるまでなお約六〇年、イエナ・アウエルシュタット戦まで約八〇年の時間の経過が必要であったからである。この間、即ち近世における第五の循環局面は総じて好況局面と性格づけることができるが、ブランデンブルクの農村社会や貴族も、ブランデンブルク＝プロイセン国家も変化を被らずにはいられなかった。一八世紀中葉から後半にかけてのこれらの変化の総体的把握のためには、優に一書による本格的研究が必要であり、本書のなしうるところではない。それでもここでは、この変化の方向性について、筆者の「見通し」を述べておかなければならない。[★1]

二　農村社会

一八世紀中葉以降の農村社会に特徴的な現象として、農民経営の成長を、農村下層民の膨張とともに挙げることでは、大方の論者のあいだで意見の一致をみている。[★2] 一八世紀の好況を農民経営も享受し、彼らのもとに資産蓄積の進展があったことは、その成長の具体的現れであった。例えばそれは、近年の農村史研究によって明らかにされた次のような現象のなかに見出すことができる。①W・W・ハーゲンは、シュターヴェノウ領の農民層において結婚支度金・持参金が一八世紀のあいだに増大したことを明らかにし、それを彼らの貯蓄力増大の指標であるとみた。[★3] ②隷役小作農民のなかに、生産手段を買い取って農場に所有権的権利を得、永小作農民化する者が増大したことを、エンダースはウッカーマルクとプリクニッツの両クライスについて確認している。さらにそれにとどまらず、農民のなかには「農民解放」前に賦役義務を償却してしまう動向さえ生まれていた。[★4] ③ハルニッシュによるボイツェンブルク領研究でも、一八世紀に入植した農民は生産手段を自弁した永小作農民であったとされている。[★5] このような農民における資産形成と、経営としての自立化は、農場領主制下での土地貴族の経済的機能を無効化しかねないものであった。

他方で下層民の増大もまた、統計的数値によって明白な事実として示すことができる。例えば、一八〇四年時点でのクールマルクの農民農場数（シュルツェ、フーフェ保有農民、コセーテ農民合計）が二八三三六であったのに対し、ケトナーKäthnerないしビュドナーBüdnerの小農場数は九八九五、アインリーガーEinliegerは二〇五三三にものぼっていた。特にアインリーガー数の増大は著しく、ミッテルマルクに限定するならば、一七二五年に三五三三であったのが一八〇一年には一四一五三となっている。[★6] かつてはこのような東エルベでの下層民の増加は、農民経済の繁栄と農民層分解の所産であって、領主経営がそれを労働力として統合することで、ユンカー経営に転化しえたとわが国で解釈されてきたが、しかし論証面において十分であったとはいえなかった。[★7] むしろ一八世紀にはこれとは対極的現象として、コセーテ農民も含めた農民層のなかでは、農場規模の「均等化」Egalisierungが村落単位でしばしば実行されていた。飯田恭氏によってその意義が究明されたこの現象が、クールマルク村落でどれだけの数と比率で行なわれたのかは十分明らかではないが、決して孤立的でなかったことは間違いない。[★8] 筆者の知るフリーデルスドルフ領で「均等化」が行なわれた背景には、三十年戦争後に再建された村落において、戦前のそれに比べると農民農場間に規模の不均衡が生じたという点があり、これを是正するために一七七九年に実施されたのであるが、この「均等化」を契機に同領では農民間の共同体的結束力が強まることになった。「均等化」は、中世において本来零細農民であったコセーテ農民が階層上昇の結果、フーフェ保有農民のなかに吸収されるに至ったことを意味するが、逆に農民間の結束力が高まった分、膨張しつつある下層民とのあいだの格差や身分的区別がいっそう明瞭となった。したがって農村内の階層分化は、農民層分解の所産というよりも、むしろ「均等化」が行なわれた村落では、農民層の結束の強化によるところが大きいといえるのではないか。

さて「均等化」は、一八世紀の農民経済の発展が、農民の私的利害と競争を介して階層分解に通じるものでは必ずしもなく、むしろ村落共同体の結束強化と両立しうることを示唆しているが、「均等化」が行なわれた村落、行なわれなかった村落にかかわりなく、所領支配からの農民の自立化も個人的営為としてのみ実現したのではなく、共同体的な事業としても行なわれたところに注目しておきたい。ハルデンベルク改革後に行なわれた「調整」や「償却」による領主制廃棄が、村落を単位に実現しているところからも、それは明らかであろう。しかしそれに至る過程でも、村落共同体による農民の地位改善の動きは、一八世紀後半に押しとどめようのない動向として顕在化していた。特にここでは、一七八〇年代以後、領主と各村落間で作成された「台帳」Urbar の意味について、言及しておく必要がある。[★9] 全体的動向としては農民の負担が賦役から賦役代納金 Dienstgeld に転化し、徐々に彼らが賦役から解放される過程にあるにもかかわらず、領主が賦役の引き上げをはかり、農民側の不満が高じたこと、負担の固定化を願った政府も両者間の紛争を座視できず、この過程に介入しようとしたこと、こうした事情によって領主と農民間の義務・権利関係を確定するために「台帳」は作成されたが、その策定は、領主とともに村落共同体が当事者となることで実現した。筆者が参照しえたのは、プリクニッツのシュターヴェノウ領プレムスリン村 Premslin のものに限られているが、[★10] そこには、一八世紀における農民の自立化傾向をはっきり読み取ることができる。特に、領主が村落の社会規範を定めた一六世紀の所領裁判令や村落令と比較すると、このことは否定しがたいものとなるだろう。両者の違いは次の二点に見られる。第一。所領裁判令や村落令は、たとえ村落の慣習を参照していたとはいえ、領主がまとめたものを一方的に村落に与えたものにほかならない。これに対して「台帳」の策定には、村落共同体は領主と対等の立場でかかわっており、領主とのあいだで意見の一致をみない場合、各審級の裁判で争うこともいとわなかった。第二。所領裁判令・村落令が、村落内における領民の義務を定めたものであるのに対し、「台帳」は、領主─領民間の権利・義務関係を確定しようとしたものである。このため前者においては、農民の対領主負担、即ち賦役や貢租義務に関する規定をほとんど見出すことができないのに対し、後者では、これらの規定は詳細を極めて定められていた。「台帳」の策定は、「調整」「償却」過程の前哨戦とも言うべきものであり、領主と農民間の利害はもはや自然的一致をみず、互いの義務を人為的に詳細に確定することで、両者の関係がようやく存続しうるような状態にあったことを示しているのではないか。[★11] これまで領主は裁判制度を整備し、公正な調停者として村落の紛争を処理し、秩序形成に責任を有する立場にあったが、いまや自ら対立の当事者として村落共同体に対峙し、これによって秩序形成者としての権威を失いつつあったのである。

三　ブランデンブルク＝プロイセン国家

ここでは農村社会への影響如何という観点から、一八世紀後半の国家の政策を論じることにしたい。

第一部第三章と第二部で論じたように、三十年戦争後の時代においては、農場領主制は財政制度に組み込まれ、国家的機能を果たすことが期待されていった。一八世紀中にはさらに、土地貴族を将校に、農民を兵士に軍制上位置づけ、それの経済的基盤を保護するために所領と農民農場をそれぞれの身分に確保してやり、こうして農場領主制は国家的機構のなかに確固として組み入れられたとO・ビュッシュが主張したことは、序章でも紹介したとおりである。しかしこれによって国家と領主制が相互浸透し、強固な農場領主制支配体制が誕生したとみるならば、それは当該段階の領主制が危うい状況にあったという事実を見落とすことになる。むしろ一八世紀後半においては、国家の農村社会への介入は、緊張の度合いを強めていったところの領主—農民関係調整を目的に行なわれたのではなかったか。従来、領主と農民間の紛争は、それが起きるたびに、事後的に王（侯）室裁判所で一件一件処理されていた。しかし賦役などをめぐる紛争が世紀中葉に頻発すると、国家はより積極的な介入を考えるようになり、「台帳」Urbar の策定を奨励し、これによって領主—農民間の義務関係を村落単位で包括的に規定しようとした。それを国家が本格的に追求するようになったのは、一七八四年一〇月一〇日の勅書をもってである。[12] したがって、一八世紀の経済発展につれて利害対立することの多くなった領主と農民の関係を、なんとかつなぎ止めようとするところに、国家の政策的介入の意義があったのではないだろうか。

しかし国家の政策的介入は、場合によっては、領主―農民関係の形骸化をいっそう推し進める役割さえ果たしている。この点を理解するためには、七年戦争後の財政政策の転換や金融政策の内容をみる必要があるが、その前に、一八世紀初頭に確立をみた財政制度の基本原則について、いま一度確認しておくことにしたい。それは次の二つより成っていた。第一。総監理府の管轄下にある中央御領地金庫と中央軍事金庫。それらは予算にもとづく厳格な年次会計制度によって運営された。フィナンシエ的行政官も含め、個人の裁量やリーダーシップを排し、官僚制的行政機構による計画的財政運営が成立した。第二。御領地財政での総小作人と、軍事・租税財政でのクライス財政。これらは、中央金庫への計画的上納と地域社会再生産の維持という二つの課題を調整している。

「計画的運営」と「社会的調整」の二つの財政基本原則は、一八世紀後半においても効力を有していた。われわれはこの期のブランデンブルク＝プロイセン国家の財政運営については、P・G・ヴェーナーの編集した『金庫・会計制度手引書』（一七九七年）より貴重な情報を得ることができる。[13] 同書は同国会計官のための実務手引きとして編集されたものであるが、そこでは年次予算・会計制度の厳守、会計書類の部局帰属原則の徹底（書類の個人帰属の否定）、手許滞留金・未徴収金・執行残累積の厳禁などが繰り返し強調されており、金庫・会計運営において、一八世紀初頭に成立した原則が堅持されていたことがよくわかる。同時代のドイツ諸領邦でも、イギリスやフランスでさえも実現しなかったこのような近代的財政運営の方針が、いったいどれだけ現実化していたのかは十分明らかではない。しかしそれらが、一八世紀を通じて原理として確立していたことの意味は決して小さくはない。[14] 他方、社会調整的機能の方は、総小作人経営やクライス財政の免除制度によって運用されたが、同制度も一八世紀を通じて存続している。[15]

さて七年戦争後に、以上のごとき財政運営原則が修正を迫られたのはなぜであるのか。それは、従前の財政制度に介在する二つの問題点が意識されるようになったからではないか。第一は、財政運営が予算に厳格に縛られ、戦時などにおいてダイナミックな財政運営の枷となったという経験、第二は、せっかくアクチーゼ（消費税）という拡張可能な財源を手に入れながら、硬直的財政制度ゆえに、収入を増大させる努力を怠ったという反省である。このためフリードリヒ二世自らの主導によって、アクチーゼ（軍事・租税財政）と関税（宮廷・御領地財政）の二大間接税の管轄を総監理府から奪い、これらの租税行政を一七六六年に設置されたアクチーゼ・関税管理局（通称「レジー」）にまかせ、それからの収入増分も総監理府下の二中央金庫ではなく、国王直属の「国王裁量金庫」Königliche Dispositionskasse に繰り入れるとした。[16] 一八世紀のイギリスにおいて減債基金と消費税行政の組み合わせが、従来の硬直的な基金制度 the funding system から財政運営を解放し、拡張的な財源に裏づけられたダイナミックな政策執行を可能にさせていったのと同様の機能を[17]、フリードリヒ二世の個人的指導権のもとで、国王裁量金庫とアクチーゼ・関税管理局も実現しようと目指していた。ここに同国財政制度の硬直性を克服するため、新たな財政運営原則が構想されることになったのである。ただしイギリスの減債基金と消費税行政が国債制度を不可欠の要素として組み込んでいたのと違い、ブランデンブルク＝プロイセン国家の新制度はそれをもたず、むしろ国王裁量金庫によって蓄積された基金を、政策執行のために利用しようとした。イギリスの制度が国内金融市場の存在を前提として可能となっているのに比し、ブランデンブルク＝プロイセンではそれの貧困さが、以上の政策的選択を規定したといえる。しかし本研究にとってむしろ重要な意味をもつのは、この財政機構によって逆にさまざまな金融制度の創出がはかられたという点である。

以上の制度が七年戦争の産物であったゆえに、要塞建設などの軍事費が国王裁量金庫の主要使途としてあげられるのはいうまでもないが、同金庫は独自の経済政策も展開していった[18]。そこでは経済発展を税収増につなげ、これをさらなる経済発展に帰結させるという、従来の財政政策にはなかった政策的観点が打ち出されていた。このような経済政策のなかには、内地植民の推進や王立マニュファクチュア・金融制度の設立のような重商主義的政策を挙げることができるが、これらの経済政策の影響として重大なのは、それが単純に経済発展の刺激になったというだけでなく、伝統的農村社会と農場領主制の変質・解体に向けて作用していったということである。まず、内地植民政策によって入植した零細土地保有農の多くが、プロト工業化発展の労働力源となるとともに、クールマルクの場合、入植農民やビュドナーには賦役からの免除、人格的自由、農場の世襲権が認められており、もはやそこでは農場領主制を形成する意図が放棄されていたのである[19]。次に、金融機関の創出もまた、農村の社会関係に影響を及ばさないわけにはいかなかった。国王裁量金庫から資金提供を受けて設立された金融機関としては次のものがある[20]。「王立銀行[21]」die Königliche Bank（一七六五年創設）。「王立海外貿易会社[22]」die Seehandlung（一七七二年創設）。「ラントシャフト信用制度[23]」das landschaftliche Kreditwesen（一七七〇年以降州単位で設立）。これらの金融機関の創設は、金融資産の増大を促し、貴族たちの経済基盤を変容させる契機ともなったと考えられるが、なかでも最後のものは、土地貴族の領地からの分離を促進し、農場領主制下の領主の存在意義を揺るがす結果となった。このことは、項を改めて論ずることにしよう。

四　土地貴族

貴族と領地の分離傾向は、一八世紀後半にブランデンブルクで生じたもっとも重大な社会変化であるといえる。

この分離傾向は単一の要因から生じたものではなく、さまざまな側面を有していた。それらをここで腑分けしてみることにしよう。[★24]

第一は、領地をもたない新権力エリートの形成である。一八・九世紀交のブランデンブルク＝プロイセン国家の上級官職においては、外交官や高位の司法官で貴族の優位がみられるとはいえ、財政など実務的分野においては市民出身者が支配的となり、しかも貴族身分に属す高級官僚のなかにも、一八世紀になってその地位を得た新貴族や、あるいは官僚としての個人的実績によって貴族に列せられた者も少なくなく、旧貴族の地位が堅固であったのは軍隊や地域行政（ラントラート）に限られていた。第三章での分析のとおり、このような傾向は既に一七世紀後半に胚胎していたゆえに、全く新奇の現象とはいえなかったが、しかし彼らが、貴族という身分よりも官僚としての地位に、権力エリートとしての属性を見るようになっていったことは、近世的貴族身分が解体過程にあったことを意味しているといえる。さらに一七世紀後半の新興宮廷貴族と彼らのあいだの重大な違いは、前者がベルリン周辺などに領地を盛んに求めたのに比べ、彼らは必ずしも領地を購入しなかったという点にある。この結果、権力エリートであるということと領主であるということは、不可分の関係であるのを止めてしまったのであった。[★25]

しかし、領地からの分離は新貴族に限られた現象とはならなかった。旧貴族のなかにもそれは顕著となっていったが、これにもいくつかの側面があった。第三章第三節でも述べたごとく、一八世紀には貴族たちの相続慣行において変化が生じ、所領分割による方法より抵当債券 Hypothekenbrief 配分によるそれへと変化していった。後者が普及したのには二つの理由を落とすわけにはいかない。第一は、一七四八／五一年に抵当権順位の基準を設定時間順に一元化したことによって、抵当債券の信用力が増し、それの利用が容易になったことである。[★26] しかしいっそう重要なのは第二の理由であり、一八世紀の農業好況に後押しされて所領価格が順調に上昇し、それが債券発行残高の膨張をも可能にしていった。具体的な事例でそれを示してみよう。M・ワイヤーマンの調査によるテルトウと下バルニムの一三所領の場合であるが、一八世紀前半にそれら所領全体の価値（購入額）は二九二五二五ターレルであって、合わせて三〇九六九ターレルの抵当債務を負っていた。これに対して一八世紀末には約二・五倍の価値がつき、一三所領合わせて七四五六六〇ターレルと評価され、しかも一八〇〇年には抵当債務残高を三五一六四五ターレルに増大させていた。[★27] 所領価値の上昇が、抵当債券発行を容易にした最重要の原因であったことは明らかであろう。さてこの抵当債券を取得した債権者の多くは、所領を引き継がなかった相続人たちであり、したがってあらためて領地を購入しない限り、彼らの多くは領主となることなく終わった。この抵当債券は記名式であって市場性も限定され、債券所有者と領地の結びつきも簡単には切れることはなかったとはいえ、解約告知権が債権者にも認められていたために、償還を求める可能性も十分存在した。国家によって後押しされて誕生した前述のラントシャフト信用制度は、この紐帯を断ち切るうえで重大な役割を一八世紀末から一九世紀前半にかけて演じた。同制度は、債権者に解約告知権を認めておらず、その代わりとして市場性を有した無記名式債券 Pfandbrief を採用し、これをもって記名式抵当債券を置き換えてやった。その結果、解約要求や経済的困難で苦しんでいた多くの土地貴族が救済されたのであるが、債権の流動性が格段に増したことで、もはや領地取得に与らず、債券だけを受け取った相続人と領地の関係は、債券売却によって簡単に断絶されることにもなりえた。[★28] この結果、旧貴族出身者のなかにも、領地との関係をいっさいもたない者たちが出現することになった。

加えて重大であるのは、所領を引き継いだ者でさえも領地との結びつきを弱めていったことである。特にこうした現象は宮廷に出仕した官職貴族や、あるいは当主となった後も将校職にとどまり続け、領地に常時居住できない者に顕著であったが、しかしそうでない場合であっても、全体としてベルリンなど都市に居を構える貴族が目立つようになっていった。[★29] クールマルクでは、領地に居住する土地貴族は、一七六五年の四五七人から一八〇四年には三三四人に減少したが、一七七六年の時点で見るならば、五七九人の貴族のうち領地に居住しない者は二一九人にもなったのである。[★30] 不在の領主に代わって領地経営に携わったのが定期小作人であるが、この小作経営の意義についてはここでは問わない。[★31] 問題は、多くの貴族が領主であることをやめ、さらに領主である者さえも地代領主となって領地との紐帯を自ら細めたこの段階が、既に述べたとおり農民が経営的に安定性を高めつつ、村落共同体としての結束を固め、これによって領主に対して独立的地位を確保していった時期にあたったことである。貴族は、農村社会において不要の存在となる危険性に直面していた。一八世紀初頭までの土地貴族のありかたを追究してきたわれわれにとっては、序章冒頭で紹介したトクヴィルの問題提起はまことに説得力をもって響くのであるが、しかし一八世紀末にあっては、三十年戦争後の農村社会再建に苦難をともにした経験は、領主・農民双方にとって遠い過去の出来事となっていた。一七八〇、九〇年代の「台帳」策定をめぐる対立、ハルデンベルク改革期の反賦役闘争の勃発[★32]を考えた場合、一八・九世紀交において、いったい、社会的調整機能を実行する意欲と能力が彼らにどれだけ残っていたか、独仏貴族の領地支配を極端に対照的に捉えることがはたして適当であろうかと、われわれは疑わなければならない。

さてわれわれはこのことに十分配慮しながらも、しかしそれであっても、ブランデンブルク土地貴族のなかにこのような状況を深く自覚し、領主としての伝統に忠実でありつつ、前方に向かって問題を解決しようとした者があったことの意味も軽んじることはできない。最後にこのような土地貴族の例を、ここに挙げてみることにしよう。まずツァウヒェの名家ロッホウの場合をみてみる。同家は一六世紀に四つの支家に分岐し、このなかでゴルツォウ系ロッホウ家は改革派に転じ、宮廷において成功をおさめ官職貴族家として繁栄していった。他方それとは対照的にレカーン系ロッホウ家はルター派信仰を堅持し、ラントラート（郡長）を代々送り出しつつ、在地の貴族家としてブランデンブルク旧貴族家に典型的な道を歩んでいった。[33] かの啓蒙主義的教育思想家として著名なロッホウ Friedrich Eberhard v. Rochow は、ほかならぬレカーン系ロッホウ家第七代目の当主にあたる。この支家は一八世紀に自らの所領に新農法を導入することに熱心であったが、それより何よりドイツ学校教育史において画期的意義をもつといわれる「レカーン校」が、このような典型的旧貴族家の所領支配のなかから生み出された。[34] テーア A. D. Thaer に強い印象を与え、彼のメークリン農場とともに革新的農法の発信地になったのは、通称フリートラント夫人（本名 Helene Charlotte v. Lestwitz）のクーネルスドルフ領（上バルニム）である。彼女も徹底して在地性にこだわる領主であり、K・カークはその領地支配の性格を「家母的支配」maternale Herrschaft と名づけている。[35] ハルデンベルク改革に刃向かったことで有名な保守主義的軍人マルヴィッツ Friedrich August Ludwig v. d. Marwitz は、貴族の在地性に価値を見出したばかりか、領主としても創造性に富む革新的存在であった。若き時代にフリートランド夫人の農場に通いながら新農法を学び、[36] ハルデンベルク改革に先駆けて農民たちの賦役を「無償廃止」し、[37] さらに彼が試みたフリーデルスドルフ領（レブス）での村落学校改革は、[38] 近年ノイゲバウアーによってロッホウのレカーン校とも比較され評価されている。[39] 所領の所有はまた、旧貴族の思い切った行動の支えともなった。マルヴィッツは伯父にフリードリヒ二世時代の将軍をもっていたが、この伯父は、七年戦争時にザクセン軍による財宝掠奪に怒った大王よりその仕返しを命じられたさい、それの実行が軍人としての名誉を汚すとして、これに従うことを拒否し、大王の勘気を蒙ることも恐れない硬骨漢であった。マルヴィッツは彼を深く敬愛し、後に「恭順であることが名誉とならないならば、あえて不興を買うことを選んだ」[40] と伯父のために墓碑銘を刻んだ。伯父が大王に服従を拒否し、甥が宰相に対して投獄されるまでして抗議をやめなかったのは、彼らに帰るべき所領があったからであるといえよう。軍隊の規律を受け入れながら、時として人格をかけてこれを拒絶しえたのは、一族が苦難のなかで所領を維持し続け、これによって自らの存在も支えられているとの自負の念からではなかったか。マルヴィッツが新農法を所領に導入しようと格闘したのは、貴族家の生き残りのためには所領経営刷新の他に手がないと考えたからであるが、[★41] しかし彼は自らの経営にのみ関心があったのではなかった。学校教育制度の整備によって、新たな農村社会のありかたをも模索していたのである。領主としての事績とその方向性を見る限り、啓蒙主義的教育思想家ロッホウと保守主義的軍人マルヴィッツのあいだに意外な共通点が浮かび上がってくる。[★42] なるほど彼らを同時代の大多数貴族の代表者とみなすことはできないし、また彼らは一九世紀ユンカーたちの先駆者となることもなかったであろう。しかしロッホウもマルヴィッツも、中世以来その地で生き残るために苦闘した者たちの最良の末裔であり、このことは、土地貴族として彼らが提起した問題を、ユンカーの独善と切り捨てることに躊躇をおぼえるところのゆえんである。

★1　ノイゲバウアーは近年二度にわたって「ブランデンブルク一七・八世紀論」をまとめているが、一八世紀中葉から後半にかけてのブランデンブルク社会変化の全体像については、彼の研究の以下の部分を参照されたい。W. Neugebauer, Brandenburg im absolutistischen Staat. Das 17. und 18. Jahrhundert, in: I. Materna/W. Ribbe (Hg.), Brandenburgische Geschichte, Berlin, 1995, S. 353-94; Ders., Zentralprovinz im Absolutismus. Brandenburg im 17. und 18. Jahrhundert, Berlin, 2001, S. 129-85.

★2　ミュラーは一八世紀後半に農民経営の成長をみない若干の論者を批判している（H-H. Müller, Märkische Landwirtschaft vor den Agrarreformen von 1807, Potsdam, 1967, S. 142）。例えばリッペルトは、一八世紀の農民経営の成長をあまり評価せず、そこでの資産形成を低く評価する傾向がある（W. Lippert, Geschichte der 110 Bauerndörfer in der nördlichen Uckermark. Ein Beitrag zur Wirtschafts- und Sozialgeschichte der Mark Brandenburg, Köln/Wien, 1968, S. 135f.）。しかし実証的な詳細さや説得力において、ミュラーやエンダース、ハーゲンらに分があると考えるべきである。

★3　W. W. Hagen, Der bäuerliche Lebensstandard unter brandenburgischer Gutsherrschaft im 18. Jahrhundert. Die Dörfer der Herrschaft Stavenow in vergleichender Sicht, in: HZ, Bh. 18, 1995, S. 188.

★4　L. Enders, Die Uckermark. Geschichte einer kurmärkischen Landschaft vom 12. bis 18. Jahrhundert, Weimar, 1992, S. 602; Dies., Die Prignitz. Geschichte einer kurmärkischen Landschaft vom 12. bis zum 18. Jahrhundert, Potsdam, 2000, S. 980 u. 9903.

★5　H. Harnisch, Die Herrschaft Boitzenburg. Untersuchungen zur Entwicklung der sozialökonomischen Struktur ländlicher Gebiete in der Mark Brandenburg vom 14. bis zum 19. Jahrhundert, Weimar, 1968, S. 198.

★6　M. F. v. Bassewitz, Kurmark Brandenburg, ihr Zustand und ihre Verwaltung unmittelbar vor dem Ausbruche des französischen Krieges im Oktober 1806, Leipzig, 1847, S. 29; F. W. A. Bratring, Statistisch-topographische Beschreibung des gesammten Mark Brandenburg, Bd. 1, Berlin, 1968 (Neudruck der Ausgabe Berlin, 1804), S. 5. ケトナー、ビュドナーが自らの家屋に加えて小農地と牛をもつのに対し、アインリーガーは領主や農民の農場内に家を借り、日雇い労働や手工業に従事した（M. F. A. Bassewitz, a. a. O., S. 21)。なおアインリーガー数のなかには農民農場を一時的に借り受けているアルトジッツァー Altsitzer なる階層も含まれている。

★7　藤瀬浩司氏が、もともと構造的に脆弱な東エルベの農民経営がようやく一八世紀に安定的成長軌道に乗ったと説明されたことは、的を射た指摘といわねばならないが、これに比べると、農民層分解について説明された部分は実証的説得力に弱さをもつように思われる。同氏『近代ドイツ農業の形成――いわゆる「プロシャ型」進化の歴史的検証』御茶の水書房、一九六七年、一二九―三七頁。また氏の農民層分解論に対する批判として、藤田幸一郎『近代ドイツ農村社会経済史』未來社、一九八四年、五三頁。

★8　飯田恭「『均等化』をめぐる村落内紛争――一八世紀プロイセン王領地アムト・アルト・ルピン（ブランデンブルク州）の場合」『土地制度史学』第一五六号、一九九七年。ドイツ語による原論文は T. Iida, Konflikte um „Egalisierung“ in der dörflichen Gesellschaft Ostelbiens im 18. Jahrhundert, in: Jahrbuch für Wirtschaftsgeschichte, 1996/2. 飯田氏の検討されたルピンの御領地の他に、「均等化」は代表的な貴族領ではアルニム家のボイツェンブルク領で行なわれたし（H. Harnisch, a. a. O., S. 202)、また筆者の調査したマルヴィッツ家のフリーデルスドルフ領でも実施されている（BLHA, MF, Nr. 19, fol. 40-63)。飯田氏が論じたことのなかで、筆者にとって特に興味深いのは次の二点である。即ち「均等化」が行なわれた典型的村落は、土地資源などにおいて不利な条件にあり、限られた資源をできる限り有効に利用するために実施されている、これが第一である。次に、個々の農民が農場に確定的権利を有さない隷役小作農民村落でそれが実現していること、これが第二であった。農場保有権の劣弱さは、共同体的結合の強化に寄与する場合もありえたのである。

★9　「台帳」作成の背景については、L. Enders, Die Prignitz, S. 1022-30.

★10　GStAPK, Pr. Br. Rep. 37, Stavenow, Nr. 353.

★11　山崎彰「グーツヘルシャフト下における農民家族経済と領主の援助――『農民解放』直前期のクールマルクの場合」『山形大学史学論集』第一三号、一九九三年、五一―四頁。

★12 L. Enders, Die Prignitz, S. 1030.

★13 P. G. Wöhner, Handbuch über das Cassen-und Rechnungswesen, Berlin, 1797. 同書は会計官の服務規則と、会計制度に関する法令や行政命令より成る。編者のヴェーナーは第五章「はじめに」註3にある人物と同一である。

★14 イギリス、フランスにおける財政運営や会計官の公金流用についての文献は枚挙にいとまがないが、イギリスに関しては関口尚志「一七、八世紀イングランドにおける信用の構造と収税の機構」『史学雑誌』第六八編第七、八号、一九五九年、J. E. D. Binney, British Public Finance and Administration 1774-92, Oxford, 1958 が、フランスについては J. F. Bosher, French Finances 1770-1795, Cambridge, 1970, Part. 1 が参考になった。ドイツに関しては、第四章「はじめに」註6に挙げたH‐P・ウルマンの著作が優れている。なお一七九六年一一月四日付の上級会計検査院への命令で、国王は手許滞留金の会計官による有価証券投資（公金流用）を放置しないよう命じており（P. G. Wöhner, a. a. O., S. 185）、原則がブランデンブルク＝プロイセン国家でも完全に守られていたわけでないことをうかがわせる。ただ同国における金融資産の貧困さゆえ、こうした公金流用の可能性が限られ、近代的財政運営の原則実現のためには英仏より有利な面もあったという逆説的状況にも目を向けておきたい。

★15 ただし御領地財政の領域では、免除の付与を制限しようとする動向が生じていた。財政収入増大がその動機であるが、しかし農民経営の安定化がこれを可能にさせたのではないか。A. F. Riedel, Der Brandenburgisch-Preussische Staatshaushalt in den beiden letzten Jahrhunderten, Berlin, 1866, S. 75f. を参照。

★16 アクチーゼ・関税管理局の成立とその後の組織変遷に関しては、柳川平太郎「一八世紀プロイセンのアクチーゼ・関税制度――Regie 政策の再検討を中心に」『高知大学学術研究報告』第三一巻、一九八二年、W. Schultze, Geschichte der Preussischen Regieverwaltung von 1766 bis 1786, Leipzig, 1888、国王裁量金庫については A. F. Riedel, a. a. O., S. 112-20; R. Koser, Die preussischen Finanzen von 1763 bis 1786, in: FBPG, Bd. 16, 1903, S. 112-32、またこれら全体に関しては、久保清治『ドイツ財政史研究――一八世紀プロイセン絶対王制の財政構造』有斐閣、一九九八年、第六、七章を参照。なお久保氏は、筆者が「国王裁量金庫」と訳したところの Königliche Dispositionskasse を「国王預金金庫」としている。

★17 減債基金の財政史上の意義に関しては、舟場正富『イギリス公信用史の研究』未來社、一九七一年、第二、三章、J. E. D. Binney, a. a. O., S. 104-16、消費税行政に関しては、J. Brewer, The Sinews of Power. War, money and the English state, 1688-1783, Cambridge, 1989, S. 101-13 より学ぶところが大きかった。

★18 国王裁量金庫の支出先については、R. Koser, a. a. O., S. 121-32 を参照。

★19 馬場哲「東部ドイツ農村工業展開の歴史的前提――一六～一八世紀内地植民の意義」『土地制度史学』第一二〇号、一九八八年、

第V節、W. Neugebauer, Zentralprovinz, S. 131-4.

★20　以下に挙げる王立銀行、海外貿易会社に関しては、肥前栄一『ドイツ経済政策史序説――プロイセン的進化の史的構造』未來社、一九七三年、前編第三、四章、ラントシャフト信用制度に関しては柳川平太郎「プロイセンにおけるラントシャフト信用制度の成立とその経済史的意義」『土地制度史学』第七六号、一九七七年を参照。

★21　M. C. N. v. Niebuhr, Geschichte der Königlichen Bank in Berlin, Berlin, 1854, S. 11 u. Beilage X. 正確には国王裁量金庫から積み立てられた国家備蓄金 Staatsschatze より拠出されている。国王裁量金庫と国家備蓄金の関係については A. F. Riedel, a. a. O., S. 117-22 を参照のこと。

★22　W. Radtke, Die preussische Seehandlung zwischen Staat und Wirtschaft in der Frühphase der Industrialisierung, Berlin, 1981, S. 7f.

★23　M. Weyermann, Zur Geschichte des Immobilisiarkreditwesens in Preußen mit besonderer Nutzanwendung auf die Theorie der Bodenverschuldung, Karlsruhe, 1910, S. 73-82.

★24　以下については相変わらず F. Martiny, Die Adelsfrage in Preußen als politisches und soziales Problem, Stuttgart/Berlin, 1938 が基本文献である。なお同時代の思想家ユストゥス・メーザーの貴族論も参照されたい（J. Möser, Über die Adelsprobe in Deutschland, in: Sämtliche Werke, Bd. 7, Oldenburg, 1945, S. 221-42)。メーザーは、貴族のよって立つ根拠が領地所有から、宮廷勤務や授爵証へと変化する歴史的傾向を、身分制社会危機の一側面として捉えているが、以下述べるところの貴族の状況が、ひとりブランデンブルク貴族の問題にとどまらないことを、そこから知ることができる。

★25　以上については、H. v. Bonin, Adel und Bürgertum in der höheren Beamtenschaft der preußischen Monarchie 1794-1806, in: JGMOD, Bd. 15, 1966 を参照。ハルデンベルク改革は、旧体制下で育っていたこのような新権力エリートの存在なしには考えられなかった。この点については B. Vogel, Allgemeine Gewerbefreiheit. Die Reformpolitik des preußischen Staatskanzlers Hardenberg (1810-1820), Göttingen, 1983, S. 48-72 参照。

★26　M. Weyermann, a. a. O., S. 64; H. Mauer, Die private Kapitalanlage in Preußen während des 18. Jahrhunderts, Mannheim/Berlin/Leipzig, 1921, S. 70f.

★27　M. Weyermann, a. a. O., S. 60f.

★28　シュレージェンなどを主な例に、既述の論文によって柳川平太郎氏はラントシャフト信用制度が一八世紀末に貴族による土地投機を煽ったことの意味を追究した。しかしブランデンブルクではシュレージェンに比べるならば一八世紀のあいだには同制度 das

Kur- und Neumärkische Kreditinstitut（一七七七年設立）による債券発行額は多くなく（H. Mauer, Das landschaftliche Kreditwesen Preußens agrar-und volkswirtschaftlich betrachtet, Straßburg, 1907, S. 182）、一九世紀になってやっと増大を見せている。したがってそこでは土地投機があったとしても同制度の影響は過大視できず、むしろ一九世紀前半の農業不況期にそれの重要性は高まっていった。例えば一八二〇年代前半の不況期にフリーデルスドルフ領の領主F・A・L・v・d・マルヴィッツは相続によって生じた多額の債務を抱え、それの解約告知にどのように対応するか苦慮していたが、ラントシャフト信用制度からの信用提供がなければ、この苦境を乗り切ることはできなかったであろう。マルヴィッツによる同家経済状況に関する一八二三年のメモとしてBLHA MF, Nr. 520, fol. 86-99、また同家のPfandbriefeによるHypotekenの借り換え（一八二四年）についてはBLHA MF, Nr. 150, fol. 29, 33-6, u. 60-2.

★29　F. Martiny, a. a. O., S. 37f.

★30　H-H. Müller, a. a. O., S. 116f. u. Anm. 70 (S. 190). なおクールマルクの領主館の多くは、村落内部にある場合が少なくなく、所領に居住した場合、村民との関係も濃密にならざるをえなかった。P.M. Hahn/H. Lorenz (Hg.), Herrenhäuser in Brandenburg und der Niederlausitz. Kommentierte Neuausgabe des Ansichtenwerks von Alexander Duncker (1857-1883), Bd. 2, Berlin, 2000 に多くの貴族館の配置図が納められている。

★31　この段階の貴族領の小作経営についてはH-H. Müller, a. a. O., S. 108-23を参照。

★32　シュレージェンが反賦役闘争の中心地であるが、クールマルクでも起きている。B. v. Münchow-Pohl, Zwischen Reform und Krieg. Untersuchungen zur Bewußtseinslage in Preußen 1809-1812, Göttingen, 1987, S. 242-81を参照。

★33　P. Bahl, Der Hof des Großen Kurfürsten. Studien zur höheren Amtsträgerschaft Brandenburg-Preußens, Köln/Weimar/Wien, 2001, S. 240 u. Tafel 18 (S. 643). なお一六世紀以前のロッホウ家の歴史とそれの四つの支家への分岐については、J. Angelow, Geschichte und Landschaft. Das märkische Rittergut Kemnitz, Berlin/Bonn, 2000, S. 13-27を参照。

★34　日本におけるロッホウ研究は、レカーン校の試みを同家の所領支配と関連づけて問うという点では十分でないとの印象をもっている（田中昭徳『ロホー国民教育思想の研究』風間書房、一九八九年、寺田光雄『民衆世界の世界像――ドイツ民衆学校読本の展開』ミネルヴァ書房、一九九六年、増井三夫『プロイセン近代公教育成立史序説』亜紀書房、一九九六年、第六章第四節）。

★35　H. Kaak, Vermittelte, selbsttätige und maternale Herrschaft. Formen gutsherrschaftlicher Durchsetzung, Behauptung und Gestaltung in Quilitz-Friedland (Lebus/Oberbarnim), in: J. Peters (Hg.), Konflikt und Kontrolle in Gutsherrschaftsgesellschaften, Göttingen, 1995, S. 90-117. フリートラント夫人についてさらにH. Barmeyer, Wirtschaftlicher Pioniergeist im Oderland im alten

Preußen um 1800. Zwei adlige landwirtschaftliche Unternehmerinnen und ein ländlicher Salon in einer klassischen Gegend des Landbaus, in: FBPG, NF. Bd. 12, Hft. 1, 2002も参照のこと。

★36　F. A. L. v. d. Marwitz, Nachrichten aus meinem Leben, in: F. Meusel (Hg.), Friedrich August Ludwig von der Marwitz. Ein Märkischer Edelmann im Zeitalter der Befreiungskriege, Bd. 1, Berlin, 1908, S. 202f.

★37　BLHA, MF, Nr. 20.

★38　BLHA, MF, Nr. 111.

★39　W. Neugebauer, Die Schulreform des Junkers Marwitz. Reformbestrebungen im brandenburg-preußischen Landadel vor 1806, in: P. Albrecht/E. Hinrichs (Hg.), Das niedere Schulwesen im Übergang vom 18. zum 19. Jahrhundert, Tübingen, 1995; Ders., Bildungsreformen vor Wilhelm von Humboldt. Am Beispiel der Mark Brandenburg, in: JBLG, Bd. 41, 1990, S. 243f.

★40　F. Meusel, a. a. O., Bd. 1, S. XIX.

★41　マルヴィッツの新農法導入の背景には相続に起因する同家の債務増があったが、クライスト家がシュターヴェノウ領で農法改良に取り組んだのにも同様の事情があった。クライスト家の事情については、W. W. Hagen, The Junkers' Faithless Servants: Peasant Insubordination and the Breakdown of Serfdom in Brandenburg-Prussia, 1763-1811, in: R. Evans/W. R. Lee (Hg.), The German Peasantry. Conflict and Community in Rural Society from the Eighteenth to the Twentieth Centuries, London, 1986, S. 79f., いっそう詳細な説明として Ders., Ordinary Prussians. Brandenburg Junkers and Villagers, 1500-1840, Cambridge, 2002, Chap. 5を参照。

★42　啓蒙主義的教育思想家ロッホウと保守主義的軍人マルヴィッツのあいだに意外な共通点を見出したのはノイゲバウアーの卓見である。ロッホウのなかの伝統的要素もマルヴィッツのなかの革新的要素も、ともにそれぞれの人格の本質的部分を構成している。ロッホウにおける伝統的要素の検討がなおざりにされがちなのと同様、マルヴィッツも伝統に固執する領主とのイメージがつきまとった。例えば、K・マンハイム著（森博訳）『保守主義的思考』ちくま学芸文庫、一九九七年、一六三―六頁、R. M. Berdahl, The Politics of the Prussian Nobility. The Development of a Conservative Ideology 1770-1848, New Jersey, 1988, S. 134-43を参照。しかしロッホウ、マルヴィッツいずれについても、近年ドイツでは新しい研究動向（H. Schmitt/F. Tosch (Hg.), Vernunft für Volk. Friedrich Eberhard von Rochow im Aufbruch Preußens, Berlin, 2001; E. Frie, Friedrich August Ludwig von der Marwitz. Biographien eines Preußen, Paderborn, 2001）がみられるが、その像の再検討はわれわれの課題でもある。

あとがき

一八世紀以前のブランデンブルクをプロイセン史の一部として扱うことは、おそらく本国ドイツ以外では、現在でもごく当たり前のことであろう。わが国でも、高柳信一氏の名著『近代プロイセン国家成立史序説』は、プロイセン王国成立（一七〇一）はおろか、（東）プロイセンとの統合（一六一八）前のブランデンブルク史を主な対象としているにもかかわらず、表題の当否が問題とされることはなかったのではないか。しかし、フリードリヒ一世やフリードリヒ・ヴィルヘルム一世時代のブランデンブルク＝プロイセン国家と、アウグスト二世治世下のザクセン＝ポーランド国家の本質的相違はどこにあったのかと問われて、説得力ある回答を即座に用意できる歴史家が、日本にどれだけいるだろうか。フリードリヒ一世がプロイセン王位を得る直前の一六九七年に、アウグスト強健公はアウグスト二世としてポーランド国王となったが、それだからといって、ザクセンをわれわれは決してポーランドとは呼ばない。なるほど、ブランデンブルク選帝侯がプロイセン国王に格上げされる以前から存在したブランデンブルク＝プロイセンと、にわか仕立てのザクセン＝ポーランドでは、内実においてかなりの差があったであろうことは、容易に推測はつくが、それがどのような相違であるかは、私には説明できない。

一八世紀以前のブランデンブルク史を、プロイセン史の序章として取り扱うことが、全く無意味であるなどと、ここで暴論を主張する意図は全くない。いずれにしても、ブランデンブルクがプロイセン国家揺籃の地であったことは間違いない。実際に一八世紀末から一九世紀初頭に生きたマルヴィッツ（一七七七―一八三七）は、自分をブランデンブルク貴族であるとともに、プロイセン人と理解していた。彼が尊敬する伯父ヨハン・フリードリヒ・アドルフ（一七二三―八一）は、数々の戦闘をフリードリヒ大王の下で闘った軍人であり、この男もまた、自分をプロイセン人であると自認していたとしても不思議はない。しかし、七年戦争を体験することのなかった祖父アウグスト・ゲップハルト（一六九五―一七五三）の世代となると、プロイセン人と呼ばれて、はたしてそれを自然に受け入れたであろうか。私には疑問に思えてならないのである。またマルヴィッツ自身も、ブランデンブルク貴族、プロイセン軍人、ドイツ民族と、幾重にも自分を規定していた形跡があり、彼にとってさえ、プロイセン人であることが絶対的意味をもっていたわけではなかったように見受けられる。一八世紀以前のブランデンブルク史を、プロイセン史とは異なった枠組みの中で論じうる可能性があると私が信じるようになったのは、皮肉なことに、プロイセン軍に多くの軍人を送り出したマルヴィッツ家の歴史を調べるようになって以後のことである。

「プロイセン」（あるいは「プロシャ」）の名は、強いイメージ喚起力をもち、その名前を冠するだけで、それに頼って対象を説明することが可能となるという利点をもつ。しかし他方では、そのイメージにふさわしい強固な実体が、疑問の余地なく存在したと、われわれを錯覚に陥れかねない危険性も有する。「プロイセン国家」「プロイセン軍人」「プロシャ型近代化」と繰り返すうちに、私たちは、魔術にかけられたように、このイメージから離れて考えることができなくなる。ヒンツェやローゼンベルクが、また大塚史学の歴史家たちが、それぞれの立場は違うとはいえ、鮮明な問題意識をもって「プロイセン」「プロシャ」の名を使用した。私たちがこの言葉を書きしるすさい、いやおうなく、彼らの歴史像を自分のものとして背負い込まないわけにはいかなくなる。しかし、ヒンツェやローゼンベルクとは多少なりとも違った歴史像を描こうとすると、この言葉は実に不自由なものに転化する。本書が、「プロイセン」の名をできる限り避け、「ブランデンブルク」や「クールマルク」を使用したのは、後者の方が実態に即してより正確であると考えたばかりではなく、はるかにニュートラルであるため、言葉が一人歩きせず、それに振り回される心配がないと考えるに至ったからに他ならない。

しかし「ブランデンブルク」の名を選択した途端に、思いがけない事実に遭遇した。ドイツに特別な関心をもつ人は別として、この名称は、日本人には、「ブランデンブルク協奏曲」以外に、いかなるイメージも呼び起こすものでないということを知ったのである。書名にも、できればブランデンブルクの名を使用したかったが、その勇気はついになかった。プロイセン史研究の伝統に対して、この頼りない名称をもって、それに代わるべき歴史像を描くことの難しさを、幾度となく痛感させられた。しかし、強い言葉に代えて弱い言葉を選び取ったからには、これも受け入れなければならない宿命であろう。

次に、本書各章の元となった諸論文の初出を、ここに記しておく。

序章　新稿
第一章「近世ブランデンブルクにおける『官職＝領主貴族』の成立（一）」『山形大学歴史・地理・人類学論集』第二号、二〇〇一年
第二章　同論文（二）、同誌、第三号、二〇〇二年
第三章　同論文（三）、同誌、第四号、二〇〇三年
第四章「三十年戦争後ブランデンブルク＝プロイセンにおける御領地財政再編とグーツヘルシャフトの確立」『西洋史研究』新輯第二七号、一九九八年
第五章「絶対主義期プロイセンの農村税制――クールマルクのコントリブチオン制に即して」『土地制度史学』第一三六号、一九九二年

かつて、学問上の同僚に恵まれ、多くの歴史家を育て、ひとつのシューレを築き上げた大家が、自分の足跡を振り返って「単独行」とされたのを意外と感じたことがある。逆に、地方で研究生活を送り、日常的にドイツ史研究者と交流することが困難な私の場合、かえって諸先学、友人の支えのありがたさを痛感しないわけにはいかない。

まず私は、肥前栄一先生と坂井栄八郎先生を中心に集まった「ユストゥス・メーザー研究会」の同人にお礼を申し上げたい。四十代において、中だるみせずに、なんとか研究生活を維持できているのは、この研究会に参加しえたところによるといって過言ではない。特に肥前先生からは、折に触れて、「励まし」「問題提起」「助言」と、ありとあらゆる御教示をいただいてきた。また先生は、未來社への出版仲介の労をとってくださった。ご厚情に心よりお礼申し上げる。「ドイツ資本主義研究会」の方々、なかでも柳澤治先生と松尾展成先生にも私は多くを負っている。一九世紀史から一八世紀史研究に転じたさい、真っ先に私の研究の意義を見出し、温情あふれる励ましの言葉をくださったのが柳澤先生であった。松尾先生の厳格な研究姿勢は、私などが学びうるものではとうていないが、常に極北にあって、自らの堕落をはかるべき基準であり続けている。また前記諸論文に対して毎回、平井進氏よりいただいた詳細な批評は、まことにありがたいものであった。

ブランデンブルク史の領域では、飯田恭氏と増井三夫氏の仕事に、どれだけ刺激を受けただろうか。一九九九年から二〇〇〇年にかけ、ブランデンブルク州立中央文書館で「マルヴィッツ家・フリーデルスドルフ領文書」の調査を行なうに先立ち、両氏から、文書館で作業するさいの留意点を詳細にうかがうことができた。そのさい調べたことは、未だに公表できずにいるが、今後順次発表し、お二人から批判を仰ぎたいと願っている。ポツダム大学のペーター＝ミヒャエル・ハーン教授 Prof. Dr. Peter-Michael Hahn、ユルゲン・ルー博士 Dr. Jürgen Luh、ヴィンツェンツ・ツェヒ博士 Dr. Vinzenz Czech とともに、お二人に感謝する次第である。

一九七八年に東北大学文学部西洋史研究室に所属した時から、私の西洋史研究生活は始まったが、それ以来四半世紀の間、佐藤伊久男先生、松本宣郎先生から賜ったご厚情の数々には、表現すべき感謝の言葉を見い出せない。また、渡部治雄先生から、仙台や米沢でうかがうことができたお話は、どれほど豊かなものであったろうか。大学院に進学して以来、現在に至るまで、同門の伊藤昌太、佐藤勝則、渡辺昭一、高田実各氏と討論を重ねることができたことも、私にとって大きな学問的財産となっている。山形大学人文学部の同僚並びに卒業生、学生諸氏に対してとともに、感謝申し上げたい。

未來社社長の西谷能英氏は、出版をお引き受けいただいたうえ、刊行に至るまで、さまざまな質問にひとつひとつ答えてくださった。衷心よりお礼を申し上げる。

本書刊行にあたっては、独立行政法人日本学術振興会平成一六年度科学研究費補助金（研究成果公開促進費）の交付を受けたことを、ここに付記する。また山形大学人文学部研究活動支援制度（著書出版）の助成対象となることもできた。関係者の方々には深甚の謝意を表したい。

本書を故吉岡昭彦先生と亡父山崎重昭の想い出に捧げる。

二〇〇四年五月三日

山崎　彰

参考文献

〔凡例〕

本書で頻繁に使用する史料集、文書館史料、雑誌、法令集、人名事典、歴史地図の省略記号を以下のとおりとする。

ABB = Acta Borussica. Die Behördenorganisation und die allgemeine Staatsverwaltung Preußens im 18. Jahrhundert, Frankfurt (M), 1986/7^{2}

ABH = Acta Borussica. Die Handels-, Zoll- und Akzisepolitik Brandenburg-Preußens bis 1713, Frankfurt (M), 1986/7^{2}

ADB = Allgemeine deutsche Biographie, 56 Bde, Leipzig, 1875-1912

BLHA, MF = Brandenburgisches Landeshauptarchiv Potsdam, Pr. Br. Rep. 37, Marwitz-Friedersdorf

FBPG = Forschungen zur Brandenburgischen und Preussischen Geschichte

GS = Gesetz-Sammlung für die Königlichen Preußischen Staaten

HHBB = Historischer Handatlas von Brandenburg und Berlin. Veröffentlichungen der Historischen Kommission zu Berlin

HOLB = Historisches Ortslexikon für Brandenburg. Veröffentlichungen des Staatsarchivs Potsdam

HZ = Historische Zeitschrift

JBLG = Jahrbuch für Brandenburgische Landesgeschichte

JGMOD = Jahrbuch für die Geschichte Mittel- und Ostdeutschlands

NDB = Neue deutsche Biographie, 12 Bde, Berlin, 1953-57

〔未刊行史料〕

Brandenburgisches Landeshauptarchiv Potsdam (BLHA), Pr. Br. Rep. 37, Marwitz-Friedersdorf, Nr. 19-21, 111, 139, 150, 251, 253-257, 520

Geheimes Staatsarchiv Preußischer Kulturbesitz Berlin (GStAPK), Pr. Br. Rep. 37, Stavenow, Nr. 353

〔公刊史料・法令集・歴史地図・統計書・事典〕

Allgemeine deutsche Biographie (ADB), 56 Bde, Leipzig, 1875-1912

Allgemeines Landrecht für die Preussischen Staaten von 1794, Berlin, 1970

O. Behre, Geschichte der Statistik in Brandenburg-Preussen bis zur Gründung des Königlichen Statistischen Bureaus, Berlin, 1905

F. W. A. Bratring, Statistisch-topographische Beschreibung des gesammten Mark Brandenburg, Bd. 1, Berlin, 1968 (Neudruck der Ausgabe Berlin, 1804)

K. Breysig, Geschichte der brandenburgischen Finanzen in der Zeit von 1640 bis 1697. Darstellung und Akten,

Bd. 1, Die Centralstellen der Kammerverwaltung. Die Amtskammer, das Kassenwesen und die Domänen der Kurmark, Leipzig, 1895

E. Engel/L. Enders/G. Heinrich/W. Schich (Hg.), Städtbuch Brandenburg und Berlin, Stuttgart/Berlin/Köln, 2000

E. Fidicin, Die Territorien der Mark Brandenburg oder Geschichte der einzelnen Kreise, Städte, Rittergüter und Dörfer in derselben als Fortsetzung des Landbuchs Kaiser Karl's IV, 4 Bde, Berlin, 1974[2]

Gesetz-Sammlung für die Königlichen Preußischen Staaten (GS), 1811, 1821

Historischer Handatlas von Brandenburg und Berlin (HHBB). Veröffentlichungen der Historischen Kommission zu Berlin.

Lfg. 4. H. K. Schulze (Bearb.), Neue Siedlungen in Brandenburg 1500-1800

Lfg. 20. W. B. Bliß (Bearb.), Die Prignitz im Dreißigjährigen Krieg

Lfg. 31. G. Heinrich (Bearb.), Besitzstand in Brandenburg um 1800

Lfg. 33. G. Heinrich (Bearb.), Besitzstand und Säkularisation in Brandenburg um die Mitte des 16. Jahrhundert

Lfg. 36. G. Heinrich (Bearb.), Die Mark Brandenburg 1319-1575

Lfg. 50. R. Wohlfeil (Bearb.), Bevölkerungsverluste der brandenburgischen Städte zwischen 1625 und 1652/53

Historisches Ortslexikon für Brandenburg (HOLB). Veröffentlichungen des Staatsarchivs Potsdam

Teil 1. L. Enders (Bearb.), Prignitz

Teil 2. L. Enders (Bearb.), Ruppin

Teil 3. L. Enders (Bearb.), Havelland
Teil 4. M. Beck (Bearb.), Teltow
Teil 5. P. P. Rohrlach (Bearb.), Zauche-Belzig
Teil 7. P. P. Rohrlach (Bearb.), Lebus

S. Isaacsohn (Hg.), Urkunden und Actenstücke zur Geschichte des Kurfürsten Friedrich Wilhelm von Brandenburg, Bd. 10, Berlin, 1880

O. Meinardus, Protokolle und Relationen des Brandenburgischen Geheimen Rathes aus der Zeit des Kurfürsten Friedrich Wilhelm, 2 Bde, Osnabrück, 1965

C. O. Mylius, Corpus Constitutionum Marchicarum, Oder Königl. Preuß. und Churfürstl. Brandenburgische in der Chur und Mark Brandenburg publicirte und ergangene Ordnungen, Teil 3, Abt. 1

Neue deutsche Biographie (NDB), 12 Bde, Berlin, 1953-57

K. v. Priesdorff, Soldatisches Führertum, Bd. 1, Hamburg, o. J.

H. Rachel, Acta Borussica. Die Handels-, Zoll- und Akzisepolitik Brandenburg-Preußens bis 1713 (ABH), Bd. 1, 2, Frankfurt (M), 1986/7^{2}

G. Schmoller/O. Krauske (Bearb.), Acta Borussica. Die Behördenorganisation und die allgemeine Staatsverwaltung Preußens im 18. Jahrhundert (ABB), Bd. 1-3, 5/1, Frankfurt (M), 1986/7^{2}

J. Schultze, Die Herrschaft Ruppin und ihre Bevölkerung nach dem Dreißigjährigen Kriege, Neuruppin, 1925

J. Schultze, Die Prignitz und ihre Bevölkerung nach dem Dreißigjährigen Kriege, Perleburg, 1928

C. G. Thile, Nachricht von der Churmärkischen Kontributions- und Schoßeinrichtung oder Land-Steuer-

Verfassung des Ritterschafts-Corporis, Halle/Leipzig, 1768
W. Vogel (Hg.), Prignitz-Kataster 1686-1687, Köln/Wien, 1985
P. G. Wöhner, Handbuch über das Cassen-und Rechnungswesen, Berlin, 1797
P. G. Wöhner, Steuerverfassung des platten Landes der Kurmark Brandenburg, Teil 3, Berlin, 1805
F. Wolters, Geschichte der brandenburgischen Finanzen in der Zeit von 1640-1697. Darstellung und Akten, Bd. 2, München/Leipzig, 1915

〔欧文二次文献〕

U. v. Alvensleben, Als es sie noch gab. Adelsitze zwischen Altmark und Masuren, Frankfurt (M), 1996
J. Angelow, Geschichte und Landschaft. Das märkische Rittergut Kemnitz, Berlin/Bonn, 2000
K. S. Bader, Dorfgenossenschaft und Dorfgemeinde, Wien/Köln/Graz, 1974
P. Bahl, Der Hof des Großen Kurfürsten. Studien zur höheren Amtsträgerschaft Brandenburg-Preußens, Köln/Weimar/Wien, 2001
H. Barmeyer, Wirtschaftlicher Pioniergeist im Oderland im alten Preußen um 1800. Zwei adlige landwirtschaftliche Unternehmerinnen und ein ländlicher Salon in einer klassischen Gegend des Landbaus, in: FBPG, NF. Bd. 12, Hft. 1, 2002
M. F. v. Bassewitz, Kurmark Brandenburg, ihr Zustand und ihre Verwaltung unmittelbar vor dem Ausbruche des französischen Krieges im Oktober 1806, Leipzig, 1847
P. Baumgart, Zur Geschichte der kurmärkischen Stände im 17. und 18. Jahrhundert, in: D. Gerhard (Hg.),

Ständische Vetretungen in Europa 17. und 18. Jahrhundert, Göttingen, 1969

D. Baxter, Servants of the Sword. French Intendants of Army, Illinois, 1976

G. v. Below, Der Osten und der Westen Deutschlands. Der Ursprung der Gutsherrschaft, in: Ders., Territorium und Stadt, München/Leipzig, 1900.

G. v. Below, Die Fürsorge des Staates für die Landwirtschaft eine Errungenschaft der Neuzeit, in: Ders., Probleme der Wirtschaftsgeschichte, Tübingen, 1920.

R. M. Berdahl, The Politics of the Prussian Nobility. The Development of a Conservative Ideology 1770-1848, New Jersey, 1988

J. E. D. Binney, British Public Finance and Administration 1774-92, Oxford, 1958

H. Böcker, Die Festigung der Landesherrschaft durch die hohenzollernschen Kurfürsten und der Ausbau der Mark zum fürstlichen Territorialstaat während des 15. Jahrhunderts, in: I. Materna/W. Ribbe (Hg.), Brandenburgische Geschichte, Berlin, 1995

E. Bohm, Zum Stand der Wüstungsforschung in Brandenburg zwischen Elbe und Oder, in: JGMOD, Bd. 18, 1969

E. Bohm, Das Land Lebus und seine Vogteien westlich der Oder, in: JGMOD, Bd. 25, 1976

E. Bohm, Tetow und Barnim. Untersuchungen zur Verfassungsgeschichte und Landesgliederung brandenburgischer Landschaften in Mittelalter, Köln/Wien, 1978

H. v. Bonin, Adel und Bürgertum in der höheren Beamtenschaft der preußischen Monarchie 1794-1806, in: JGMOD, Bd. 15, 1966

R. Bonney, The Struggle for Great Power Status and the End of Old Fiscal Regime, in: Ders.,(Hg.), Economic Systems and State Finance (The Origins of the Modern State in Europe, Theme B), Oxford, 1995

C. Bornhak, Preußische Staats- und Rechtsgeschichte, Berlin, 1903

J. F. Bosher, French Finances 1770-1795, Cambridge, 1970

H-H. Brandt, Der Österreichische Neoabsolutismus. Staatsfinanzen und Politik 1848-1860, 2 Bde, Göttingen, 1978

S. Breuer, Sozialdisziplinierung. Probleme und Problemverlagerung eines Konzepts bei Max Weber, Gerhard Oestreich und Michel Foucault, in: Chr. Sachße/F. Tennstedt (Hg.), Sozialsicherheit und soziale Disziplinierung, Frankfurt (M), 1986.

J. Brewer, The Sinews of Power. War, money and the English state, 1688-1873, Cambridge, 1989

K. Breysig, Der brandenburgische Staatshaushalt in den zweiten Hälfte des 17. Jahrhunderts, Teil 1., in: Jahrbuch für Gesetzgebung, Verwaltung und Volkswirtschaft, N. F. Bd. 16, 1882

K. Breysig, Die Organisation der brandenburgischen Kommissariate in der Zeit von 1660 bis 1697, in: FBPG, Bd. 5, 1892

W. Buchholz, Öffentliche Finanzen und Finanzverwaltung in entwickelten frühmodernen Staat, Köln,1992

O. Büsch, Militärsystem und Sozialleben im Alten Preussen 1713-1807, Berlin, 1962

F. L. Carsten, Geschichte der preußischen Junker, Frankfurt (M), 1988

H. Croon, Die kurmärkischen Landstände 1571-1616, Berlin, 1938

K. Deppermann, Der Hallesche Pietismus und der preußische Staat unter Friedrich III (I), Göttingen, 1961

C. Dieterici, Zur Geschichte der Steuerreform in Preußen, 1810-1820, Berlin, 1875

L. Enders, Die Uckermark. Geschichte einer kurmärkischen Landschaft vom 12. bis 18. Jahrhundert, Weimar, 1992

L. Enders, Landgemeinde in Brandenburg. Grundzüge ihrer Funktion und Wirkungsweise vom 13. bis zum 18. Jahrhundert, in: Blätter für deutsche Landesgeschichte, Bd. 129, 1993

L. Enders, Aus drängender Not. Die Verschuldung des gutsherrlichen Adels der Mark Brandenburg im 17. Jahrhundert, in: JGMOD, Bd. 43, 1994

L. Enders, Das bäuerliche Besitzrecht in der Mark Brandenburg, untersucht am Beispiel der Prignitz vom 13. bis 18. Jahrhundert, in : J. Peters (Hg.), Gutsherrschaftsgesellschaften im europäischen Vergleich, Berlin, 1997

L. Enders, Die Prignitz. Geschichte einer kurmärkischen Landschaft vom 12. bis zum 18. Jahrhundert, Potsdam, 2000.

L. Enders, Schulz und Gemeinde in der frühneuzeitlichen Mark Brandenburg, in: T. Rudert/H. Zückert (Hg.), Gemeindeleben. Dörfer und kleine Städte im ostelbischen Deutschland, Köln/Weimar/Wien, 2001

L. Enders, Die Besitz- und Rechtsverhältnisse der altmärkischen Bauern in der Frühneuzeit, in: FBPG, NF. Bd. 13, Hft. 1, 2003

R. Enders, Adel in der frühen Neuzeit, Berlin/New York, 1993

Th. Fontane, Werke, Schriften und Briefen, Abt. 2. Wanderung durch die Mark Brandenburg, 3 Bde, München, 1987

E. Frie, Friedrich August Ludwig von der Marwitz. Biographien eines Preußen, Paderborn, 2001

U. Gleixner, „Das Mensch“ und „der Kerl“. Die Konstruktion von Geschlecht in Unzuchtsverfahren der Frühen Neuzeit (1700-1760), Frankfurt (M), 1994

U. Gleixner, Das Gesamtgericht der Herrschaft Schulenburg im 18. Jahrhundert. Funktionsweise und Zugang von Frauen und Männern, in: HZ, Beiheft 18, 1995

U. Gleixner, Die „Ordnung des Saufens“ und „das Sündliche erkennen“. Pfingst- und Hütebiere als gemeindliche Rechtskultur und Gegenstand pietistischer Mission (Altmark 17. und 18. Jahrhundert), in: J. Peters (Hg.), Konflikt und Kontrolle in Gutsherrschaftsgesellschaften. Über Resistenz- und Herrschaftsverhalten in ländlichen Sozialleben der Frühen Neuzeit, Göttingen, 1995

G. Gnewuch, Glanz und Niedergang eines märkischen Adelsgeschlecht. Osthavelländische Linie der Familie von Ribbeck (1523-1811), in: JBLG, Bd. 21, 1970

F. Göse, Die Struktur des kur- und neumärkischen Adels im Spiegel der Vasallentabellen des 18. Jahrhunderts, in: FBPG, NF. Bd. 2, Hft. 1, 1992

F. Göse, „Die Postamische Sache...ist zur Endschaft zu befordern“. Der Auskauf des Adels im Potsdamer Umland durch Kurfürst Friedrich Wilhelm, in: P-M. Hahn/K. Hübener/J. H. Schoeps (Hg.), Potsdam. Märkische Kleinstadt - europäische Residenz, Berlin, 1995

F. Göse, Zur Geschichte des Neumärkischen Adels im 17./18. Jahrhundert, in: FBPG, NF, Bd. 7, Hft. 1, 1997

R. Grabower, Preußens Steuern vor und nach den Befreiungskriegen, Berlin, 1932

F. Grossmann, Über die Gutsherrlich-bäuerlichen Rechtsverhältnisse in der Mark Brandenburg vom 16. bis 18.

Jahrhundert, Leipzig, 1890

W. W. Hagen, How mighty the Junkers? Peasant Rents and Seigneurial Profits in Sixteenth-Century Brandenburg, in: Past and Present, Nr. 108, 1985

W. W. Hagen, The Junkers' Faithless Servants: Peasant Insubordination and the Breakdown of Serfdom in Brandenburg-Prussia, 1763-1811, in: R. Evans/W. R. Lee (Hg.), The German Peasantry. Conflict and Community in Rural Society from the Eighteenth to the Twentieth Centuries, London, 1986

W. W. Hagen, Seventeenth-Century Crisis in Brandenburg: The Thirty Years' War, The Destabilization of Serfdom, and the Rise of Absolutism, in: American Historical Review, Nr. 94, 1989

W. W. Hagen, Der bäuerliche Lebensstandard unter brandenburgischer Gutsherrschaft im 18. Jahrhundert. Die Dörfer der Herrschaft Stavenow in vergleichender Sicht, in: HZ, Bh. 18, 1995

W. W. Hagen, Ordinary Prussians. Brandenburg Junkers and Villagers, 1500-1840, Cambridge, 2002

P-M. Hahn, Struktur und Funktion des brandenburgischen Adels im 16. Jahrhundert, Berlin, 1979

P-M. Hahn, Polizeigesetzgebung und ländliche Sozialverfassung, in: JGMOD, Bd. 29, 1980

P-M. Hahn, Landesstaat und Ständetum im Kurfürstentum Brandenburg während des 16. und 17. Jahrhunderts, in: P. Baumgart (Hg.), Ständetum und Staatsbildung in Brandenburg-Preussen, Berlin/New York, 1983

P-M. Hahn, Adel und Landesherrschaft in der Mark Brandenburg im späten Mittelalter und der frühen Neuzeit, in: JBLG, Bd. 38, 1987

P-M. Hahn, Fürstliche Territorialhoheit und Lokale Adelsgewalt. Die herrschaftliche Durchdringung des ländlichen Raumes zwischen Elbe und Aller 1330-1700, Berlin/New York, 1989

P-M. Hahn, Die Gerichtspraxis der altständischen Gesellschaft im Zeitalter des „Absolutismus". Die Gutachtertätigkeit der Helmstedter Juristenfakultät für die brandenburgisch-preußischen Territorien 1675-1710, Berlin, 1989

P-M. Hahn, Aristokratisierung und Professionalisierung. Der Aufstieg der Obristen zu einer militärischen und höfischen Eliten in Brandenburg-Preußen von 1650-1725, in: FBPG, NF. Bd. 1, Hft. 2, 1991

P-M. Hahn, Calvinismus und Staatsbildung: Brandenburg-Preußen im 17. Jahrhundert, in: M. Schaab (Hg.), Territorialstaat und Calvinismus, Stuttgart, 1993

P-M. Hahn, Brandenburgisches Gerichtswesen um 1700, in: H. Mohnhaupt/D. Simon (Hg.), Vorträge zur Justizforschung. Geschichte und Theorie, Bd. 2, Frankfurt (M), 1993

P-M. Hahn, Neuzeitliche Adelskultur in der Provinz Brandenburg, in: P-M. Hahn/H. Lorenz (Hg.), Herrenhäuser in Brandenburg und der Niederlausitz. Kommentierte Neuausgabe des Ansichtenwerks von Alexander Duncker (1857-1883), Bd. 1, Berlin, 2000

P-M. Hahn/H. Lorenz (Hg.), Herrenhäuser in Brandenburg und der Niederlausitz. Kommentierte Neuausgabe des Ansichtenwerks von Alexander Duncker (1857-1883), 2 Bde, Berlin, 2000

H. Harnisch, Die Herrschaft Boitzenburg. Untersuchungen zur Entwicklung der sozialökonomischen Struktur ländlicher Gebiete in der Mark Brandenburg vom 14. bis zum 19. Jahrhundert, Weimar, 1968

H. Harnisch, Rechtsqualität des Bauernlandes und Gutsherrschaft, in: Jahrbuch für Geschichte des Feudalismus, Bd. 3, 1979

H. Harnisch, Gemeindeeigentum und Gemeindefinanzen im Spätfeudalismus, in: Jahrbuch für Regionalgeschichte, Bd. 8, 1981

H. Harnisch, Die Landgemeinde in der feudalabsolutistischen Staates. Dargestellt am Beispiel von Brandenburg-Preußen, in: Jahrbuch für Geschichte des Feudalismus, Bd. 13, 1989

H. Harnisch, Die Landgemende im ostelbischen Gebiet (Mit Schwerpunkt Brandenburg), in: P. Blickle (Hg.), HZ, Bh. 13. Landgemeinde und Stadtgemeinde in Mitteleuropa, 1991

H. Harnisch, Preußisches Kantonsystem und ländliche Gesellschaft. Das Beispiel der mitteleren Kammerdepartments, in: B. R. Kroener (Hg.), Krieg und Frieden. Militär und Gesellschaft in der Frühen Neuzeit, Paderborn, 1996

M. Haß, Die kurmärkischen Stände im letzten Drittel des sechzehnten Jahrhunderts, München/Leipzig, 1913

A. Freih. v. Haxthausen, Die Patrimoniale Gesetzgebung in der Altmark, in: Jahrbücher für Preussische Gesetzgebung, Rechtswissenschaft und Rechtsverwaltung, Bd. 39, 1832

W. Heegewaldt, „Wie führt der Teufel zum Beamten den Canonicus?“. Herkunft, Bildung und Karriereweg brandenburgischer Domänenpächter im 18. Jahrhundert, in: H. Kaak/M. Schattkowsky (Hg.), Herrschaft. Machtentfaltung über adligen und fürstlichen Grundbesitz in der Frühen Neuzeit, Köln/Weimar/Wien, 2003

M. Hein, Otto von Schwerin. Der Oberpräsident des Großen Kurfürsten, Königsberg, 1929

G. Heinrich, Der Adel in Brandenburg-Preussen, in: H. Rösler (Hg,), Deutscher Adel 1555-1740, Darmstadt, 1965

H. Helbig, Gesellschaft und Wirtschaft der Mark Brandenburg im Mittelalter, Berlin/New York, 1973

F-W. Henning, Dienste und Abgaben der Bauern im 18. Jahrhundert, Stuttgart, 1969

Hertel, Die Preußische Ober-Rechnungskammer. Ihre Geschichte, Einrichtung und Befugnisse, Berlin, 1884

C. Hinrichs, Preußentum und Pietismus. Der Pietismus in Brandenburg-Preußen als religiös-soziale Reformbewegung, Göttingen, 1971

B. Hinz, Die Schöppenbücher der Mark Brandenburg, Berlin, 1964

O. Hintze, Die Hohenzollern und der Adel, in: Ders., Regierung und Verwaltung, Gesammelte Abhandlungen, Bd. 3, Göttingen, 1967

O. Hintze, Der Ursprung des preußischen Landratsamts in der Mark Brandenburg, in: Ders., Regierung und Verwaltung, Gesammelte Abhandlungen, Bd. 3, Göttingen, 1967

O. Hintze, Kalvinismus und Staatsräson in Brandenburg zu Beginn des 17. Jahrhunderts, in: Ders., Regierung und Verwaltung, Gesammelte Abhandlungen, Bd. 3, Göttingen, 1967

O. Hintze, Staat und Gesellschaft unter dem Ersten König, in: Ders., Regierung und Verwaltung, Gesammelte Abhandlungen, Bd. 3, Göttingen, 1967

T. Iida, Konflikte um „Egalisierung" in der dörflichen Gesellschaft Ostelbiens im 18. Jahrhundert, in: Jahrbuch für Wirtschaftsgeschichte, 1996/2

S. Isaacsohn, Erbpachtsystem in der Domänenpolitik, in: Zeitschrift für Preußische Geschichte und Landeskunde, Bd. 11, 1874

S. Isaacsohn, Die Reform des kurfürstlich brandenburgischen Kammerstaat 1651/2, in: Zeitschrift für Preußische Geschichte und Landeskunde, Bd. 13, 1876

C. Jany, Geschichte der Preußischen Armee vom 15. Jahrhundert bis 1914, Bd. 1, Osnabrück, 1967

H. Kaak, Vermittelte, selbsttätige und maternale Herrschaft. Formen gutsherrlicher Durchsetzung,

Behauptung und Gestaltung in Quiltz-Friedland im 18. Jahrhundert, in: J. Peters (Hg.), Konflikt und Kontrolle in Gutsherrschaftsgesellschaften, Göttingen, 1995

F. Kaphahn, Die wirtschaftlichen Folgen des 30 jährigen Krieges für die Altmark, Gotha, 1911

G. F. Knapp, Die Bauernbefreiung und der Ursprung der Landarbeiter in den älteren Theilen Preußens, 2 Bde, München/Leipzig, 2. Aufl., 1927

R. Koselleck, Preußen zwischen Reform und Revolution, Stuttgart, 3. Aufl., 1981

R. Koser, Die preussischen Finanzen von 1763 bis 1786, in: FBPG, Bd. 16, 1903

K. Krüger, Entstehung und Ausbau des hessischen Steuerstaates vom 16. bis zum 18. Jahrhundert. Akten der Finanzverwaltung als frühneuzeitlicher Gesellschaftsspiegel, in: Hessisches Jahrbuch für Landesgeschichte, Bd. 32, 1982

K. Krüger, Gerhard Oestreich und der Finanzstaat. Entstehung und Deutung eines Epochenbegriffs der frühneuzeitlichen Verfassungs- und Sozialgeschichte, in: Hessisches Jahrbuch für Landesgeschichte, Bd. 33, 1983

K. Krüger, Public Finance and Modernization: The Change from Domain State to Tax State in Hesse in the Sixteenth and Seventeenth Centuries. A Case Study, in: P-C. Witt (Hg.), Wealth and Taxation in Central Europe. The History and Sociology of Public Finance, Hamburg/New York, 1987

L. Krug, Betrachtungen über den Nationalreichtum des preußischen Staates, Teil 2, Aalen, 1970 (Neudruck der Ausgabe Berlin, 1805)

B. v. Krusenstjern/H. Medick (Hg.), Zwischen Alltag und Katastrophe. Der Dreißigjährige Krieg aus der Nähe,

Göttingen, 1999

J. Kunisch, Funktion und Ausbau der kurfürstlich-königlichen Residenzen in Brandenburg-Preußen im Zeitalter des Absolutismus, in: FBPG, NF, Bd. 3, Hft. 1, 1993

W. Lippert, Geschichte der 110 Bauerndörfer in der nördlichen Uckermark. Ein Beitrag zur Wirtschafts- und Sozialgeschichte der Mark Brandenburg, Köln/Wien, 1968

F. Lütge, Deutsche Sozial- und Wirtschaftsgeschichte, 3. Aufl., Berlin/Heidelberg, 1966

J. Luh, Ancien Régime Warfare and the Military Revolution, Groningen, 2000

K. Mamroth, Geschichte der Preussischen Staatsbesteuerung, 1806-16, Leipzig, 1890

F. Martiny, Die Adelsfrage in Preußen vor 1806 als politisches und soziales Problem, Stuttgart/Berlin, 1938

F. A. L. v. d. Marwitz, Nachrichten aus meinem Leben, in: F. Meusel (Hg.), Friedrich August Ludwig von der Marwitz. Ein Märkischer Edelmann im Zeitalter der Befreiungskriege, Bd. 1, Berlin, 1908

H. Mauer, Das landschaftliche Kreditwesen Preußens agrar-und volkswirtschaftlich betrachtet, Straßburg, 1907

H. Mauer, Die private Kapitalanlage in Preußen während des 18. Jahrhunderts, Mannheim/Berlin/Leipzig, 1921

F. Meusel, Eine Denkschrift des Grafen von Finckenstein „Über die Freiheiten der Ritterschaft“ (1811), in: HZ, Bd. 101, 1908

J. Möser, Über die Adelsprobe in Deutschland, in: Sämtliche Werke, Bd. 7, Oldenburg, 1945

H-H. Müller, Domänen und Domanenpächter in Brandenburg-Preußen im 18. Jahrhundert, in: Jahrbuch für Wirtschaftsgeschichte, 1965/4

H-H. Müller, Märkische Landwirtschaft vor den Agrarreformen von 1807. Entwickelungstenzen des Ackerbaues in der zweiten Hälfte des 18. Jahrhunderts, Potsdam, 1967

B. v. Münchow-Pohl, Zwischen Reformen und Krieg. Untersuchungen zur Bewußtseinslage in Preußen 1809-1812, Göttingen, 1987

W. Neugebauer, Absolutistischer Staat und Schulwirklichkeit in Brandenburg-Preußen, Berlin, 1985

W. Neugebauer, Bildungsreformen vor Wilhelm von Humboldt. Am Beispiel der Mark Brandenburg, in: JBLG, Bd. 41, 1990

W. Neugebauer, Brandenburg im absolutistischen Staat. Das 17. und 18. Jahrhundert, in: I. Materna/W. Ribbe (Hg.), Brandenburgische Geschichte, Berlin, 1995

W. Neugebauer, Die Schulreform des Junkers Marwitz. Reformbestrebungen im brandenburg-preußischen Landadel vor 1806, in: P. Albrecht/E. Hinrichs (Hg.), Das niedere Schulwesen im Übergang vom 18. zum 19. Jahrhundert, Tübingen, 1995

W. Neugebauer, Die Leibeigenschaft in der Mark Brandenburg. Eine Enquete in der Kurmark des Jahres 1718, in: F. Beck/K. Neitmann (Hg.), Brandenburgische Landesgeschichte und Archivwissenschaft, Weimar, 1997

W. Neugebauer, Zentralprovinz im Absolutismus. Brandenburg im 17. und 18. Jahrhundert, Berlin, 2001

W. Neugebauer, Der Adel in Preußen im 18. Jahrhundert, in; R. G. Asch (Hg.), Der europäische Adel im Ancien Régime, Köln/Weimar/Wien, 2001

W. Neugebauer, Staatsverfassung und Heeresverfassung in Preußen während des 18. Jahrhunderts, in: FBPG NF, Bd. 13, Hft. 1, 2003

M. C. N. v. Niebuhr, Geschichte der Königlichen Bank in Berlin, Berlin, 1854

S. Oakley, War in the Baltic, 1550-1790, in: J. Black (ed.), The Origins of War in Early Modern Europe, Edinburgh, 1987

J. Peters/H. Harnisch/L. Enders, Märkische Bauerntagebücher des 18. und 19. Jahrhunderts. Selbstzeugnisse von Milchviehbauern aus Neuholland, Weimar, 1989

J. Peters, Das laute Kirchenleben und die leisen Seelensorgen. Beobachtungen an zwei Dörfern und einer Stadt (Prignitz, 17. Jahrhundert), in: R. van Dülmen (Hg.), Arbeit, Frömmigkeit und Eigensinn, Frankfurt (M), 1990

J. Peters (Hg.), Gutsherrschaft als Soziales Modell (HZ, Bh. 18, 1995)

J. Peters (Hg.), Konflikt und Kontrolle in Gutsherrschaftsgesellschaften, Göttingen, 1995

J. Peters, Inszenierung von Gutsherrschaft im 16. Jahrhundert. Mathias von Saldern auf Plattenburg-Wilsnack (Prignitz), in: Ders. (Hg.), Konflikt und Kontrolle in Gutsherrschaftsgesellschaften, Göttingen, 1995

J. Peters (Hg.), Gutsherrschaftsgesellschaften im europäischen Vergleich, Berlin, 1997

J. Peters, Die Herrschaft Plattenburg-Wilsnack im Dreißigjährigen Krieg - Eine märkische Gemeinschaft des Durchkommens, in: F. Beck/K. Neitmann (Hg.), Brandenburgische Landesgeschichte und Archivwissenschaft. Festschrift für Lieselott Enders zum 70. Geburtstag, Weimar, 1997

J. Peters, Flexible Konfliktgemeinschaft. Zur gemeindlichen Handlungsstruktur in den saldernischen Prignitzdörfern in den Frühen Neuzeit, in; T. Rudert/H. Zückert (Hg.), Gemeindeleben. Dörfer und kleine Städte im ostelbischen Deutschland, Köln/Weimar/Wien, 2001

C. Pfister, Bevölkerungsgeschichte und Historische Demographie 1500-1800, München, 1994

W. Podehl, Burg und Herrschaft in der Mark Brandenburg. Untersuchungen zur mittelalterlichen

Verfassungsgeschichte unter besonderer Berücksichtigung von Altmark, Neumark und Havelland, Köln/Wien, 1975

H. Rachel/P. Wallich, Berliner Grosskaufleute und Kapitalisten, Bd. 2, Berlin, 1967

W. Radtke, Die preussische Seehandlung zwischen Staat und Wirtschaft in der Frühphase der Industrialisierung, Berlin, 1981

W. Reihard, Power Elites, State Servants, Ruling Classes, and the Growth of State Power, in: Ders.(Hg.), The Origins of the Modern State in Europa 13th to 18th Century, Theme D. Power Elites and State Building, Oxford, 1996

A. F. Riedel, Der Brandenburgisch-Preussische Staatshaushalt in den beiden letzten Jahrhunderten, Berlin, 1866

H. Rosenbaum, Formen der Familie, Frankfurt (M), 1982

H. Rosenberg, The Rise of the Junkers in Brandenburg-Prussia, 1410-1653, in: American Historical Review, Vol. 49, 1943/44

H. Rosenberg, Bureaucracy, Aristocracy, and Autocracy. The Prussian Experience 1660-1815, Cambridge, 1958

H. Rosenberg, Die Ausprägung der Junkerherrschaft in Brandenburg-Preußen, 1410-1618, in: Ders., Machteliten und Wirtschaftskonjunkturen. Studien zur neueren deutschen Sozial- und Wirtschaftsgeschichte, Göttingen, 1978.

T. Rudert/H. Zückert (Hg.), Gemeindeleben. Dörfer und kleine Städte im ostelbischen Deutschland, Köln/Weimar/Wien, 2001

J. Sack, Die Herrschaft Stavenow. Mitteldeutsche Forschungen Bd. 13, Köln/Graz, 1959

J. Schellakowsky, Die Instruktion Friedrich Wilhelm I. von Preußen für das „General-Ober-Finanz, Krieges und Domänen-Direktorium“ aus dem Jahre 1723, in: B. Laux/K. Treppe (Hg.), Der neuzeitliche Staat und seine Verwaltung, Stuttgart, 1998

F. G. Schimmelfennig, Die Preussischen direkten Steuer, Teil 1. Die Grundsteuer-Verfassung in den Preussischen Staaten, 3. Aufl., Berlin, 1859

H. Schmitt/F. Tosch (Hg.), Vernunft für Volk. Friedrich Eberhard von Rochow im Aufbruch Preußens, Berlin, 2001

G. Schmoller, Die Epochen der preußischen Finanzpolitik bis zur Gründung des deutschen Reiches, in: Ders., Umrisse und Untersuchungen zur Verfassung, Verwaltung und Wirtschaft, Leipzig, 1898

F. Schröer (erganzt v. G. Heinrich), Das Havelland im Dreissigjährigen Krieg. Ein Beitrag zur Geschichte der Mark Brandenburg, Köln/Graz, 1966

F. v. Schroetter, Die brandenburgisch-preussische Heeresverfassung unter dem Grossen Kurfürsten, Leipzig, 1892

O. v. Schrötter, Haushaltführung und Haushaltkontrolle in Preußen im 18. Jahrhundert, Leipzig, 1938

R. v. Schrötter, Das preußische Offizierkorps unter dem ersten Könige von Preußen, in: FBPG, Bd. 23, 1913

J. Schultze, Die Prignitz. Aus der Geschichte einer märkischen Landschaft, Köln/Graz, 1956

J. Schultze, Die Mark Brandenburg, 5 Bde, Berlin, 1961-69

W. Schultze, Geschichte der Preußischen Regieverwaltung von 1766 bis 1786, Leipzig, 1888

K. Spies, Gutsherr und Untertan in der Mittelmark Brandenburg zu Beginn der Bauernbefreiung, Berlin, 1972

R. Stadelmann, Friedrich Wilhelm in seiner Thätigkeit für die Landescultur Preussens, Osnabrück, 1965

W. Steffen, Hardenberg und die ständische Opposition 1810/1811, Göttingen, 1907

R. Stein, Die Umwandlung der Agrarverfassung Ostpreußens durch die Reform des 19. Jahrhunderts, Bd. 1, Jena, 1918

Stiftung Preußischer Schlösser und Gärten Berlin Brandenburg (Hg.), Sophie Charlotte und ihr Schloß. Katalog der Ausstellung im Schloß Charlottenburg, Berlin, 1999/2000

L. Tümpel, Die Entstehung des brandenburgisch-preußischen Einheitsstaates, Aalen, 1965 (Neudruck der Ausgabe Breslau, 1915)

H-P. Ullmann, Staatsschulden und Reformpolitik. Die Entstehung moderner öffentlicher Schulden in Bayern und Baden 1780-1820, Göttingen, 1986

K. Vetter, Kurmärkischer Adel und preussische Reformen, Weimar, 1979

K. Vetter, Zusammensetzung, Funktion und politische Bedeutung der kurmärkischen Kreistage im 18. Jahrhundert, Jahrbuch für Geschichte des Feudalismus, Bd. 3, 1979

B. Vogel, Allgemeine Gewerbefreiheit. Die Reformpolitik des preußischen Staatskanzlers Hardenberg (1810-1820), Göttingen, 1983

M. Weyermann, Zur Geschichte des Immobilisiarkreditwesens in Preußen mit besonderer Nutzanwendung auf die Theorie der Bodenverschuldung, Karlsruhe, 1910

H. Wunder, Finance in the 'Economy of Old Europa': The Example of Peasant Credit from the Late Middle Ages to the Thirty Years War, in: Dies., Der andere Blick. Auf die Frühe Neuzeit, Königstein, 1999

W. Wygodzinski, Die Besteuerung des landwirtschaftlichen Grundbesitzes in Preußen, Jena, 1906
C. A. Zakrzewski, Die wichtigeren preussischen Reformen der direkten ländlichen Steuern im 18. Jahrhundert, in: Staats- und sozialwissenschaftliche Forschung, Bd. 7, 1887
J. Ziekursch, Hundert Jahre schlesischer Agrargeschichte, Aalen, 1978 (Neudruck der Ausgabe Breslau, 1927)
H. Zückert, Vielfalt des Lebensverhältnisse in unmittelbarer Nachbarschaft. Die Gleichzeitigkeit des Ungleichzeitigen in brandenburgischen Dörfern, in: J. Peters (Hg.), Gutsherrschaftsgesellschaften im europäischen Vergleich, Berlin, 1997
H. Zückert, Agrardualismus im Gutsherrschaftsgebiet. Untertänigkeitverhältnisse in den Dörfern von Berlin-Zehlendorf, in: JBLG, Bd. 50, 1999

〔邦文文献〕

W・アーベル著（寺尾誠訳）『農業恐慌と景気循環――中世中期以来の中欧農業および人口扶養経済の歴史』未來社、一九七二年
有賀弘『宗教改革とドイツ政治思想』東京大学出版会、一九六六年
飯田恭「一八世紀プロイセン貴族の社会的特質――ヴェストファーレン貴族との対比の試み」『社会経済史学』第五八巻第四号、一九九二年
飯田恭「『均等化』をめぐる村落内紛争――一八世紀プロイセン王領地アムト・アルト・ルピン（ブランデンブルク州）の場合」『土地制度史学』第一五六号、一九九七年
飯田恭「『無能な』農民の強制退去――近世ブランデンブルクにおける封建領主制の一側面」『経済学論集』第六

四巻第二号、一九九八年
伊藤栄『ドイツ村落共同体の研究』弘文堂書房、一九七一年
稲森守「国家と教会——プロイセン・ラント教会宗務局の変遷について（一五四三年—一八〇八年）」『教養学科紀要（東京大学教養学部）』第二三号、一九九〇年
M・ウェーバー著（世良晃志郎訳）『支配の社会学』Ⅰ・Ⅱ、創文社、一九六二年
上山安敏『ドイツ官僚制成立論』有斐閣、一九六四年
G・エストライヒ著（阪口修平・千葉徳夫・山内進訳）『近代国家の覚醒——新ストア主義・身分制・ポリツァイ』創文社、一九九三年
N・エリアス著（波田節夫・中埜芳之・吉田正勝訳）『宮廷社会』法政大学出版局、一九八一年
大西健夫『ハルデンベルク租税改革とプロイセン国家財政再建』早稲田大学出版部、一九七八年
加藤房雄『ドイツ世襲財産と帝国主義——プロイセン農業・土地問題の史的考察』勁草書房、一九九〇年
加藤房雄「東エルベ社会史論覚——研究動向の一断面」経済史研究会編『欧米資本主義の史的展開』思文閣、一九九六年
久保清治『ドイツ財政史研究——一八世紀プロイセン絶対王制の財政構造』有斐閣、一九九八年
阪口修平『プロイセン絶対王政の研究』中央大学出版部、一九八八年
阪口修平「社会的規律化と軍隊」『シリーズ世界史への問い　五　規範と統合』岩波書店、一九九〇年
佐々木真「フランス絶対王政期における軍隊行政」『歴史学研究』第六五〇号、一九九五年
佐藤進『近代税制の成立過程』東京大学出版会、一九六五年
J・シュムペーター著（木村元一・小谷義次訳）『租税国家の危機』岩波文庫、一九八三年

関口尚志「一七、八世紀イングランドにおける信用の構造と収税の機構」『史学雑誌』第六八編第七、八号、一九五九年
高柳信一『近代プロイセン国家成立史序説』有斐閣、一九五四年
田中昭徳『ロホー国民教育思想の研究』風間書房、一九八九年
R・v・デュルメン著（佐藤正樹訳）『近世の文化と日常生活　2　村と都市』鳥影社、一九九五年
寺田光雄『民衆世界の世界像――ドイツ民衆学校読本の展開』ミネルヴァ書房、一九九六年
土肥恒之「東欧の絶対主義――鳥山報告に寄せて」『ロシア史研究』第四一号、一九八五年
土肥恒之『ロシア近世農村社会史』創文社、一九八七年
アレクシス・ド・トクヴィル著（小山勉訳）『旧体制と大革命』ちくま学芸文庫、一九九八年
H・R・トレヴァ＝ローパー他著（今井宏訳）『十七世紀危機論争』創文社、一九七五年
仲内英三「一八世紀プロイセン絶対王政時代の地域レヴェルの等族制――プロイセン絶対王政とクライス等族制」『早稲田政治経済学雑誌』第三三三号、一九九八年
仲内英三「一八世紀プロイセン絶対王政と軍隊（一）（二）」『早稲田政治経済学雑誌』第三四二、三五五号、二〇〇〇、二〇〇一年
中村幹雄「プロイセン税制改革と等族の抵抗」『歴史研究』（大阪学芸大学歴史研究室）第一号、一九六三年
成瀬治『絶対主義国家と身分制社会』山川出版社、一九八八年
野津高次郎『独逸税制発達史』有芳社、一九五〇年
馬場哲「東部ドイツ農村工業展開の歴史的前提――一六～一八世紀内地植民の意義」『土地制度史学』第一二〇号、一九八八年

F・ハルトゥング著（成瀬治・坂井栄八郎訳）『ドイツ国制史——一五世紀から現代まで』岩波書店、一九八〇年
肥前栄一『ドイツ経済政策史序説——プロイセン的進化の史的構造』未來社、一九七三年
肥前栄一『ドイツとロシア——比較社会経済史の一領域』未來社、一九八六年
肥前栄一「北西ドイツ農村定住史の特質——農民屋敷地に焦点をあてて」『経済学論集』第五七巻第四号、一九九二年
肥前栄一「家族および共同体からみたヨーロッパ農民社会——社会経済史的接近」『比較家族史研究』第一五号、二〇〇一年
藤瀬浩司『近代ドイツ農業の形成——いわゆる「プロシャ型」進化の歴史的検証』御茶の水書房、一九六七年
藤田幸一郎『近代ドイツ農村社会経済史』未來社、一九八四年
藤本建夫『ドイツ帝国財政の社会史』時潮社、一九八四年
舟場正富『イギリス公信用史の研究』未來社、一九七一年
P・ブリックレ著（服部良久訳）『ドイツの臣民』ミネルヴァ書房、一九九〇年
O・ブルンナー著（石井紫郎他訳）『ヨーロッパ——その歴史と精神』岩波書店、一九七四年
北條功『プロシャ型近代化の研究——プロシャ農民解放期より産業革命まで』御茶の水書房、二〇〇一年
北條功「いわゆるプロシア絶対王政の『農民保護』」『史学雑誌』第六三篇第八号、一九五四年
増井三夫『プロイセン近代公教育史研究』亜紀書房、一九九六年
K・マンハイム著（森博訳）『保守主義的思考』ちくま学芸文庫、一九九七年
H・ミッタイス著（世良晃志郎・広中俊雄訳）『ドイツ私法概説』創文社、一九六一年

南正也「一八世紀プロイセンの中隊経営」『クリオ』第一〇・一一号、一九九七年
宮崎良夫『法治国理念と官僚制』東京大学出版会、一九八六年
R・ミュシャンブレッド著（石井洋二郎訳）『近代人の誕生――フランス民衆社会と習俗の文明化』筑摩書房、一九九二年
森本芳樹「古典荘園制の解体過程」大塚久雄・高橋幸八郎・松田智雄編著『西洋経済史講座』I、岩波書店、一九六〇年
柳川平太郎「プロイセンにおけるラントシャフト信用制度の成立とその経済的意義」『土地制度史学』第七六号、一九七七年
柳川平太郎「一八世紀プロイセンのアクチーゼ・関税制度」『高知大学学術研究報告』第三一巻、一九八二年
柳川平太郎「Regie 考――プロイセン絶対主義下の間接税行政・再論」『高知大学教育学部研究報告』第三部第三九号、一九八七年
山内進『掠奪の法観念史』東京大学出版会、一九九三年
山崎彰「グーツヘルシャフト下における農民家族経済と領主の援助――『農民解放』直前期のクールマルクの場合」『山形大学史学論集』第一三号、一九九三年
山崎彰「ナポレオン支配下のプロイセン臨時課税制度と身分制」欧米近代史研究会編『西洋近代における国家と社会』東北大学文学部西洋史研究室、一九九四年
山田欣吾『国家と社会――地域史の視点』創文社、一九九二年
山本文彦「一五・一六世紀ドイツの帝国財政と帝国の国家性」佐藤伊久男編『ヨーロッパにおける統合的諸権力の構造と展開』創文社、一九九四年

H・ローゼンベルク著（大野英二・川本和良・大月誠訳『ドイツ社会史の諸問題』未來社、一九七八年

Frühneuzeitliche Macht und Landadel in Deutschland: Untersuchungen am Beispiel der Mark Brandenburg

Von Akira Yamazaki

Inhalt

人名索引

〔ア行〕

アーベル Abel,Wilhelm　30
アルヴェンスレーベン家 Alvensleben,Familie v.　ブランデンブルク貴族家（アルトマルク）　28, 47, 48, 50, 51, 53, 54, 64, 70, 83, 84, 90, 100, 102, 116, 157, 238
Alvensleben,Busso v. (1468-1548)　ランデスハウプトマン（アルトマルク）　54
Alvensleben,Joachim v. (1514-1588)　エルクスレーベン領領主　54
Alvensleben,Ludolf v. (1511-?)　マクデブルク宮廷侍従長　54
Alvensleben,Udo v.　文化史家　27
アルニム家 Arnim,Familie v.　ブランデンブルク貴族家（ウッカーマルク、上下バルニム）　23, 52, 54, 59, 64, 81, 90, 98, 100, 113, 116, 157, 173, 216, 218, 238
Arnim,Bernd v. (1550-1611)　兵部長　113
Arnim,Bernd v. (1595-1651)　クールマルク御領地財務庁長官　170, 174
Arnim,Hans Georg v. (1583-1641)　オーストリア軍、ザクセン軍将軍　140
アルブレヒト・アヒレス Albrecht Achilles (1414-1486)　ブランデンブルク辺境伯　52
アンハルト・デッサウ公 Anhalt-Dessau,Johann Georg II.Fürst v. (1627-1693)　帝国諸侯、元帥　185
飯田恭　289, 345, 356
イエナ Jena,Friedrich (v.) (1620-1682)　枢密参議　178, 217
イザークゾーン Isaacsohn,Siegfried　288
ヴァルデック Waldeck u.Pyrmont,Georg Friedrich Graf (Fürst) v. (1620-1692)　帝国貴族、枢密参議　169, 170, 178, 181, 190, 201, 260, 263
ヴァルデンフェルス Waldenfels,Christoph v.　ブランデンブルク貴族、枢密参議　112
ヴァルテンベルク Wartenberg,Johann Kasimir Kolbe Graf v. (1643-1712)　侍従長　274-276, 278, 283
ヴァルドウ家 Waldow,Familie v.　ブランデンブルク貴族家（ノイマルク）　123, 124
ヴァルトブルク Waldburg,Gebhard Truchseß Freiherr v. (1638-1664)　プロイセン貴族、侍従　176
ヴァルトブルク Waldburg,Karl Heinrich Truchseß Graf v. (1686-1721)　プロイセン貴族、プロイセン軍事・御領地財務長官　302
ヴァルンシュテット家 Warnstedt,Fmilie v.　ブランデンブルク貴族家（プリクニッツ）　158
ヴィッテンホルスト・ゾンスフェルト家 Wittenhorst-Sonsfeld,Freiherrn v.　クレーヴェ貴族　181
ヴィットゲンシュタイン Sayn-Wittgenstein,Augustus Graf zu (1664-1735) 帝国貴族、枢密参議　274-276, 283
ヴィリヒ・ロトゥム家 Wylich-Lottum,Grafen v.　クレーヴェ貴族家　181
ヴィンターフェルト家 Winterfeld,Familie v.　ブランデンブルク貴族家（プリクニッツなど）　61, 64, 90, 111, 120, 158, 159, 218
Winterfeld,Dethleff v.　枢密参議　114, 116
Winterfeld,Samuel v. (1581-1643)　枢密参議　123, 134, 136, 137, 168
ヴェーナー Wöhner,Paul Gottlieb　クールマルク軍事・御領地財務庁書記　298, 357
ウェーバー Weber,Max　251
ヴォールファイル Wohlfeil,Rainer　160

エストライヒ Oestreich,Gerhard　33, 250
エンダース Enders,Lieselott　23-26, 31, 65, 76, 78, 79, 145, 156, 226, 228, 241, 242, 329, 344, 355
大西健夫　294
オッペン家 Oppen,Familie v.　ブランデンブルク貴族家　90, 128

〔カ行〕

カーク Kaak,Heinrich　354
加藤房雄　36, 76, 78
カメケ家 Kameke,Familie v.　ポメルン貴族出身、プリクニッツに領地を得る。　217, 218
Kameke,Ernst Boguslav v.　枢密参議、宮廷御領地財務庁長官　189, 205, 275
ガルヴェ Garve,Christian　(1742-1798)　哲学者　244
カンシュタイン家 Canstein,Familie v.　ヴェストファーレン貴族出身　217, 222
Canstein,Raban (Freiherr) v.　(1617-1680)　クールマルク御領地財務庁長官、枢密参議、兵部長　170, 176, 178, 263, 264
ガンス家 Gans zu Putlitz,Edle Herren　ブランデンブルク貴族家（プリクニッツ）　50, 61, 64, 82, 90, 98, 100, 111, 113, 120, 157, 218
Gans zu Putlitz,Adam Georg　(-1621)　枢密参議　114, 116
Gans zu Putlitz,Adam Georg　(1590-1660)　枢密参議、兵部長、侍従長　134, 168, 176
Gans zu Putlitz,Hans Albrecht　(1649-1717)　プットゥリッツ領（プリクニッツ）の領主　302
クァスト家 Quast,Familie v.　ブランデンブルク貴族（ルピン）　238
Quast,Albrecht Christoph v. (1612-1669)　スウェーデン軍将校、後に砲兵軍司令官、シュパンダウ要塞司令官　185, 203
クウィツォウ家 Quitzow,Familie v.　ブランデンブルク貴族家（プリクニッツ）　42, 49, 50, 61, 64, 90, 151, 156-158, 218
クナップ Knapp,Georg Friedrich　16-19, 22, 24, 78, 81, 252
クニップハウゼン Inn-u.Knyphausen Dodo,Freiherr v. (1641-1698)　東フリースラント貴族出身、枢密参議、宮廷御領地財務長官　170, 178, 262, 264-267, 270, 272, 275, 276
クネーゼベック家 Knesebeck,Familie v.dem　ブランデンブルク貴族（アルトマルク）　51, 100, 111, 113
Knesebeck,Thomas v.d. (1594-1658)　枢密参議　134, 137, 168, 169, 190
久保清治　296, 357
グライクスナー Gleixner,Ulrike　38, 229, 230, 234-236, 243, 244, 329
クライスト家 Kleist,Familie v.　ポメルン貴族出身、プリクニッツに領地を得る。　192, 218, 360
クライツェン家 Kreytzen,Familie v.　クレーヴェ貴族家　181
グライフェンベルク家 Greiffenberg,Familie v.　ブランデンブルク貴族家（ウッカーマルク）　59
クラウト家 Kraut,Familie　217
Kraut,Christian Friedrich　国家御領地会計官　267, 275, 278
Kraut,Johann Andreas (v.)　(1661-1723)　中央軍事金庫総収入官　204, 206, 267
グラーデベック Gladebeck,Bode v. (1620-1681)　ブラウンシュヴァイク貴族出身、クール

マルク御領地財務庁長官　170, 265, 270
クラハト Kracht,Dietrich v.　ブランデンブルク貴族、連隊長　127
クラハト Kracht,Hildebrand v.　ブランデンブルク貴族、連隊長　126, 127
クリューガー Krüger,Kersten　250
クリッツリンク Klitzling,Hans Kaspar v. (1596-1644)　ブランデンブルク貴族（プリクニッツ）、元帥　127
グルムプコウ家 Grumbkow,Familie v.　ポメルン貴族家出身、プリクニッツに領地を得る。　218, 222
Grumbkow,Friedrich Wilhelm v. (1678-1739)　元帥、総監理府大臣　189
Grumbkow,Joachim Ernst v. (1637-1690)　総軍政コミサール、枢密参議、兵部長　176, 189, 194, 204, 264, 302
クルメンゼー家 Krummensee,Familie v.　ブランデンブルク貴族家（上・下バルニム）　63, 173, 174, 205, 216, 222
グレーベン家 Gröben,Familie v.der　ブランデンブルク貴族家（ハーヴェルラント、ルピン）　63, 128, 216, 222, 238
Gröben,Ernst Ludwig v.der　連隊長　127
グロスマン Grossmann,Friedrich　22, 78
ケーアベルク Kehrberg,Karl Joachim v.　ブランデンブルク貴族、連隊長　127
ゲオルク・ヴィルヘルム Georg Wilhelm (1596-1640)　ブランデンブルク選帝侯　122
ゲーゼ Göse,Frank　29, 186
ゲーツェ Götze,Adolf v. (1610-1684)　ブランデンブルク貴族、中将　185
ゲーツェ Götze,Sigismund v. (1578-1650)　ブランデンブルク貴族、枢密参議　123, 134, 168
ケッテリッツ Kötteritz,Johann Friedrich v.　連隊長　126
ゲルツケ家 Görtzke,Familie v.　ブランデンブルク貴族家（レブス）　156
Görtzke,Joachim Ernst v.　ブランデンブルク貴族（レブス）、スウェーデン軍将校、後にブランデンブルク軍中将　140, 159, 185
コゼレック Koselleck,Reinhart　299

〔サ行〕

阪口修平　40, 296
ザクセン大公 Sachsen,Herzog von　45, 46
ザック Sack,Joachim　78, 79
佐藤進　296
ザルデルン家 Saldern,Familie v.　ブランデンブルク貴族家（プリクニッツ）　24, 61, 64, 99, 159, 218
シェンク家 Schenken v.Landsberg,Edle Herren　ブランデンブルク貴族家（テルトウ）、ニーダーラウジッツ貴族家　63, 173, 216, 222, 312
シャペロウ家 Schapelow,Familie v.　ブランデンブルク貴族家（レブス）　180, 217
シュヴァルツェンベルク Schwartzenberg,Adam Graf v. (1583-1641)　枢密参議、侍従長、ブランデンブルク総督　123-128, 132, 134-136
シュヴェリン家 Schwerin,Familie v.　ポメルン貴族出身、ウッカーマルク、上バルニムなどに領地を得る。　174, 192, 218
Schwerin (d.Ä.),Otto (Freiherr) v. (1616-1679)　筆頭枢密参議　135, 169, 170, 172, 178, 181, 189, 190, 201, 263, 301

Schwerin (d.J.),Otto (Freiherr/Graf) v. (1645-1705)　枢密参議　180
シュパール家 Sparr,Familie v.　ブランデンブルク貴族家（上・下バルニム）　216, 217
Sparr,Otto Christoph v. (1599-1668)　オーストリア軍将校、後にブランデンブルク軍元帥　140, 169, 179, 185, 188, 194
シュペーナー Spener,Philipp Jakob (1635-1705)　敬虔主義聖職者　236, 244
シュムペーター Schumpeter,Joseph　250, 251
シュメタウ Schmettau,Wolfgang (v.) (1648-1711)　枢密参議　178
シュラーブレンドルフ家 Schrabrendorff,Familie v.　ブランデンブルク貴族家（テルトウ）　63, 173, 174, 181, 216
シュリーベン家 Schlieben,Familie v.　ブランデンブルク貴族　55, 90, 99, 100, 111
Schlieben,Adam v.　侍従、身分代表者委員　99
Schlieben,Albrecht v.　枢密参議　100, 113, 114
Schlieben,Maximilian v.　ヨハネ騎士修道会管区長　136
シュルツェ Schulze,Hans K.　68
シュルツェ Schulze,Joachim　御領地財務官　145, 146, 263
シュルツェ Schultze,Johannes　145, 146
シューレンブルク家 Schulenburg,Familie v.der　ブランデンブルク貴族家（アルトマルク、ウッカーマルク）　48, 50, 51, 53, 54, 59, 64, 70, 83, 84, 90, 98, 100, 192, 217, 218, 230, 231, 234, 238

〔タ行〕

高柳信一　36, 85, 332
田中昭徳　359
ダンケルマン Danckelmann,Daniel Ludolf (Freiherr v.) (1648-1709)　総軍政コミサール　205, 264
ダンケルマン Danckelmann,Eberhard (Freiherr v.) (1643-1722)　枢密国家・軍事参事官　190, 264, 274, 275
テーア Thaer,Albrecht (1752-1828)　農学者　354
ティレ Thile,Carl Gotfried v. 財政官僚　298, 313, 316, 327, 337
デュルメン Dülmen,Richard van　40
寺田光雄　359
デルフリンガー家 Derfflinger,(Freiherrn v.)　オーストリア農民出身、レブスに領地を得る。　217, 220, 222
Derfflinger,Georg (Freiherr v.) (1606-1695)　元帥　179, 180, 185, 203
デーンホフ家 Döhnhoff,Grafen v.　プロイセン貴族家　181
Döhnhoff,Friedrich Graf v. (1639-1692)　侍従、侍従長　176
土肥恒之　304
トクヴィル Tocqueville,Alexis de (1805-1859)　政治思想家、歴史家　15, 16, 21, 353
ドーナ家 Dohna,Burggrafen u.Grafen zu　プロイセン貴族家　120, 192
Dohna,Abraham Burggraf u.Graf zu (1579-1631)　枢密参議　114
Dohna,Chrisitian Albrecht Burggraf u.Graf zu (1621-1677)　将軍　179, 185
Dohna,Fabian Burggraf u.Graf zu (1550-1621)　外交官　113, 116
トルノウ Tornow,Dr.Johann (v.) (1610-1662)　枢密参議　169, 180, 263
トレヴァー＝ローパー Trevor-Roper,Hugh Redward　108
トロット家 Trott,Familie v.　ブランデンブルク貴族家（ウッカーマルク）　55, 60, 64,

99, 113, 128, 130, 218, 222

〔ナ行〕

中村幹雄　294
成瀬治　35
ノイゲバウアー Neugebauer,Wolfgang　27, 28, 213, 244, 354, 355, 360
野津高次郎　299
ノルプラート Norprath,Johann v. (um 1600-1657)　ファルツ＝ノイブルク出身の軍人、枢密参議　134

〔ハ行〕

ハイデン家 Heyden,Familie v.　クレーヴェ＝マルク貴族　181
ハイン Hein,Max　187
ハインリヒ Heinrich,Gerd　16, 25, 27, 29, 30, 160
ハクストハウゼン Haxthausen,August Freiherr v. (1792-1866)　農政学者　70, 83
ハーケ家 Hake,Familie v.　ブランデンブルク貴族家（ハーヴェルラントなど）　63, 90, 99, 113, 173, 216
ハーゲン Hagen,William W.　65, 78, 79, 108, 109, 227, 344, 345
ハーゲン家 Hagen,Familie v. d.　ブランデンブルク貴族家（ハーヴェルラント）　63, 216
バール Bahl,Peter　29, 110, 175, 181
ハルニッシュ Harnisch,Harmut　23, 24, 26, 36, 76, 88, 214, 241-243, 329, 332, 344
バルフス家 Barfus,Familie v.　ブランデンブルク貴族家　216, 217
Barfus, Johann Albrecht v. (1634-1704)　元帥　185
ハーン Hahn,Peter-Michael　25, 27-29, 31, 38, 39, 78, 84, 110, 184, 191, 261
肥前栄一　35, 241
ビュッシュ Büsch,Otto　21, 33, 214, 245, 347
ビーラント Bylandt,Otto Heinrich v. (Freiherr v. Rheydt)　クレーヴェ＝ベルク貴族家出身、枢密参議　112, 116
ヒンツェ Hintze,Otto　16, 19, 20, 21, 32, 42, 43, 289
フィンケンシュタイン　Finck v. Finckenstein,Christoph (-1660)　プロイセン貴族、侍従　176
フィンケンシュタイン　Finck v. Finckenstein,Ernst (1633-1717)　プロイセン貴族、侍従　176
フォンターネ Fontane,Theodor (1819-1898)　作家　27
藤瀬浩司　36, 76, 87, 240, 241, 356
藤田幸一郎　36, 356
藤本建夫　296, 298
フックス Fuchs,Paul (Freiherr v.) (1640-1704)　枢密参議　180
ブッフホルツ Buchholz,Werner　250
フュール家 Pfuel (Pfuhl),Familie v.　ブランデンブルク貴族家（上バルニム、レブス）　81, 151, 156, 192, 216, 217
Pfuel,Curt Betram v. (1590-1649)　スウェーデン軍将校、枢密参議　118, 123, 135, 138, 168, 179, 185
Pfuel,Friedrich v.　フリーデルスドルフ領（レブス）の領主　228

ブライジヒ Breysig,Kurt 251, 253, 271, 274, 289
ブラウンシュヴァイク大公 Braunschweig,Herzog von 45, 46
ブラスパイル Blaspeil,Werner Wilhelm (Freiherr v.) (-1680) 枢密参議 178
プラーテン家 Platen,Familie v. ブランデンブルク貴族家（プリクニッツ） 158, 159, 217
Platen,Claus Ernst v. (1612-1669) 枢密参議、総軍政コミサール 159, 169, 180, 188, 194
Platen,Alexander Joachim 将校（連隊副官） 159
フランス家 Flans(s),Familie v. ブランデンブルク貴族家 55, 90, 99, 128
フランケ Francke,August Hermann (1663-1727) 敬虔主義聖職者 236
ブランケンブルク家 Blankenburg,Familie v. ブランデンブルク貴族家（ウッカーマルク） 59
ブリックレ Blickle,Peter 23
ブリッス Bliß,Winfried B. 146
フリートラント夫人 Friedland,Frau v. (Helene Charlotte v. Lestwitz) (1754-1803) クーネルスドルフ領（上バルニム）の領主 354, 359
フリードリヒ１世 Friedrich I. (1371-1440) ブランデンブルク辺境伯 42, 49
フリードリヒ２世 Friedrich II. (1413-1471) ブランデンブルク辺境伯・選帝侯 49
フリードリヒ１（３）世 Friedrich I.(III.) プロイセン国王（選帝侯として３世） 174, 175, 182, 183, 189, 208, 275, 283
フリードリヒ２世（大王） Friedrich II.,der Große (1712-1786) プロイセン国王 19, 230, 349, 354
フリードリヒ・ヴィルヘルム Friedrich Wilhelm (1620-1688) ブランデンブルク選帝侯 122, 125, 134, 140, 157, 168, 175, 181
フリードリヒ・ヴィルヘルム１世 Friedrich Wilhelm I. (1688-1740) プロイセン国王 183, 205, 206, 208, 275, 276, 282, 283, 288
ブルクスドルフ家 Burgsdorf,Familie v. ブランデンブルク貴族家（レブス、ノイマルク） 63, 128, 130, 217
Burgsdorf,Georg Ehrenreich v. (1603-1656) 連隊長、典厩長 127, 136, 137, 138
Burgsdorf,Konrad v. (1595-1652) 連隊長、枢密参議、侍従長 126, 127, 135, 137, 138, 141, 168, 169, 179, 185, 187, 263
ブルメンタール家 Blumenthal,Familie v. ブランデンブルク貴族家（プリクニッツ） 61, 158, 159, 169, 181
Blumenthal,Joachim Friedrich (Freiherr) v. (1607-1657) 総軍政コミサール、枢密参議 123-125, 134, 159, 169, 188, 190, 201
Blumentahl,Claus Eustachais Albrecht v. 将校（騎兵中隊長） 159
ブルン Brunn,Balthasar v. (1593-1643) ブランデンブルク貴族（ルピン）、枢密参議 190
ブルンナー Brunner,Otto 303
ブレジケ家 Brösicke (Brösigke),Familie v. ブランデンブルク貴族家（ハーヴェルラント） 63
ブレドウ家 Bredow,Familie v. ブランデンブルク貴族家（ハーヴェルラントなど） 47, 48, 50, 53, 60, 61, 63, 64, 90, 128, 192, 216
Bredow,Lippold v. ランデスハウプトマン（ミッテルマルク） 48
フレミング家 Flemming,Familie v. ポメルン貴族出身、レブスに領地を得る。 181,

203, 217
Flemming,Heino Heinrich v. (1632-1706)　元帥　185
ヘーゲヴァルト Heegewaldt,Werner　287
ペータース Peters,Jan　23-25, 84, 159, 241, 242
ベルステル Börstel,Ernst Gottlieb v.　ブランデンブルク貴族（レブス）、少将、内膳長、城守　176
ヘルテフェルト Hertefeld,Jobst Gebhard v. (1594-1663)　クレーヴェ貴族、御料長　176
ベロウ Below,Georg v.　16, 18, 19, 22, 35
北條功　17, 36, 240, 241
ホブズボーム Hobsbaum,Erick J.　104
ポメルン大公 Pommern, Herzog von　45, 46
ボルク（ボルケ）家 Borck (Borcke),Familie v.　ブランデンブルク貴族家（ノイマルク）　192

〔マ行〕
マイセン辺境伯 Meißen,Markgraf von　44
マイナルドゥス Meinardus,Otto　160
マインダース家 Meinders,Familie　217, 222
Meinders,Franz (v.) (1630-1695)　総軍政コミサール、枢密参議　180, 194, 204
マクデブルク大司教 Magdeburg,Erzbischof v.　44, 46, 48
増井三夫　36, 40, 85, 244, 359
松田智雄　17
マティアス家 Matthias,Familie　267
Matthias,Michael (1612-1684)　御領地財務官　263
マルヴィッツ家 Marwitz,Familie v.der　ブランデンブルク貴族家（レブス、ノイマルク）　192, 238
Marwitz,August Gebhard v.d. (1695-1753)　フリーデルスドルフ領（レブス）の領主　220
Marwitz,Friedrich August Ludwig v.d. (1777-1837) フリーデルスドルフ領領主、少将　354, 355, 360
Marwitz,Johann Georg v.d. (1642-1704)　侍従　176
Marwitz,Kurt Hildebrand v.d. (1641-1701)　中将　185
ミュシャンブレッド Muchembled,Robert　73
ミュラー Müller,Hans-Heinrich　287, 355
メクレンブルク大公 Mecklenburg,Herzog v.　45
メーレンドルフ家 Möllendorf,Familie v.　ブランデンブルク貴族家（プリクニッツ）　158

〔ヤ行〕
柳川平太郎　239, 254, 358
山内進　141
ヨアヒム2世 Joachim II. (1505-1671)　ブランデンブルク選帝侯　53, 59, 70, 96, 101, 103, 172
ヨアヒム・フリードリヒ Joachim Friedrich (1546-1608)　ブランデンブルク選帝侯

110-113
ヨハン Johann (1486-1499)　ブランデンブルク選帝侯　52, 53
ヨハン・ゲオルク Johann Georg (1525-1598)　ブランデンブルク選帝侯　96, 101, 111-113, 120
ヨハン・ジギスムント Johann Sigismund (1572-1619)　ブランデンブルク選帝侯　110, 111, 114-116

〔ラ行〕

リーデル Riedel,Adolph Friedrich　183, 289
リナール伯 Lynar,Rochus Quirinus Graf zu (1525-1596)　イタリア貴族出身、築城家　129
リベック家 Ribbeck,Familie v.　ブランデンブルク貴族（ハーヴェルラント）　63, 128-130
　Ribbeck,Georg v. (1523-1593)　スペイン軍、ザクセン軍将校、アムツハウプトマン　129
　Ribbeck,Hans Georg I. v. (1577-1647)　シュパンダウ要塞司令官、アムツハウプトマン　127, 129
　Ribbeck,Hans Georg II. v. (1601-1666)　連隊長、枢密参議　129, 135, 168, 179, 190
リュトゲ Lütge,Friedrich　17
ルーベン Luben,Christian Friedrich　御領地財務官　283
レーエンドルフ家 Lehndorf,Familie v.　プロイセン貴族家　181
　Lehndorf, Ahasver (Graf) v. (1637-1688)　侍従　176
レーベル家 Röbel,Familie v.　ブランデンブルク貴族家（上・下バルニム）　216
レーベン Löben Johann v. (1561-1636)　ニーダーラウジッツ貴族出身、枢密参議　112, 114
ローゼンベルク Rosenberg,Hans　20, 21, 32
ロッホウ家 Rochow,Familie v. ブランデンブルク貴族家（ツァウヒェ）　50, 63, 90, 98, 113, 128, 130, 216, 353, 354
　Rochow,Friedrich Eberhard v. (1734-1805) 教育学者、レカーン領（ツァウヒェ）の領主　354, 355, 359, 360
　Rochow,Moritz August v. (1609-1653)　連隊長、オーストリア軍将校　127, 128
　Rochow,Otto Christoph v. (1607-1659)　兵部長　176
ロール家 Rohr,Familie v. ブランデンブルク貴族家（プリクニッツ）　48, 50, 61, 90, 157, 158, 218

〔ワ行〕

ワイヤーマン Weyermann, M　352

事項・地名索引

〔ア行〕

〔カ行〕

〔サ行〕

〔タ行〕

〔ナ行〕

〔ハ行〕

〔マ行〕

〔ヤ行〕

〔ラ行〕

●**著者略歴**

山崎彰（やまざき　あきら）

1957年　長野県に生まれる
1981年　東北大学文学部卒業
1986年　東北大学文学部助手
1990年　山形大学人文学部専任講師
現在　山形大学人文学部教授

ドイツ近世的権力と土地貴族

発行――二〇〇五年一月二〇日　初版第一刷発行

定価――（本体一二〇〇〇円＋税）

著　者――山崎　彰

発行者――西谷能英

発行所――株式会社　未來社
東京都文京区小石川三―七―二
振替〇〇一七〇―三―八七三八五
電話・（03）3814-5521（代表）
http://www.miraisha.co.jp/
Email:info@miraisha.co.jp

印刷・製本――萩原印刷

ISBN 4-624-32170-7　C3033

© Akira Yamazaki, 2005

（消費税別）

河上倫逸編
法史学者の課題
H・コーイング、D・ジーモン、A・ヴォルフらによる法史学のマニフェスト的論文および実践的方法論を展開した論文を編集した日本オリジナル版。ヨーロッパ法史研究の最前線。　二五〇〇円

肥前栄一著
ドイツ経済政策史序説
〔プロイセン的進化の史的構造〕近来のめざましいドイツ産業革命史研究の成果をふまえつつ、ドイツ産業革命におけるドイツ的形態を抽出しようとする気鋭の著者の野心的労作。　四八〇〇円

肥前栄一著
ドイツとロシア【新装版】
〔比較社会経済史の一領域〕ドイツのフーフェ、ロシアのドヴォルを軸に共同体の独露比較を行なうことによって、ミール共同体の歴史的性格、帝政ロシアの社会構成の特質を解明。　四八〇〇円

藤田幸一郎著
近代ドイツ農村社会経済史
従来のドイツ経済史研究において欠落していたドイツ社会の共同体的構成への視点を導入し、農村共同体の解体とそれに伴うプロレタリアート生成の実態を地域別に解明した労作。　四八〇〇円

田村信一著
ドイツ経済政策思想史研究
ドイツ歴史派経済学の歴史的・思想史的位置づけを再検討。後発国ドイツの国民経済の形成という課題に、歴史学派がいかに対応したかを、個々の政策課題の分析をつうじて解明。　二八〇〇円

マックス・ウェーバー著／肥前栄一訳
東エルベ・ドイツにおける農業労働者の状態
農業労働制度の変化と農業における資本主義の発展傾向を分析。エンゲルスの『イギリスにおける労働者階級の状態』とも並び称される、初期ウェーバーの農業労働者研究の中心。　二八〇〇円